100 Jahre Kino
Die großen Filme

Peter W. Engelmeier

100 Jahre Kino
Die großen Filme

AUGUSTUS VERLAG

AUGUSTUS VERLAG AUGSBURG 1994
© by Weltbild Verlag GmbH, Augsburg

Koordination und Redaktion: Swantje Thomae
(Gesamtleitung)
Fotoredaktion: Regine Engelmeier,
Swantje Thomae
Cheflektorin: Anette Württemberger
Texte: Sabine Pichlau,
Sibylle Alverdes, Birgit Amon, Bert Büllmann,
Thomas Drechsel, Peter W. Engelmeier, Isabel Hahn,
Imme Schröder, Harald Stoffels, Swantje Thomae

Das Bildmaterial stammt ausschließlich aus der
Filmhistorischen Sammlung Peter W. Engelmeier,
Scheinerstr. 9, 81679 München

Schutzumschlag/Layout: Annick Desmyttère
Gesamtherstellung: Appl, Wemding
Printed in Germany

Veröffentlichung (auch auszugsweise) nur mit
schriftlicher Genehmigung des Herausgebers

ISBN 3-8043-5053-4

Genau, Federico Fellini!

Was wären wir ohne Kino, ohne den Film? „Wir wären sehr viel ärmer", beantwortete der große Fellini vor zehn Jahren in einem Interview meine fast rhetorische Frage. „Ohne die gute Mutter Kino hätten wir eine wundersame Chance weniger, in Welten spazierenzugehen, die unser Lebensglück ausmachen." Und später, nach mancher arabesken Überlegung zum Thema Phantasie, Kreativität und über den Ursprung von Leidenschaften, setzte Fellini ein Statement nach: „Die grandiosen Visionen, die man im Film schaffen kann, mit technischen Mitteln, aber auch mit den Mitteln der ureigensten Sprache, der Gedanken, der verblüffend-intensiven Ideen, mit denen man beim Filmemachen umgeht, – diese Visionen werden zu herrlicher Ware..."

Eine an sich haltbare Ware. Jedenfalls, wenn sie aus einer Werkstatt kommt, in der man das Metier beherrscht. Andererseits: Viel Schrott liegt auf der Halde der 100jährigen Filmgeschichte. Material, das man getrost vergessen kann.

Die wesentlichen Werke in einer chronologischen Abfolge zusammenzufassen ist eine Aufgabe, die nur *subjektiv* gelöst werden kann. Deshalb beherrscht hier nicht die in Chroniken übliche Lückenlosigkeit des Angebots die Szene, sondern eine sehr persönliche Auswahl.

Mein Dank gilt allen meinen Mitarbeitern, insbesondere den Redakteurinnen Swantje Thomae und meiner Frau Regine, die sich diesem Buchprojekt viele Monate lang intensiv gewidmet haben. Die Bildauswahl ist mit so viel Sachverstand getroffen worden, daß informativer und ästhetischer Anspruch gleichermaßen befriedigt werden. Dank auch dem Kollegen André Braeger im Kinoarchiv Peter W. Engelmeier Hamburg und den Text-Mitarbeitern und Dokumentaristen, die tausende von Bildern und Manuskripten mit Freude bewältigt haben.

Peter W. Engelmeier

„Meine Erfindung ist unverkäuflich. Sie kann für einen begrenzten Zeitraum als wissenschaftliche Kuriosität vermarktet werden, hat aber darüber hinaus keinerlei kommerziellen Wert."
Auguste Lumière, 1895

Als die Lyoner Fabrikantensöhne Auguste und Louis Lumière ihre Erfindung eines mechanischen Filmprojektors zum Patent anmeldeten, machten sie sich wenig Hoffnung auf wirtschaftlichen Erfolg. Wer würde sich wohl für die bewegten Bilder ihres ersten Kurzfilms interessieren, der Arbeiter beim Verlassen einer Fabrik zeigt? Die Skepsis schien berechtigt: Auf ganze 33 Franc beliefen sich die Einnahmen der ersten öffentlichen Vorführung ihres Kinematographen im Pariser Grand Café. Und dennoch ging dieser 28. Dezember 1895 in die Geschichte ein. Ein neues Medium, geschaffen aus Technik und Imagination, bereicherte unsere Welt. Das Kino war geboren.

Wem der Erfinderruhm gehört, bleibt bis heute umstritten. Ein Jahr zuvor hatte Thomas Alva Edison in den USA „Fred Ott's Sneeze", eine kurze Bildfolge über einen niesenden Mann, als ersten Film mit Copyright eintragen lassen. In Berlin experimentierte zur gleichen Zeit Max Skladanowsky mit seinem Bioskop, unterhielt im Varieté „Wintergarten" die Massen und erzürnte die Bildungsbürger. Ob Tingeltangel oder hehre Kunst, das junge Kino bewies schon in seinen Kindertagen, daß es die Menschen bewegt.

100 Jahre später wissen wir, daß der Film eine der folgenreichsten Erfindungen auf der Schwelle zum zwanzigsten Jahrhundert war. Ohne Kino kein „Blauer Engel", kein „Blade Runner", keine „Blechtrommel". Ohne den Film sähe die Kulturlandschaft langweiliger aus, wäre unsere Freizeit um eine der schönsten Vergnügungen ärmer. Monsieur Lumière hatte Unrecht: die Geschichte des Films ist eine Erfolgsstory, allen kulturpessimistischen Schwanengesängen zum Trotz. Und dieser Erfolg hat wohl auch mit dem Spannungsfeld zu tun, in dem das Kino bis heute ständig lebt; Kunst und Kommerz, Hollywood und Europa, Entertainment und Botschaft.

Aus diesen Gegensätzen bezieht auch das vorliegende Buch seinen großen Reiz. Das Ziel ist ehrgeizig: hundert Jahre Kino gilt es zu feiern, tausende von Filmen zu würdigen. Das bedeutet, aus dem riesigen Konvolut an filmischen Werken diejenigen herauszufiltern, die Bestand haben. Wer rund fünfhundert Filme aus der Gesamtmenge des jemals Produzierten auswählen will, muß umso präziser sichten. Das Ergebnis ist beeindruckend: Peter W. Engelmeier und seinem Team versierter Filmjournalisten und Bildredakteure ist es gelungen, eine Hommage an das Kino zu erstellen, die bei allem Zwang zur Selektion die Bandbreite der Filmgeschichte abdeckt. Selektion erfordert Souveränität, Souveränität bedingt Subjektivität, und ohne diese wäre jede Auseinandersetzung mit dem Thema Film ohnehin aussichtslos. Von „Metropolis" bis „Mad Max" entfaltet sich auf den folgenden Seiten ein Panorama aus hundert Jahren Film, das eine Fülle von Lesestoff und Bildentdeckungen bietet. Unter rund 1,3 Millionen Bildern des Filmhistorischen Bildarchivs Peter W. Engelmeiers wurden klug und kenntnisreich die essentiellen Fotos ausgewählt, die eine solche unterhaltsam-cineastische Tour de Force zum Vergnügen machen. Bilder, die den Zauber und den Glamour dieses Mediums vermitteln. Bilder, die unsere Erinnerungen an die schönsten Stunden im Dunkel des Kinos wieder zum Leben erwecken. Und uns als Leser und Kinogänger schon jetzt auf die nächsten hundert Jahre Film freuen lassen.

Klaus Dahm
(Chefredakteur der Zeitschrift „Cinema")

Die Zeit der Pioniere

Der Erfinder William Friese-Greene

Anfangs war es kaum mehr als eine optische Täuschung. Dem Betrachter wurden Einzelbilder in so schneller Folge präsentiert, daß das Auge sie nur als Ganzes wahrnehmen und in eine Illusion von Bewegung umsetzen konnte. Zwischen diesem schlichten Verfahren, das unter dem Namen „stroboskopischer Effekt" Furore machte, und der hochtechnisierten Filmindustrie der Gegenwart liegen hundert Jahre bewegter Entwicklungsgeschichte.

Die Anfänge der Kinematographie reichen ins 19. Jahrhundert zurück. Thomas Alva Edison entwickelt 1887 in Amerika die ersten Aufnahme- und Betrachtungsgeräte für „bewegte Bilder". Auf einem perforierten Filmstreifen aus Zelluloid werden mit dem Kinematographen (einem frühen Vorläufer der Filmkamera) kurze Szenen aufgenommen und später im Kinetoskop, einer Art Guckkasten, vorgeführt. Der Betrachter muß durch eine Linse blicken, während der Filmstreifen mit Hilfe einer Kurbel bewegt wird. Der Erfinder William Friese-Greene erhält zwei Jahre später das Patentrecht für den ersten weitgehend modernen Filmapparat. Schon damals werden erste Versuche mit dem Tonfilm gemacht, dem viele jedoch noch skeptisch gegenüber stehen. Kinematograph und Kinetoskop indessen gehen in Massenproduktion – und der Wettbewerb wird immer härter. Um die Jahrhundertwende ist längst ein erbitterter Konkurrenzkampf um Patente und Plagiate ausgebrochen. Aufsehenerregendster Fall: Der französische Erfinder Louis Aimé Augustin Le Prince, der Edisons Apparatur weiterentwickelt hat und auf dem besten Wege ist, dem berühmten amerikanischen Kollegen Konkurrenz zu machen, verschwindet auf einer Zugfahrt nach Paris spurlos, mitsamt seiner Ausrüstung. Bis auf den heutigen Tag sind die genauen Umstände des mysteriösen Geschehens nicht geklärt. Ein früher Fall von Industrie-Spionage?

Als eigentliche Geburtsstunde des Films gilt Cineasten der 28. Dezember 1895: An diesem Tag stellen die Gebrüder Auguste und Louis-Jean Lumière in Paris einem zahlenden Publikum ihren Kinematographen vor, eine in wesentlichen Details verbesserte Weiterentwicklung der Edison-Erfindung. Ein perforierter Filmstreifen wird vor ein Bildfenster gezogen, belichtet und danach automatisch weitertransportiert. Ein Jahr später fügt der deutsche Erfinder und spätere Filmproduzent Oskar Meßter dieser Apparatur eine weitere Verbesserung hinzu: das von ihm entwickelte „Malteser-

Die französischen Erfinder und Filmpioniere Louis-Jean und Auguste Lumière

Plakat und Eintrittskarte für das erste Kino der Welt

Die Zeit der Pioniere

Paul Wegener und Lyda Salmonova in „Der Student von Prag", 1913

kreuz" transportiert die Bilder im Projektor in nahtloser Folge und macht so erstmals eine einwandfreie Vorführung möglich.

Der Film ist ein Unterhaltungsmedium für das Volk geworden. In Amerika eröffnen immer mehr Ladenkinos, sogenannte „Nickelodeons"; in Europa wird das Wunder der „bewegten Bilder" fester Bestandteil von Varieté-Vorführungen und Rummelplätzen. Die Produktion von Filmen mit Titeln wie „Nach dem Ball unter die Dusche" und „Großmutters Leselupe" (1900) nimmt sprunghaft zu. Der französische Geschäftsmann Charles Pathé und sein Bruder Emile erkennen die Zeichen der Zeit. Sie gründen die Produktionsgesellschaft „Cinema Pathé", die sich auf die Herstellung billiger Serienfilme spezialisiert und damit zum weltweit führenden Filmunternehmen avanciert. In ihrem Auftrag entstehen auch die ersten Filmreportagen, die von Schauplätzen aus aller Welt berichten.

Das Hauptinteresse gilt jedoch zunehmend dem Spielfilm. Seit der 1898 entstandenen Zelluloid-Geschichte „Napoleon übergibt Bismarck seinen Degen", in der die historischen Persönlichkeiten erstmals von Schauspielern in Maske dargestellt wurden, erfreuen sich Spielfilme rasch wachsender Beliebtheit – auch bei den Akteuren. Obwohl Leinwandauftritte in der Theaterbranche lange Zeit verpönt waren, drängen immer mehr Bühnenschauspieler vor die Kamera. In Deutschland ist es vor allem der gefeierte Theaterstar Paul Wegener, der sich zu dem neuen Medium bekennt und es mit Filmen wie „Der Student von Prag" (1913) und „Der Golem" (1914) salonfähig macht.

Auch hinter der Kamera tut sich einiges: Seit der Jahrhundertwende arbeiten die Regisseure mit eigener Filmdramaturgie, verschiedenen Kamera-Einstellungen und versuchen sich ansatzweise sogar an der Montage. Schon bald zeichnen sich einzelne Genres ab. Den ersten Sciencefiction-Film, „Die Reise zum Mond", dreht 1902 Georges Méliès, unter Ver-

wendung früher Tricktechniken. Der erste monumentale Historienfilm, „Die letzten Tage von Pompeji", entsteht 1908 in Italien. Der spektakulärste Spielfilm dieser Zeit ist der Western „Der große Eisenbahnraub" aus dem Jahr 1903. Das unter der Regie von Edwin S. Porter entstandene Abenteuer überrascht mit Action und einem rasanten Wechsel der Kamera-Einstellungen. Die Schlußszene macht Filmgeschichte: Der Verbrecher zielt mit seinem Revolver genau in die Kamera, sprich ins Publikum. Die Zuschauer stehen Schlange, um dieses aufregende Erlebnis nicht zu verpassen – das Kino hat seinen ersten Leinwandhit.
Soviel Erfolg ruft die erste Filmzensur auf den Plan. Am 19. November 1907 tritt in Chicago eine Verordnung in Kraft, die „das Zeigen obszöner und unmoralischer Filme" unterbinden soll. Das erste Werk, das dieser Bestimmung zum Opfer fällt, ist der 1908 entstandene „Macbeth". Begründung: die Mordszene stehe zu sehr im Mittelpunkt.

George Méliès als Mond in „Die Reise zum Mond", 1902

Schlußszene aus „Der große Eisenbahnraub", 1903

Die Zeit der Pioniere

Die wichtigste Entwicklung ist jedoch weder technischer noch moralisch-juristischer Natur: der Starkult. Um dem mittlerweile an bewegte Bilder gewöhnten Publikum neue Attraktionen zu bieten, konzentriert man sich auf die Schauspieler. Eine völlig neue Situation, denn jene unbedeutenden Geschöpfe, die bis 1911 nicht einmal im Vorspann genannt wurden, entscheiden plötzlich über Erfolg oder Mißerfolg eines Films. Entsprechend aufwendig die Strategie der Produzenten: Standfotografen rücken Darsteller wie Pola Negri und Asta Nielsen ins rechte Licht, die Studios verbreiten gezielt Klatschgeschichten über das Privatleben der Stars, die ersten Fan-Magazine kommen auf den Markt. In Italien heißen die ersten Filmdivas Francesca Bertini und Lyda Borelli, in Deutschland locken Asta Nielsen und Henny Porten die Zuschauer in die Lichtspielhäuser, in Frankreich steigt Max Linder zum gefeierten Komödienstar auf, und in den USA avanciert Mary Pickford zu „America's Sweetheart".

Asta Nielsen in „Engeleins Hochzeit", 1914

*Die präraffaelitische Schönheit
Henny Porten*

*Die erste italienische Diva
Francesca Bertini*

*Der französische Komödienstar
Max Linder*

Die Zeit der Pioniere

Gründung der „United Artists" am 17.4.1913, vorne v.l.n.r. D. W. Griffith, Mary Pickford, Charles Chaplin, Douglas Fairbanks (r. außen)

Die einzigen, die diese Entwicklung anfangs zu verschlafen scheinen, sind die Stars selber. Mary Pickford ist 1913 die erste, die sich nach ihrem Marktwert bezahlen läßt und den Produzenten Adolph Zukor mit einer selbstbewußten Feststellung konfrontiert: „Ich kann es mir nicht leisten, für nur 10000 Dollar die Woche zu arbeiten!" Sie ist es auch, die sich – damals ein revolutionärer Akt – von dem allmächtigen Studiosystem in Hollywood freimacht und zusammen mit ihren Kollegen Douglas Fairbanks, Charles Chaplin und Regisseur D. W. Griffith die unabhängige Produktionsfirma „United Artists" gründet. Film als „Big Business".

Doch Kino ist mehr als ein Industriezweig, es ist ein Stück Geschichte, in dem Stars gemacht wurden, Studios bankrott gingen, Schicksale ihren Lauf nahmen und Generationen unterhalten wurden und werden. Hundert Jahre Kino – hundert Jahre Faszination: von den ersten Pionieren bis hin zu den modernen High-Tech-Magiern wie Steven Spielberg und George Lucas ist es den Filmschaffenden gelungen, ihr Publikum zu bannen. Der Grund: Ihr Glaube an das neue Medium, ihr Wille, es zu perfektionieren und zu dem zu machen, was es auch heute noch ist: die große Illusion.

1915: Die Geburt einer Nation
von: D. W. Griffith

Der erste moderne Film: Mit „Die Geburt einer Nation" gelang es Regisseur D. W. Griffith, die Jahrmarktsattraktion Kino zur Kunstform zu erheben. Er benutzte das unterschätzte Medium, um die Gefühle der Zuschauer zu manipulieren. Sie sollten nicht mehr nur zusehen, sondern das Schicksal der Figuren auf der Leinwand teilen. Zu diesem Zweck erfand und/oder perfektionierte Griffith fast alle heute als selbstverständlich geltenden filmischen Stilmittel – den Schnitt, auf den ein Gegenschnitt folgt, um zwei Handlungsstränge parallel zu erzählen, die atmosphärische Detailaufnahme, die bewegte Kamera und vor allem: die Großaufnahme. Nie zuvor waren Schauspieler aus solcher Nähe zu sehen gewesen. Von Lillian Gishs Gesicht konnten die Zuschauer jede Emotion ablesen, ohne daß die sanfte Schöne nach Art der Stummfilmstars übertrieben grimassieren mußte. An den Kinokassen wurde Griffiths Geniestreich reich belohnt. Der für 100 000 Dollar gedrehte Monumentalfilm spielte bis 1931 18 Millionen Dollar

ein – der erfolgreichste Stummfilm überhaupt. Noch heute ist das Meisterwerk zutiefst beeindruckend. Doch der Rassismus des Drehbuchs, die Verherrlichung der Lynchjustiz und die Verteufelung der befreiten schwarzen Sklaven hinterlassen beim zeitgenössischen Zuschauer einen üblen Nachgeschmack. Der Regisseur war nach Fertigstellung des Films selbst der Ansicht, daß er zu rassistisch geraten war. Quasi als Wiedergutmachung handelte sein nächstes Werk, das biblische Monumental-Epos „Intoleranz", von der Liebe zwischen den Menschen, die alle Klassen und Rassen überwindet.
INHALT: „Die Geburt einer Nation" erzählt die Geschichte des amerikanischen Bürgerkrieges. Wir sehen die historischen Ereignisse (Lincolns „Gettysburg Address", Lincolns Ermordung, etc.), doch im Mittelpunkt stehen die befreundeten Familien Cameron (Yankees) und Stoneman (Südstaatler). Als der Sezessionskrieg ausbricht, finden sich deren Söhne auf den gegnerischen Seiten wieder. Die

Liebenden Elsie Stoneman und Ben Cameron werden grausam getrennt. Ben erlebt als Colonel alle Greuel des Krieges. Nach der vernichtenden Niederlage schließt er sich dem Ku Klux Klan an, um die in Schutt und Asche liegenden Südstaaten gegen Kriegsgewinnler aus dem Norden zu verteidigen. Doch der alte Glanz des Südens ist für immer verloren ...
STAB: Regie: D. W. Griffith; Drehbuch: D. W. Griffith, Frank E. Woods (nach den Romanen „The Clansman" und „The Leopard's Spots" von Thomas Dixon, Jr.); Kamera: G. W. Bitzer, Karl Brown; Musik: Joseph Carl Breil; Kostüme: Robert Goldstein; Schnitt: James Smith; USA 1915; 12 Spulen (ca. 180 Minuten).
ORIGINALTITEL: The Birth of a Nation
BESETZUNG: Lillian Gish (Elsie Stoneman), Mae Marsh (Flora Cameron), Henry B. Walthall (Ben Cameron), Miriam Cooper (Margaret Cameron), Mary Alden (Lydia Brown), Ralph Lewis (Austin Stoneman), George Siegman (Silas Lynch), Walter Long (Gus), Robert Harron (Ted Stoneman), Wallace Reid (Jeff), Joseph Henabery (Abraham Lincoln).

DER REGISSEUR: David Wark Griffith, geboren am 22. Januar 1875 in La Grange, Kentucky, wuchs in Louisville auf, wo er sich 1897 einer Theatertruppe anschloß. Nach zehn eher erfolglosen Jahren als Bühnenschauspieler und Schriftsteller bewarb er sich 1907 bei der Filmfirma Biograph und inszenierte ein Jahr später seinen ersten Film, „Dollies Abenteuer", mit seiner Frau Linda Arvidson in der Hauptrolle. 1913, als er Biograph verließ, hatte er über 450 Filme gedreht – kaum einer länger als eine Spule. Überzeugt, daß Filme, wenn sie das Publikum wirklich bewegen sollten, umfangreicher sein mußten, drehte er 1914 den ersten Vierakter der Filmgeschichte: „Judith of Bethulia". Ein Jahr später erlebte er mit „Die Geburt einer Nation" seinen größten Triumph, auf den ein weiteres Meisterwerk „Intolerance" (1916), folgte. Nach Propagandafilmen (fast alle mit den Schwestern Dorothy und Lillian Gish) im Ersten Weltkrieg gründete Griffith 1919 mit Mary Pickford, Douglas Fairbanks

und Charles Chaplin seine eigene Produktionsfirma United Artists, für die er eine Reihe mäßig erfolgreicher Liebesdramen drehte. 1931 zog Griffith sich aus dem Filmgeschäft zurück. Als er im Alter von 73 Jahren starb, war der vielleicht größte Meister der Filmkunst – trotz eines Ehren-„Oscars" von 1936 – fast vergessen.

DER REGISSEUR ÜBER SEINE ARBEIT: „Ein guter Film muß sein wie eine Predigt: Er erzählt dem Publikum eine spannende Geschichte und entläßt es mit einer Moral auf den Heimweg."

DIE KRITIK ZUM FILM: „Ohne Zweifel ist ‚Die Geburt einer Nation' der wichtigste Film, der je gedreht wurde." (Joe Franklin, „Classics of the Silent Screen")

Fotos:
1. Schlachtszene
2. Mae Marsh
3. 4. 5. Szenen

1916, 1917, 1918

1916: Intolerance

Ein Meilenstein der Filmgeschichte: Regisseur D. W. Griffith hebt als erster die starre Kameraposition auf und arbeitet mit Zooms, Kamerafahrten und Nahaufnahmen. Auch erzähltechnisch wagt er sich auf Neuland: Sein Epos von Gewalt und Gier verknüpft vier unterschiedliche Handlungsebenen miteinander.
Foto: Mae Marsh

1918: Madame Dubarry

Neben großen Gefühlen und edlen, gekrönten Häuptern verkommt die Französische Revolution zur Farce. Der Film, mit dem am 18. September 1918 in Berlin der Zoo Palast eröffnet wird, gerät zum Streitobjekt. Liberale sind verärgert, Ernst Lubitsch profiliert sich als Fachmann für aufwendige Kostümfilme.
Foto: Pola Negri, Eduard von Winterstein

1917: Cleopatra

Rollende Augen und große Gesten: Theda Bara, Stummfilmgöttin mit viel Sinn für's Theatralische, in der Rolle ihres Lebens. Als überirdisch-schöne, aber ebenso gefährliche Cleopatra, ist sie der erste Vamp der Leinwand.
Foto: Theda Bara

**1919: Das Kabinett des Dr. Caligari
von: Robert Wiene**

„Du mußt Caligari werden!" befahlen 1919 die Berliner Litfaßsäulen: Ein Werbeschachzug des Produzenten Erich Pommer, der das Publikum auf „Das Kabinett des Dr. Caligari" neugierig machte – Monate, bevor der Film ins Kino kam. Als es endlich soweit war, wurde den verdutzten Kinogängern etwas geboten, was es noch nie gegeben hatte: Der ganze Film war in expressionistischen Kulissen aufgenommen worden. Harte Kontraste, gespenstische Schatten und überschminkte, holzschnittartige Gesichter gaben dem Horrorfilm die Alptraum-Atmosphäre einer unwirklichen Welt – Verdienst der Maler und Architekten Hermann Warm, Walter Röhrig und Walter Reimann, die mit „Caligari" ihre künstlerischen Visionen verwirklichten. Aber auch die Schauspieler Werner Krauss und Conrad Veidt waren begeistert: Mit fahrigen Gesten und fratzenhaften Grimassen paßten sie ihr Spiel den Kulissen an. Krauss entwarf sogar sein Kostüm und seine Maske selbst: den bodenlangen Mantel, den hohen Zylinder, die weiße, schulter-

lange Perücke, die schwarzen Linien im blassen Gesicht und die dicke Brille. Den Anzug, in dem er ursprünglich auftreten sollte, verwarf er bereits am ersten Drehtag: „In solchen Dekorationen kann ich doch nicht mit Cut und in gestreiften Hosen umherwandern!"

INHALT: Auf einem Jahrmarkt stellt Dr. Caligari den Somnambulen Cesare aus, der den Zuschauern die Zukunft voraussagt. Auf die Frage des Studenten Alan, wie lange er noch zu leben habe, antwortet Cesare: „Bis zum Morgen." Tatsächlich wird Alan im Morgengrauen ermordet. Sein Freund Francis verdächtigt Dr. Caligari, den hypnotischen Cesare als Mordinstrument zu mißbrauchen. Caligari sinnt auf Rache. Er schickt Cesare aus, Francis' Verlobte Jane zu entführen. Der Hypnotisierte wird jedoch entdeckt und von aufgebrachten Bürgern zu Tode gehetzt. Caligari flüchtet in ein Irrenhaus, gefolgt von Francis. Es stellt sich heraus, daß der mysteriöse Doktor Direktor der Anstalt ist. Francis ver-

sucht, ihn zu erwürgen, wird jedoch schließlich in eine Zelle abgeführt. In Wirklichkeit war alles vorher Gesehene die Zwangsvorstellung eines Wahnsinnigen, der den Leiter seiner Irrenanstalt haßt. Des Direktors Worte am Schluß: „Endlich begreife ich seinen Wahn. Er hält mich für jenen mystischen Caligari! Und nun kenne ich auch den Weg zu seiner Gesundung."

STAB: Regie und Schnitt: Robert Wiene; Drehbuch: Carl Mayer, Hans Janowitz; Kamera: Willy Hameister; Bauten und Ausstattung: Hermann Warm, Walter Reimann, Walter Röhrig; Kostüme: Walter Reimann; Produktion: Erich Pommer; Deutschland 1919; 83 Minuten.

BESETZUNG: Werner Krauss (Dr. Caligari), Conrad Veidt (Cesare), Friedrich Feher (Francis), Lil Dagover (Jane), Hans Heinrich von Twardowski (Alan), Rudolf Lettinger (Sanitätsrat Olfers).

DER REGISSEUR: Robert Wiene, vermutlich am 16. November 1873 in Breslau als Sohn des Königlich Sächsischen Hofschauspielers Carl Wiene ge-

boren, studierte in Berlin und Wien Jura und schloß mit dem Doktor der Philosophie ab. Nach einer kurzen Zeit als Theaterdirektor in Wien wandte sich Wiene der Filmkunst zu, schrieb Drehbücher für zahlreiche Produktionen und inszenierte Komödien, Melodramen und andere Varianten des Trivialfilms. 1919 übernahm er die Regie von „Das Kabinett des Dr. Caligari". Fritz Lang, den der Produzent Erich Pommer eigentlich vorgesehen hatte, war anderweitig beschäftigt. Der Film wurde eine Sensation und beeinflußte Generationen von Filmemachern. Mit „Genuine" (1920), einer weiteren expressionistischen Arbeit, versuchte Wiene vergeblich, an den Erfolg anzuknüpfen. Seine übrigen – meist mittelmäßigen – Werke sind in Vergessenheit geraten. Einzige Ausnahmen: „INRI" (1923), eine monumentale Verfilmung des Lebens Jesu, und die Gruselfilme „Orlacs Hände" (1925) und „Der Andere" (1930). 1934 emigrierte der als Jude verfolgte Wiene nach Paris, wo er 1938, während der

Dreharbeiten zu „Ultimatum" (fertiggestellt von Robert Siodmak), starb.
DER AUSSTATTER ÜBER SEINE ARBEIT: „Die Idee, diesen Film expressionistisch zu gestalten, ... stammt von uns, den Filmbildnern Hermann Warm, Walter Röhrig und Walter Reimann. Es durften keine realen Bauelemente erkennbar sein. Eine dem Thema angemessene skurrile Malerei mußte dazu beitragen, die seltsamen Ereignisse zu verdeutlichen. Die Dekoration wurde Hauptträger der Handlung." (Hermann Warm)
DIE KRITIK ZUM FILM: „Seit Jahren habe ich nicht so aufmerksam im Kino gesessen. Das Ganze ist unheimlich aufgebaut, verwischt, aber nicht ganz vom Räsonnement befreit." (Kurt Tucholsky in „Die Weltbühne", 1920)

Fotos:
1. Lil Dagover, Conrad Veidt, Werner Krauss
2. Hans Heinrich von Twardowski, Friedrich Feher
3. H. H. von Twardowski, Rudolf Lettinger
4. Conrad Veidt
5. Friedrich Feher, Lil Dagover, H. H. von Twardowski

1920

1920: Der Golem, wie er in die Welt kam

Die zweite Verfilmung der jüdischen Legende, in der ein Rabbi einen Menschen aus Lehm erschafft. Dem Expressionismus verhaftet und mit meisterhaften Studiobauten macht diese Version zu Recht Filmgeschichte. Theaterstar Paul Wegener, der zusammen mit Carl Boese die Regie übernimmt und auch die Hauptrolle spielt, beweist endgültig, daß Film eine Kunstform ist.
Foto: Paul Wegener

1920: The Kid

Chaplins erster abendfüllender Spielfilm wäre beinahe nicht zur Aufführung gekommen: Seine Ex-Frau Mildred Harris will das ungeschnittene Rohmaterial des Films als Vorschuß auf Unterhaltszahlungen beschlagnahmen lassen. Chaplin flüchtet, taucht in Utah unter und stellt den Film in seinem Versteck fertig.
Foto: Charlie Chaplin, Jackie Coogan (Kind), Tom Wilson (Polizist)

1920: Polyanna

Paraderolle für „America's Sweetheart": Mary Pickford bezaubert als niedliches, naives Waisenkind das Kinopublikum. Anders im Privatleben. Die Schauspielerin erweist sich als knallharte Geschäftsfrau. Sie ist die Erste, die sich nach ihrem Marktwert bezahlen läßt.
Foto: Mary Pickford

1921: Der Scheich
von: George Melford

„Der Scheich", Rudolph Valentinos neunzehnter Film, machte den italienischen Eintänzer zur Legende. Ein Mythos war geboren: der „latin lover", jene hochexplosive Mischung aus levantinischem Schurken und hellhäutigem Helden. Jede Frau im Publikum wollte von „Rudy" auf sein Pferd gerissen und in die Wüste entführt werden. Er war das erste männliche Leinwand-Sexsymbol. Seine physisch-sinnliche Präsenz, das Ausstellen seiner makellosen Körperlichkeit, das war etwas unerhört Neues. Der Anblick seiner nackten Haut unter dem offenen Hemd löste in den Kinos Ohnmachtsanfälle aus. Valentino und sein „Scheich" waren ein und dieselbe romantische Figur – Synthese von Leben und Leinwandexistenz. Eine exquisite Erscheinung: Von der eleganten Zigarettenspitze über die handbestickten Stiefel aus rotem Leder und dem fein ziselierten Dolch bis zum „Sklavenarmband", das ihm seine Frau Natasha Rambova verehrte, war Valentino der perfekte Kinostar, Liebesobjekt für Millionen. Der Ruhm als „größter Liebhaber der

Welt" belastete den sensiblen Schauspieler stärker, als er verkraften konnte: Valentino entwickelte schwere Magengeschwüre, an denen er kurz nach der Fertigstellung seines größten Erfolgs, „Der Sohn des Scheichs" (1926), starb. Er wurde in einem silbernen Sarg aufgebahrt, und in einem gespenstischen Zug versuchten Hunderttausende, einen letzten Blick auf ihr Idol zu werfen.

INHALT: Die Engländerin Diana Mayo fällt auf einer Arabien-Reise in die Hände des wilden Scheichs Ahmed. Er bringt sie in sein Lager und versucht, sie zu verführen. Doch Diana widersteht ihm. Der mit Ahmed verfeindete Omair entführt Diana in die Wüste, wo er sich anschickt, sie zu vergewaltigen. Doch Ahmed kommt rechtzeitig zur Hilfe. Im Kampf auf Leben und Tod mit Omair wird er schwer verletzt. Diana pflegt ihn gesund. Am Krankenbett des Scheichs wird ihr klar, daß sie ihn liebt. Als Ahmed wieder gesund ist, heiraten die beiden.

STAB: Regie: George Melford; Drehbuch: Monte M. Katterjohn (nach dem Roman von Edith Maude Hull); Kamera: William Marshall; Produktion: Paramount; USA 1921; 7 Spulen (ca. 85 Minuten).
ORIGINALTITEL: The Sheik
BESETZUNG: Agnes Ayres (Diana Mayo), Rudolph Valentino (Sheik Ahmed Ben Hassan), Adolphe Menjou (Raoul de Saint Hubert), Walter Long (Omair), Lucien Littlefield (Gaston), George Waggner (Yussef), Patsy Ruth Miller (Sklavin), F. R. Butler (Sir Aubrey Mayo).

DER REGISSEUR: George Melford, geboren 1889 in Rochester, New York, begann seine Karriere als Bühnendarsteller, ging 1909 als Schauspieler zum Film und arbeitete bald als Regisseur für Paramount, Famous Players Lasky und andere Studios. Während der Stummfilmzeit inszenierte er Hunderte von Kurzfilmen und einige damals erfolgreiche, inzwischen vergessene Starvehikel. Melfords bekanntestes Werk, „Der Scheich" (1921), begründete Rudolph Valentinos Ruf als Sex-Symbol. Melfords Tonfilme sind durchgängig mittelmäßige B-Produktionen. 1937 gab er die Regie auf und arbeitete wieder als Charakterdarsteller, vorzugsweise in Monumental-Epen wie „Das Gewand" (1953) und „Die zehn Gebote" (1956). Melford starb 1961.
DER REGISSEUR ÜBER SEINE ARBEIT: „Ich bin ein Handwerker, der den Rahmen herstellt. Für den Inhalt des Rahmens sind die Schauspieler verantwortlich."

DIE KRITIK ZUM FILM: „Die Studiobosse von Paramount waren überzeugt, sie hätten einen Riesenflop gedreht. Aber Millionen Frauen dachten anders. Valentino wurde zum Superstar." (The Motion Picture Guide)

Fotos:
1. Szene aus „Der Sohn des Scheichs"
2. 3. 5. Rudolph Valentino
4. Rudolph Valentino, Agnes Ayres

1922: Nosferatu – Eine Symphonie des Grauens
von: Friedrich Wilhelm Murnau

Verzerrte Schatten huschen bedrohlich über die Leinwand, ausgestreckte Krallen, ein kahler Schädel mit Fledermausohren – der erste Vampir der Filmgeschichte geht um. Sein Name: Graf Orlok, genannt Nosferatu, der Untote. Eigentlich sollte er Graf Dracula heißen, aber die Rechte an Bram Stokers 1897 erschienenem Schauerroman waren Friedrich Wilhelm Murnau, dem Regisseur, der den transsylvanischen Blutsauger zum Kinoleben erweckte, zu teuer. Was ihn nicht davon abhielt, Stokers Buch zu verfilmen. Murnau änderte einfach die Namen und Schauplätze. Er schuf, wie der Untertitel des Filmes es ausdrückt, eine „Symphonie des Grauens". Nie sah ein Vampir leichenhafter, unwirklicher und abstoßender aus als Max Schrecks Nosferatu. Der Darsteller mit dem angemessenen Namen bewegte sich als Graf Orlok abwechselnd mit der Schnelligkeit eines giftigen Insekts und im Zeitlupentempo eines trägen Gespenstes. Murnau fing diese Vision des Ent-

setzens mit seiner bewegten Kamera in innovativen Fahrten, Schwenks und Winkeln ein. Die Nachtszenen ließ er tiefblau einfärben; an manchen besonders unheimlichen Stellen (wenn etwa die geisterhafte Kutsche Nosferatus aus dem Nebel auftaucht), filmte er im Negativ. Mit des Vampirs Schatten verdunkelte er ganze Straßenzüge. Murnau gelang es, wie keinem Regisseur vor und nur wenigen nach ihm, eine Atmosphäre bedrückender Spannung zu schaffen, und das, obwohl er sich nicht auf die damals modischen expressionistischen Studiokulissen verließ, sondern großteils an Realschauplätzen drehte. So verlieh er seinem Vampirfilm den besonderen Horror, der entsteht, wenn in ganz alltäglicher Umgebung unerklärlich Grauenhaftes geschieht.

INHALT: Der junge Thomas Hutter arbeitet für den verschrobenen Wisborger Häusermakler Knock, der ihn beauftragt, nach Transsylvanien zu reisen und dem Grafen Orlok ein Haus in Wisborg zu verkaufen. Thomas bringt

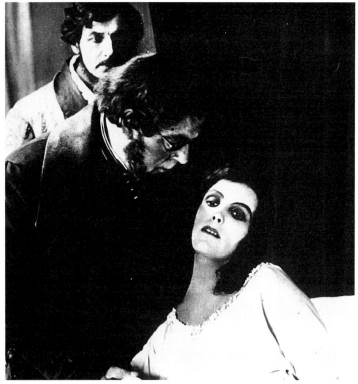

seine Frau Ellen bei gemeinsamen Freunden unter und begibt sich auf die Reise. In den Karpaten warnen ihn die Einheimischen vor Orlok – der Graf sei ein Nosferatu, ein Vampir. Orlok heißt Thomas in seinem Schloß willkommen. Durch Zufall sieht er ein Bild von Ellen, das ihn fasziniert. In der Nacht beißt er Thomas, schließt ihn im Schloß ein und reist auf dem Seeweg nach Wisborg, wo er Ellen zu seiner Gefährtin machen will. Deren Mann kann sich unterdessen befreien und folgt dem Vampir. Ellen, die weiß, daß „eine furchtlose, unschuldige Frau den Vampir den ersten Hahnenschrei vergessen machen kann", beschließt, sich zu opfern: Sie lädt Orlok zu sich sein, läßt sich von ihm beißen und hält ihn bis zum Morgengrauen bei sich. Im Licht der ersten Sonnenstrahlen zerfällt Nosferatu zu Staub.

STAB: Regie und Schnitt: Friedrich Wilhelm Murnau; Drehbuch: Henrik Galeen (nach dem Roman „Dracula" von Bram Stoker); Kamera: Fritz Arno Wagner, Gunther Krampf; Musik: Peter Schirmann, Hans Erdmann; Bauten, Ausstattung und Kostüme: Albin Grau; Produktion: Prana-Film, Berlin; Deutschland 1922; 1967 Meter (85 Minuten).

BESETZUNG: Max Schreck (Graf Orlok alias Nosferatu), Gustav von Wangenheim (Thomas Hutter), Greta Schröder-Matray (Ellen), Alexander Granach (Knock), Max Nemetz (Kapitän), John Gottowt (Professor Bulwer), Georg Heinrich Schnell (Harding), Ruth Landshoff (Annie), Gustav Botz (Professor Sievers).

DER REGISSEUR: Friedrich Wilhelm Murnau, am 28. Dezember 1888 als Friedrich Wilhelm Plumpe in Bielefeld geboren, studierte in Berlin und Heidelberg Philosophie, danach wurde er Schauspieler im Ensemble von Max Reinhardt. Im Ersten Weltkrieg war Murnau Fliegeroffizier. Nach einigen Bühnenversuchen als Regisseur drehte er 1919 seinen ersten Film, „Der Knabe in Blau". Es folgten Werke wie „Der Januskopf" (1920), „Nosferatu – Eine Symphonie des Grauens" (1922), „Der letzte Mann" (1924) und „Faust" (1926). In Hollywood inszenierte Murnau das allegorische Drama „Sunrise" (1927), das bis heute als Höhepunkt seines Schaffens und einer der besten Stummfilme überhaupt gilt. Murnaus letztes Werk war die Südsee-Romanze „Tabu" (1931), an der er mit dem Dokumentarfilmer Robert Flaherty zusammenarbeitete. Kurz vor der Uraufführung starb er im Alter von 42 Jahren an den Folgen eines Autounfalls.

DER REGISSEUR ÜBER SEINE ARBEIT: „Ich will Filme machen, die nicht schon nach ein paar Monaten veraltet sind, Filme, die man in zehn oder zwanzig Jahren noch ansieht, so wie man ein gutes Buch immer wieder liest."

DIE KRITIK ZUM FILM: „Verglichen mit diesem außergewöhnlichen Werk wirkt ‚Dracula' (1931) mit Bela Lugosi wie ein Walt Disney-Film." (The Motion Picture Guide)

Fotos:
2. 4. 5. Max Schreck
3. Greta Schröder-Matray (r)

1923: Die zehn Gebote

Das Frühwerk des Monumentalfilm-Meisters: Cecil B. De Mille verfilmt Auszüge aus dem Alten Testament und kombiniert sie mit moralisierenden, modernen Geschichten. Bemerkenswert: Die Tricktechnik und die Verwendung erster Farbaufnahmen.
Foto: Theodore Roberts

1923: Ausgerechnet Wolkenkratzer

Der berühmteste Kletterer der Filmgeschichte: Zwölf Stockwerke über dem Boden vollführt Harold Lloyd – teilweise nur an den Zeigern einer Uhr hängend – waghalsige Akrobatik. Der eigentlich für diesen atemberaubenden Akt vorgesehene Stuntman sieht von unten zu.
Foto: Harold Lloyd

1924: Gier
von: Erich von Stroheim

„Gier" ist das Meisterwerk eines Perfektionisten. Erich von Stroheim war besessen von der Idee, Frank Norris' Roman „McTeague" so genau wie möglich auf die Leinwand zu transportieren. Er wagte sich mit seinem Produktionsteam aus den Hollywood-Studios heraus und drehte als einer der ersten Regisseure an Originalschauplätzen. Das Finale wurde in der glühenden Hitze von Death Valley gefilmt – eine Strapaze, die der Koch des Teams nicht überlebte. Stroheim verfilmte chronologisch und mit verbissener, genialischer Detailbesessenheit jeden Paragraphen des Buches und verbrauchte die für damalige Zeiten ungeheure Summe von 590 000 Dollar. Am Ende war der Film 42 Spulen (7 Stunden) lang. „Unbrauchbar", entschied Irving Thalberg, Produktions-Chef von MGM, und ließ Stroheims Werk auf 10 Spulen kürzen. Selbst in dieser verstümmelten Fassung verliert „Gier" seine plebejische, brutal-direkte Faszination nicht. Der erste „realistische" Film Hollywoods beeinflußte Legionen von Regisseuren und setzte

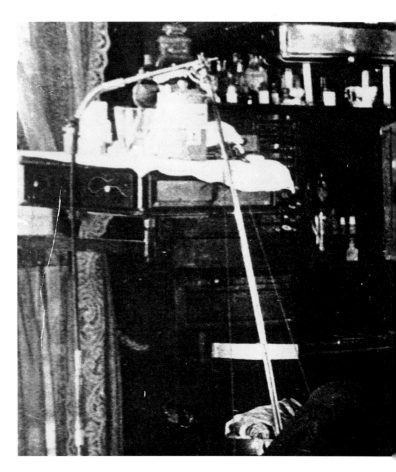

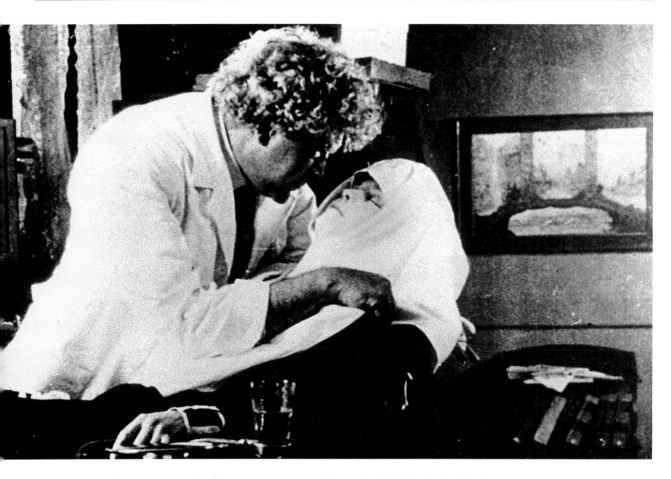

Maßstäbe für Generationen. Stroheims innovative Bilder brennen sich jedem Zuschauer ins Gedächtnis ein. Seine kompromißlose Art, jeglichen filmischen Effekt, den er sich in den Kopf gesetzt hatte, zu realisieren, auch wenn er für den richtigen Kamerawinkel Mauern einreißen mußte (wie in einer Szene in McTeagues Wohnung) galt damals als Irrsinn. Zurückblickend wird deutlich, daß Stroheim ein Visionär war, der mit „Gier" sein unübertroffenes Vermächtnis an die Filmwelt hinterlassen hat.

INHALT: McTeague, der primitive, brutale Sohn eines Alkoholikers, gibt sich in San Francisco als Zahnarzt aus. Sein Freund Marcus stellt ihn seiner Verlobten Trina vor, einer ängstlichen jungen Frau, die sich von McTeague einen Zahn ziehen läßt. Der Dentist verliebt sich in die Patientin, spannt sie Marcus aus und heirat sie. Trina kauft einen Lotterieschein und gewinnt das große Los. Außer sich vor Neid zeigt Marcus McTeague bei der Aufsichtsbehörde an. Der falsche Zahnarzt muß

seine Praxis aufgeben, sein Hab und Gut wird versteigert. Trina, die einen krankhaften Geiz entwickelt hat, weigert sich, auch nur einen Dollar ihres Vermögens anzutasten. McTeague mißhandelt seine Frau, um sie zur Herausgabe des Geldes zu zwingen, und erwürgt sie schließlich. Mit Trinas Geld flieht er ins Tal des Todes. Marcus schließt sich den Polizisten an, die den Mörder verfolgen, sich aber nicht in die tödliche Wüste wagen. So nimmt Marcus allein die Jagd auf, stellt McTeague und kettet ihn mit Handschellen an sich. McTeague versucht, sich zu befreien und tötet dabei seinen Widersacher. In der glühenden Sonne geht er neben der Leiche seines ehemals besten Freundes und dem Gold seiner toten Frau elend zugrunde.

STAB: Regie: Erich von Stroheim; Drehbuch: Stroheim und June Mathis (nach dem Roman „McTeague" von Frank Norris); Titel: Erich von Stroheim, June Mathis, Joseph Farnham; Kamera: William H. Daniels, Ben F. Reynolds, Ernest B. Schoedsack; Musik: James und Jack Brenan; Ausstattung: Louis Germonprez, Edward Sowders; Schnitt: Frank Hull, Joseph Farnham; Produktion: Erich von Stroheim, Samuel Goldwyn; USA 1925; 10 Spulen.
ORIGINALTITEL: Greed
BESETZUNG: Gibson Gowland (McTeague), Zasu Pitts (Trina), Jean Hersholt (Marcus Schouler), Chester Conklin (Mr. Sieppe), Sylvia Ashton (Mrs. Sieppe), Oscar Gottell, Otto Gottell (Sieppe-Zwillinge), Frank Hayes (Old Grannis), Jack Curtis (McTeagues Vater), Tempe Pigott (McTeagues Mutter).
DER REGISSEUR: Erich von Stroheim, am 2. September 1885 in Wien als Sohn eines jüdischen Hutmachers geboren, emigrierte 1906 in die USA, wo

er sich als preußischer Offizier ausgab und sich das adelige „von" zulegte. Nach einigen Jahren als Statist in Hollywood spielte er 1917 einen barbarischen deutschen Offizier in dem Propagandafilm „The Heart of Humanity" und wurde berühmt als „der Mann, den man zu hassen liebt". Sein Erfolg als Filmschurke brachte ihm genug Geld und Ansehen ein, um sich als Regisseur zu versuchen. Er inszenierte eine Reihe extrem teurer und aufwendiger Melodramen, darunter „Blind Husbands" (1919), „Närrische Weiber" (1921), „Die lustige Witwe" (1925) und „Der Hochzeitsmarsch" (1927). Die eleganten, süffisanten Filme waren Riesenhits, im Gegensatz zu dem realistischen, brutalen Klassendrama „Greed" (1923). Seine Verschwendungssucht beendete Stroheims Karriere frühzeitig: „Queen Kelly" (1928), finanziert von der Stummfilmdiva Gloria Swanson, sollte Stroheims größter Triumph werden. Doch die Swanson brach die Dreharbeiten ab und feuerte ihren Regisseur, als er das

Produktionsbudget um 600 000 Dollar überzog – ein Schlag, von dem Stroheim sich nie wieder erholte und der dazu führte, daß er nie mehr einen Film inszenierte. Er spielte jedoch einige beeindruckende Parts unter anderen Meistern, so in Jean Renoirs „Die große Illusion" (1937) und in Billy Wilders „Boulevard der Dämmerung" (1950), bevor er 1957 in Paris starb.

DER REGISSEUR ÜBER SEINE ARBEIT: „Im Film kann alles erreicht werden, wenn man sich nicht auf Kompromisse einläßt. Film ist die einzige Kunstform, die das Leben reproduzieren kann, wie es wirklich ist."

DIE KRITIK ZUM FILM: „‚Greed' ist ein in jeder Beziehung herausragender Film. Mit kompromißloser Grausamkeit und Klarheit zeigt er den Zusammenbruch von menschlichen Beziehungen und die Zerstörung von Charakteren unter dem Einfluß obsessiver Gier. Unvergleichlich und erschrekkend." (David Robinson, „Hollywood in the Twenties")

Fotos:
1. Gibson Gowland
2. 3. 4. Gibson Gowland, Zasu Pitts
5. Gibson Gowland, Hean Hersholt (r)

1925: Panzerkreuzer Potemkin
von: Sergej Eisenstein

„Der beste Film aller Zeiten": Unter dieser Flagge zieht der „Panzerkreuzer Potemkin" noch immer über die Leinwand (wobei ihm allenfalls Welles' „Citizen Kane" die Spitzenposition in der ewigen Kino-Hitliste streitig macht). Sergej Eisensteins Meisterwerk entstand 1925 als Auftragsarbeit zur Erinnerung an die Revolution von 1905. Erst während der Dreharbeiten änderte Eisenstein seinen Plan, ein breites Revolutionspanorama zu zeichnen; der Matrosenaufstand in Odessa, eine Episode, die im ursprünglichen Drehbuch nur anderthalb Seiten umfaßt hatte, wurde nun als exemplarisches Ereignis der Geschehnisse von damals zum einzigen Gegenstand des Films. Eisenstein drehte auf den Kreuzern „Komintern" und „12 Apostel" (einem Schwesternschiff der „Potemkin"); in dem fünfaktigen Film wurde der „chronikartige Gang der Ereignisse in strenge Tragödienkompositionen gebracht" (Eisenstein). Held des Films ist die Masse, nicht das Individuum; und so setzte der Regisseur bei der Auswahl der Darsteller (darunter viele

Laien) vor allem auf ausgeprägte Typenmerkmale. Das Massaker auf der Odessa-Treppe, wobei steinerne Löwen durch raffinierte Schnittrhythmisierung sich zur Unterstützung des Volkes zu erheben scheinen, ist eine der berühmtesten Kinoszenen überhaupt und bestimmte „als entscheidendes Element den Charakter des ganzen Films"; Eisenstein setzte hier perfekt seine Montage-Theorie um, die „alleinige Herrschaft des Bildes, ..., des mit den Mitteln der Montage dargestellten Bildes zur Verkörperung des Themas". In Deutschland liegt der im Verlauf seiner Wirkungsgeschichte vielfach verstümmelte Film seit 1986 in einer rekonstruierten authentischen Fassung vor.

INHALT: Auf dem Panzerkreuzer Potemkin gärt es wegen der erbärmlichen Lebensbedingungen an Bord. Als der Mannschaft verfaultes Fleisch vorgesetzt wird, revoltieren die Matrosen. Um ein Exempel zu statuieren, will der Kommandant die Aufrührer exekutieren lassen. Mit einer flammenden An-

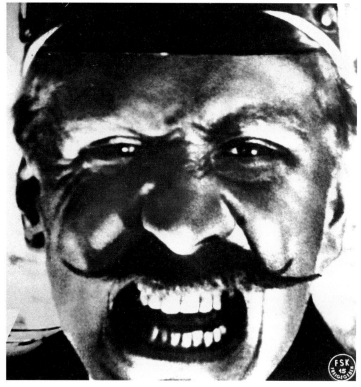

sprache kann der Matrose Wakulintschuk das Schießkommando auf die Seite der Meuterer ziehen. Zwar wird er im Kampf getötet, doch die Aufrührer siegen und werfen die Offiziere ins Wasser. Im Hafen von Odessa solidarisiert sich die Bevölkerung mit den Matrosen. Doch bald rücken die Kosaken vor und richten auf der Hafentreppe ein grausames Massaker an. Die Seeleute der Potemkin zerstören das militärische Hauptquartier und stechen in See, einer Attacke der zaristischen Schwarzmeerflotte gewärtig. Doch statt eines Gefechtes kommt es (und hier weicht Eisenstein von der historischen Wahrheit ab) zur Verbrüderung.

STAB: Regie: Sergej Eisenstein; Buch: Nina Agadshanowa-Schutko, Sergej Eisenstein; Kamera: Eduard Tissé; Musik: Edmund Meisel; Bauten: Wasili Rachals; Produktion: Mosfilm; UdSSR 1925; 75 Minuten.
ORIGINALTITEL: Bronenosez Potjomkin
BESETZUNG: Alexander Antonow (Wakulintschuk), Wladimir Barski (Kommandant), Grigori Alexandrow (Leutnant Giljarowski), Michail Gornorow (ein Matrose), Zavitok (Schiffsarzt), Matrosen der Schwarzmeerflotte, Einwohner Odessas, Mitglieder des Proletkult-Theaters.

DER REGISSEUR: Sergej Michailowitsch Eisenstein, geboren am 23. Januar 1898 in Riga, nahm zunächst ein Ingenieurstudium auf. 1918 kämpfte er in der Roten Armee für die Revolution, 1920 wurde er Regisseur und Bühnenbildner am Moskauer Proletkult-Theater. Eine Bühnenaufführung, für die er eine Drei-Minuten-Filmeinlage inszenierte, brachte ihn zum ersten Mal mit dem Medium Film in Berührung. 1924 entstand „Streik"; im Jahr darauf errang Eisenstein mit „Panzerkreuzer Potemkin" Weltruhm. Es folgten die Filme „Oktober" (1927) und „Das Alte und das Neue" (1929). Ein USA-Aufenthalt führte zu endlosen Querelen mit den Paramount-Studios; sein Mexiko-Film „Que viva Mexico" blieb unvollendet. Auch in der UdSSR bekam Eisenstein Probleme und konnte erst 1938 wieder einen Film vollenden („Alexander Newski"). Nach verschiedenen nicht realisierten Projekten entstanden 1944 bis '46 „Iwan der Schreckliche I" und „... II"; der dritte Teil blieb unvollendet. Anfang 1946 erlitt Eisenstein einen

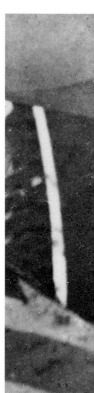

Herzinfarkt, von dem er sich nie wieder ganz erholte. Eisenstein, der nicht nur ein Regie-Genie war, sondern auch ein bedeutender Filmtheoretiker, starb am 11. Februar 1948 in Moskau.

DER REGISSEUR ÜBER SEINE ARBEIT: „Was nun meine Einstellung zum Film überhaupt anbetrifft, so muß ich allerdings bekennen, daß ich unter ‚Film' Tendenz und nichts als Tendenz verstehe. Ohne die Klarheit über das Wozu eines Films kann man nach meiner Ansicht nicht anfangen zu arbeiten."

DIE KRITIK ZUM FILM: „... der Schöpfer der ‚Panzerkreuzer Potemkin' (hat) nicht Erzählung in Bilder umgesetzt, sondern in Bildern gedacht, empfunden, konzipiert ... Hier spricht der Film seine Muttersprache." (Alfred Polgar, 1926)

Fotos:
1. Panzerkreuzer Potemkin
2. A. V. Repnikow mit Kind
3.–5. Szenen

**1926: Metropolis
von: Fritz Lang**

Eine utopische Phantasie, die bis heute nichts von ihrer optischen Faszination verloren hat: „Metropolis" ist ein visionäres Werk, das seinen stilistischen Schatten viele Jahrzehnte vorauswirft – auf die Horrorfilme der 30er, die Science-fiction-Ästhetik der 50er und die Videoclips der 80er Jahre. Nichts ist statisch in diesem Film. Selbst die Zwischentitel drehen sich, versinken, steigen auf, verlöschen ... All diese Bewegung ist meisterhaft choreographiert, von den blitzenden Kolben an phantastischen Maschinen bis zu den Menschenfluten der Arbeiter-Revolte, die Lang souverän dirigiert. Wenn auch die Story des Films naiv erscheint, so ist doch die Kraft der Langschen Bilder unvergeßlich: Brigitte Helm als Maschinenfrau, wie sie halbnackt vor der High Society tanzt; die gleiche Brigitte Helm, umflort von sanftem Licht im Kreise ihrer großäugigen Schützlinge, als „Madonna der Kinder"; der Maschinenmoloch, der in Freders Alptraum die apathischen Arbeitermassen verschlingt; die „Babel"-Sequenz mit 5000 kahlgeschorenen

Statisten; die elegante Art-deco-Zukunftsstadt, die durch die Spiegeltricks des Kameramanns Karl Freund noch heute erschreckend real wirkt; und schließlich die frappierende, blitzumzuckte Erschaffung des von Walter Schultze-Mittendorf als Blech-Dämon designten Roboters. „Metropolis" ist ein einzigartiges Museum, gefüllt mit Fritz Langs dynamischen Bildern, die die Filmästhetik dauerhaft prägen.
INHALT: Eine Stadt im Jahre 2000: In Art-deco-Hochhäusern leben die Reichen, die Arbeiter hausen und schuften unter der Erde. Herrscher der Stadt ist John Fredersen. Dessen Sohn Freder trifft eines Tages die schöne Maria, ein Mädchen aus der Arbeiterklasse. Sie erzählt ihm von ihrer Vision der zwischen Proletariat (Hand) und Herrschern (Hirn) vermittelnden Liebe (Herz) und zeigt ihm die Unterwelt. Freder ist entsetzt und fordert seinen Vater auf, etwas gegen das Leid der Armen zu tun. Doch Fredersen, der die entfesselten Massen fürchtet, läßt Maria von dem wahnsinnigen Wissen-

schaftler Rotwang entführen. Der baut einen Maschinenmenschen, der Maria täuschend ähnlich sieht. Dieser soll die Massen aufwiegeln, damit Fredersen einen Vorwand hat, hart gegen sie vorzugehen. Als die Arbeiter revoltieren, überflutet Fredersen ihre Quartiere. Maria flüchtet aus Rotwangs Haus, der Erfinder verfolgt sie. Doch Freder kommt ihr zu Hilfe und stellt sich schließlich als Vermittler zwischen seinen Vater und die Arbeiter: Er ist das Herz zwischen Hirn und Hand.

STAB: Regie: Fritz Lang; Drehbuch: Thea von Harbou (nach ihrem gleichnamigen Roman); Kamera: Karl Freund, Günther Rittau; Musik: Gottfried Huppertz; Bauten: Otto Hunte, Erich Kettelhut, Karl Vollbrecht; Kostüme: Änne Willkomm; Spezialeffekte: Eugen Schüfftan; Produktion: Ufa, Berlin; Deutschland 1926; 4189 Meter, 80 Minuten.

BESETZUNG: Brigitte Helm (Maria/Maschinenmensch), Gustav Fröhlich (Freder Fredersen), Alfred Abel (John Fredersen), Rudolph Klein-Rogge (Rotwang), Fritz Rasp (Der Schmale), Heinrich George (Groth), Theodor Loos (Joseph), Erwin Biswanger (Nr. 11 811).

DER REGISSEUR: Fritz Lang, am 5. Dezember 1890 in Wien als Sohn eines Architekten geboren, kämpfte im Ersten Weltkrieg als Leutnant der österreichischen Armee. Nach Kriegsende schrieb er Drehbücher für die Ufa, bevor er mit „Halbblut" (1919) seinen er-

sten eigenen Film drehte. Er begann, mit der Autorin Thea von Harbou zusammenzuarbeiten („Dr. Mabuse, der Spieler", 1922; „Die Nibelungen", 1924), die er 1924 heiratete. „Metropolis" wurde der bis dahin teuerste deutsche Film und ruinierte fast die Ufa. Mit „M – Eine Stadt sucht einen Mörder" (1931) etablierte sich Lang als Tonfilmregisseur. „Das Testament des Dr. Mabuse" (1933), eine kaum verschleierte Abrechnung mit dem Nationalsozialismus, wurde von den Nazis verboten. Goebbels versuchte, Lang auf seine Seite zu ziehen, indem er ihm vorschlug, die Filmproduktion des Propaganda-Ministeriums zu leiten. Am nächsten Tag reiste Lang in die USA ab. Mit der streng organisierten amerikanischen Art der Filmproduktion konnte sich der Individualist Lang nicht anfreunden. Seine US-Filme (darunter „Rache für Jesse James", 1940, und „Heißes Eisen", 1953) waren zwar unterhaltsam, doch niemals so spektakulär wie seine in Deutschland entstandenen Visionen.

Nach vergeblichen Versuchen, in der BRD an seine großen Erfolge anzuknüpfen („Der Tiger von Eschnapur", 1959, „Die tausend Augen des Dr. Mabuse", 1960), zog sich Lang bis zu seinem Tod im Jahre 1976 in sein Haus in Beverly Hills zurück.

DER REGISSEUR ÜBER SEINE ARBEIT: „Ich habe oft gesagt, daß ich ... die Aussage des Films nicht mehr akzeptieren kann. Es ist absurd zu sagen, das Herz sei der Mittler zwischen Hirn und Hand. Das Problem ist sozialer Natur, es ist keine Frage der Moral." (Cahiers du Cinéma, 1966)

DIE KRITIK ZUM FILM: „Ist uns am Film aber die fotografische Seite wichtiger als das Narrative, dann dürfen wir in ‚Metropolis' die Erfüllung all unserer Wünsche sehen, und der Film wird uns entzücken als das herrlichste Bilderbuch, das sich denken läßt." (Luis Buñuel, „Gazeta Literaria", 1927)

Fotos:
1. Rudolph Klein-Rogge
2. Gustav Fröhlich, Brigitte Helm
3. Brigitte Helm
4. Szene
5. Heinrich George, Brigitte Helm

1926: Der General
von: Buster Keaton

Eine der längsten, aufwendigsten und komischsten Verfolgungsjagden der Filmgeschichte: Über drei Viertel von „Der General" sind nichts anderes als ein Katz- und Mausspiel zwischen dem heldenhaften Lokomotivführer Johnny und den beschränkten Divisionen der Yankee-Armee, die sich ähnlich ungeschickt und albern aufführten wie die berühmten Keystone Cops. Buster Keaton gelingt es, das rasante Tempo ungebrochen beizubehalten. Ein Gag jagt den anderen, nie zuvor war soviel Bewegung auf der Leinwand zu sehen. Keaton kann seine komödiantischen und akrobatischen Talente zur Gänze entfalten. Doch „Der General" ist mehr als eine bloße Slapstick-Komödie. Bei einer Kritikerumfrage über die besten Filme aller Zeiten belegte Keatons Meisterwerk 1972 den achten Platz. Zu Recht, denn abgesehen von seiner Komik ist „Der General" auch film technisch brillant. Keaton dirigiert nicht nur Schauspieler, sondern auch Lokomotiven und ganze Armeen mit einer traumwandlerischen Leichtigkeit. Die gewagtesten Stunts wirken luftig

und graziös wie Balletteinlagen. Und kein Aufwand ist zu gewaltig für einen guten Gag. Am Ende läßt Keaton einen ganzen Zug von einer brennenden Brücke stürzen, nur um danach das fassungslose Gesicht des trotteligen Nordstaaten-Generals, der die Brückenüberquerung angeordnet hat, in einer Großaufnahme zu zeigen. In dessen Blick spiegelt sich kein Schrecken, nur tumbe Eitelkeit: Hoppla, wieder ein falscher Befehl, wie peinlich. Wenn man „Der General" sieht, kann man kaum glauben, daß die Nordstaaten den Bürgerkrieg tatsächlich gewonnen haben.

INHALT: Der Lokführer Johnnie Gray will bei Ausbruch des amerikanischen Bürgerkrieges in die Armee der Südstaaten eintreten, wird jedoch abgewiesen, weil man ihn in seinem Beruf für wichtiger erachtet. Seine Verlobte Annabelle, die glaubt, er wolle sich mit einer Ausrede vor seiner Pflicht drücken, trennt sich von ihm und fährt zu ihrem Vater – in einem Zug, der von den Yankees erobert wird. Johnnie

erfährt davon und verfolgt den gekidnappten Zug mit seiner Lok, dem „General". Weit hinter den feindlichen Linien kann er Annabelle retten, doch nun muß er vor den Nordstaatlern fliehen. Mit zwei Bataillonen auf den Fersen dampfen Johnnie und Annabelle im „General" gen Süden. Nachdem sie eine strategisch wichtige Eisenbahnbrücke überquert haben, setzt Johnnie diese in Brand und schneidet den Yankees den Weg ab. Ein trotteliger Nordstaaten-General ordnet trotzig die Überquerung der brennenden Brücke an, die natürlich nicht hält – der Zug mit den Yankee-Soldaten stürzt in die Tiefe. Zu Hause wird Johnnie als Kriegsheld gefeiert – und auch Annabelle ist wieder ganz vernarrt in ihn.
STAB: Regie: Buster Keaton, Clyde Bruckman; Drehbuch: Al Boasberg, Charles Smith (nach einer Idee von Buster Keaton); Kamera: J. Devereux Jennings, Bert Haines; Maske: Fred C. Ryle; Schnitt: Sherman Kell, Harry Barnes; Produktion: Joseph M. Schenck; USA 1926; 8 Spulen, ca. 83 Minuten.
ORIGINALTITEL: The General
BESETZUNG: Buster Keaton (Johnnie Gray), Glen Cavender (Capt. Anderson), Jim Farley (Gen. Thatcher), Frederick Vroom (Südstaatengeneral), Marion Mack (Annabelle Lee), Charles Smith (ihr Vater), Frank Barnes (ihr Bruder).

DER REGISSEUR: Joseph Francis Keaton, Spitzname „Buster", am 1. Februar 1895 in Piqua/Kansas als Sohn eines Artistenpaares geboren, stand schon als Kind auf der Vaudeville-Bühne. Seine akrobatische Gelenkigkeit machte ihn zum idealen Darsteller in Slapstick-Komödien. 1916 begann er seine Karriere als Filmschauspieler, meist als Partner von „Fatty" Arbuckle. Buster wurde berühmt als „the great stone face" (etwa: der Mann mit dem steinernen Gesicht). Welche absurden Situationen ihn in seinen Kurzfilm-Komödien auch immer erwarteten, Buster verzog nie eine Miene. Ab 1923 schrieb und inszenierte er lange Spielfilme. „Sherlock, Jr.", „Der Navigator" (beide 1924) und „Der General" gelten heute als Klassiker. Doch mit dem Stummfilm ging auch Busters Ruhm zu Ende. Seine akrobatische Komik wirkte angesichts der neuen Ton-Komödien voller witziger Dialoge veraltet. Buster wurde zum Alkoholiker, der seinen Unterhalt mühsam mit kleinen Nebenrollen, TV-Werbung und als anonymer

Gag-Schreiber verdiente. Erst in den 60er Jahren würdigte man sein Genie: Keatons Filme wurden als Meisterwerke anerkannt und wiederaufgeführt. 1965, bei den Filmfestspielen von Venedig, wurde Buster Keaton mit der längsten Ovation in der Geschichte des Festivals geehrt. Ein Jahr später starb er an Krebs.
DER REGISSEUR ÜBER SEINE ARBEIT: „Von allen meinen Filmen ist mir ‚Der General' der liebste. Er ist die Essenz meiner Arbeit."
DIE KRITIK ZUM FILM: „Der Film hat alle Süße und allen Ernst der Welt. Er handelt von Zügen, dem Wilden Westen und Mädchen mit Gesichtern wie Blumen." (The New Yorker)

Fotos:
1. 3. 4. Buster Keaton
2. Buster Keaton unter dem Tisch
5. Buster Keaton, Marion Mack

1927

1927: The Scarlet Letter

Der beliebteste Stoff der Stummfilmära: Der Roman von Nathaniel Hawthorne gehört zu den meistverfilmten dieser Zeit. Unter der Regie von Victor Seastrom spielt Lillian Gish die junge Hester, die in der puritanischen Gemeinde Salem in Verruf gerät, weil sie Ehebruch begangen hat.
Foto: Lillian Gish

1927: Napoleon

Ein ambitioniertes Projekt, das an der Trägheit der Zuschauer scheitert: Abel Gance will einen Zwölf-Stunden-Film über den französischen Feldherrn drehen, muß sein Werk aber auf sechs Stunden kürzen. Ebenfalls problematisch: Der Regisseur bringt die aufwendigen Schlachtszenen als eine Art Triptychon (drei Projektoren laufen gleichzeitig) auf die Leinwand. Die Zuschauer sind verwirrt, und Abel Gance kehrt zur bewährten Methode zurück.
Foto: Abel Gance

1927: The Jazz Singer

Der Beginn einer neuen Ära: Warner Brothers bringt den ersten erfolgreichen Tonfilm heraus (ein Jahr zuvor war das Unternehmen mit dem Tonfilm-Versuch „Don Juan" fast Pleite gegangen). Die Zuschauer strömen in die Kinos, und die anderen Studios versuchen verzweifelt, mit der neuen Entwicklung Schritt zu halten. Studio-Umbauten und Massenentlassungen von Stummfilmstars mit Sprachfehlern und Näselstimmen sind die Folge.
Foto: Al Jolson

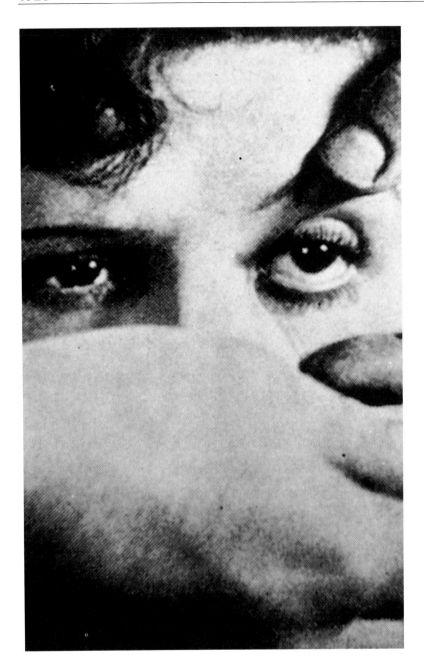

1928: Der andalusische Hund

Dieser zwanzigminütige Experimentalfilm, den Regisseur Luis Buñuel zusammen mit Salvador Dali entwickelte, schockt durch irrational-schreckliche Szenen (ein Mädchenauge wird mit einem Rasiermesser durchschnitten), gilt aber als eine der grundlegenden Arbeiten des Regisseurs.

1929: Im Westen nichts Neues

Der aufsehenerregendste Antikriegsfilm aus der Frühzeit der Filmgeschichte: Bei seiner Aufführung in Deutschland wird er auf Geheiß von Joseph Goebbels gewaltsam boykottiert, in Frankreich bis 1963 verboten. Anerkennung nur von der amerikanischen Filmakademie: zwei „Oscars" für Lewis Milestones ambitioniertes Werk.
Foto: Lew Ayres

1930: Der blaue Engel
von: Josef von Sternberg

Die „fesche Lola" ist „von Kopf bis Fuß auf Liebe eingestellt": Marlene Dietrich als Versuchung Frau, die ultimative Verführerin, der gefühllose Vamp par excellence. Wie im Vorübergehen bricht Lola-Lola das Herz des Gymnasial-Professors Immanuel Rath. Seinen Schmerz nimmt sie gar nicht wahr. Das ist der Stoff, aus dem Mythen geschaffen werden. Dabei war Marlene Dietrich an der Rolle, die ihr Leben verändern sollte, erst gar nicht interessiert. Sie mochte die Geschichte des Films nicht und zweifelte an ihrem Talent. Emil Jannings jedoch sah voraus, daß dieses frische Gesicht, von dem soviel Sex-Appeal ausging, ihm die Show stehlen würde. Er verbündete sich mit dem Produzenten Erich Pommer gegen Josef von Sternberg, den Regisseur, um die Dietrich aus „seinem" Film fernzuhalten. Doch von Sternberg setzte sich durch – gegen Marlenes Desinteresse und das verletzte Ego des großen Emil Jannings. Seine Wahl erwies sich als goldrichtig: Marlene war Lola-Lola. Jannings, so brillant er auch den biederen Professor verkörperte,

stand in ihrem Schatten und rächte sich, indem er bei der Würgeszene so fest zudrückte, daß sie das Bewußtsein verlor. Doch alles Wüten war vergebens: Schon kurz nach der Premiere nannte niemand mehr den „Blauen Engel" einen „Jannings-Film". Es ist ein „Dietrich-Film" durch und durch.

INHALT: Der biedere Professor Rath will seine Schüler vom Besuch der Spelunke „Der blaue Engel" abhalten, in der die vulgäre, aber verführerische Sängerin Lola-Lola die unbestrittene Attraktion ist. Rath besucht das berüchtigte Lokal, um den Sündenpfuhl zu inspizieren. Doch als er Lola-Lola auf der Bühne sieht, vergißt er seine Mission und verliebt sich in die Vorstadt-Sirene. Die Sängerin läßt sich mit dem alten Mann ein und nutzt ihn aus. Als der Skandal herauskommt, verliert Rath seine Stellung. Konsequent heiratet er die fesche Lola und geht mit ihrer Artistentruppe auf Tournee. Eine demütigende Erfahrung: Der Professor muß den Hanswurst machen. Als Lola-Lola ihn wegen des schönen Mazeppa

verläßt, kommt Rath immer mehr herunter. Der gebrochene Mann schleppt sich noch einmal nachts in seine alte Schule und stirbt dort – ein menschliches Wrack.

STAB: Regie: Josef von Sternberg; Drehbuch: Robert Liebmann (nach dem von Karl Vollmoeller und Carl Zuckmayer frei bearbeiteten Roman „Professor Unrath" von Heinrich Mann); Kamera: Günther Rittau, Hans Schneeberger; Musik: Friedrich Hollaender; Lieder: Hollaender, Robert Liebmann; Ton: Fritz Thiery; Bauten: Otto Hunte, Emil Hasler; Schnitt: Sam Winston; Produktion: Erich Pommer; Deutschland 1929/30; 108 Minuten.

BESETZUNG: Emil Jannings (Prof. Immanuel Rath), Marlene Dietrich (Lola Fröhlich, genannt Lola-Lola), Kurt Gerron (Kiepert, der Zauberer), Rosa Valetti (Guste, seine Frau), Hans Albers (Mazeppa), Eduard von Winterstein (Schuldirektor), Reinhold Bernt (Clown).

DER REGISSEUR: Josef von Sternberg, geboren am 29. Mai 1894 in Wien, wuchs abwechselnd in Wien und New York auf, bevor er 1924 nach Holly-

wood zog und sich das aristokratische „von" zulegte, „weil es auf einem Filmplakat einfach besser aussieht". Er drehte mehrere Filme (u. a. für MGM und United Artists), die den Studiobossen jedoch „zu künstlerisch" waren. 1926 erlebte er seinen Durchbruch mit „Unterwelt", Hollywoods erstem Gangsterfilm, in dem er Kamera und Licht benutzte wie ein Maler Pinsel und Farbe. 1930 ging von Sternberg nach Berlin, um dort den ersten Tonfilm der Ufa, „Der Blaue Engel", zu inszenieren. Er entdeckte Marlene Dietrich für die Rolle der Lola-Lola und machte sie zu seinem Geschöpf. Das leicht vulgäre, pummelige Mädchen mutierte zur Göttin auf Zelluloid. Ihre weiteren gemeinsamen Filme (darunter „Marocco", 1930, „Blonde Venus", 1932, „Die scharlachrote Kaiserin", 1934) gehören zu den stilistisch aufregendsten Werken der Filmgeschichte. Nach der Trennung von Marlene Dietrich wollte der Regisseur in England mit „Ich, Claudius" sein Meisterwerk inszenieren. Die Produktion

scheiterte jedoch aus finanziellen und persönlichen Gründen. Zurück in Hollywood konnte von Sternberg nicht an seine früheren Erfolge anknüpfen. In den Fünfzigern zog er sich vom Filmgeschäft zurück. Von Sternberg starb 1969.

DER REGISSEUR ÜBER SEINE ARBEIT: „Es gibt nicht nur zwei Versionen einer Geschichte, sondern tausend, und sicher ist keine von ihnen wirklich wahrheitsgetreu. Eine Version meiner Beziehung zu Frau Dietrich hat vor langer Zeit die Kamera im Verlauf von sieben Filmen erzählt, und es würde mich nicht überraschen, wenn dies von allen die unzuverlässigste wäre."

DIE KRITIK ZUM FILM: „Das Ereignis: Marlene Dietrich. Sie singt und spielt fast unbeteiligt, phlegmatisch. Aber dieses sinnliche Phlegma reizt auf. Sie ist ordinär, ohne zu spielen. Alles ist Film, nichts Theater." (Berliner Börsen-Courier, 1930)

Fotos:
1. Szene mit Marlene Dietrich
2. 4. Emil Jannings, Marlene Dietrich
3. Marlene Dietrich
5. Kurt Gerron, Marlene Dietrich

1930: Die Drei von der Tankstelle

Mit naiver Fröhlichkeit gegen die Misere: Deutschland leidet noch an den Folgen der Weltwirtschaftskrise. Das Ende der Weimarer Republik ist abzusehen, und Heinz Rühmann, Willy Fritsch und Oskar Karlweis trällern „Ein Freund, ein guter Freund" und „Liebling, mein Herz läßt dich grüßen". Sie treffen den Ton der Zeit: Wilhelm Thiels Komödie avanciert zum erfolgreichsten Film des Jahres in Deutschland.
Foto: Oskar Karlweis (l), Willy Fritsch, Heinz Rühmann

1930: Anna Christie

Der erste Tonfilm der Garbo: Als Frau mit zweifelhafter Vergangenheit stürzt sie sowohl ihren Vater als auch ihren Verlobten in tiefe Verzweiflung. Die Zuschauer schmachten, und die Garbo etabliert sich als Königin der Melodramatik.
Foto: Greta Garbo

1930: Der kleine Cäsar

Mervyn LeRoy dreht ein unterkühltes Gangster-Drama um den raschen Aufstieg eines Ganoven in Chicago. Edward G. Robinson brilliert in der Hauptrolle und begründet seinen Ruhm als Idealbesetzung für skrupellose Mafiosi.
Foto: Edward G. Robinson (l), Douglas Fairbanks, Jr.

**1930: Marokko
von: Josef von Sternberg**

Eine Frau wie eine Fata Morgana. In „Marokko", ihrem ersten amerikanischen Film, ist Marlene Dietrich nicht nur schön, sie ist vollkommen. Egal, ob sie im Smoking, im durchsichtigen Abendkleid oder im schlichten Straßenkostüm auftritt, man kann die Augen nicht von ihr abwenden. Josef von Sternberg, Marlenes Entdecker und Regisseur, hat hart an der Erschaffung dieser Illusion der absoluten Schönheit gearbeitet – so hart, daß er einmal in einem Interview sagte: „Ich habe Miss Dietrich nicht nur gemacht, ich *bin* Miss Dietrich und Miss Dietrich ist ich." Nach dem Riesenerfolg von „Der blaue Engel" brachte von Sternberg sein Geschöpf in die USA. Schon auf dem Schiff wurde sie auf Diät gesetzt und bekam stündlich Massagen, die ihre Taille schmälern sollten. Um die Beine wickelte Marlene sich enge Bandagen, die das Fett verdrängen sollten. Deshalb trug sie, auch zu offiziellen Anlässen, Herrenhosen und kreierte so – unbeabsichtigt – eine neue Mode. Auch ihr Gesicht wurde neu gestylt: Durch die intensive Diät fielen ihre

Wangen ein, die Augenbrauen wurden abrasiert und in einem weiten, hauchdünnen Bogen nachgezogen, der den Ausdruck ihrer großen Augen noch intensivierte. Doch diese kosmetischen Tricks allein konnten aus Marlene Dietrich keine Sensation machen. Von Sternbergs Regie und das magische, schmeichelnde Licht, in das er und sein kongenialer Kameramann Lee Garmes die Schauspielerin hüllten, erfanden erst die Legende Dietrich, das Märchen von der perfekt schönen Frau.

INHALT: Die Sängerin Amy Jolly lernt auf dem Schiff nach Marokko den reichen Mäzen Le Bessier kennen. Er verschafft ihr ein Engagement in einem schwülstigen Nachtlokal, wo Amy den Fremdenlegionär Tom Brown kennen- und lieben lernt. Als Tom zu einem Einsatz abberufen wird, willigt Amy in ihrer Einsamkeit zunächst ein, Le Bessier zu heiraten. Doch Toms Legion kehrt ohne ihn zurück. Fast wahnsinnig vor Sorge und Liebe sucht Amy ihren Geliebten in den Krankenhäu-

sern – und findet ihn schließlich in der Bar, in der sie auftritt – Tom ist unverwundet, in seinen Armen hält er eine andere Frau. Knapp teilt er Amy mit, er habe genug von ihr gehabt. Als Toms Einheit am nächsten Morgen in die Wüste marschiert, läuft die unsterblich verliebte Amy hinterher, zurückgewiesen, aber zuversichtlich, daß sie Tom am Ende doch noch erobern wird.
STAB: Regie: Josef von Sternberg; Drehbuch: Jules Furthmann (nach dem Roman „Amy Jolly, die Frau aus Marrakesch" von Benno Vigny); Kamera: Lee Garmes, Lucien Ballard; Musik: Karl Hajos; Lieder: Hajos, Leo Robin; Ausstattung: Hans Dreier; Kostüme: Travis Banton; Schnitt: Sam Winston; Produktion: Hector Turnbull; USA 1930; 90 Minuten.
ORIGINALTITEL: Morocco
BESETZUNG: Gary Cooper (Tom Brown), Marlene Dietrich (Amy Jolly), Adolphe Menjou (Le Bessier), Ullrich Haupt (Adjutant Caesar), Juliette Compton (Anna Dolores), Francis McDonald (Tatoche).

DER REGISSEUR: Josef von Sternberg, geboren am 29. Mai 1894 in Wien, wuchs abwechselnd in Wien und New York auf, bevor er 1924 nach Hollywood zog und sich das aristokratische „von" zulegte, „weil es auf einem Filmplakat einfach besser aussieht". Er drehte mehrere Filme (u. a. für MGM und United Artists), die den Studiobossen jedoch „zu künstlerisch" waren. 1926 erlebte er seinen Durchbruch mit „Unterwelt", Hollywoods erstem Gangsterfilm, in dem er Kamera und Licht benutzte wie ein Maler Pinsel und Farbe. 1930 ging von Sternberg nach Berlin, um dort den ersten Tonfilm der Ufa, „Der Blaue Engel", zu inszenieren. Er entdeckte Marlene Dietrich für die Rolle der Lola-Lola und machte sie zu seinem Geschöpf. Das leicht vulgäre, pummelige Mädchen mutierte zur Göttin auf Zelluloid. Ihre weiteren gemeinsamen Filme (darunter „Marokko", 1930, „Blonde Venus", 1932, „Die scharlachrote Kaiserin", 1934) gehören zu den stilistisch aufregendsten Werken der Filmge-

1930

schichte. Nach der Trennung von Marlene Dietrich wollte der Regisseur in England mit „Ich, Claudius" sein Meisterwerk inszenieren. Die Produktion scheiterte jedoch aus finanziellen und persönlichen Gründen. Zurück in Hollywood konnte von Sternberg nicht an seine früheren Erfolge anknüpfen. In den Fünfzigern zog er sich vom Filmgeschäft zurück. Von Sternberg starb 1969.
DER REGISSEUR ÜBER SEINE ARBEIT: „Die Story interessiert mich nicht, nur wie sie fotografiert und präsentiert wird."
DIE KRITIK ZUM FILM: „Nie zuvor wurde jemand so schnell und verdient berühmt wie die glamouröse, großartige Marlene Dietrich als Amy Jolly." (Photoplay)

Fotos:
1. Szene mit Marlene Dietrich und Adolphe Menjou (r)
2. Gary Cooper, Marlene Dietrich
3. 4. Marlene Dietrich, Adolphe Menjou
5. Schlußszene

**1931: Frankenstein
von: James Whale**

Mit „Frankenstein" haben Regisseur James Whale, Maskenbildner Jack Pierce und Schauspieler Boris Karloff in der Rolle seines Lebens mehr geschaffen als einen Film. „Frankenstein" und sein Geschöpf wurden zum Mythos, zum festen Bestandteil der abendländischen Kultur. Whales stimmungsvolles Gruselmärchen inspirierte zahlreiche Neuverfilmungen, Fortsetzungen und Variationen, wurde aber niemals übertroffen. Drei bis vier Stunden saß Boris Karloff täglich geduldig am Schminktisch von Jack Pierce, der die grauenerregende Fratze der Kreatur so geschickt mit dem Gesicht des Schauspielers verschmolz, daß Karloff unter all dem Make-up noch die subtilsten Gefühlsregungen zeigen konnte. Frankensteins Ungeheuer mit seinen gräßlichen, von Metallklammern zusammengehaltenen Narben, seinen schwerlidrigen Augen unter der wulstigen Stirn, seiner Todesblässe und den Elektroden im Hals, war die bis dahin abstoßendste und schauerlichste Schöpfung Hollywoods. Trotzdem strahlt das Monster nicht nur

Grauen aus, sondern auch eine Aura tiefster Traurigkeit. Die Kreatur gehört weder zu den Lebenden noch zu den Toten. Sie ist ein verstoßener Außenseiter – eine einsame, tragische Gestalt, die den Zuschauer in einen Gefühlstaumel zwischen Abscheu und Mitleid stürzt.

INHALT: Der junge Arzt Baron von Frankenstein erweckt mit elektrischer Energie einen Körper zum Leben, den er aus gestohlenen Leichenteilen zusammengesetzt hat. Er weiß nicht, daß das Gehirn seiner Kreatur, das sein buckliger Assistent Fritz aus dem gerichtsmedizinischen Institut entwendet hat, einem toten Mörder gehört. Das Geschöpf wird in einem Verlies unter dem Laboratorium Frankensteins gefangengehalten, entflieht jedoch, als Fritz es mit einer Fackel quält. Der Bucklige und Frankensteins väterlicher Freund Dr. Waldmann fallen dem Monster zum Opfer. Nachdem es auch noch ein kleines Mädchen getötet hat, jagen die entsetzten Dorfbewohner unter Führung des Barons das Unge-

heuer in eine alte Mühle, die sie in Brand stecken. Frankensteins Kreatur kommt in den Flammen um.
STAB: Regie: James Whale; Drehbuch: Garrett Ford, Francis Edward Faragoh, John L. Balderston, Robert Florey (nach dem Roman von Mary Shelley und dem Theaterstück von Peggy Webling); Kamera: Arthur Edeson; Musik: David Brockman; Bauten: Charles D. Hall; Ausstattung: Herman Rosse; Make-up: Jack Pierce; Spezialeffekte: John P. Fulton; Schnitt: Maurice Pivar, Clarence Kolster; Produzent; Carl Laemmle, Jr.; USA 1931; 71 Minuten.
ORIGINALTITEL: Frankenstein
BESETZUNG: Colin Clive (Frankenstein), Mae Clarke (Elizabeth), John Boles (Victor), Boris Karloff (Ungeheuer), Edward Van Sloan (Dr. Waldman), Dwight Frye (Fritz).
DER REGISSEUR: James Whale, geboren am 22. Juli 1896 in Dudley, England, begann seine Laufbahn als Zeitungs-Cartoonist. Während der Gefangenschaft im Ersten Weltkrieg beschäftigte er sich mit dem Inszenieren von Theaterstücken, in denen er oft auch selbst mitspielte. Nach seiner Entlassung ging er als Schauspieler, Requisiteur und Regisseur zum Theater. 1927 emigrierte Whale in die USA, wo er das pazifistische Stück „Die andere Seite" von R. C. Sheriff auf die Bühne brachte. Die Universal-Studios in Hollywood beauftragten den exzentrischen Künstler, der sich selbst als

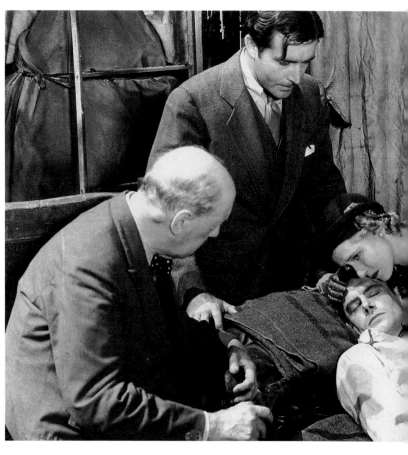

Dandy stilisierte, mit der Filmversion des Stückes. Whale etablierte sich in den folgenden Jahren mit „Frankenstein" (1931), der brillanten Fortsetzung „Frankensteins Braut" (1935), „Der unsichtbare Mann" (1933) und „The Old Dark House" (1932) als innovativer Meister des Horror-Genres. Auch mit dem Musical „Show Boat" (1936) und dem Abenteuerfilm „Der Mann in der eisernen Maske" (1939) gelangen ihm Publikumserfolge. Whale, der zu den schillerndsten Individualisten des klassischen Hollywood gehörte, zog sich 1941 vom Filmgeschäft zurück, um Maler zu werden. 1957 ertrank er unter bis heute ungeklärten Umständen in seinem Swimmingpool.

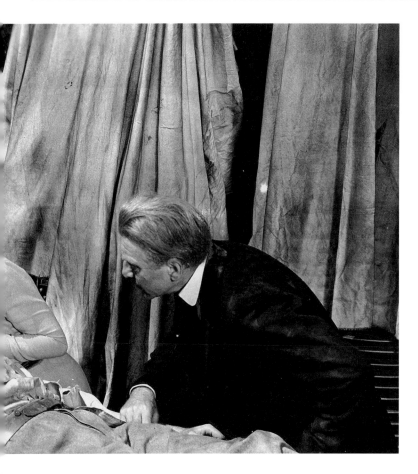

DER REGISSEUR ÜBER SEINE ARBEIT: „Ich habe mich immer als Theater-Regisseur verstanden. Auch bei meinen Filmen verlasse ich mich auf Theatereffekte, wie man in ‚Frankenstein' in der Sequenz, in der das Ungeheuer zum Leben erweckt wird, und in den letzten Szenen in der brennenden Mühle besonders deutlich sieht. Das Monster hat einen starken Auftritt und einen starken Abgang – theatergerecht."

DIE KRITIK ZUM FILM: „Obwohl ‚Frankenstein' keine Musik hat und gegen den Willen des Regisseurs stark geschnitten wurde, ist James Whales Klassiker heute noch so beeindruckend wie bei seiner Uraufführung." (Michael Weldon, „The Psychotronic Encyclopedia of Film")

Fotos:
1. Szene
2. Mae Clarke, Boris Karloff
3. Boris Karloff
4. Colin Clive (liegend), Mae Clarke
5. Boris Karloff (m)

1931: Lichter der Großstadt

Das Projekt eines Besessenen: Charlie Chaplin weigert sich, mit der Zeit zu gehen und seinen Film mit Dialogen zu unterlegen. Stattdessen komponiert er selbst seine erste Filmmusik und drangsaliert als Regisseur die Darsteller. Ergebnis: „Lichter der Großstadt" besteht gegen die Tonfilm-Konkurrenz und wird ein Kassenerfolg.
Foto: Charlie Chaplin, Henry Myers

1931: M – Eine Stadt sucht einen Mörder
von: Fritz Lang

„Elsie!" schallt es durch das leere Treppenhaus, durch den dunklen Dachboden und durch den Wald. Eine Mutter ruft beunruhigt, unterschwellig verzweifelt, mit immer schwächer werdender Stimme nach ihrer kleinen Tochter. Doch sie erhält keine Antwort. Der Platz am Eßtisch bleibt leer. Elsie wird nicht zurückkommen. Sie wurde das Opfer eines psychopathischen Kindermörders, der Berlin in Angst und Schrecken versetzt. Mit diesen beklemmenden Szenen beginnt Fritz Langs 1931 entstandenes Meisterwerk „M". Eine Beklemmung, aus der der Regisseur seine Zuschauer zwei Stunden lang nicht mehr entläßt. Wieder einmal erweist sich Lang als Meister der Bildkomposition und spielt mit Licht und Schatten. Bei „M" kommt noch eine weitere Komponente hinzu: Zum ersten Mal versucht sich der Regisseur auf dem Gebiet des Tonfilms. Das Ergebnis ist überwältigend, denn Lang läßt den Dialog nicht einfach nebenbei laufen, mißbraucht ihn nicht als akustischen Ersatz für die

Zwischentitel, sondern setzt ihn als dramaturgisches Mittel ein: Dialogfetzen überlappen in die nächste Szene, bringen damit Tempo in den Film und zeigen Parallelen zwischen den Polizisten und den Verbrechern auf. Genialster Einfall: die „Erkennungs"-Melodie des Mörders. Immer wenn er auftaucht, pfeift er eine Passage aus „Peer Gynt". Noch ehe sein Schatten auf sein nächstes Opfer fällt, hört man das todbringende Lied. Die Melodie wird schließlich auch dem Mörder selbst zum Verhängnis: Ein blinder Straßenhändler erkennt ihn daran wieder. Am Schluß schließt sich der Kreis, denn noch einmal kommt eine Mutter zu Wort und mahnt aus dem Off: „Und wir, wir müssen auf unsere Kinder viel, viel mehr achtgeben."

INHALT: Berlin, Anfang der 30er Jahre. Ein psychopathischer Kindermörder versetzt die Bevölkerung in Angst und Schrecken. Trotz modernster Fahndungsmethoden und unermüdlicher Suche durch die Polizei kennt niemand seine Identität. Den

Gangstern der Stadt, die sich unter dem Vorsitz von Schränker zu einem Ring zusammengeschlossen haben, ist der Mörder ein Dorn im Auge. Denn durch die verschärfte Suche nach dem Täter geraten auch sie immer mehr in die Schußlinie. Die Verbrecher beschließen, auf eigene Faust zu ermitteln. Durch den Tip eines blinden Straßenhändlers gelingt es ihnen, den Mörder aufzuspüren und ihn in einem Bürogebäude zu stellen. In einem unterirdischen Versteck hält man über den Kinderschänder Gericht. Derart in die Enge getrieben, wird der Täter zum hilflosen Opfer.

STAB: Regie: Fritz Lang; Drehbuch: Fritz Lang, Thea und Horst von Harbou, Paul Falkenberg, Adolf Jang, Karl Vash, Emil Hasler, Gustav Rathje, Karl Vollbrecht, Fritz Arno Wagner (nach einem Zeitungsartikel von Egon Jacobson); Kamera: Fritz Arno Wagner; Musik: Adolf Jansen; Bauten und Ausstattung: Emil Hasler, Karl Vollbrecht; Ton: Adolf Jansen; Schnitt: Paul Falkenberg; Produktion: Seymour Nebenzal; Deutschland 1931; 117 Minuten.

BESETZUNG: Peter Lorre (Hans Bekkert), Ellen Widmann (Frau Beckmann), Inge Landgut (Elsie Beckmann), Otto Wernicke (Kriminalkommissar Lohmann), Gustaf Gründgens (Schränker), Friedrich Gnass (Einbrecher), Fritz Odemar (Falschspieler), Paul Kemp (Taschendieb), Theo Lingen (Bauernfänger), Ernst Stahl-Nachbaur (Polizeipräsident), Franz Stein (Minister), Theodor Loos (Kriminalkommissar Groeber).

DER REGISSEUR: Fritz Lang, am 5. Dezember 1890 in Wien als Sohn eines Architekten geboren, kämpfte im Ersten Weltkrieg als Leutnant der österreichischen Armee. Nach Kriegsende

schrieb er Drehbücher für die Ufa, bevor er mit „Halbblut" (1919) seinen ersten eigenen Film drehte. Er begann, mit der Autorin Thea von Harbou zusammenzuarbeiten („Dr. Mabuse, der Spieler", 1922; „Die Nibelungen", 1924), die er 1924 heiratete. „Metropolis" (1927) wurde der bis dahin teuerste deutsche Film und ruinierte fast die Ufa. Mit „M – Eine Stadt sucht einen Mörder" (1931) etablierte sich Lang als Tonfilmregisseur. „Das Testament des Dr. Mabuse" (1933), eine kaum verschleierte Abrechnung mit dem Nationalsozialismus, wurde von den Nazis verboten. Goebbels versuchte, Lang auf seine Seite zu ziehen, indem er ihm vorschlug, die Filmproduktion des Propaganda-Ministeriums zu leiten. Am nächsten Tag reiste Lang in die USA ab. Mit der streng organisierten amerikanischen Art der Filmproduktion konnte sich der Individualist Lang nicht anfreunden. Seine US-Filme (darunter „Rache für Jesse James", 1940, und „Heißes Eisen", 1953) waren zwar unterhaltsam, doch

niemals so spektakulär wie seine in Deutschland entstandenen Visionen. Nach vergeblichen Versuchen, in der BRD an seine großen Erfolge anzuknüpfen („Der Tiger von Eschnapur", 1959, „Die tausend Augen des Dr. Mabuse", 1960), zog sich Lang bis zu seinem Tod im Jahre 1976 in sein Haus in Beverly Hills zurück.

DER REGISSEUR ÜBER SEINE ARBEIT: „Ein Film ist nicht an irgendwelche Regeln gebunden. Er ist immer neu, und ein Prinzip, das in einer Szenenfolge richtig ist, kann bereits in der nächsten völlig falsch sein."

DIE KRITIK ZUM FILM: „Ein Film von einer Hitchcock-Qualität, die Hitchcock damals selbst noch gar nicht hatte." (Klassiker des deutschen Tonfilms)

Fotos:
1. Gustav Gründgens
2. Otto Wernicke (l), Friedrich Gnass
3. 4. Peter Lorre
5. Otto Wernicke (2.v.l.), Hertha von Walther

1932: Menschen im Hotel

Oft kopiert, doch nie erreicht: Edmund Goulding verfilmt Vicky Baums Bestseller mit Starbesetzung und verknüpft geschickt die losen Enden der vielschichtigen Handlung zu einem atmosphärisch dichten Melodram. Verführerisch: die Garbo als exzentrische Ballettänzerin.
Foto: Greta Garbo, John Barrymore

1932: Tarzan, der Affenmensch

Zum ersten Mal hallt der stimmgewaltige Urschrei des Dschungelkönigs durch die Kinosäle. Der erste Tarzan-Tonfilm entwickelt sich zu einem der großen Kassenschlager des Jahres, ein Erfolg, der nicht zuletzt dem ehemaligen Olympia-Schwimmer Johnny Weissmuller zu verdanken ist. Gut gebaut und mit hölzernem Charme avanciert er gleich mit seinem ersten Leinwand-Auftritt als Affenmensch zum Star.
Foto: Maureen O'Sullivan, Johnny Weissmuller

1932: Scarface

Held oder Verbrecher? Regisseur Howard Hawks erzählt in Anlehnung an das Leben von Al Capone die Geschichte eines aufstrebenden Gangsterbosses, der mit Skrupellosigkeit, Brutalität und Tatkraft ans Ziel gelangt. Die amerikanischen Zensurbehörden halten die Aussage für zweifelhaft und legen den Film auf Eis. Erst nach weiteren Schnitten kann er aufgeführt werden.
Foto: Paul Muni (m)

1933: King Kong und die weiße Frau
von: Merian C. Cooper
und Ernest B. Schoedsack

„Die Schöne und das Biest" – „King Kong und die weiße Frau" ist das alte Märchen, neu arrangiert und mit einer Tricktechnik inszeniert, die ihrer Zeit um Jahrzehnte voraus war. Willis O'Brian, der für die *special effects* verantwortliche Fachmann bei RKO, weigerte sich von vornherein, einen Mann im Affenkostüm als Kong und kostümierte Eidechsen als Dinosaurier auftreten zu lassen. Er arbeitete ausschließlich mit Modellen, wodurch seine Kreaturen besonders bedrohlich wurden. „King Kong" begeistert jedoch nicht nur wegen seiner überragenden Tricktechnik. Seine universelle und zeitlose Faszination gewinnt Coopers und Schoedsacks Meisterwerk aus dem freudianischen Subtext. Der Film ist angelegt wie eine Reise ins menschliche Unterbewußtsein, wo ungebändigte Triebe herrschen und phallische Tiere ihre sexuellen Wünsche bis zur Selbstzerstörung verfolgen. King Kong wurde ein fester Bestandteil der Populärkultur, eine amerikanische Institution. Noch heute besteigen

Touristen das Empire State Building, dessen Andenkenladen voll ist mit King-Kong-Souvenirs, nicht wegen der atemberaubenden Architektur, sondern weil sich hier eine große unglückliche Liebesgeschichte abspielte: die zwischen King Kong und der weißen Frau.
INHALT: Der Dokumentarfilmer Carl Denham leitet eine Expedition in die Südsee. Dort, auf der unerforschten Schädelinsel, soll Kong, ein mächtiger Riesenaffe, leben. Tatsächlich taucht dieses urweltliche Monstrum auf und entführt Ann Darrow, Denhams Hauptdarstellerin. Zusammen mit seinem ersten Steuermann Driscoll und einigen Mannschaftsmitgliedern nimmt der Regisseur die Verfolgung auf. Doch im Dschungel lauern ungeahnte Gefahren: Alle Männer werden von Dinosauriern getötet, bis auf Denham, der zur Küste zurückflieht, und Driscoll, dem es schließlich gelingt, Ann aus der Gewalt des Riesenaffen zu befreien. Doch das Untier will sein Spielzeug zurückhaben und nimmt die Verfolgung auf. Driscoll gelingt es, Kong mit

einer Gasbombe zu betäuben. Das Ungeheuer wird gefesselt und nach New York verschifft, wo es als „achtes Weltwunder" Furore macht. Von den Blitzlichtern der Reporter gereizt, reißt Kong sich jedoch los und entführt Ann ein zweites Mal. Er zerstört ganze Straßenzüge und erklimmt das Empire State Building. Dort wird er von Doppeldeckern abgeschossen. Kong stürzt in den Tod, während Driscoll Ann vom Dach des Wolkenkratzers rettet.

STAB: Regie und Produktion: Merian C. Cooper, Ernest B. Schoedsack; Drehbuch: James Creelman, Ruth Rose (nach einer Idee von Cooper und Edgar Wallace); Kamera: Edward Linden, Vernon L. Walker, J. O. Taylor; Musik: Max Steiner; Bauten: Carroll Clark, Al Herman, Van Nest Polglase; Ausstattung: Thomas Little; Spezialeffekte: Willis O'Brian, E. B. Gibson, Marcel Delgado, Fred Reefe, Orville Goldner, Carroll Shepphird, Mario Larrinaga, Byron L. Crabbe; Schnitt: Ted Cheeseman; USA 1933; 100 Minuten.
ORIGINALTITEL: King Kong
BESETZUNG: Fay Wray (Ann Darrow), Robert Armstrong (Carl Denham), Bruce Cabot (John Driscoll), Frank Reicher (Capt. Englehorn), Sam Hardy (Charles Weston), Noble Johnson (Eingeborenenhäuptling), Steve Clemento (Medizinmann), Victor Wong (Charley), Paul Porcasi (Socrates).
DIE REGISSEURE: Ernest Beaumont Schoedsack, geboren am 8. Juni 1893 in Council Bluffs, Iowa. Merian C. Cooper, geboren am 24. Oktober 1893 in Jacksonville, Florida. Der Wochen-

schau-Kameramann Schoedsack lernte Cooper 1920 in Polen kennen, wo dieser als Pilot stationiert war. Die beiden drehten zusammen einige erfolgreiche Dokumentarfilme. Cooper wurde 1933, durch Einfluß seines Freundes David O. Selznick, Vizepräsident der RKO-Studios. Sein erstes RKO-Projekt mit Schoedsack war ein Abenteuerfilm von noch nie gesehenen Ausmaßen, „King Kong", zu dem er, gemeinsam mit Schoedsacks Frau Ruth Rose, das Drehbuch verfaßte. Der Film war Coopers letzte Regiearbeit. Er verlegte sich auf das Produzieren, während Schoedsack mit weiteren Filmen des phantastischen Genres wie „Son of Kong" (1933), „Dr. Cyclops" (1940) und „Mighty Joe Young" (1949) versuchte, an den Erfolg von „King Kong" anzuknüpfen. 1952 zog er sich aus dem Filmgeschäft zurück. Cooper starb 1973, Schoedsack 1979.

DER REGISSEUR ÜBER SEINE ARBEIT: „Das Geheimnis von ‚King Kong' liegt in den nie gesehenen Sensationen. Aber meine Idee war, die prähistorischen Tiere nicht einfach durchs Bild laufen zu lassen, sondern sie wild und bedrohlich zu zeigen. Ich wollte Kreaturen von alptraumhafter Schrecklichkeit." (Merian C. Cooper)
DIE KRITIK ZUM FILM: „Ohne Zweifel der größte aller Monsterfilme." (William K. Everson, „Klassiker des Horrorfilms")

Fotos:
1. Szene mit Fay Wray, Robert Armstrong (m)
2. Szene mit Fay Wray, Bruce Cabot
3. Fay Wray, Robert Armstrong
4. 5. King Kong

1933: Viktor und Viktoria

Eine für die Zeit ungewöhnlich frivole Geschichte (Schauspielerin vertritt befreundeten Travestie-Star und tourt als Mann durch Europa) bringt Reinhold Schünzel stilvoll und mit viel Sinn für doppeldeutige Komik auf die Leinwand. Keine deutsche Komödie der 30er Jahre ist moderner.
Foto: Hermann Thimig, Renate Müller

1933: Die Marx Brothers im Krieg

Der zynischste der Marx-Brothers-Filme. Als Präsident eines fiktiven Staates treibt Groucho sein Land in einen grundlosen Krieg. Mit Wortwitz und visuellen Gags vollgepackte, treffende Satire auf Kriegstreiber und blindes Machtdenken. Für den Geschmack Mussolinis zu treffend. Er verbietet die Anarcho-Komödie in Italien.
Foto: Groucho Marx, Margret Dumont

1933: Sie tat ihm unrecht

Schlagfertig, schamlos, voll vulgärer Erotik: Mae West zeigt sich als männermordender Vamp, der nie um eine Antwort verlegen ist. Als ihren Partner engagiert sie den jungen Cary Grant. Ihr Kommentar, nachdem sie den gutaussehenden Nobody auf dem Studiogelände gesehen hatte: „Wenn er reden kann, nehme ich ihn."
Foto: Dewey Robinson (l), Mae West, Owen Moore

**1934: Mordsache Dünner Mann
von: W. S. Van Dyke**

Als sie bei Außenaufnahmen in San Francisco getrennte Hotelzimmer haben wollten, stand der Portier vor einem Rätsel: William Powell und Myrna Loy waren seit „Mordsache ‚Dünner Mann'" *das* ideale Ehepaar Hollywoods – zumindest auf der Leinwand. Daß die beiden Stars (die insgesamt zwölf gemeinsame Filme drehten) privat nur wenig Kontakt hatten, wollte niemand glauben. Zu gekonnt war das Zusammenspiel, zu perfekt das Timing, zu gut paßte Powells charmant-ironische Art zu dem aristokratisch-unterkühlten Auftreten der Loy. Ihre Dialoge sprühten vor Witz und versteckter Erotik. Myrna Loy war nicht nur schmückendes Beiwerk für den Detektiv, sondern ein gleichwertiger Gegenpart – der Motor, der den oft wenig enthusiastischen Helden antrieb. Damit brachte das Team eine völlig neue Konstellation auf die Leinwand: ein glücklich verheiratetes Paar, das auch nach der Hochzeit noch seinen Spaß hatte. „Mordsache ‚Dünner Mann'" begründete die erfolgreiche Mischung aus Krimi und „sophisticated comedy",

intelligente Krimi-Komödien, bei denen die Story Nebensache ist. Wer in „Mordsache ‚Dünner Mann'" der Mörder ist, vergißt man schnell wieder, die Szenen einer Ehe bleiben in Erinnerung.

INHALT: Der berühmte Privatdetektiv Nick Charles hat sich seit seiner Heirat mit der Millionenerbin Nora aus dem Kriminal-Geschäft zurückgezogen. Er begnügt sich damit, das Vermögen seiner Frau zu verwalten und möglichst viel davon in trockene Martinis umzusetzen. Doch eine Freundin der Familie reißt ihn aus seinem selbstgewählten Ruhestand: Dorothy Wynant ist in Sorge um ihren Vater, einen genialen Erfinder. Auf Drängen seiner Frau, die es gar nicht abwarten kann, ihre Stupsnase in die aufregende Welt des Verbrechens zu stecken, geht Nick der Sache nach. Schon bald findet er die Leiche des Wissenschaftlers – verscharrt unter dem Boden seiner Werkstatt. Als auch noch die Sekretärin des Verstorbenen ermordet wird, erwacht in Nick wieder die alte Neugier. Er lädt

alle Verdächtigen zu einer Dinner-Party in sein Haus ...
STAB: Regie: W. S. Van Dyke; Drehbuch: Albert Hackett, Frances Goodrich (nach dem Roman von Dashiell Hammett); Kamera: James Wong Howe; Musik: William Axt; Ton: Douglas Shearer; Bauten: Cedric Gibbons, David Townsend, Edwin B. Willis; Schnitt: Robert J. Kern; Kostüme: Dolly Tree; Produktion: Hunt Stromberg für MGM; USA 1934; 93 Minuten.
ORIGINALTITEL: The Tin Man
BESETZUNG: William Powell (Nick Charles), Myrna Loy (Nora Charles), Maureen O'Sullivan (Dorothy Wynant), Nat Pendleton (Lt. John Guild), Minna Gombell (Mimi Wynant), Porter Hall (MacCauley), Henry Wadsworth (Tommy), William Henry (Gilbert Wynant), Harold Huber (Nunheim), Cesar Romero (Chris Jorgenson), Natalie Moorehead (Julia Wolf), Edward Brophy (Joe Morelli).
DER REGISSEUR: Woodbridge Strong Van Dyke, 1889 in Seattle geboren, hatte in Hollywood erste Erfolge als Kinderstar, verbrachte später einige Jahre als Goldgräber und Holzfäller und kehrte schließlich in die Traumfabrik zurück. Dort arbeitete er zunächst als Assistent für David Wark Griffith und bekam schon bald eigene Projekte anvertraut. Ende der 20er Jahre machte er sich einen Namen mit erfolgreichen Western und Abenteuerfilmen wie „Tarzan, der Affenmensch" (Johnny Weissmullers Debüt als Urwaldheld), die – für die damalige Zeit sehr ungewöhnlich – an Originalschauplätzen entstanden. In den 30er Jahren gehörte Van Dyke zu den meistbeschäftigten Regisseuren bei MGM, nicht zuletzt wegen seiner Sparsamkeit. Das Bestreben, jede Szene möglichst nur einmal zu drehen, brachte ihm den Spitznamen „One Take Woody" ein. Seinen Einfluß auf die Studiobosse nutzte Van Dyke 1934, als er für die Besetzung von „Mordsache ‚Dünner Mann'" auf William Powell und Myrna Loy bestand, mit denen er schon bei „Manhattan Melodrama" zusammengearbeitet hatte. Das erwies sich als Glücksgriff: Powell und Loy avancierten zu einem der erfolgreichsten Leinwandpaare der Filmgeschichte, und Van Dyke etablierte sich damit auch als Komödienregisseur. Er starb 1943.

DER REGISSEUR ÜBER SEINE ARBEIT: „Zuviele Takes zerstören die Natürlichkeit."

DIE KRITIK ZUM FILM: „Romantische Paare gab es schon früher, aber Powell und Loy waren etwas Neues und Originelles. Erst durch sie wurden Ehekomödien wirklich schmackhaft ... sie trafen diesen wunderbaren Ton, weil er immer ein kleines bißchen übertrieb, während sie untertrieb – und beide dadurch Anmut, Charme und eine ideale chemische Mischung schufen." (George Cukor)

*Fotos:
1. Myrna Loy, William Powell
2. Maureen O'Sullivan, William Powell
3.–5. William Powell, Myrna Loy*

**1934: Es geschah in einer Nacht
von: Frank Capra**

Niemand hatte erwartet, daß „Es geschah in einer Nacht" ein Erfolg würde. Nach Abschluß der Dreharbeiten reiste Claudette Colbert frustriert zu Freunden, denen sie erzählte: „Ich habe gerade den schlechtesten Film der Welt gemacht." Sie irrte sich. Ein halbes Jahr später gewann sie für genau diesen Film den „Oscar". Verdutzt und sprachlos verließ die Diva die Bühne, „die Gold-Statuette im Arm, als hätte sie auf dem Jahrmarkt eine Puppe gewonnen" (Frank Capra), dann drehte sie sich auf dem Absatz um, ging zurück zum Mikrophon und sagte mit bewegter Stimme: „Das verdanke ich nur Frank Capra." Tatsächlich ist die herrlich ausgelassene Stimmung dieser Screwball-Komödie das Verdienst des damals noch recht unbekannten Regisseurs. Er drehte aus Geldmangel (Produktionskosten: nur 325 000 Dollar) fast ausschließlich an Originalschauplätzen – im Bus, auf der Straße, in billigen Hotels. So bekam sein Film einen für Hollywood neuen und ungewöhnlich realistischen Stil. Capras Figuren wirkten nicht wie Leinwand-

1934

götter, sondern wie Menschen von nebenan. Das Publikum konnte sich mit der frechen Ellie und dem schlitzohrigen Peter identifizieren wie mit keinem anderen Kinopaar zuvor. Clark Gable wurde zu Amerikas Filmstar Nummer eins. Seine Kleider, seine Manierismen und sein schiefes Lächeln aus „Es geschah in einer Nacht" machten Mode. Verhängnisvoller Nebeneffekt für die Hersteller von Herrenwäsche: In einer Hotelszene zog Gable sein Hemd aus und trug darunter nur bloße Haut. Sein Beispiel machte Schule, und die Unterhemden-Industrie rutschte in die roten Zahlen ...

INHALT: Die verwöhnte Millionärstochter Ellie läuft nach einem Streit mit ihrem Vater von zu Hause fort und besteigt den Linienbus nach New York. Auf dem Platz neben ihr sitzt zufällig der abgebrühte Sensationsreporter Peter, der die Erbin bald erkennt und beschließt, nicht nur eine große Geschichte über sie zu schreiben, sondern sie auch ihrem Vater zurück-

zubringen, der inzwischen 10 000 Dollar für Ellies Entdeckung ausgesetzt hat. Er schmeichelt sich bei ihr ein, und langsam beginnt das reiche Mädchen, ihm zu vertrauen. Auf der Reise nach New York erleben die beiden einige haarsträubende Abenteuer und kommen sich immer näher, bis Ellie zufällig hinter Peters unlautere Absichten kommt. Verletzt, enttäuscht und trotzig beschließt sie, auf der Stelle den Nichtsnutz King Westley zu heiraten. Mitten in der Zeremonie entscheidet sie sich doch noch für ihre wahre Liebe und flieht im Brautkleid zu Peter, der inzwischen selbst über beide Ohren in Ellie verliebt ist.

STAB: Regie: Frank Capra; Drehbuch: Robert Riskin (nach der Geschichte „Night Bus" von Samuel Hopkins Adams); Kamera: Joseph Walker; Musik: Louis Silvers; Ausstattung: Stephen Gooson; Kostüme: Robert Kallock; Ton: E. L. Bernds; Schnitt: Gene Havlick; Produzent: Harry Cohn; USA 1934; 105 Minuten.

ORIGINALTITEL: It Happened one Night

BESETZUNG: Claudette Colbert (Ellie Andrews), Clark Gable (Peter Warne), Jameson Thomas (King Westley), Roscoe Karns (Oscar Shapeley), Henry Wadsworth (Betrunkener), Walter Conolly (Alexander Andrews), Alan Hale (Danker), Arthur Hoyt (Zeke).

PREISE: „Oscar" für Bester Film, Regie, männliche Hauptrolle, weibliche Hauptrolle, Drehbuch.

DER REGISSEUR: Frank Capra wurde am 19. Mai 1897 als jüngstes von sieben Kindern in Palermo geboren. Kurz darauf wanderte seine Familie nach Los Angeles aus. Erstes Geld verdiente sich der junge Immigrant mit dem Austragen von Zeitungen. Nach einem Studium am „California Institute of Technology" lernte er Walter Montague kennen, der im Begriff war, eine Filmproduktionsfirma aufzubauen. Für ihn drehte Capra seinen ersten Kurzfilm, „Fultah Fisher's Boarding House", nach einem Gedicht von Rudyard Kipling – und beeindruckte damit Erfolgsproduzent Hal Roach, der ihn als Gagschreiber und Regisseur engagierte. 1934 kam der große Erfolg für Frank Capra: Seine Komödie „Es geschah in einer Nacht" gewann die fünf wichtigsten „Oscars" (u. a. in der Sparte Regie). Kinohits wie „Mr. Deeds geht in die Stadt", 1936, „Mr. Smith geht nach Washington", 1939 und „Hier ist John Doe", 1941 folgten. All diesen Erfolgen war eines gemein: Capras Glaube an das Gute im Men-

schen, mit dem er das Lebensgefühl der Amerikaner in den 30er und 40er Jahren genau traf. Als Quintessenz seiner Filme gilt die 1946 entstandene, mittlerweile zum Kultfilm avancierte Weihnachtsgeschichte „Ist das Leben nicht schön?". 1961 drehte Frank Capra seinen letzten Film, „Die unteren Zehntausend", war mit dem Ergebnis aber nicht zufrieden und zog sich daraufhin ganz von der Filmarbeit zurück. 1982 erhielt er den „Life Achievement Award" für sein Lebenswerk. Frank Capra starb am 3. September 1991.

DER REGISSEUR ÜBER SEINE ARBEIT: „Die Figuren in meinen Filmen tun das, was die Zuschauer tun würden, wenn sie den Mut oder die Gelegenheit dazu hätten."

DIE KRITIK ZUM FILM: „‚Es geschah in einer Nacht' ist der schönste Film von Capra. Ich habe ihn über ein Dutzend Mal gesehen, und ich werde ihn mir bei jeder Gelegenheit wieder ansehen." (Joe Pasternak)

Fotos:
1.–5. Clark Gable, Claudette Colbert

1935: 39 Stufen

Ein Frühwerk Hitchcocks aus seiner Prä-Hollywood-Zeit. Die intelligente Story um einen jungen Mann, der durch eine Unbekannte in ein gefährliches Spionage-Komplott verwickelt wird, ist einer der temporeichsten Thriller des Krimi-Meisters.
Foto: Madeleine Carroll

1935: Meuterei auf der Bounty

Psycho-Duell auf hoher See: Clark Gable und Charles Laughton liefern sich Verbal-Gefechte der Extraklasse. Laughton brilliert in der Rolle des cholerischen Kapitän Bligh, Gable – ausnahmsweise ohne Oberlippenbärtchen – gefällt als verwegener Abenteurer Fletcher Christian. Die Story wird noch zweimal verfilmt (1962 mit Trevor Howard und Marlon Brando, 1984 mit Anthony Hopkins und Mel Gibson), an die Qualität des Originals reicht jedoch keines der Remakes heran.
Foto: Die „Bounty"

1935: Triumph des Willens

Der umstrittenste Film der deutschen Filmgeschichte: Leni Riefenstahl dreht im Auftrag Hitlers eine Dokumentation über den NSDAP-Parteitag 1934 in Nürnberg. Das Ergebnis: Aus filmtechnischer und ästhetischer Sicht ein Meisterwerk; aus politischer ein volksverhetzendes Machwerk, das bei jeder Wiederaufführung erneut für heftige Diskussionen sorgt.
Foto: Szene mit Adolf Hitler

**1935: Ich tanz' mich in dein Herz hinein
von: Mark Sandrich**

Nie tanzten sie eleganter, beschwingter, temperamentvoller: 1935 waren Fred Astaire und Ginger Rogers auf dem Zenit ihrer gemeinsamen Karriere; der vierte von insgesamt neun Filmen, die sie zusammen drehten, wurde zu einem Höhenflug, wie er nur einmal glücken konnte. Mit „Ich tanz' mich in dein Herz hinein" tanzte sich das Traumpaar in die Herzen der Zuschauer, die sich vom Elend der Depressionszeit bereitwillig in eine berückende Kunstwelt entführen ließen; für RKO wurde der Film der größte Kassenerfolg des Jahrzehnts. „Top hat" (so der Originaltitel) gilt als die Quintessenz aller Astaire/Rogers-Werke und weist die typischen Merkmale dieser Filme in vollendeter Mischung auf: Eine alberne Handlung voller romantischer Verstrickungen, aufwendige, „durchgestylte" Kostüme und Art-déco-Sets, hinreißende Musik, sowie die inspiriert choreographierten und perfekt dargebotenen Tanznummern. Die fünf Songs (darunter „Cheek to Cheek"), die Irving Berlin schrieb, wurden allesamt

1935

Hits. Besonders geschickt sind hier witzige Nebenfiguren in die Handlung integriert. Und dann natürlich die immer wieder gepriesenen Tanzszenen, die „Top hat" zu einem der besten Musikfilme aller Zeiten machen.

INHALT: Der amerikanische Tänzer Jerry Travers wartet im steifen Londoner Thackeray Club auf seinen englischen Agenten Horace Hardwick, der ihn ins Hotel bringen soll. Erst schockt Jerry die Clubmitglieder mit einer schwungvollen Step-Einlage, dann stört er mit seinen Tanzübungen im Hotel die im Zimmer unter ihm schlummernde Dale Tremont. Sie beschwert sich bei ihm – und er verliebt sich sofort in die attraktive Blondine. Die gesamte weitere Handlung entwickelt sich nun aus einem Mißverständnis: Dale flieht nach Venedig, er folgt ihr, sie heiratet vor lauter Wut den italienischen Modeschöpfer Alberto Bedini. In einer Gondel klären sich alle Mißverständnisse; die Eheschließung, so stellt sich heraus, war ungültig – und mit dem temperamentvollen „Piccolino"-

Finale entschweben Dale und Jerry ins Happy-End.
STAB: Regie: Mark Sandrich; Drehbuch: Dwight Taylor, Allan Scott (nach dem Musical „The Gay Divorcee" von Dwight Taylor und Cole Porter); Kamera: David Abel, Vernon L. Walker; Musik: Irving Berlin; Schnitt: William Hamilton; Bauten: Van Nest Polglase, Carroll Clark; Ausstattung: Thomas Little; Kostüme: Bernard Newman; Choreographie: Fred Astaire, Herman Pan; USA 1935; 101 Minuten.
ORIGINALTITEL: Top hat
BESETZUNG: Fred Astaire (Jerry Travers), Ginger Rogers (Dale Tremont), Edward Everett Horton (Horace Hardwick), Helen Broderick (Madge Hardwick), Erik Rhodes (Alberto Beddini), Eric Blore (Bates, Butler), Lucille Ball (Blumenverkäuferin), Leonard Mudie (Blumenverkäufer).
DER REGISSEUR: Mark Sandrich, geboren am 26. August 1900 in New York, ging 1923, nach einem Mathematikstudium, zum Film. Er begann als Requisiteur, arbeitete sich durch verschiedene Studioabteilungen nach oben; seine ersten Regiearbeiten waren Kurzkomödien, unter ihnen „So, This is Harris", für die er 1933 den einzigen „Oscar" seiner Karriere gewann. Daß sein Name heute noch bekannt ist, hat Sandrich den fünf Musicals zu verdanken, die er mit Fred Astaire und Ginger Rogers zwischen 1934 und '37 drehte: „Tanz mit mir"/ „Scheidung auf amerikanisch", „Ich tanz' mich in dein Herz hinein",

„Marine gegen Liebeskummer"/„Die Matrosen kommen", „Swing Time" und „Shall We Dance". Trotz des Gespanns Fred Astaire/Bing Crosby wurde „Musik Musik!" 1942 nur ein dünnes, sentimentales Lustspielchen; im Jahr darauf folgte „Mutige Frauen", eine Kriegskolportage um acht Krankenschwestern in Fernost. Mark Sandrich starb 1945 während der Dreharbeiten zu dem von Stuart Heisler vollendeten Musical „Blue Skies" („Blau ist der Himmel – Blue Skies").
DER REGISSEUR ÜBER SEINE ARBEIT: „Bei ‚Top hat' wuchsen alle Lieder aus dem Szenenaufbau selbst. Hätte eines von ihnen weggelassen werden sollen, hätte auch der Dialog geändert und ersetzt werden müssen."

DIE KRITIK ZUM FILM: „‚Top hat' strahlt vor Selbstvertrauen; alle an dem Film Beschäftigten wissen genau, was sie tun und wie sie es tun müssen, und sie zeigen dieses Können in jeder verwegenen Bewegung." (Stephen Hardy: „Fred Astaire – Seine Filme – Sein Leben")

Fotos:
1. Szene mit Fred Astaire
2.–4. Ginger Rogers, Fred Astaire
5. Szene

1935: Anna Karenina

Die beste von zahlreichen Verfilmungen der Tolstoi-Novelle. Die Garbo, die hier zum zweiten Mal die tragische Titelheldin verkörpert, wird von ihrem Stamm-Team Clarence Brown (Regie) und William Daniels (Kamera) perfekt in Szene gesetzt.
Foto: Greta Garbo, Freddie Bartholomew

1935: Artisten

Schauspieler, Regisseur, Produzent, Draufgänger: Der Düsseldorfer Harry Piel kreiert das Genre des Actionfilms, in dem Hollywood-Stars wie Douglas Fairbanks und Errol Flynn später Karriere machen. In seinem 100. Film präsentiert sich der vielseitige Filmhaudegen als Zirkus-Dompteur.
Foto: Harry Piel

1936: Abenteuer im gelben Meer

Clark Gable und Jean Harlow at their best: Auf der Höhe seines Erfolges spielt das Traumpaar unter der Regie von Tay Garnett in dem soliden Spannungsfilm – die Zuschauer strömen scharenweise in die Kinos.
Foto: Clark Gable (l), Rosalind Russell, C. Aubrey Smith, Jean Harlow

1936: Die Kameliendame

Der Hollywood-Schluchzer par excellence: George Cukor inszeniert die ergreifendste Verfilmung der unglücklichen Liebesgeschichte zwischen einer Kurtisane und einem französischen Edelmann. Der Taschentuchverbrauch steigt sprunghaft an, dem 25jährigen Robert Taylor gelingt mit der Rolle des Armand der Durchbruch.
Foto: Henry Daniell, Greta Garbo

1936: Moderne Zeiten
von: Charles Chaplin

"Moderne Zeiten" gilt als der letzte Stummfilm. Obwohl schon sieben Jahre vor seiner Uraufführung der Tonfilm seinen unaufhaltsamen Siegeszug begonnen hatte, blieb Chaplin standhaft und weigerte sich zu sprechen. "Filme mit Dialogen – das ist wie eine angemalte Marmorstatue!", empörte er sich. Chaplin, der Meister der Pantomime, hielt den Ausdruck ohne Sprache für das Künstlerische des Films, für das Element, das ihn vom Theater unterscheidet. Er hatte zwar kurz erwogen, "Moderne Zeiten" als Tonfilm zu drehen, fand dann aber, daß das Dialog-Drehbuch mit dem Tempo seiner visuellen Gags nicht mithalten konnte. Außerdem störte ihn der für Tonfilme notwendige technische Aufwand: "Früher bin ich mit einer Kamera, einer Dose Schminke und Mabel Normand in den Park gegangen, und dann haben wir einen Film gemacht!" Hintergrundmusik dagegen fand Chaplin überaus wichtig, und auch gegen Lieder hatte er nichts einzuwenden. Aber wenn er am Ende von "Moderne Zeiten" als singender Kellner einen Schlager zum

besten gibt, tut er das in einer Nicht-Sprache, einem Esparanto-artigen Laut-Durcheinander. So sorgte Chaplin dafür, daß der universale Appeal des „kleinen Tramps" nicht gebrochen wurde: Sein unverständlicher Silbensalat wirkte weltweit komisch, und den Inhalt seines Liedes machte der Tramp – wie immer – durch Gestik und Mimik verständlich.

INHALT: Bei der Fließbandarbeit in einer Fabrik hat der Tramp so lange immer denselben Handgriff auszuführen, bis er verrückt wird. Nach einem Aufenthalt in der Nervenheilanstalt wird er als vermeintlicher Kommunistenführer ins Gefängnis gesteckt. Im unfreiwilligen Kokainrausch zeigt er so gute Führung, daß er entlassen wird. Als Werftarbeiter stellt er Unfug an, bis man ihn hinauswirft. Er sehnt sich nach dem Gefängnis zurück. Um dorthin zurückzugelangen, nimmt er den von einer armen Waise begangenen Diebstahl auf sich, muß jedoch außerdem noch eine Zeche prellen, um endlich verhaftet zu werden. Beim ge-

meinsamen Abtransport fliehen der Tramp und das Mädchen. Sie malen sich eine glückliche gemeinsame Zukunft aus, doch des Tramps unorthodoxe Versuche, Geld zu verdienen, führen ihn wieder ins Gefängnis. Nach seiner Entlassung wird er in einem Tanzcafé, in dem das Mädchen Arbeit als Tänzerin gefunden hat, als singender Kellner eingestellt. Er hat großen Erfolg, doch als die Fürsorge das Mädchen einsperren will, müssen die beiden wieder fliehen.

STAB: Regie, Drehbuch und Produktion: Charles Chaplin; Kamera: Roland Totheroh, Ira Morgan; Musik: Chaplin, arrangiert von Alfred Newman; Bauten und Ausstattung: Charles D. Hall, Russell Spencer; USA 1936; 85 Minuten.
ORIGINALTITEL: Modern Times
BESETZUNG: Charles Chaplin (Tramp), Paulette Goddard (Mädchen), Allan Garcia (Fabrikdirektor), Stanley J. Sandford (Fließbandarbeiter), Hank Mann (Sträfling), Lloyd Ingraham (Gefängnisdirektor), Dr. Cecil Reynolds (Gefängnispfarrer), Louis Natheaux (Rauschgiftsüchtiger), Chester Conklin (Mechaniker), Henry Bergman (Varietébesitzer).

DER REGISSEUR: Charles Spencer Chaplin, am 16. April 1889 in London als Kind bettelarmer Artisten geboren, machte zunächst Karriere als Varieté-Clown. Bei einer USA-Tournee fiel er Mack Sennett, dem Chef der auf Slapstick-Komödien spezialisierten „Keystone"-Filmgesellschaft, auf. 1913 engagierte Sennett den agilen Engländer. Schon ein Jahr später schrieb und inszenierte Chaplin seine Filme selbst und entwickelte die Figur des „kleinen Tramp". Als Titelheld von „The Tramp" (1915) wurde Chaplins Alter Ego mit den ausgebeulten Hosen, zu großen Schuhen, der schäbigen Melone und dem unvermeidlichen Spazierstöckchen weltberühmt und gehörte zu den bestbezahlten Künstlern der Branche. Dies ermöglichte ihm, 1919 mit Mary Pickford, Douglas Fairbanks und D. W. Griffith die Produktionsfirma „United Artists" zu gründen. Sein erster abendfüllender Film „The Kid" (1920) wurde weltweit ein Hit. Nach dem Melodram „Die Nächte einer schönen Frau" (1923) spezialisierte er sich auf herzerwärmende Komödien: „Goldrausch" (1925),

„Der Zirkus" (1927), „Lichter der Großstadt" (1931), „Moderne Zeiten" (1936) und „Der große Diktator" (1940) – allesamt künstlerische und finanzielle Triumphe. 1928, bei der ersten „Oscar"-Verleihung, wurde Chaplin mit einem Ehren-„Oscar" ausgezeichnet. Mitte der Vierziger Jahre begann sein Stern zu sinken. Nach einem England-Besuch durfte Chaplin – als mutmaßlicher Kommunist – nicht wieder in die USA einreisen. Seine Rache: „Ein König in New York" (1957), eine bitterböse Satire auf die Vereinigten Staaten. Obwohl Chaplins Art, Filme zu machen, zehn Jahre später hoffnungslos veraltet war („Die Gräfin von Hongkong", 1967) wurde er bei seiner Rückkehr in die USA enthusiastisch gefeiert (Verleihung eines zweiten Ehren-„Oscars"). Die Königin von England erhob ihn 1975 in den Ritterstand. Zwei Jahre später starb Chaplin, einer der berühmtesten Männer des Zwanzigsten Jahrhunderts, in seiner Wahlheimat, der Schweiz.

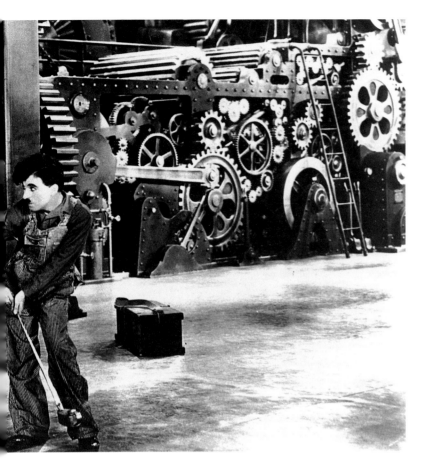

DER REGISSEUR ÜBER SEINE ARBEIT: „Paulette Goddard hat mich zu diesem Film inspiriert. Ich entdeckte in ihr etwas von einem Straßenjungen, etwas, das ich gerne auf die Leinwand bringen wollte. Ich konnte mir vorstellen, wie der Tramp ihr als einem liederlichen und leichtsinnigen Mädchen in einem überfüllten Gefangenentransport höflich und galant seinen Sitz anbietet. Aus diesen Szenen konnte ich eine ganze Handlung und verschiedene Gags entwickeln."
DIE KRITIK ZUM FILM: „Charlie läuft nicht Amok in ‚Moderne Zeiten', er *tanzt* Amok." (Süddeutsche Zeitung)

Fotos:
1. Szene mit Charles Chaplin (l)
2. Myra McKinney, Charles Chaplin
3. Paulette Goddard
4. Szene mit Charles Chaplin (r)
5. Schlußszene

1937: Dick und Doof im Wilden Westen
von: James W. Horne

„Dick und Doof im Wilden Westen" war der erste Film mit den legendären US-Komikern Stan Laurel (1890–1965) und Oliver Hardy (1892–1957), der in Deutschland gezeigt wurde. Die Erfolgsgeschichte der Filme dieses Teams (insgesamt rund 100 Kurz- und Langlustspiele) ist hierzulande zugleich eine Leidensgeschichte: Schon die „Dick und Doof"-Vermarktung zeigt, daß die Komikkünstler als minderwertige Lachnummernclowns eingestuft wurden, deren Filme man ungerührt zusammenschnitt und verstümmelte. Erst in den 70er Jahren bemühte man sich um sorgfältige, authentische Fassungen; der Wildwestausflug des Duos wurde nun in „Zwei ritten nach Texas" umbenannt. Diese Westernpersiflage gilt als einer der gelungensten und amüsantesten Spielfilme des langen dünnen Stan und des kurzen dicken Ollie, die sich hier in Bestform präsentieren. Da gibt es eine wunderschöne Soft-Shoe-Tanznummer vor und eine Gesangseinlage in dem Saloon, einen Kitzelkampf und eine endlose Slap-

stick-Einbrechnummer, wobei Stan und Ollie schließlich im Piano landen, während sich ihr Fiesling-Kontrahent (James Finlayson in einer hinreißenden Schurkennummer) im eigenen Nachthemd am Kronleuchter gefesselt wiederfindet. Ein Klassiker auch die Kutschfahrt-Szene, bei der Hardy als charmanter Plauderer Konversationsperlen ausstreut wie diese: „Eine Menge Wetter haben wir heute wieder."

INHALT: Laurel und Hardy ziehen nebst Maulesel westwärts, um in Brushwood Gulch der Tochter eines verstorbenen Freundes die Besitzurkunde einer Goldmine auszuhändigen. Obwohl die Mission geheim ist, erzählt Laurel dem Saloonbesitzer Mickey Finn von ihrem Vorhaben. Das gesuchte Mädchen heißt Mary und macht im Saloon den Abwasch, doch der fiese Finn gibt seine rassige Sängerin Lola als Erbin aus. Als die beiden Komik-Cowboys ihren Irrtum bemerken, fordern sie das Dokument zurück, doch Laurel büßt es bei einem Kitzel-

kampf im Schlafzimmer der sündigen Blondine Lola wieder ein. Erst mit dem nächtlichen Showdown-Einbruch im Saloon können Laurel und Hardy ihre Bemühungen doch noch mit Erfolg krönen.
STAB: Regie: James W. Horne; Buch: Jack Jevne, Charles Rogers, James Parrott, Felix Adler; Kamera: Art Lloyd, Walter Lundin; Musik: Marvin Hatley; Ausstattung: Arthur I. Royce; Bauten: William L. Stevens; Schnitt: Bert Jordan; USA 1937; 65 Minuten.
ORIGINALTITEL: Way out West
BESETZUNG: Stan Laurel, Oliver Hardy (als sie selbst), James Finlayson (Mickey Finn), Sharon Lynne (Lola Marcel), Rosina Lawrence (Mary Roberts), Stanley Fields (Sheriff), Vivien Oakland (Frau des Sheriffs), James Mason (ängstlicher Patron).

DER REGISSEUR: James W. Horne, geboren am 14. Dezember 1880 in San Francisco, brachte Bühnenerfahrung als Schauspieler und Regisseur mit, als er sich 1911 dem Filmgeschäft zuwandte. Dort drehte er vor allem Serien und inszenierte zahlreiche Kurzkomödien und Zweiakter, darunter Charlie Chase- und Laurel & Hardy-Lustspiele für Hal Roach. Von seinen großen Spielfilmen wurden bekannt: „Der Musterschüler" (1927, mit Buster Keaton) sowie die Komödien „Thicker Than Water", „Wir sind vom Schottischen Infanterie-Regiment" (beide 1935) und „Dick und Doof im Wilden Westen" (1937) mit Laurel und Hardy. Der Regisseur beendete seine Karriere, wie er sie begonnen hatte – als Serienspezialist. James W. Horne starb 1942.

DIE KRITIK ZUM FILM: „In knapp 65 Minuten sind bei dem ersten und einzigen Western-Ulk von Laurel und Hardy mehr Lacher und Vergnügen gepackt, als man sie in einem Dutzend moderner Komödien finden kann ... Dieser Film und ‚Die Wüstensöhne' sind ein Muß für jeden Laurel und Hardy-Sammler." („The Motion Picture Guide")

Fotos:
1. 2. 4. 5. Stan Laurel, Oliver Hardy
3. Oliver Hardy

1937: La Habanera

Liebe und Leid unter südlicher Sonne: Zarah Leaner belebt ein etwas klischeehaftes Drehbuch mit ihrer Präsenz und diversen Gesangseinlagen („Der Wind hat mir ein Lied erzählt"). Es ist Detlef Siercks letzter deutscher Film. Er flüchtet 1938 aus Nazi-Deutschland und macht unter dem Namen Douglas Sirk Karriere in Hollywood.
Foto: Karlheinz Martell, Zarah Leander

1937: Die schreckliche Wahrheit

Ein Paar läßt sich scheiden – der Leidtragende ist meist der Familienhund, zumindest in Leo MacCareys erfolgreicher Screwball-Comedy. In der glänzen nicht nur Cary Grant und Irene Dunne als zänkisches Ehepaar, sondern vor allem auch Hundestar Asta in der Rolle des „Mr. Smith". Der quirlige Foxterrier, der schon in den „Dünner Mann"-Filmen Furore machte, mischt seine zweibeinigen Kollegen kräftig auf.
Foto: Irene Dunne, Cary Grant

1938: Das indische Grabmal

Richard Eichenberg versucht mit seinem aufwendigen Abenteuerspektakel – wie schon mit „Der Tiger von Eschnapur", – an den Erfolg amerikanischer Großproduktionen anzuknüpfen. Die Rechnung geht auf. Der an Originalschauplätzen entstandene Film entwickelt sich zu einem der erfolgreichsten deutschen Tonfilme.
Foto: Gustav Diessl, La Jana

1938: Robin Hood, König der Vagabunden

Die beste Robin-Hood-Verfilmung aller Zeiten: Mit akrobatischer Geschmeidigkeit kämpft, klettert und ficht sich Errol Flynn durch den Sherwood-Forest und setzt neue Maßstäbe in Sachen Abenteuerfilm. Dabei ist Errol Flynn nicht die erste Wahl für die Rolle des Rächers der Enterbten. Ursprünglich sollte James Cagney den Part übernehmen.
Foto: Errol Flynn

1938: Leoparden küßt man nicht
von: Howard Hawks

So keß und frivol, ohne vordergründig sexy zu sein, war Katharine Hepburn selten. So hinreißend unbeholfen und dabei so liebenswert war Cary Grant nie wieder. Ein Traumpaar und ein Glücksfall für Regisseur Howard Hawks, der für seine geniale Komödie „Leoparden küßt man nicht" einen anderen Hauptdarsteller vorgesehen hatte. Grant war Lückenbüßer für Ray Milland (der die Rolle nicht spielen mochte). Miss Hepburn erwies sich als zähmbare Raubkatze, und Hawks hatte eine Einfalls- und Freuden-Strähne. Mit leichter Hand komponierte er leichtes Spiel: Die Gags stimmten, animierte Darsteller verstrickten sich in einen Wettbewerb um immer noch mehr Jux und Dollerei. Die berühmt gewordene Nachthemd-Szene („I went gay all of a sudden!") gehört zu den Kicher-Klassikern des Kinos. „Bringing up Baby", mehr als ein halbes Jahrhundert alt, ist heute so witzig, spritzig und amüsant wie vor 50 Jahren.

INHALT: Professor David Huxley ist nur an einem interessiert: der vollständigen Rekonstruktion eines Dinosaurier-Skelettes. In seine geheiligten Museumshallen bricht wie ein Wirbelwind die ebenso schöne wie exzentrische Susan Vance ein. Die reiche junge Dame besitzt einen Terrier namens George, der mit dem letzten noch fehlenden Saurier-Knochen verschwindet und ihn vergräbt. David muß sich zwangsläufig mit Susan zusammentun, um das unbezahlbare Stück zurückzubekommen. Dabei lernt er Susans „Baby" kennen – einen zahmen Leoparden. Lieblingssong der Raubkatze: „I can't give you anything but love Baby". Nach einer aberwitzigen Serie von komischen und grotesken Situationen kommt es zum kuriosen Happy-End. Die Versöhnung findet auf dem riesigen Saurier-Skelett statt, das dabei seine Standfestigkeit verliert und zusammenbricht.
STAB: Regie: Howard Hawks; Drehbuch: Dudley Nichols, Hagar Wilde; Kamera: Russell Metty; Musik: Roy

Webb; Ausstattung: Van Nest Polglase, Perry Feguson; Kostüme: Howard Greer; Spezialeffekte: Vernon L. Walker; Schnitt: George Hively; Produktion: RKO; USA 1938; 102 Minuten.
ORIGINALTITEL: Bringing up Baby
BESETZUNG: Katharine Hepburn (Susan Vance), Cary Grant (David Huxley), Charles Ruggles (Major Horace Applegate), Barry Fitzgerald (Mr. Gogarty), May Robson (Tante Elizabeth), Fritz Feld (Dr. Lehmann), George Irving (Mr. Peabody).
DER REGISSEUR: Howard Winchester Hawks, am 30. Mai 1896 in Goshen/Indiana als Sohn eines schwerreichen Industriellen und Hotelketten-Direktors geboren, machte nach der Highschool sein Ingenieurdiplom an der Cornell University in New York. Nach dem Militärdienst arbeitete er als Assistent in der Requisitenabteilung der späteren Paramount. 1917 wurde Hawks als Regisseur von Mary Pickford entdeckt, die ihn ein paar Szenen drehen ließ. Zehn Jahre später kam sein offizielles Regiedebüt: „Die Straße zum Ruhm". Hawks erwies sich schnell als Meister zweier grundverschiedener Genres: Einerseits inszenierte er perfekte Abenteuerfilme und Westernklassiker wie „Red River" (1948) und „Rio Bravo" (1959), andererseits etablierte er sich mit Filmen wie „Sein Mädchen für besondere Fälle" (1940), „Ich war eine männliche Kriegsbraut" (1949) und „Blondinen bevorzugt" (1953) als Komödienregisseur. Vor allem mit dem Klassiker „Leoparden küßt man nicht", mit dem er das Genre der Screwballkomödie begründete, bewies er sein Gefühl für perfektes Timing und spritzige Dialoge. Howard Hawks starb 1977.

DER REGISSEUR ÜBER SEINE ARBEIT: „Ich sitze nicht rum und beobachte mich selber. Ich mache nicht viel Lärm. Wenn irgend etwas in einer Szene nicht stimmt, sage ich dem Betreffenden sehr leise, was nicht in Ordnung ist. Das einzige, was ich überhaupt nicht mag, sind arrogante Schauspieler."

1938

DIE KRITIK ZUM FILM: „Dudley Nichols und Hagar Wilde gingen von Wildes Kurzgeschichte aus und hatten offenbar großen Spaß daran, diese Reihe von amüsanten Komödien-Klischees und schrulligen Situationen zu einem tollen Lustspiel zusammenzubrauen. Hawks und seine Drehbuchautoren ließen keinen lustigen Einfall oder Ton-Gag aus – und doch scheint jede neue Wende im Script frisch, geistreich und ansteckend lustig zu sein. Dazu trug vor allem auch die brillante Besetzung bei." (Jerry Vermyle)

Fotos:
1. 2. 4. Cary Grant, Katharine Hepburn
3. Cary Grant
5. Katharine Hepburn

1939: Die Frauen

Ein Film ohne Männer: 135 hysterische, intrigante, tratschende High-Society-Damen rauschen durch eine der gelungensten Komödien der Filmgeschichte. Trotzdem kein Film, in dem Chauvinisten ihr Klischee der Frau als oberflächlich-nutzlose Klatsch- und Tratschtante bestätigt finden. Im Gegenteil: George Cukors „Die Frauen" ist ein Feuerwerk von bissigem Humor und geistreichen Gags.
Foto: Phyllis Povah (l), Rosalind Russell, Joan Crawford

1939: Mr. Smith geht nach Washington

Der naive Junge vom Lande in einer Welt der Korruption und Mißgunst: In Frank Capras pathetisch-patriotischem Melodram begründet James Stewart seinen Ruhm als aufrechter Durchschnittsamerikaner, der gegen Unrecht und Lüge kämpft. Unvergeßlich: seine Marathonrede über den Geist der amerikanischen Verfassung.
Foto: James Stewart

1939: Bestie Mensch

Mut zu eigenen Ideen: Der französische Regisseur Jean Renoir wagt eine eigenwillige Adaption von Emile Zolas Roman „Der Totschläger". Er beschränkt die verwickelte Handlung auf vier Hauptcharaktere und setzt seine eigene Version meisterhaft um. Jean Gabin und Simone Simon erweisen sich als Idealbesetzung.
Foto: Simone Simon, Jean Gabin

1939: Der Glöckner von Notre Dame

Die erste Tonfilm-Adaption des Romanklassikers von Victor Hugo: Mit einem für diese Zeit extrem hohen Budget von zwei Millionen Dollar dreht William Dieterle ein aufwendiges Melodram, das neben üppiger Ausstattung und phantasievoller Kostüme vor allem wegen Charles Laughton sehenswert bleibt. Er verleiht der Figur des Quasimodo eine menschliche Tiefe, die keiner seiner Nachfolger (u. a. Anthony Quinn und Anthony Hopkins) erreichen konnte.
Foto: Charles Laughton

1939: Das zauberhafte Land

Immer hart am Rande des Kitsches und doch unvergeßlich: Die 16jährige Judy Garland (mit Zöpfen und rosa Kleidchen) tanzt und singt sich durch eine kunterbunte Märchenwelt und entläßt die Zuschauer mit der Gewißheit aus dem Kino: „There's no place like home." Das Lied „Somewhere over the rainbow" wird ihr Markenzeichen.
Foto: Judy Garland

1939: Vom Winde verweht
von: Victor Fleming

Der berühmteste Film der Welt – seine Entstehungsgeschichte würde ein Buch füllen, das umfangreicher wäre als die immerhin 1037 Seiten lange Romanvorlage von Margaret Mitchell. „Vom Winde verweht" ist mehr als ein Film, es ist ein Symbol für den Glamour, die Perfektion, den Zauber des großen Hollywoodkinos. Produzent David O. Selznick verausgabte sich bis an den Rand des Nervenzusammenbruchs, nichts und niemand war ihm gut genug für dieses Werk, mit dem er Filmgeschichte schreiben wollte und schrieb. Regisseure und Drehbuchautoren gaben sich die Klinke in die Hand; Selznick kündigte rücksichtslos bei der geringsten Unzufriedenheit. Sein größtes Problem war jedoch, eine Hauptdarstellerin zu finden. Aus der Not machte Selznick eine Tugend: den gewaltigsten Publicityrummel aller Zeiten, die „Suche nach Scarlett". Jede Hollywood-Aktrice, von Bette Davis bis zu Lana Turner, wollte Scarlett sein, doch dann war es eine Britin, die aus den über 1400 Bewerberinnen für den Part der temperamentvollen Süd-

staatlerin ausgesucht wurde: Vivien Leigh. Als strahlender Mittelpunkt eines brillanten Schauspielensembles machte sie aus Scarlett O'Hara eine unvergängliche Ikone der amerikanischen Populärkultur. „Vom Winde verweht" ist perfektes, zeitloses Kino. „Jedesmal, wenn ich den Film sehe", sagt „Melanie" Olivia de Havilland, „finde ich etwas Neues in ihm – neue Gefühle, neue Bedeutungen, neue Schönheit."

INHALT: Georgia, kurz vor Ausbruch des amerikanischen Bürgerkrieges: Die schöne Gutsherrentochter Scarlett O'Hara ist in ihren Nachbarn Ashley Wilkes verliebt, der jedoch seine Kusine Melanie heiratet. Aus Wut und Trotz willigt Scarlett in die Ehe mit dem jungen Charles, Melanies Bruder, ein. Der Krieg bricht aus, Charles fällt. Auf einem Wohltätigkeitsball verliebt sich der Abenteurer Rhett Butler in die junge Witwe, doch Scarlett träumt nur von Ashley, der als Offizier an der Front steht. Als die Yankees Atlanta belagern, liegt Melanie in den Wehen.

Scarlett hilft ihr bei der Geburt. Danach rettet sie – mit Rhett Butlers Hilfe – ihre Schwägerin und das Neugeborene aus der brennenden Stadt. Jetzt, da der Süden den Krieg eigentlich schon verloren hat, meldet sich der Zyniker Rhett doch noch zur Armee. Auf sich allein gestellt, muß Scarlett die kranke Melanie und das Baby auf das Familiengut bringen. Dort erwartet sie das Grauen: Die Plantagen sind verbrannt, das Haus ist eine Ruine, die Mutter tot, der Vater von Sinnen. Vorräte gibt es nicht. Scarlett schwört weinend, nie wieder zu hungern. Nach Kriegsende kämpft sie sich mit Fleiß, Geschäftssinn und einer strategischen Heirat wieder nach oben. Rhett Butler, der als Kriegsgewinnler ein sagenhaftes Vermögen ergaunert hat, stellt ihr immer noch nach. Als ihr Mann stirbt, willigt Scarlett ein, Rhett zu heiraten, obwohl ihr Herz noch an Ashley, der inzwischen aus der Kriegsgefangenschaft zurückgekehrt ist, hängt. Sie bekommt ein Kind, die kleine Bonnie, die Rhetts ein und alles ist. Als Bonnie bei einem Reitunfall stirbt, verliert Rhett fast den Verstand. Kurz darauf stirbt Melanie im Kindbett. Mit ihren letzten Worten bittet sie Scarlett, sich um Ashley zu kümmern. Verbittert packt Rhett seine Koffer – er glaubt, Scarlett würde ihn nun endgültig für Ashley verlassen. Doch Scarlett hat inzwischen eingesehen, daß es Rhett ist, den sie wirklich liebt. Als sie ihm ihre Gefühle gesteht, ist es zu spät – Rhetts Liebe ist erloschen.
STAB: Regie: Victor Fleming; Drehbuch: Sidney Howard (nach dem Roman von Margaret Mitchell); Kamera: Ernest Haller, Lee Garmes; Musik: Max Steiner; Bauten: Edward G. Boyle; Ausstattung: Lyle Wheeler, Hobe Erwin; Kostüme: Walter Plunkett; Spezialeffekte: Jack Cosgrove, Lee Zavitz; Schnitt: Hal C. Kern, James E. Newcom; Produktion: David O. Selznick; USA 1939; 220 Minuten.
ORIGINALTITEL: Gone With the Wind
BESETZUNG: Vivien Leigh (Scarlett O'Hara), Clark Gable (Rhett Butler), Olivia de Havilland (Melanie Hamilton), Leslie Howard (Ashley Wilkes), Hattie MacDaniel (Mammy), Thomas Mitchell (Gerald O'Hara), Barbara O'Neil (Ellen O'Hara), Butterfly McQueen (Prissy), Carroll Nye (Frank Kennedy), Harry Davenport (Dr. Meade), Laura Hope Crews (Tante Pittypat Hamilton), Ona Munson (Bell Watling), Cammie King (Bonnie Butler).
PREISE: „Oscar" für Bester Film, Regie, weibliche Hauptrolle (Vivien Leigh), weibliche Nebenrolle (Hattie MacDaniel), Drehbuch, Kamera (Farbe), Ausstattung, Schnitt; Sonder-„Oscar" für die beste Verwendung von Farbfotografie zur Betonung dramatischer Stimmungen und für die hervorragende Anwendung filmtechnischer Mittel; „Irving G. Thalberg-Ehren-Oscar" für David O. Selznick.
DER REGISSEUR: Victor Fleming, geboren am 23. Februar 1883 in Pasadena, Kalifornien, begann 1910, nach einigen Jahren als Autorennfahrer, eine Karriere als Kameramann, u. a. für D.W. Griffith und Douglas Fairbanks. Im Ersten Weltkrieg diente Fleming als Geheimdienstfotograf. Nach Kriegsende dokumentierte er mit seiner Kamera Präsident Wilsons Europareise für das Pentagon. 1919 kehrte er nach Hollywood zurück und gab mit dem Fairbanks-Abenteuer „The Mollycoddle" seinen erfolgreichen Einstand als Regisseur. Fleming galt von nun an als Spezialist für „Männerfilme"; spannende Abenteuergeschichten wurden seine Spezialität, darunter „Der Mann aus Virginia" (1929), „Reise um die Welt in 80 Tagen" (1930), „Die Schatzinsel" (1934), „Der

Testpilot" (1938). Dennoch erinnert man sich an den 1949 verstorbenen Regisseur hauptsächlich wegen zweier für ihn völlig untypischer Filme: „Das zauberhafte Land" und „Vom Winde verweht" (beide 1939). Flemings letztes Werk war „Johanna von Orleans" (1948) mit Ingrid Bergman.

DER REGISSEUR ÜBER SEINE ARBEIT: „‚Vom Winde verweht' war nicht nur mein Baby. Viele talentierte Regisseure – allen voran George Cukor – hatten daran gearbeitet, bevor ich den Film zu Ende brachte. Er ist, wenn man so will, ein gelungenes Teamwork."

DIE KRITIK ZUM FILM: „‚Vom Winde verweht' ist Hollywood-Unterhaltung par excellence und das Dokument einer großen Kinoepoche, wie es sie später nie wieder gab." (H. W. Asmus, „Das große CINEMA-Filmlexikon")

Fotos:
1. Clark Gable, Vivien Leigh
2. Szene mit Vivien Leigh
3. Leslie Howard, Olivia de Havilland
4. Szene mit Vivien Leigh (l)
5. Vivien Leigh, Clark Gable

**1939: Der Tag bricht an
von: Marcel Carné**

Ein Film in mystischem Schwarzweiß, in den man hineinsinken kann. Tristesse und Wahn, Glückshoffnung und Liebe aus der ritualisierten, theatralischen Werkstatt der Kunst eines Marcel Carné: „Der Tag bricht an", damals kein exorbitanter Erfolg, eher ein unterbewertetes Kinostück, hat heute höchsten cineastischen Wert. Allein die Beobachtung der Licht- und Bildgestaltung könnte abendfüllend, beglückend sein. Das Studium der Carnéschen Akkuratesse und Ausstattung, dazu die oft elektrisierende Musik von Maurice Jaubert sowie der „poetische Realismus" seines Drehbuchautors Jacques Prévert sind ein weiterer „Zeitvertreib" für den Zuschauer, der heute ein Meisterwerk auf dem Bildschirm zu sehen bekommt. Dabei war noch nicht einmal die Rede von den Schauspielern: Jean Gabin und Arletty, die in kaleidoskopartigen Rückblenden wie Kunstfiguren agieren. „Der Tag bricht an" gehört mit seinen intensiven Bildern, seinen suggestiven Dialogen (nach einer Idee von Jacques Viot) zu den aufregendsten

Produktionen des nicht immer mit glücklicher Hand arbeitenden Carné, nicht zuletzt wegen der gewollt bizarren Künstlichkeit und Symbolik.

INHALT: Der Arbeiter François verbarrikadiert sich in seinem Dachzimmer, nachdem er seinen Rivalen Valentin umgebracht hat. Während die Polizei das Gebäude umstellt, erinnert sich François in drei Rückblenden an Françoise und Clara, die beiden Frauen, die er liebt, sowie an Valentin: Françoise lernt er in einer Fabrik kennen. Er will sie heiraten, doch bei einem Nachtclub-Besuch muß er mit ansehen, wie sie mit Valentin, der eine Pudeldressur vorführt, davongeht. François tröstet sich mit Valentins Assistentin Clara. Françoise versucht, ihn zurückzugewinnen. Das gelingt ihr auch, doch Valentin treibt weiterhin ein intrigantes Spiel. Seine Verleumdungen bringen François derart in Rage, daß er die Beherrschung verliert und Valentin erschießt.

STAB: Regie: Marcel Carné; Drehbuch: Jacques Prévert, Jacques Viot; Kamera: Philippe Agostini, André Bac, Curt Courant; Ton: Maurice Jaubert; Ausstattung: Alexandre Trauner; Produktion: Sigma/A.F.E.; Frankreich 1939; 85 Minuten.
ORIGINALTITEL: Le jour se lève
BESETZUNG: Jean Gabin (François), Arletty (Clara), Jules Berry (Valentin), Jacqueline Laurent (Françoise).

DER REGISSEUR: Marcel Carné, geboren am 18. August 1909 in Paris, sollte wie sein Vater Kunsttischler werden. Stattdessen machte er eine Ausbildung zum Kameramann, war von 1928 bis 1936 Assistent von René Clair und Jacques Feyder und arbeitete nebenberuflich als Journalist. 1936 drehte er seinen ersten abendfüllenden Film, „Jenny", den ursprünglich Jacques Feyder hatte drehen wollen. Mit diesem Film begann Carnés Zusammenarbeit mit dem Dichter und Drehbuchautor Jacques Prévert, der in der Folge entscheidenden Einfluß auf sein Schaffen ausübte. Das Ergebnis sind wunderbare Filme wie „Hafen im Nebel" (mit Jean Gabin), „Hôtel du Nord" (beide 1938), „Die Nacht mit dem Teufel" (1942) und „Kinder des Olymp" (1945), das legendäre, poetische Meisterwerk um Liebe, Zeit und Vergänglichkeit. Nach „Thérèse Raquin" (1953, mit Simone Signoret) und „Die Luft von Paris" (1954, mit Jean Gabin) drehte Carné eine Reihe wenig bemerkenswerter Filme, dar-

unter „Die sich selbst betrügen" (1958), eine heftig umstrittene Schilderung der von Nihilismus und Existentialismus beeinflußten Nachkriegsjugend im Frankreich der 50er Jahre.
DIE KRITIK ZUM FILM: „Eines der schönsten und überzeugendsten Beispiele des französischen ‚poetischen Realismus', und einer der schönsten Filme der dreißiger Jahre." (The Motion Picture Guide)
„Dies ist in vieler Hinsicht Carnés vollendetster Film, eine straff aufgebaute und äußerst exakt ausgeführte Arbeit. Vor allem durch die bewußte Künstlichkeit der Ausstattungen und Dialoge sowie Maurice Jauberts Musik wurde der sozialkritische Realismus des Themas mit einem poetischen Schleier umgeben." (Oxford Companion to Film)

Fotos:
1. Arletty, Jean Gabin
2. Jean Gabin, Jules Berry
3. Jacqueline Laurent, Jean Gabin
4. Szene
5. Jacqueline Laurent

1939: Opfer einer großen Liebe
von: Edmund Goulding

„Opfer einer großen Liebe" gilt als ultimativer Taschentuchfilm, als Melodrama par excellence. Die Geschichte der an einem Gehirntumor dahinsiechenden reichen Erbin ist die reine Kolportage und beileibe nichts Neues. Doch Regisseur Goulding vermied jede plumpe Rührseligkeit und konzentrierte sich ganz auf das sensible Porträt einer Frau zwischen Lebenslust und Tod. Mit Bette Davis fand die Rolle der Judith Traherne, in der schon Tallulah Bankhead am Broadway brillierte, ihre Idealbesetzung. Die Diva galt fortan als größte Tragödin des amerikanischen Films. Mit ihren Manierismen, ihrer Laszivität und vor allem dem unvergeßlichen Blick ihrer legendären „Bette Davis Eyes" gestaltete sie die Figur der tapferen, leidenden Judith als lebendige Persönlichkeit. In der letzten Szene, in der laut Produzent Jack Warner „mehr Kleenex-Tücher verbraucht wurden als in irgendeinem Film zuvor", legt Judith gerade ein Hyazinthenbeet an. Sie hält inne und blinzelt: Ihr Sehvermögen

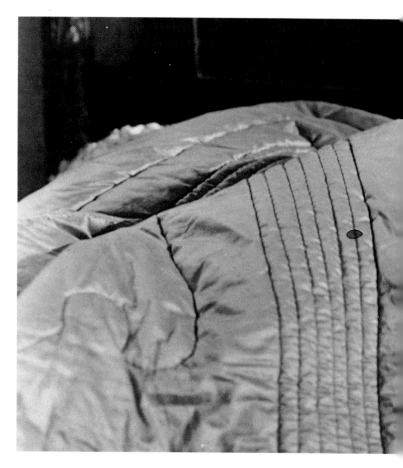

läßt nach. Judith weiß, was das bedeutet. Sie verabschiedet sich von ihren beiden Hunden, geht in ihr Haus und erwartet dort lächelnd ihr Ende. Sie fühlt, daß sie in den wenigen Monaten an der Seite Fredericks ein ganzes Leben voller Glück erlebt hat. Langsam verschwindet Bette Davis' Gesicht in der Dunkelheit ...

INHALT: Die halsstarrige Judith Traherne muß entdecken, daß sie an einem Gehirntumor leidet. Nach einer ersten Operation verliebt sie sich in ihren Arzt Frederick Steele, der ihre Gefühle erwidert. Dr. Steele eröffnet seiner Patientin, daß die Operation nur teilweise erfolgreich war und sie noch höchstens ein Jahr zu leben hat. Die stolze Judy wehrt sich gegen Fredericks Zuneigung, denn sie hält seine Liebe für bloßes Mitleid. Trotzig beschließt sie, die Zeit, die ihr noch bleibt, in vollen Zügen zu genießen – bis sie eines Tages die Sinnlosigkeit dieser Wirklichkeitsflucht begreift. Judith heiratet Dr. Steele. Während er einen Ärztekongreß besucht, läßt ihr Sehver-

mögen nach. Sie weiß, daß das Ende nahe ist ...
STAB: Regie: Edmund Goulding; Drehbuch: Casey Robinson (nach einem Stück von George Emerson Brewer, Jr. und Bertram Bloch); Kamera: Ernest Haller; Ausstattung: Robert Haas; Musik: Max Steiner; Kostüme: Orry-Kelly; Schnitt: William Holmes; Produktion: Hal B. Wallis und David Lewis für Warner Bros.; USA, 1939; 105 Minuten.
ORIGINALTITEL: Dark Victory
BESETZUNG: Bette Davis (Judith Traherne), George Brent (Dr. Frederick Steele), Humphrey Bogart (Michael O'Leary), Geraldine Fitzgerald (Ann King), Ronald Reagan (Alex Harmin), Henry Travers (Dr. Parsons), Cora Witherspoon (Carrie Spottswood).

DER REGISSEUR: Edmund Goulding, geboren am 20. März 1891 in London, emigrierte 1921, nach Erfahrungen als Schauspieler, Regisseur und Autor an zahlreichen Londoner Bühnen, in die USA. Dort verfaßte er Bühnenstücke, Drehbücher und einen Roman. 1925 stellte ihn MGM als Autor und Regisseur ein. Goulding entwickelte sich zum Spezialisten für elegante Gesellschaftsdramen wie das Multi-Star-Vehikel „Grand Hotel". Einen Goulding-Look hatten seine Filme nie, er inszenierte im Sinne des Studios, bei dem er jeweils unter Vertrag stand. Berühmt wurde Goulding für seinen sensiblen Umgang mit Schauspielern. Greta Garbo (in „Anna Karenina"), Joan Fontaine (in „Liebesleid"), Tyrone Power (in „Auf Messers Schneide") und Bette Davis (in „Alte Jungfer" und „Die große Lüge") spornte er zu Meisterleistungen an. Edmound Goulding starb 1959.

DER REGISSEUR ÜBER SEINE ARBEIT: „Als ich mit dem Projekt anfing, fragte mich Jack Warner: ‚Wer will schon sehen, wie eine Lady einen Tumor kriegt?' Wenn es ergreifend gemacht ist, jeder. Mit dem Geld, das mein Film eingespielt hat, hat Jack nicht nur ein paar neue Hallen gebaut, sondern sich auch noch neue Autos geleistet."

DIE KRITIK ZUM FILM: „Den Film mit Zynismus zu besprechen, ist unmöglich. Dafür ist die Stimmung zu treffend, die Darstellung zu ehrlich und die Regie zu fachmännisch. Miss Davis ist superb. Mehr noch, sie ist bezaubernd und – sie verzaubert das Publikum." (New York Times)

Fotos:
1. Bette Davis
2. Szene mit Bette Davis
3. 5. Bette Davis, George Brent
4. Ronald Reagen (l), Bette Davis

**1939: Ninotschka
von: Ernst Lubitsch**

Bei der Premiere von „Ninotschka" am 3. November 1939 herrschte bedrückte Stimmung: zwei Monate zuvor war der Zweite Weltkrieg ausgebrochen. In dieser schweren Zeit kam eine herzerwärmende Komödie, die das Kinopublikum von der düsteren Politik ablenkte, gerade recht. Für die Dauer von 110 Minuten gelang es Ernst Lubitsch mit seinem charmant-witzigen Film, alle trüben Gedanken zu verscheuchen. Das Drehbuch schäumt über von geistreichen Einfällen, Situationskomik und spritzigen Dialogen. Greta Garbo – auf dem Höhepunkt ihrer Karriere – ist der strahlende Mittelpunkt dieser respektlosen Farce. Der Film parodiert nicht nur die Klischees vom fröhlichen Franzosen im ständigen Liebestaumel und von der eiskalten Genossin aus der Sowjetunion, er ist auch eine Satire auf das Image der Garbo: die Legende von der kühlen, herben Frau aus dem Norden, die in sich selbst ruht und gegen die Liebe immun ist – bis sie die große Leidenschaft findet. „Ninotschka" ist ein Film wie eine schillernde Seifenblase, herr-

lich unbeschwert, voller Heiterkeit und ohne tiefschürfendes Anliegen. Seine frohe Botschaft: Liebe und gutes Essen sind die wichtigsten Ingredienzen des Lebens.

INHALT: Drei sowjetrussische Kommissare sollen in Paris die konfiszierten Juwelen der Großfürstin Swana verkaufen. Doch die Fürstin beauftragt ihren Liebhaber, Graf Leon d'Algout, die Sowjets mit westlicher Dekadenz so zu verwöhnen, daß sie ihren Auftrag vergessen. Leon begeistert die Russen schnell für das Pariser Leben, und tatsächlich vernachlässigen sie ihre Pflichten. Deshalb schickt der Oberste Sowjet die Bevollmächtigte Lena Yakushova, genannt Ninotschka, nach Paris, um ihre Kollegen zur Raison zu bringen. Graf Leon versucht, die gestrenge Genossin zu verführen und beißt zunächst auf Granit. Schließlich verliebt sie sich doch in den Charmeur. Die beiden feiern in den elegantesten Nachtclubs, während Großfürstin Swana die Gelegenheit nutzt, ihre Juwelen zurückzustehlen. Etwas

viel Wertvolleres hat sie jedoch an Ninotschka verloren: Leons Liebe. Um die Rivalin loszuwerden, erklärt sie sich bereit, den Schmuck zurückzugeben, wenn Ninotschka umgehend nach Moskau abreist. Schweren Herzens willigt die pflichtbewußte Genossin ein ...

STAB: Regie und Produktion: Ernst Lubitsch; Drehbuch: Billy Wilder, Charles Brackett, Walter Reisch; Kamera: William Daniels; Musik: Werner R. Heyman; Bauten: Edwin B. Willis; Ausstattung: Cedric Gibbons, Randall Duell; Kostüme: Adrian; Schnitt: Gene Ruggiero; USA 1939; 110 Minuten.
ORIGINALTITEL: Ninotchka
BESETZUNG: Greta Garbo (Lena Yakushova, Ninotschka), Melvyn Douglas (Graf Leon d'Algout), Ina Claire (Großfürstin Swana), Sig Ruman (Michael Ironoff), Felix Bressart (Buljanoff), Alexander Granach (Kopalski), Bela Lugosi (Kommissar Razinin).
DER REGISSEUR: Ernst Lubitsch, geboren am 28. Januar 1892 in Berlin, trat mit 19 Jahren dem Max-Reinhardt-Ensemble am Deutschen Theater bei und arbeitete sich schnell vom Komparsen zum Hauptdarsteller hoch. Nebenbei agierte er als Slapstick-Komiker für die Berliner Bioscope-Filmgesellschaft und versuchte sich gelegentlich als Regisseur. Den Durchbruch schaffte er jedoch erst 1918 mit dem Melodram „Die Augen der Mumie

Ma". Hollywood wurde auf ihn aufmerksam, als seine Monumental-Epen „Carmen" (1917) und „Madame Dubarry" (1918), beide mit Pola Negri, in den USA anliefen. Mit „Die Ehe im Kreise" (1924), seinem zweiten amerikanischen Film, schuf sich Lubitsch einen Ruf als Meister der eleganten Gesellschaftskomödie. Zu Beginn der Tonfilm-Ära drehte er einige bezaubernde Musicals, darunter „Die lustige Witwe" (1934). Es folgte eine Reihe raffinierter Salonkomödien, in denen er sein Gespür für die ideale Besetzung von Hollywoods größten Stars bewies: „Engel" (1937, mit Marlene Dietrich), „Blaubarts achte Frau" (1938, mit Claudette Colbert, Gary Cooper und David Niven) und „Ninotschka". 1937 wurde Lubitsch mit einem Ehren-„Oscar" ausgezeichnet, ein Jahr später in die französische Ehrenlegion aufgenommen. „Sein oder Nichtsein" (1942) war seine satirische Abrechnung mit dem Nationalsozialismus. Lubitsch starb 1947, bei der Arbeit an „Die Frau im Hermelin", an einem Herzschlag.

DER REGISSEUR ÜBER SEINE ARBEIT: „Wenn ich keine Liebesszene zeigen darf, dann filme ich ein zerwühltes Bett und Kleidungsstücke auf dem Fußboden. Was die Phantasie der Zuschauer auszumalen in der Lage ist, übertrifft jeden Film."
DIE KRITIK ZUM FILM: „Garbo ist grandios – und der Film auch. Niemand, außer dem unnachahmlichen Lubitsch, hätte diese erfrischende Farce inszenieren können." (The Motion Picture Guide)

*Fotos:
1. Szene mit Greta Garbo
2. Greta Garbo, Melvyn Douglas, Ina Claire
3. 5. Greta Garbo, Melvyn Douglas
4. Greta Garbo mit Sig Ruman, Felix Bressart, Alexander Granach*

**1939: Ringo
von: John Ford**

Breitbeinig steht er da: den Sattel lässig über die Schulter geworfen, den Hut leicht in die Stirn gezogen, mit einer Hand schnippt er die leere Patronenhülse aus dem Gewehr und versperrt der Postkutsche den Weg. An John Wayne kommt keiner vorbei. Vor „Ringo" glaubte kaum einer an die Ausstrahlungskraft des 1,93 Meter großen Darstellers. Am wenigsten die Produzenten. Sie wollten lieber Gary Cooper in der Hauptrolle des Ringo Kid sehen. Doch Regisseur John Ford setzte durch, daß der noch weitgehend unbekannte B-Movie-Schauspieler Wayne die Rolle bekam. Nach der oben beschriebenen Szene wußten alle, daß er recht hatte. John Wayne brannte sich als *der* ultimative Cowboy in die Köpfe der Filmfans ein. John Wayne nahm man ab, daß er mit den Stiefeln an den Füßen und dem Colt im Gurt geboren wurde. Generationen junger Darsteller wurden an ihm gemessen. Doch keiner war ihm ebenbürtig: Keiner ging so männlich – aufrecht, breitbeinig, etwas steif, mit einem leichten Knick in der Hüfte –,

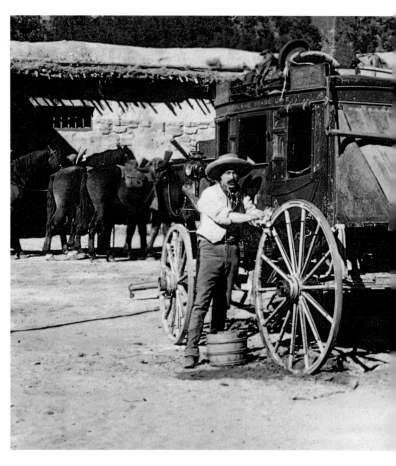

keiner stürzte so cool den Whiskey herunter, keiner gab so kernige Sprüche von sich. Sich seiner eigenen Ausstrahlung bewußt, bemerkte John Wayne am Ende seiner Karriere rückblickend: „Unabhängig von der Story habe ich in jedem meiner Filme John Wayne gespielt. Und ich war doch ganz gut, oder?"
INHALT: Acht Menschen treten mit der Postkutsche den Weg von New Mexiko nach Lordsburg an: Dallas, eine verruchte Bardame, die von empörten Moralhüterinnen aus der Stadt gejagt wurde; Doc Boone, ein trunksüchtiger Ex-Arzt; der charmante Glücksspieler Hatfield; die hochschwangere Lucy Mallory, die auf dem Weg zu ihrem Mann ist; Mr. Peacock, ein nervöser Whiskey-Vertreter; der betrügerische Bankier Gatewood; Sheriff Curly Wilcox, der einem entflohenen Häftling auf der Spur ist, und Kutscher Buck. Schon bald gesellt sich ein unfreiwilliger Mitreisender zu der Gruppe: Ringo Kid, der entflohene Sträfling, der eigentlich eine alte Rech-

nung begleichen wollte, begibt sich freiwillig in die Gewalt des Sheriffs, da er sein Pferd verloren hat. In der räumlichen Enge entstehen zwischen den Passagieren Aggression und Reibereien, aber auch Verständnis und sogar Vertrauen. Die Bewährungsprobe für alle Mitreisenden ist gekommen, als sich ihre schlimmsten Befürchtungen bewahrheiten: Apachen, die sich auf dem Kriegspfad befinden, überfallen die Postkutsche ...

STAB: Regie: John Ford; Drehbuch: Dudley Nichols (nach einer Erzählung von Ernest Haycox); Kamera: Bert Glennon; Musik: Richard Hagemann, W. Franke Harling, John Leipold, Leo Shuken, Louis Grunberg; Bauten: Alexander Toluboff; Ausstattung: Wiard B. Ihnen; Kostüme: Walter Plunkett; Spezialeffekte: Ray Binger; Schnitt: Dorothy Spencer, Walter Reynolds; Produktion: Walter Wanger; USA 1939; 97 Minuten.
ORIGINALTITEL: Stagecoach
BESETZUNG: John Wayne (Ringo Kid), Claire Trevor (Dallas), John Carradine (Hatfield), Thomas Mitchell (Dr. Josiah Boone), Andy Devine (Buck), Donald Meek (Samuel Peacock), Louise Platt (Lucy Mallory), Tim Holt (Lt. Blanchard), George Bancroft (Sheriff Curly Wilcox), Berton Churchill (Henry Gatewood), Tom Tyler (Hank Plummer), Chris Pin Martin (Chris).
PREISE: „Oscars" für Nebendarsteller (Dudley Nichols) und Musik, „New York Critics Award".
DER REGISSEUR: John Ford, am 1. Februar 1895 als Sean Aloysius O'Feeny als dreizehntes Kind irischer Einwanderer in Neu-England geboren; mit

18 Jahren folgte er seinem Bruder Francis, der mittlerweile den Künstlernamen Ford angenommen hatte, nach Hollywood. Er schlug sich als Kabelträger, Stuntdouble und Aushilfsschauspieler durch und arbeitete 1915 zum ersten Mal als Regieassistent. Mit dem Western „The Tornado" gab Ford 1917 sein Regiedebüt. Bis 1966 drehte er 125 Filme, darunter mehr als sechzig Western. Seine Helden waren die Cowboys, die müde und verstaubt durch die Prärie ritten. Viele Kritiker werteten Fords Arbeit als reaktionär, Feministinnen beklagten das Machotum in seinen Filmen, Liberale bemängelten seinen unbeirrbaren Glauben an die Tradition. Trotzdem konnte er sich über 50 Jahre lang im Filmgeschäft behaupten. Die überwältigende Bildsprache, die Symbolhaftigkeit von Licht und Schatten, das perfekte Handwerk ließen seine Werke zu Klassikern werden. John Ford starb 1973 an Krebs.

1939

DER REGISSEUR ÜBER SEINE ARBEIT: „Jeder, der die Grundregeln des Filmemachens kennt, kann Regie führen. Die Regiearbeit ist kein Geheimnis, sie ist keine Kunst. Das Wichtigste dabei ist nur: Fotografier' die Augen der Personen."

DIE KRITIK ZUM FILM: „Mit einer herrlich ausladenden Geste hat John Ford zehn Jahre der artifiziellen und geschwätzigen Kompromisse hinweggefegt und einen Film gemacht, der das Lied der Kamera singt." (New York Times)

Fotos:
1. 2. 4. 5. Szenen
3. Claire Trevor, John Wayne

**1940: Citizen Kane
von: Orson Welles**

Kein anderer Erstling hat soviel Aufsehen erregt und so nachhaltig die Kinogeschichte beeinflußt: Ganze 25 Jahre war Orson Welles alt, als er 1940 seinen Geniestreich „Citizen Kane" drehte, einen Kultklassiker, der unstreitig zu den Top-Ten-Werken der Filmhistorie zählt. Wunderkind Welles hatte kurz zuvor mit einer Hörspielbearbeitung von H. G. Wells' „Krieg der Welten", die durch die realistische Machart eine Panik unter den Hörern verursacht hatte, einen Skandalerfolg errungen. Nun gewährte die Filmgesellschaft RKO dem Junggenie (bei einem begrenzten Budget) uneingeschränkte künstlerische Freiheit, Bedingungen, wie sie Welles nie mehr vorfinden sollte. Und er wußte seine Chance zu nutzen: Er brach radikal mit der Tradition des Erzählkinos; die Geschichte Kanes wird nicht chronologisch geschildert, sondern facettenreich aus den Perspektiven von fünf Personen als Puzzle zusammengesetzt; formal bediente er sich aus dem Cineastenfundus und setzte etwa konsequent auf Tiefenschärfe und Weit-

winkel. Da gewisse Parallelen zwischen Kane und dem Medienmogul William Randolph Hearst unübersehbar waren, entfachte der Zeitungszar schon vor der Premiere eine Hetzkampagne, die dem finanziellen Erfolg des Films enorm schadete.

INHALT: „Rosebud" ist das letzte Wort des Mediengiganten Charles Foster Kane, bevor er auf seinem Märchenschloß Xanadu stirbt. Wochenschau-Reporter Jerry Thompson soll dieses Geheimnis ergründen; er recherchiert bei den Menschen, die Kane am nächsten standen. Als Kind erbt Charles ein Riesenvermögen; mit einem Schlitten wirft er nach seinem Finanzberater, als der den Jungen aus seinem ländlichen Geburtshaus herausholt. Als 25jähriger steigt Kane ins Zeitungsgeschäft ein; sein früherer Mitarbeiter Mr. Bernstein und sein bester Freund Jedediah Leland berichten von Kanes steilem Aufstieg zum Pressemagnaten. Dessen erste Ehe mit Emily zerbricht an den peinlichen Enthüllungen über seine Affäre mit der Sän-

gerin Susan Alexander, die er nach dem Unfalltod seiner Frau heiratet. Er will Susan um jeden Preis zu einem Opernstar machen, doch ihr Talent reicht nicht aus. Susan, die jetzt in Bars tingelt, erzählt dem Reporter vom Scheitern ihrer Karriere und ihrer Ehe mit Kane. Butler Raymond berichtet schließlich vom Sterben Kanes, aber die Bedeutung des Wortes „Rosebud" kann auch er nicht entschlüsseln. Der Reporter gibt auf, doch der Zuschauer sieht noch, wie Gerümpel aus Kanes Besitz verbrannt wird. Gerade wandert der alte Kinderschlitten in die Flammen – und auf dem steht der Name „Rosebud" ...

STAB: Regie: Orson Welles; Drehbuch: Herman J. Mankiewicz, Orson Welles; Kamera: Gregg Toland; Schnitt: Robert Wise, Mark Robson; Musik: Bernard Herrmann; Bauten: Van Nest Polglase; Ausstattung: Darrel Silvera; Kostüme: Edward Stevenson; USA 1940/41; 119 Minuten.

BESETZUNG: Orson Welles (Charles Foster Kane), Joseph Cotten (Jedediah Leland), Dorothy Comingore (Susan Alexander), Everett Sloane (Mr. Bernstein), Agnes Moorehead (Kanes Mutter), Ruth Warrick (Emily Norton Kane), Ray Collins (James W. Gettys), Erskine Sanford (Herbert Carter), William Alland (Jerry Thompson), Paul Stewart (Raymond, Butler).

PREISE: „Oscar" für Bestes Drehbuch.

DER REGISSEUR: George Orson Welles, am 6. Mai 1915 als Sohn eines wohlhabenden Erfinders und einer Konzertpianistin in Kenosha, Wisconsin, geboren, zeigte schon als Kind reges künstlerisches Interesse und Talent: er dichtete, malte, musizierte, zauberte und schauspielerte. Nach dem Tod seiner Mutter (Welles war acht Jahre alt) und dem Abschluß der High School reiste er als 16jähriger nach Irland, bekam in Dublin eine Bühnenrolle und inszenierte einige Stücke. Nach seinem ersten Broadwayauftritt 1934 begann Welles, für den Hörfunk zu arbeiten. Die Ausstrahlung seiner Wells-Inszenierung machte ihn 1938 schlagartig berühmt und begehrt. Die RKO holte ihn nach Hollywood, wo „Citzen Kane" entstand; sein Erstlings- und Meisterwerk, das jedoch ebensowenig ein finanzieller Erfolg wurde wie sein nächster Film „Der

Glanz des Hauses Amberson", der nur in einer verstümmelten Fassung in den Kinos lief. So bekam Welles Schwierigkeiten, in den USA zu arbeiten. In Hollywood entstanden noch „Die Spur des Fremden" (1946) und die „Lady von Shanghai" (1948, mit seiner damaligen Frau Rita Hayworth), dann wich er nach Europa aus. Dort arbeitete er häufig als Schauspieler (etwa in „Der dritte Mann"), um das Geld für seine eigenen Filme zu verdienen. Er beschäftigte sich mit Shakespeare („Macbeth", 1948, „Othello", 1952, „Falstaff", 1966); drehte Filme wie „Herr Satan persönlich" (1955) und „Der Prozeß" (1962, nach Kafka) und beendete seine Regietätigkeit 1973 mit „F wie Fälschung". In den 70er Jahren kehrte Welles in die USA zurück und genoß die Ehrungen für den „verlorenen Sohn" (1970 Spezial-„Oscar" für seine Verdienste um den Film, 1972 „Life Achievement Award" des American Film Institute). Welles starb 1985.

DER REGISSEUR ÜBER SEINE ARBEIT: „Ich hatte Glück wie niemand sonst. Danach verfolgte mich das Pech wie niemanden sonst in der Geschichte des Films."
DIE KRITIK ZUM FILM: „Für diese unglaubliche Leistung wird der Name von Welles für immer mit dem Zenit der Kunst verbunden sein." (The Motion Picture Guide)

Fotos:
1. Orson Welles (l), Joseph Cotten
2. Dorothy Comingore, Orson Welles
3. Harry Shannon, Ruth Warrick
4. Szene mit Joseph Cotten
5. Szene mit Dorothy Comingore

**1940: Fantasia
von: Walt Disney (Produktion)**

„Bilder zum Hören – Musik zum Schauen." So kündigte der Verleih „Fantasia" an. Eine treffende Umschreibung, denn Disney versetzt die Zuschauer mit seinem Film in einen akustischen und optischen Rausch. Zusammen mit Dirigent Leopold Stokowski (er ist in einigen Szenen als Silhouette zu sehen) wagte sich der „Vater von Micky Maus" an die Umsetzung klassischer Stücke in animierte Bilder. Viele warfen ihm deshalb Respektlosigkeit gegenüber den Komponisten vor, Disney-Fans legten solche Kritik unter der Rubrik „künstlerische Freiheit" ab. Wie auch immer – „Fantasia" bleibt als Innovationsversuch auf dem Animationssektor unerreicht. Er wirkt stellenweise wie ein Experimentalfilm: Regentropfen verwandeln sich in Geigenbögen, Töne bekommen eine graphische Form, und Vulkane spucken im Takt von Strawinskys „Le sacre du printemps" ihre Lava. Und wem das alles zu ambitioniert erscheint, dem bleibt immer noch der Genuß der berühmtesten „Fantasia"-Sequenz: Micky Maus als Zauber-

lehrling, der verzweifelt eine Horde zum Leben erweckter Besen zu bändigen versucht.
INHALT: Der Dirigent betritt das Podium. Die Musiker beginnen mit den ersten Takten von Bachs „Toccata und Fuge in d-moll". Langsam fährt die Kamera auf den farbigen Hintergrund der Szene, auf dem allmählich Gewitterwolken und Regentropfen zu erkennen sind, die sich später in Orgelpfeifen und Geigenbögen verwandeln. Es folgt Tschaikowskys „Nußknacker-Suite", zu der Elfen, Pilze und Fische tanzen; abgelöst von Micky Maus, der sich als Zauberlehrling versucht. Danach ein kurzer Abriß der Evolutionsgeschichte, unterlegt mit Strawinskys „Le sacre du printemps". Nach einem kurzen Intermezzo – die Musiker stimmen ihre Instrumente – beginnt eine Reise durch die griechische Sagenwelt: Zentauren, Einhörner und fliegende Pferde in einer mythologischen Landschaft, bis Beethovens „Pastorale" ihren Höhepunkt erreicht und Göttervater Zeus dem lustigen Treiben ein Ende setzt. Nach

dem „Tanz der Stunden" mit anmutigen Nilpferden, Straußenvögeln und Krokodilen erwacht auf dem Gipfel eines Berges ein furchterregender Teufel, der erst von einer Prozession Fackeln tragender Nonnen und den Klängen von „Ave Maria" vertrieben werden kann.
STAB: Gesamtregie: Ben Sharpsteen; Drehbuch: Joe Grant, Dick Huemer; Kommentar: Deems Tylor; *„Toccata und Fuge in d-moll"* – Regie: Samuel Armstrong; Musik: Johann Sebastian Bach; Animation: Cy Young, Art Palmer, Daniel MacManus, George Rowley, Edwin Aardal, Joshua Meador, Cornett Wood; *„Nußknacker-Suite"*- Regie: Samuel Armstrong; Musik: Pjotr Iljitsch Tschaikowsky; Animation: Arthur Babbitt, Les Clark, Don Lusk, Cy Young, Robert Stokes; *„Der Zauberlehrling"* – Regie: James Algar; Musik: Paul Dukas; Animationsüberwachung: Fred Moore, Vladimir Tytla; *„Le sacre du printemps"*-Regie: Bill Roberts, Paul Satterfield; Musik: Igor Strawinsky; Animationsüberwachung: Wolfgang Reithermann, Joshua Meador; *„Pastorale"*-Regie: Hamilton Luske, Jim Handley, Ford Beebe; Musik: Ludwig van Beethoven; Animationsüberwachung: Fred Moore, Ward Kimball, Eric Larson, Arthur Babbit, Oliver M. Johnston Jr., Don Towsley; *„Tanz der Stunden"*-Regie: T. Hee, Norman Ferguson; Musik: Amilcare Ponchielli; Animationsüberwachung: Norman Ferguson; *„Eine Nacht auf dem Kahlen Berge"*- und *„Ave Maria"*- Regie: Wilfried Jackson; Musik: Modest Mussorgsky, Franz Schubert; Animationsüberwachung: Vladimir Tytla; Produktion: Walt Disney; USA 1940; 120 Minuten.
ORIGINALTITEL: Fantasia
PREISE: Spezial-„Oscars" für Ton und „Visualisierte Musik" (Leopold Stokowski).
DER PRODUZENT: Obwohl Ben Sharpsteen die Gesamtregie übernahm, gilt Walt Disney immer noch als Schöpfer von „Fantasia". Er wurde am 5. Dezember 1901 in Chicago geboren, besuchte die Kunstakademie und arbeitete später in einer Werbeagentur, wo er Ub Iwerks kennenlernte. Zusammen mit seinem Bruder Roy und Iwerks gründete Disney seine erste eigene Animationsfirma, die nach

kurzer Zeit bankrott machte. Zusammen ging das Team nach Hollywood. Ende der 20er Jahre stellten sich erste Erfolge ein. 1928 kam dann der Durchbruch: Micky Maus, von Iwerks gezeichnet, gab sein Filmdebüt in „Steamboat Wille", dem ersten Tonfilm. Dank Disneys Experimentierfreude mit technischen Neuerungen und Iwerks' kreativem Talent erkämpften sie sich in den 30er Jahren eine Monopolstellung auf dem amerikanischen Zeichentrickfilm-Markt. 1934 produzierte Disney den ersten abendfüllenden Tontrickfilm: „Schneewittchen und die sieben Zwerge" – und hatte Erfolg. In der Folge entstanden Disney-Klassiker wie „Fantasia", „Dumbo, der fliegende Elefant" und „Bambi", und Disney erhielt im Laufe der Zeit 30 „Oscars". Dank der zusätzlichen Vermarktung von Nebenprodukten wie Stoff-Micky-Mäuse und T-Shirts entwickelten sich die Disney-Studios zu einem der finanzstärksten Unternehmen der Branche. Nach dem Krieg verlegte sich Disney zunehmend

auf die Produktion von Realfilmen („Die Wüste lebt", die Komödie „Der fliegende Pauker") und arbeitete an der Errichtung eines Vergnügungsparks. 1955 wurde „Disneyland" in Kalifornien eröffnet. Als Walt Disney 1971 starb, führten seine Erben das Unternehmen erfolgreich weiter, mit Zeichentrick-Klassikern wie „Das Dschungelbuch", „Bernhard und Bianca", „Die Schöne und das Biest" und neuen Freizeitparks in aller Welt.

DER PRODUZENT ÜBER SEINE ARBEIT: „Man sieht an ‚Fantasia' zum ersten Mal, welche Möglichkeiten sich unserem Medium in Zukunft bieten. Was ich in der Zukunft sehe, ist noch zu nebulös, als daß ich es mit Worten beschreiben könnte. Aber es sieht irgendwie groß und glitzernd aus." (Walt Disney, 1940)

DIE KRITIK ZUM FILM: „Wir stellen ganz einfach fest, daß ‚Fantasia' großartig ist." (The New York Times)

**1940: Der große Diktator
von: Charles Chaplin**

Trippelnd umtanzt der Diktator mit dem albernen Bärtchen die Weltkugel: Er begehrt sie mit melodramatischen Stummfilmgesten und feurigen Blicken, er umzingelt sie, die immer wieder mit schamhaft ausweichenden Pirouetten und sanft gleitenden Luftsprüngen zu entkommen versucht. Schließlich führt die Balz zum Ziel: Am Ende umarmt „Der große Diktator" die Welt – so fest, daß sie platzt. Chaplins Pas de Deux mit der Luftballon-Weltkugel ist ein Kabinettstückchen der Filmgeschichte und der unvergeßliche Höhepunkt dieses witzigsten Propagandafilms aller Zeiten. Schon lange hatte Chaplin sich mit dem Gedanken getragen, einen Film gegen Hitler zu machen. Die Ähnlichkeit zwischen dem „kleinen Tramp" und dem „großen" Diktator brachte ihn auf die Idee, selbst in die Rolle des Diktators zu schlüpfen und ihn als bösartigen Trottel darzustellen. Chaplin glaubte an das Lachen als Waffe. Doch nach dem Krieg stellte er betroffen fest: „Wenn ich gewußt hätte, was sich wirklich abgespielt hat, hätte

ich diesen Film nicht machen können."
INHALT: Der Diktator Hynkel beherrscht das Land Tomania. Um von der desolaten Wirtschaftslage abzulenken, fördert er den Antisemitismus. Zu dieser Zeit wird ein jüdischer Friseur nach jahrelanger Krankheit aus dem Hospital entlassen. Die Diktatur ist ihm zuwider. Im jüdischen Ghetto freundet er sich mit der schönen Hannah an. Mit Witz und Raffinesse wehren sie sich gemeinsam gegen die brutale Miliz, bis der Friseur verhaftet und in ein KZ gesperrt wird. Hannah kann ins Ausland fliehen. Der Friseur entkommt und gelangt auf seiner Flucht zu einem See, auf dem Hynkel gerade mit dem Boot kentert. Der Diktator schwimmt ans Ufer und wird verhaftet, weil man ihn für den Friseur hält. Umgekehrt wird der Friseur für Hynkel gehalten, der anläßlich der bevorstehenden Invasion des Nachbarlandes eine Radioansprache halten soll. Statt Hynkelscher Hetztiraden hören die Tomanier eine flammende Rede für

Frieden, Menschlichkeit und Demokratie.
STAB: Regie, Drehbuch und Produktion: Charles Chaplin; Kamera: Roland Totheroh, Karl Struss; Musik: Chaplin, arrangiert von Meredith Wilson; Bauten und Ausstattung: J. Russell Spencer; Ton: Percy Townsend, Glenn Rominger; Schnitt: Willard Nico; USA 1940; 127 Minuten.
ORIGINALTITEL: The Great Dictator
BESETZUNG: Charles Chaplin (Hynkel, Diktator von Tomania/ein jüdischer Friseur), Paulette Goddard (Hannah), Jack Oakie (Napaloni, Diktator von Bacteria), Reginald Gardiner (Schultz), Henry Daniell (Garbitsch), Billy Gilbert (Herring), Maurice Moscovich (Herr Jaeckel), Emma Dunn (Frau Jaeckel), Grace Hayle (Madame Napaloni).
DER REGISSEUR: Charles Spencer Chaplin, am 16. April 1889 in London als Kind bettelarmer Artisten geboren, machte zunächst Karriere als Varieté-Clown. Bei einer USA-Tournee fiel er Mack Sennett, dem Chef der auf Slapstick-Komödien spezialisierten „Keystone"-Filmgesellschaft, auf. 1913 engagierte Sennett den agilen Engländer. Schon ein Jahr später schrieb und inszenierte Chaplin seine Filme selbst und entwickelte die Figur des „kleinen Tramp". Als Titelheld von „The Tramp" (1915) wurde Chaplins Alter Ego mit den ausgebeulten Hosen, zu großen Schuhen, der schäbigen Melone und dem unvermeidlichen Spazierstöckchen weltberühmt. Sein erster abendfüllender Film, „The Kid" (1920), in dem er Erlebnisse aus seiner Kindheit in den Londoner Slums verarbeitete, wurde weltweit ein Hit, der es ihm ermöglichte, 1919 mit Mary Pickford, Douglas Fairbanks und D. W. Griffith die Produktionsfirma „United Artists" zu gründen. Nach dem Melodram „Die Nächte einer schönen Frau" (1923) spezialisierte er sich auf herz-

erwärmende Komödien: „Goldrausch" (1925), „Der Zirkus" (1927), „Lichter der Großstadt" (1931), „Moderne Zeiten" (1936) und „Der große Diktator" allesamt künstlerische und finanzielle Triumphe. 1928, bei der ersten „Oscar"-Verleihung, wurde Chaplin mit einem Ehren-„Oscar" ausgezeichnet. Mitte der vierziger Jahre begann sein Stern zu sinken. Nach einem England-Besuch durfte Chaplin – als mutmaßlicher Kommunist – nicht wieder in die USA einreisen. Seine Rache: „Ein König in New York" (1957), eine bitterböse Satire auf die Vereinigten Staaten. Obwohl Chaplins Art, Filme zu machen, zehn Jahre später hoffnungslos veraltet war („Die Gräfin von Hongkong", 1967) wurde er bei seiner Rückkehr in die USA enthusiastisch gefeiert (Verleihung eines zweiten Ehren-„Oscars"). Die Königin von England erhob ihn 1975 in den Ritterstand. Zwei Jahre später starb Chaplin, einer der berühmtesten Männer des Zwanzigsten Jahrhunderts, in seiner Wahlheimat, der Schweiz.

DIE KRITIK ZUM FILM: „Die Aussicht, den kleinen Charlie, die meistgeliebte Figur der ganzen Welt, zu erleben, wie er sein superlatives Talent benutzt, um den gefährlichsten lebenden Bösewicht der Lächerlichkeit preiszugeben, erschien wie ein gigantischer Scherz, ein transzendentes Paradox. Heute morgen sind wir glücklich, berichten zu können, daß das Unterfangen großartig gelungen ist." (The New York Times)

Fotos:
1. Charles Chaplin
2. 3. 4. Charles Chaplin, Paulette Goddard
5. Szene mit Charles Chaplin

1940: Rebecca

Hitchcocks erster Hollywood-Film: Erfolgsproduzent David O. Selznick holt den britischen Regisseur nach Amerika und beauftragt ihn mit der Verfilmung von Daphne du Mauriers Roman. Das Ergebnis ist eine perfekte Mischung aus aufwendigem Starkino à la Hollywood und britischem Sinn für Atmosphäre.
Foto: Laurence Olivier, Joan Fontaine

1940: Die Nacht vor der Hochzeit

Triumph für Katharine Hepburn: Der mit der Schauspielerin befreundete Bühnenautor Philip Barry schreibt ihr die Rolle der verwöhnten Millionärstochter Tracy auf den Leib, Katharine Hepburn – lange Zeit als Kassengift verschrien – feiert Triumphe am Broadway und sichert sich die Filmrechte. Als Louis B. Mayer das erfolgreiche Stück verfilmen will, drückt sie dem Produzenten ihre Forderungen auf: Sie spielt die Hauptrolle, erhält 175 000 Dollar für die Rechte und nochmal 75 000 Dollar Gage. Als Costars verlangt sie Cary Grant und James Stewart. Der Erfolg: „Die Nacht vor der Hochzeit" entwickelt sich zum Kassenhit, die Hepburn feiert ein glänzendes Comeback und wird für den „Oscar" als beste Hauptdarstellerin nominiert.
Foto: Katharine Hepburn, James Stewart

1941: Arzt und Dämon

Die bekannteste von zahlreichen „Jekyll und Hyde"-Verfilmungen. Anders als die meisten seiner Nachfolger verläßt sich Regisseur Victor Fleming bei den Verwandlungsszenen jedoch nicht auf aufwendiges Make-up, sondern auf die Schauspielkunst seines Hauptdarstellers Spencer Tracy.
Foto: Spencer Tracy, Ingrid Bergman

1941: Mr. und Mrs. Smith

Hitchcocks einzige Komödie (von einigen Stummfilmversionen abgesehen): Auf Anregung von Hauptdarstellerin Carole Lombard dreht er eine typische Ehe-Farce im Stil der Screwballkomödien. Doch der Krimi-Meister fühlt sich unwohl in dem für ihn fremden Genre: „Ich verstehe diese Figuren nicht, deshalb kann ich sie nur abfotografieren."
Foto: Robert Montgomery, Carole Lombard

1941: Verdacht

Die erste Zusammenarbeit zwischen Cary Grant und Alfred Hitchcock (die später noch drei gemeinsame Filme drehen): Technische Raffinesse (um die Aufmerksamkeit der Zuschauer auf ein Glas Milch zu lenken, plaziert Hitchcock eine Glühbirne im Glas) und exzellente Schauspielerleistungen machen den Film zu einem Klassiker des Genres. Unerfreulich: Das Ende wird auf Drängen der Produzenten geändert. Ursprünglich sollte Cary Grant als Mörder enttarnt werden. Doch die Produktionsgesellschaft RKO wollte das Gentleman-Image ihres Stars nicht gefährden und bestand auf einem Happy-End.
Foto: Cary Grant, Joan Fontaine

1941: Die Spur des Falken
von: John Huston

Ein Film, der ein neues Zeitalter für Hollywood einläutete: „Die Spur des Falken" bescherte Humphrey Bogart den Durchbruch zum internationalen Star, John Huston den fulminanten Start seiner Regiekarriere und der Kinowelt in der Folge eine Welle ähnlicher Filme – die „Schwarze Serie". Dashiell Hammets Roman hatte bereits zweimal als Drehbuchvorlage gedient (Roy Del Ruth verfilmte ihn 1930, William Dieterle 1939 unter dem Titel „Satan Meets a Lady"), aber erst Huston gelang es, die Krimistory kongenial umzusetzen. Im Mittelpunkt steht Sam Spade, ein zwielichtiger Schnüffler. Er ist kein aufrechter Kämpfer für Recht und Gesetz, sondern ein Mann, der vor allem an seinen Vorteil denkt: Nach dem Mord an seinem Kompagnon hat er nichts Eiligeres zu tun, als dessen Namen von der Bürotür entfernen zu lassen. Von der Witwe, mit der ihn ein Techtelmechtel verband, trennt er sich, und schließlich spielt er alle Akteure – Polizisten und Gangster – gegeneinander aus. Am Ende liefert er sogar die Frau, in die er sich verliebt hat, der

Polizei aus – nicht, weil sie die Mörderin seines Partners ist, sondern um jeden Verdacht von sich zu weisen und zukünftig gute Geschäfte machen zu können. Eine illusionslose Welt, in der Zynismus und Skrupellosigkeit regieren und nur der Schlaueste überlebt. Bogart wurde mit dieser Rolle zum Vorbild für den „tough guy" des amerikanischen Detektivfilms (sich selbst übertraf er darin nur noch als Philip Marlowe in „The Big Sleep – Tote schlafen fest"). Durch das überragende Spiel der Darsteller, die beeindruckende Licht- und Kameraführung und die zwischen Witz und Härte brillant ausbalancierten Dialoge ist „Die Spur des Falken" noch heute, mehr als 50 Jahre nach der Premiere, ein Ereignis.

INHALT: Detektiv Miles Archer wird bei einer Beschattung ermordet. Sein Partner Sam Spade stellt bei den Nachforschungen fest, daß ihre gemeinsame Auftraggeberin einen falschen Namen angegeben hat. Außerdem scheint sie mit drei Männern in Verbindung zu

stehen, die auf der Suche nach einem dubiosen „Malteser Falken" sind, einer wertvollen Statuette aus den Schatzkammern der mittelalterlichen Kreuzritter. Spade übernimmt für die drei die Suche nach dem Falken, mit dem Hintergedanken, so den Mörder seines Partners zu finden.

STAB: Regie: John Huston; Drehbuch: John Huston (nach dem gleichnamigen Roman von Dashiell Hammett); Kamera: Arthur Edeson; Musik: Adolph Deutsch; Dialogregie: Robert Foulk; Art Director: Robert Haas; Kostüme: Orry Kelly; Maske: Perc Westmore; Ton: Oliver S. Garretson; Schnitt: Thomas Richards; Produktion: Hal Wallis, Henry Blanke; USA 1941; 96 Minuten.
ORIGINALTITEL: The Maltese Falcon
BESETZUNG: Humphrey Bogart (Sam Spade), Mary Astor (Brigid O'Shaughnessy), Gladys George (Iva Archer), Peter Lorre (Joel Cairo), Barton Maclaine (Lieutenant Dundy), Lee Patrick (Effie Perine), Sydney Greenstreet (Caspar Gutman), Ward Bond (Detective Tom Polhaus), Jerome Cowan (Miles Archer), Elisha Cook, Jr. (Wilmer Cook), James Burke (Luke), Murray Alper (Frank), Walter Huston (Kapitän Jacobi), John Hamilton (District Attorney Bryan), Emory Parnell (Matrose).
DER REGISSEUR: John Huston, geboren am 5. August 1906 in Nevada/Missouri, kam durch seinen Vater Walter, einen der populärsten Hollywoodschauspieler der 30er Jahre, zum Film. Bis er allerdings 1941 das Drehbuch für „Der Maltester Falke" (drei „Oscar"-Nominierungen) schrieb und auch die Regie übernahm, führte er selbst ein filmreifes Leben. Huston schlug sich unter anderem durch als Schauspieler, Boxer, Journalist, mexikanischer Kavallerieoffizier, Autor von Kurzgeschichten und Kunststudent (in Paris und London). Erst 1937 nahm er einen festen Job als Autor bei Warner Brothers an und begann in der Folge, selbst Filme zu drehen; darunter so berühmte wie „Der Schatz der Sierra Madre" (1947), zu dem er auch das Drehbuch schrieb, „Moby Dick" (1956) oder das Monumentalepos „Die Bibel" (1965). Huston, der fünfmal verheiratet war, übernahm seit den 60er Jahren auch selbst Rollen, unter anderem in der deutschen Produktion „Momo" als Meister Hora. Mit seiner Tochter Anjelica drehte er 1985 die Mafiakomödie „Die Ehre der Prizzis", zu der sein Sohn Tony das Drehbuch schrieb. Huston starb 1987.
DER REGISSEUR ÜBER SEINE ARBEIT: „Unser Script war die Verkürzung des Buches auf ein normales Drehbuch, ohne daß wir irgendwelche Einfälle hinzufügten."

DIE KRITIK ZUM FILM: „Der Film ist geprägt von ungeheurer Spannung und überrascht in seinem Bereich mit mustergültigen Reizen. Es ist schwer zu sagen, ob Huston, der Drehbuchautor, oder Huston, der flügge gewordene Regisseur, für diesen Erfolg verantwortlich ist. In jedem Fall ist ‚The Maltese Falcon' als filmisches Melodram eine ganz außergewöhnliche Sache."
(Howard Barnes in „Herald Tribune")

Fotos:
1. Szene mit Humphrey Bogart (r)
2. Mary Astor, Humphrey Bogart
3. Humphrey Bogart
4. Humphrey Bogart (r)
5. Humphrey Bogart (l), Elisha Cook, Jr.

1942: Katzenmenschen

Ein früher Horrorfilm mit Qualität: Noch bevor alberne B-Movies wie „It Came From Outer Space" und „Invasion vom Mars" die Zuschauer mit billigen Schockeffekten erschrecken, setzt Jacques Tourneur auf subtile Spannung. Einziges Zugeständnis Tourneurs an die Produzenten: Das Monster (ein schwarzer Panther) ist kurz zu sehen.
Foto: Simone Simon

1942: Bambi

Das Rührstück par excellence aus dem Hause Disney. Die Geschichte um das verwaiste Rehkitz treibt Generationen von Tierfreunden Tränen in die Augen.
Foto: Klopfer und Bambi

**1942: Casablanca
von: Michael Curtiz**

Kein Film wird in Amerika so heiß geliebt wie „Casablanca", doch auch die deutsche Riesen-Fangemeinde sitzt noch bei der 'zigsten Wiederholung dieser melodramatischen Polit-Romanze süchtig vor der Glotze und wartet, daß Bogey der traumschönen Ingrid Bergman sein „Ich seh dir in die Augen, Kleines" zuhaucht. Dabei hatte es anfangs nicht nach einem solchen Sensationserfolg ausgesehen. Als Michael Curtiz Mitte 1942 mit den Dreharbeiten (nach dem nie aufgeführten Theaterstück „Everybody Comes to Rick's" von Murray Burnett und Joan Alison) begann, war noch nicht einmal der Ausgang der hochromantischen Dreiecksgeschichte zwischen der Bergman, Bogart und Paul Henreid bekannt. Man einigte sich schließlich, und dann kam der Zufall zu Hilfe: Die Casablanca-Konferenz im Januar 1943 zwischen Churchill und Roosevelt bedeutete einen enormen Werbeschub, der „Casablanca"-Film wurde ein Knüller, gewann drei „Oscars" – und entwickelte sich zum Kernstück des Bogart-Kultes.

1942

Curtiz hat das Casablanca des Films zu einem imaginären Ort gemacht; gedreht wurde ausschließlich im Studio. In kunstvollem Hell-Dunkel mischen sich Liebe und Politik zu einem faszinierenden Seelen- und Abenteuerspektakel. In Deutschland war „Casablanca" lange Jahre nur in einer um 20 Minuten gekürzten und entstellten Fassung zu sehen, in der alle Hinweise auf das Nazi-Regime und die Vichy-Regierung eliminiert waren. Erst 1975 präsentierte die ARD eine neu synchronisierte, authentische Version.
INHALT: Casablanca, Ende 1941. Rick Blane, ein scheinbar zynischer Einzelgänger, betreibt hier „Rick's Café Americain", in dem Pässe für Flüchtlinge gehandelt werden. Deutsche Offiziere, darunter Nazi-Major Strasser, Kollaborateure der Vichy-Regierung, der korrupte Polizeichef Louis Renault, Schieber, Spieler – alles trifft sich bei Rick. Der hält sich aus allem heraus, sogar als zwei Blanko-Visa in seinen Besitz gelangen. Dann aber spielt Sam am Piano „As Time Goes by" – und alles

ändert sich. Die schöne Ilsa ist mit ihrem Mann Victor Laszlo, einem der führenden Köpfe der Widerstandsbewegung, eingetroffen. In einer Rückblende wird nun die Pariser Love-Story zwischen Rick und Ilsa erzählt, die abrupt endete, als Ilsa feststellte, daß ihr totgeglaubter Mann noch am Leben war. Obwohl ihre Liebe wieder aufflammt, verzichtet Rick auf Ilsa und verhilft dem Ehepaar mit den Transit-Visa zur Flucht. Am Flughafen erschießt Rick Major Strasser, worauf Präfekt Renault „die üblichen Verdächtigen" verhaften läßt. Und das ist, so der vielzitierte Schlußsatz, „der Beginn einer wunderbaren Freundschaft" zwischen Rick und Renault.

STAB: Regie: Michael Curtiz; Drehbuch: Julius G. Epstein, Philip G. Epstein und Howard Koch (nach dem Bühnenstück „Everybody Comes to Rick's" von Murray Burnett und Joan Alison); Kamera: Arthur Edeson; Musik: Max Steiner; Bauten: Carl Jules Weyl; Schnitt: Owen Marks; Kostüme: Orry-Kelly; USA 1942; 102 Minuten.
ORIGINALTITEL: Casablanca
BESETZUNG: Humphrey Bogart (Richard „Rick" Blane), Ingrid Bergman (Ilsa Lund), Paul Henreid (Victor Laszlo), Claude Rains (Capt. Louis Renault), Conrad Veidt (Major Heinrich Strasser), Sydney Greenstreet (Senor Ferrari), Peter Lorre (Ugarte), S. K. Sakall (Carl), Madeleine LeBeau (Yvonne), Dooley Wilson (Sam), Joy Page (Annina Brandel), Helmut Dantine (Jan Brandel), Curt Bois (Taschendieb).
PREISE: „Oscar" für Bester Film, Regie und Drehbuch.

DER REGISSEUR: Michael Curtiz, geboren als Mihaly Kertesz am 24. Dezember 1888 in Budapest, begann seine Filmlaufbahn in seiner ungarischen Heimat, arbeitete aber auch in Deutschland, England und Frankreich, ehe ihn Harry Warner 1926 nach Hollywood holte. Curtiz galt als handwerklich perfekter Studioregisseur, als Diktator auf dem Set, der sich routiniert quer durch die Genres inszenierte. Unter seiner Regie entstanden die besten Errol-Flynn-Abenteuer („Unter Piratenflagge", 1935, „Robin Hood, der König der Vagabunden", 1938). Sein Meisterstück aber, „der glücklichste aller glücklichen Zufälle" (US-Kritiker Andrew Sarris), ist „Casablanca". Michael Curtiz starb 1962.

DER REGISSEUR ÜBER SEINE ARBEIT: „Ich habe ein Ziel. Den Film so gut wie überhaupt nur irgend möglich zu machen, damit er dem Publikum den Gegenwert seines Geldes gibt."
DIE KRITIK ZUM FILM: „... optisches Raffinement, darstellerische Präzision, dramaturgisches Timing und dichte Atmosphäre. Ein Evergreen perfekter Kinounterhaltung." (Lexikon des Internationalen Films)

Fotos:
1. Humphrey Bogart, Peter Lorre (r)
2. Humphrey Bogart (l), Dooley Wilson (Pianist)
3. Humphrey Bogart
4. Peter Lorre (m), Humphrey Bogart (r)
5. Ingrid Bergman, Paul Henreid

1942: Sein oder Nichtsein
von: Ernst Lubitsch

„Sein oder Nichtsein" ist Ernst Lubitschs bitterböse Abrechnung mit dem Nationalsozialismus. Der jüdische Emigrant stellt die Nazis als hoffnungslos vertrottelte Witzfiguren dar, was ihm schon bei der Uraufführung 1942 heftige Kritik eintrug. In einem Brief an die „New York Times" verteidigt sich der Regisseur: „Die Zuschauer lachen in ‚Sein oder Nichtsein' nicht, weil sie die Bedrohung durch die Deutschen unterschätzen, sondern weil es ihnen gefällt, wie ich die Nazi-Ideologie lächerlich mache." Man wird Lubitschs rasanter, hysterischer Komödie nicht gerecht, wenn man sie nur als Propagandafilm betrachtet. Die ernste Situation des besetzten Warschau dient als Hintergrund für eines der verrücktesten Verwechslungs-Lustspiele der Filmgeschichte: Der eitle, entnervte Schmierenschauspieler Joseph Tura (Jack Benny in der Rolle seines Lebens) gibt sich ständig als jemand anderer aus, bis er selbst beinahe nicht mehr weiß, wer er ist. Auch die Mitglieder seines Theater-Ensembles müssen sich im Laufe des verzwickten Katz-und-

Maus-Spiels mit den Deutschen immer wieder als Nazis verkleiden. Schließlich taucht sogar ein Hitler-Doppelgänger auf – das Chaos ist perfekt. Einzig die bezaubernd schöne Maria Tura (Carole Lombard in ihrer letzten Rolle) behält souverän den Überblick über Politik-Intrigen, Maskeraden und ihre eigenen verworrenen, amourösen Affären.

INHALT: Warschau, 1939: Maria und Joseph Tura sind die Stars des Stadttheaters. „Hamlet" steht auf dem Spielplan. Während Joseph „Sein oder Nichtsein" deklamiert, empfängt Maria hinter der Bühne regelmäßig ihren Schwarm, den hübschen Luftwaffenpiloten Stanislav. Kurz vor der deutschen Invasion wird der Flieger nach London versetzt. Dort bittet er Professor Siletzky, einen polnischen Widerstandskämpfer, seiner geliebten Maria eine Nachricht zu überbringen. Siletzky, in Wirklichkeit auf Seite der Deutschen, informiert die Nazis über Marias Verbindung zum Untergrund und lädt sie ins deutsche Hauptquartier

von Warschau vor. Er hält den Liebesbrief für eine verschlüsselte Botschaft. Die Schauspielerin wird in einen Strudel von Spionage und Gegenspionage hineingezogen. Zusammen mit ihrem Mann entwickelt sie einen raffinierten Plan, den verräterischen Professor zu töten, die Nazis an der Nase herumzuführen und aus Polen zu fliehen. Doch der tolpatschige Joseph macht aus Nervosität zahlreiche Fehler, die ihn und seine Frau in ärgste Bedrängnis bringen. Nur mit viel Improvisationstalent und haarsträubenden Täuschungsmanövern können sie sich retten.

STAB: Regie und Produktion: Ernst Lubitsch; Drehbuch: Edwin Justus Mayer; Kamera: Rudolph Maté; Musik: Miklos Rosza; Bauten: Vincent Korda; Ausstattung: Julia Heron; Kostüme: Irene; Spezialeffekte: Lawrence Butler; Schnitt: Dorothy Spencer; USA 1942; 99 Minuten.

ORIGINALTITEL: To be or not to be
BESETZUNG: Carole Lombard (Maria Tura), Jack Benny (Joseph Tura), Robert Stack (Stanislav Sobinski), Felix Bressart (Greenberg), Lionel Atwill (Rawitch), Stanley Ridges (Prof. Alexander Siletzky), Sig Rumann (Col. Ehrhardt), Tom Dugan (Bronski), Henry Victor (Schultz).

DER REGISSEUR: Ernst Lubitsch, geboren am 28. Januar 1892 in Berlin, trat mit 19 Jahren dem Max-Reinhardt-Ensemble am Deutschen Theater bei und arbeitete sich schnell vom Komparsen zum Hauptdarsteller hoch. Nebenbei agierte er als Slapstick-Komiker für die Berliner Bioscope-Filmgesellschaft und versuchte sich gelegentlich als Regisseur. Den Durchbruch schaffte er jedoch erst 1918 mit dem Melodram „Die Augen der Mumie Ma". Hollywood wurde auf ihn aufmerksam, als seine Monumental-Epen „Carmen" (1917) und „Madame Dubarry" (1918), beide mit Pola Negri,

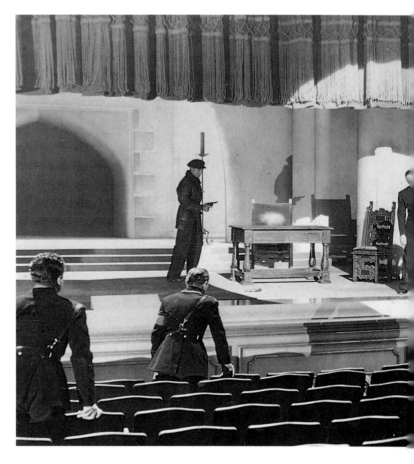

in den USA anliefen. Mit „Die Ehe im Kreise" (1924), seinem zweiten amerikanischen Film, schuf sich Lubitsch einen Ruf als Meister der eleganten Gesellschaftskomödie. Zu Beginn der Tonfilm-Ära drehte er einige bezaubernde Musicals, darunter „Die lustige Witwe" (1934). Es folgte eine Reihe raffinierter Salonkomödien, in denen er sein Gespür für die ideale Besetzung von Hollywoods größten Stars bewies: „Engel" (1937, mit Marlene Dietrich), „Blaubarts achte Frau" (1938, mit Claudette Colbert, Gary Cooper und David Niven) und „Ninotschka". 1937 wurde Lubitsch mit einem Ehren-„Oscar" ausgezeichnet, ein Jahr später in die französische Ehrenlegion aufgenommen. „Sein oder Nichtsein" war seine satirische Abrechnung mit dem Nationalsozialismus. Lubitsch starb 1947, bei der Arbeit an „Die Frau im Hermelin", an einem Herzschlag.

DER REGISSEUR ÜBER SEINE ARBEIT: „Wenn ich gewußt hätte, was wirklich in Polen vor sich ging, hätte ich keine Komödie über Hitler drehen können."
DIE KRITIK ZUM FILM: „,Sein oder Nichtsein' ist ein schauspielerischer Triumph für Carole Lombard. Lubitschs Regie ist voller Tempo, Dramatik und Witz. Ein faszinierendes, als Farce verkleidetes Drama." (Variety)

Fotos:
1. Jack Benny als „Hamlet"
2. Szene mit Carole Lombard
3. Carole Lombard, Jack Benny
4. 5. Szenen

1942: Die Frau von der man spricht

Das ungewöhnlichste Traumpaar Hollywoods: In der intelligent-galanten Komödie von George Stevens stehen Spencer Tracy und Katharine Hepburn erstmals gemeinsam vor der Kamera. Insgesamt arbeiten die beiden Stars in neun Filmen zusammen und sind – obwohl sich Tracy aus religiösen Gründen nie von seiner Frau Lousie scheiden läßt – 25 Jahre lang auch privat ein Paar. Unvergeßliche Komödienszene: Katharine Hepburn bringt ihren Partner mit unqualifizierten Kommentaren beim Baseball auf die Palme.
Foto: Katharine Hepburn, Spencer Tracy

1943: Ich folgte einem Zombie

Ein Horrorfilm, der trotz des Titels nichts mit den blutrünstigen Schlacht-Orgien späterer Jahrzehnte zu tun hat. Regisseur Jacques Tourneur orientiert sich vielmehr am deutschen Expressionismus und setzt seine Gruselgeschichte mit effektvollen Licht- und Schattenspielen und rasantem Schnitt um.
Foto: Szene mit Frances Dee und James Ellison

1943: Kinder des Olymp
von: Marcel Carné

„Die ganze Welt ist eine Bühne, Frauen und Männer sind nur Komödianten." Dieses Shakespeare-Wort findet in „Kinder des Olymp" seine filmische Entsprechung. Schon in den ersten Szenen, die das vitale Leben in Paris Mitte des 19. Jahrhundrts auferstehen lassen, verharrt die Kamera für Augenblicke bei dem schwierigen Balanceakt eines Seiltänzers. Ein Symbol für das Hauptmotiv des Films: Der gefahrvolle Gang des Menschen auf dem schmalen Pfad seines Schicksals. Regisseur Marcel Carné und Drehbuchautor Jacques Prévert – Avantgarde-Vertreter des „film noir" – gaben sich als Fatalisten. Ihre Philosophie war eine Metaphysik des Scheiterns, ihr Sujet die Zeichnung einer Gesellschaft, an der das Individuum zugrundegeht, ihre Helden die Elenden und Verkommenen. Noch unter der Besatzung durch die Nazis begann Carné 1943 mit den langwierigen Dreharbeiten zu dem dramatischen Leinwand-Opus, das mit einem Produktionsetat von 60 Millionen Francs zu den teuersten Filmen

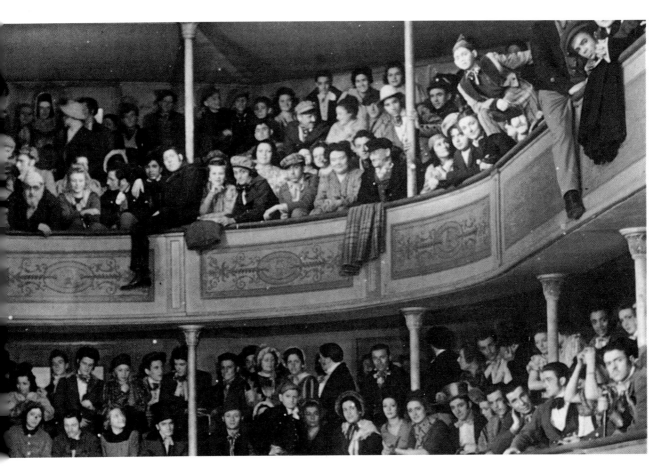

des französischen Nachkriegskinos zählt.

INHALT: Frankreich unter dem Regime des Bürgerkönigs Louis Philippe: Das Volk liebt das Theater. Stadtbühnen und Varietés säumen die Vergnügungsmeile „Boulevard des Verbrechens" – der seinen Namen zahllosen Mordszenen aus melodramatischen Stücken verdankt. Baptiste Debureau ist ein melancholisch-verträumter Pantomime im „Funambules"-Theater. Frédéric Lemaître ein sorgloser Fatalist und Schwätzer, der als Charakterschauspieler am „großen Theater" Karriere macht. Beide umwerben die schöne Garance, die ihren Geliebten Lacenaire – einen intellektuellen Anarchisten und Verbrecher – verläßt, um sich der schwärmerischen Liebe Baptistes hinzugeben. Als dieser zögert, ihr seine tiefen Gefühle zu zeigen, wendet Garance sich enttäuscht Frédéric zu, den sie jedoch bald wieder verläßt. Schließlich heiratet sie den snobistischen Playboy De Monteray und zieht mit ihm ins Ausland. Nach Jahren

kehrt Garance nach Paris zurück und erkennt, daß sie nie aufgehört hat, den sensiblen, unglücklichen Baptiste zu lieben, der mittlerweile mit Nathalie verheiratet ist.
STAB: Regie: Marcel Carné; Drehbuch: Jacques Prévert (nach einer Idee von Jean-Louis Barrault); Kamera: Roger Hubert, Marc Fossard; Musik: Maurice Thiriet, Joseph Kosma; Schnitt: Henri Rust; Bauten: Alexander Trauner; Kostüme: Mayo; Pantomime: Marcel Carné, Gilles Margaritis; Produktion: S. N. Pathé Cinéma; Frankreich, 1943–45; Schwarz/weiß; 190 Minuten.
ORIGINALTITEL: Les enfants du paradis
BESETZUNG: Arletty (Garance), Jean-Louis Barrault (Baptiste Debureau), Pierre Brasseur (Frédéric Lemaître), Maria Casarès (Nathalie), Marcel Herrand (Lacenaire), Louis Salou (Jericho), Jeanne Marken (Mme Hermine), Marcel Pérèz (Directeur), Gaston Modot (Blinder), Robert Dhéry (Célestin), Jacques Castelot (Georges).
DER REGISSEUR: Marcel Carné, geboren am 18. August 1909 in Paris, sollte wie sein Vater Kunsttischler werden. Stattdessen machte er eine Ausbildung zum Kameramann, war von 1928 bis 1936 Assistent von René Clair und Jacques Feyder und arbeitete nebenberuflich als Journalist. 1936 drehte er seinen ersten abendfüllenden Film, „Jenny", den ursprünglich Jacques Feyder hatte drehen wollen. Mit diesem Film begann Carnés Zusammenarbeit mit dem Dichter und Drehbuchautor Jacques Prévert, der in der Folge entscheidenden Einfluß auf sein Schaffen

ausübte. Das Ergebnis sind wunderbare Filme wie „Hafen im Nebel" (mit Jean Gabin), „Hôtel du Nord" (beide 1938), „Die Nacht mit dem Teufel" (1942), und „Kinder des Olymp", das legendäre, poetische Meisterwerk um Liebe, Zeit und Vergänglichkeit. Nach „Thérèse Raquin" (1953, mit Simone Signoret) und „Die Luft von Paris" (1954, mit Jean Gabin), drehte Carné eine Reihe weniger bemerkenswerter Filme, darunter „Die sich selbst betrügen" (1958), eine heftig umstrittene Schilderung der von Nihilismus und Existentialismus beeinflußten Nachkriegsjugend im Frankreich der 50er Jahre.

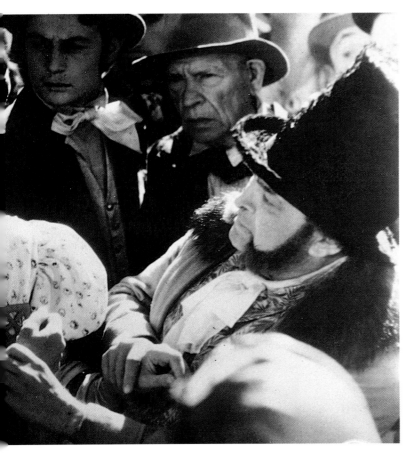

DER REGISSEUR ÜBER SEINE ARBEIT:
„Erst Carné plus Prévert – das ergab einen Carné-Film. Ich bin ein guter Regisseur, aber vermutlich ein miserabler Drehbuchautor."

DIE KRITIK ZUM FILM: „Es ist ein Film, den ich sehr bewundere. Er ist, glaube ich, das beste Werk von Marcel Carné. Der Aufbau des Drehbuches ist von fast diabolischer Vollendung. Es ist ein Film, der nicht altert, oder, was auf dasselbe hinauskommt, der sehr schön altert." (François Truffaut)

Fotos:
1. Szene
2. Marcel Herrand (l), Arletty,
Jean-Louis Barrault
3. Marcel Herrand
4. Szene mit Arletty
5. Szene mit Jean-Louis Barrault

1943: Wem die Stunde schlägt

Die Entstehung des Films ist ungewöhnlich. Während das Team in den Bergen der Sierra Nevada schon Außenaufnahmen dreht, steht die Besetzung immer noch nicht fest. Schließlich kann man Ingrid Bergman für die Hauptrolle verpflichten. Eine ideale Wahl, die Autor Hemingway bestätigt: „Schon während des Schreibens stellte ich sie mir immer in der Rolle der Maria vor."
Foto: Ingrid Bergman, Gary Cooper

1943: Das Haus der Lady Alquist

Knarrende Türen, flackerndes Gaslicht und alte, ehrfurchtsgebietende Herrenhäuser – kein amerikanischer Regisseur brachte in den 40er Jahren das viktorianische England stimmungsvoller auf die Leinwand als George Cukor. Er läßt eine Welt voller Geheimnisse wieder auferstehen und jagt den Zuschauern angenehm gruselige Schauer über den Rücken.
Foto: Charles Boyer, Ingrid Bergman

1943: Haben und Nichthaben

Der Beginn einer legendären Hollywood-Romanze: Lauren Bacall (in ihrer ersten Filmrolle) und Humphrey Bogart stehen zum ersten Mal gemeinsam vor der Kamera, machen die Verfilmung des Hemingway-Romans zu einem Kassenerfolg und heiraten ein Jahr später – der Rest ist Filmgeschichte.
Foto: Lauren Bacall

1944: Arsen und Spitzenhäubchen
von: Frank Capra

Dreizehn Leichen, vergifteter Holunderbeerwein und ein krimineller Sadist, der eine frappante Ähnlichkeit mit Frankensteins Monster aufweist: die idealen Zutaten einer schwarzen Komödie. Das morbid-ironische Kammerspiel „Arsen und Spitzenhäubchen" ist der beste Beweis dafür. 1941 drehte Frank Capra die geniale Farce nach dem gleichnamigen Bühnenstück von Joseph Kesselring – größtenteils mit der Original-Broadwaybesetzung und Cary Grant als Star. Einzige Auflage: Der Film durfte erst nach Absetzung des Stückes in die Kinos kommen. Capra mußte sich drei Jahre gedulden. Als seine Leinwandadaption am 23. September 1944 endlich in die Lichtspielhäuser kam, war der Erfolg überwältigend. Auch heute hat der Film noch nichts von seinem Esprit verloren. Die Szenen, in denen Cary Grant die Leiche in der Fenstertruhe entdeckt und seinen liebenswerten Tanten vergeblich zu erklären versucht, warum es nicht schicklich ist, Leute zu ermorden („Es verstößt nicht allein gegen das Gesetz, so etwas tut man nicht. Erst ist es

1944

nur eine schlechte Angewohnheit, aber dann wird es zur Unsitte."), gehören zu den Glanzlichtern der Filmgeschichte. Einzig mit der Zensur gab es damals Schwierigkeiten: Am Ende des Films stellt Cary Grant fest, daß er gar kein Sproß der durchgedrehten Brewster-Sippschaft ist, sondern nur der Sohn der Köchin – und jubelt: „Ich bin ein Bastard!" Das verletzte das Moralempfinden der Sittenwächter mehr als die makabren Zutaten. Die Szene mußte umgeschrieben werden.

INHALT: Der New Yorker Theaterkritiker Mortimer Brewster ist mit seiner Braut Elaine auf dem Weg in die Flitterwochen. Als er sich nur noch schnell von seinen beiden liebenswerten Tanten Abby und Martha verabschieden will, macht er eine schreckliche Entdeckung: In der Fenstertruhe der beiden Ladies liegt eine Leiche. Eines von mittlerweile zwölf Opfern, das von den beiden Seniorinnen ins Jenseits befördert wurde – aus reinem Mitgefühl. Die Schwestern servieren vergifteten Holunderbeerwein, um

alleinstehende Herren von ihrer Einsamkeit zu erlösen. Mortimer möchte seine Tanten vor der Polizei schützen und versucht, seinem verrückten Cousin, der sich für Theodore Roosevelt hält, die Tat in die Schuhe zu schieben und ihn in eine Anstalt einliefern zu lassen. Sein Plan scheint zu funktionieren, bis plötzlich Mortimers gespenstisch-krimineller Bruder Jonathan vor der Tür steht und auch noch eine Leiche mitbringt ...

STAB: Regie: Frank Capra; Drehbuch: Julius J. und Philip G. Epstein (nach einem Bühnenstück von Josef Kesselring); Kamera: Sol Polito; Musik: Max Steiner; Bauten: Max Parker; Kostüme: Orry-Kelly; Spezialeffekte: Byron Haskins, Robert Burks; Ton: C. A. Riggs; Schnitt: Daniel Mandell; Produktion: Frank Capra für Warner Brothers; USA 1944; 118 Minuten.

ORIGINALTITEL: Arsenic and old Lace

BESETZUNG: Cary Grant (Mortimer Brewster), Raymond Massey (Jonathan Brewster), Priscilla Lane (Elaine Harper), Josephine Hull (Abby Brewster), Jean Adair (Martha Brewster), Jack Carson (O'Hara), Edward Everett Horton (Mr. Whitherspoon), Peter Lorre (Dr. Einstein), James Gleason (Lt. Rooney), John Alexander („Teddy Roosevelt" Brewster).

DER REGISSEUR: Frank Capra wurde am 19. Mai 1897 als jüngstes von sieben Kindern in Palermo geboren. Kurz darauf wanderte seine Familie nach Los Angeles aus. Erstes Geld verdiente sich der junge Immigrant mit dem Austragen von Zeitungen. Nach einem Studium am „California Institute of Technology" lernte er Walter Montague kennen, der im Begriff war, eine Filmproduktionsfirma aufzubauen. Für ihn drehte Capra seinen ersten Kurzfilm, „Fultah Fisher's Boarding House", nach einem Gedicht von Rudyard Kipling – und beeindruckte damit

Erfolgsproduzent Hal Roach, der ihn als Gagschreiber und Regisseur engagierte. 1934 kam der große Erfolg für Frank Capra: Seine Komödie „Es geschah in einer Nacht" (mit Claudette Colbert und Clark Gable) gewann die fünf wichtigsten „Oscars" (u. a. in der Sparte Regie). Kinohits wie „Mr. Deeds geht in die Stadt", 1936, „Mr. Smith geht nach Washington", 1939, und „Hier ist John Doe", 1941, folgten. All diesen Erfolgen war eines gemein: Capras Glaube an das Gute im Menschen, mit dem er das Lebensgefühl der Amerikaner in den 30er und 40er Jahren genau traf. Als Quintessenz seiner Filme gilt die 1946 entstandene, mittlerweile zum Kultfilm avancierte Weihnachtsgeschichte „Ist das Leben nicht schön?". 1961 drehte Frank Capra seinen letzten Film, „Die unteren Zehntausend", war mit dem Ergebnis aber nicht zufrieden und zog sich daraufhin ganz von der Filmarbeit zurück. 1982 erhielt er den „Life Achievement Award" für sein Lebenswerk. Frank Capra starb am 3. September 1991.

DER REGISSEUR ÜBER SEINE ARBEIT: „Niemand hat vor, einen schlechten Film zu machen. Es können nicht alle Erfolge sein. Wir haben es hier mit einer Kunstform, nicht mit Formeln zu tun. Mathematik und Kunst sprechen nicht dieselbe Sprache."
DIE KRITIK ZUM FILM: „Ich konnte mich nicht mehr einkriegen vor Lachen ..." (Ida Lupino in der „Saturday Evening Post")

Fotos:
1. Edward Everett Horton, Josephine Hull (m), Jean Adair
2. Cary Grant, Priscilla Lane
3. Priscilla Lane (m)
4. Cary Grant (l), Jack Carson
5. Raymond Massey (l), Cary Grant, Peter Lorre

1944: Laura

Krimispannung in Vollendung: Der gebürtige Österreicher Otto Preminger verknüpft intelligent differenzierte Charakterzeichnungen und ungewöhnliche Kamera-Einstellungen mit einer mehrfach verwobenen Geschichte. Dabei sollte ursprünglich Rouben Mamoulian Regie führen. Doch dieser wirft – genervt von der ständigen Einmischung Premingers, der auch als Produzent fungiert – schon nach kurzer Zeit das Handtuch.
Foto: Dana Andrews, Gene Tierney

1944: Die Feuerzangenbowle

Der deutsche Komödien-Klassiker. Die zweite Verfilmung von Heinrich Spoerls Roman (schon in der ersten Adaption „So ein Flegel" spielte Heinz Rühmann die Hauptrolle) begeistert durch Rühmanns augenzwinkernde Darstellung und unvergeßliche Charaktere. Oft zitiert: Erich Ponto als Professor Grey („... aber nor einön wänzigen Schlock").
Foto: Heinz Rühmann

1944: Das Gespenst von Canterville

Das sympathischste Gespenst der Filmgeschichte: Charles Laughton verleiht dem von Oscar Wilde erdachten Schloßgeist eine unverwechselbare Gestalt. In wallenden Gewändern spukt er durch die Gänge des Familienschlosses, kämpft mit seiner Feigheit und ist umwerfend komisch.
Foto: Robert Young (l), Margaret O'Brien, Charles Laughton

1944: Frau ohne Gewissen
von: Billy Wilder

„Frau ohne Gewissen" ist der atmosphärisch dichte, grausam-zynische Höhepunkt der „schwarzen Serie" – eine mörderische Romanze mit bitterem Nachgeschmack, in der Erotik zu einer tödlichen Obsession wird. Selten war Billy Wilders Bildsprache komplexer. Jeder Kamerawinkel hat eine Bedeutung, jede Einstellung ist genauestens durchdacht. Schon wenn Phyllis und Walter sich zum ersten Mal begegnen, zeichnet die Kamera ein deutliches Bild ihrer Beziehung: Phyllis steht im unwirklichen Licht, das durch die Jalousien fällt, wie eine süße Verlockung hoch oben auf einer Treppe. Walter sieht – schon besiegt – zu ihr auf. Wenn er sie dann in die Arme schließt, werfen die Schatten ein Gittermuster an die Wand, das auch später im Zugabteil wieder auftaucht: Walter sitzt im Netz dieser menschlichen Spinne. Seine lakonisch-pessimistische Stimmung erhält der Film durch Wilders Kunstgriff, die ganze Handlung – als Rückblende – von einem sterbenden Mann erzählen zu lassen. Ein eiskaltes Klima von Schuld und

Paranoia herrscht auf den dunklen, nebligen Straßen und Bahnsteigen von Raymond Chandlers und Billy Wilders Los Angeles – die „Stadt der Engel" als Hölle. Selbst Thriller-Meister Alfred Hitchcock war tief beeindruckt. Nach der Premiere schickte er ein Telegramm an Wilder: „Seit ‚Frau ohne Gewissen' sind die zwei wichtigsten Wörter in der Filmindustrie Billy und Wilder."

INHALT: Der Versicherungsvertreter Walter Neff verliebt sich in den eiskalten Vamp Phyllis Dietrichson. Sie überredet ihn, eine Lebensversicherungspolice für ihren Mann auszustellen und ihr dann bei dessen Ermordung zu helfen. Der Plan ist genial: Walter gibt sich auf einer Zugfahrt als Mr. Dietrichson aus und springt vor Zeugen von der Plattform des letzten Waggons. Auf die Gleise legt er die Leiche von Dietrichson, den er und Phyllis erschlagen haben. Es sieht aus wie ein Unglücksfall, Phyllis bekommt die doppelte Versicherungssumme. Doch Walters Kollege Barton Keyes

schöpft Verdacht und untersucht den Fall aufs genaueste. Er glaubt, Phyllis habe den Mord gemeinsam mit ihrem jungen Liebhaber Nino begangen. Als Barton seine Theorie Walter vorträgt, fällt dieser aus allen Wolken: Er wußte nichts von dem Verhältnis zwischen Phyllis und Nino. Wütend beschließt er, Phyllis umzubringen, doch die skrupellose Lady kommt Walter zuvor und verwundet ihn tödlich. Mit letzter Kraft erschießt er sie und schleppt sich in sein Büro, wo er Barton alles gesteht und stirbt.

STAB: Regie: Billy Wilder; Drehbuch: Wilder, Raymond Chandler (nach der Geschichte „Three of a Kind" von James M. Cain); Kamera: John F. Seitz; Musik: Miklos Rozsa; Bauten: Hans Dreier, Hal Pereira; Ausstattung: Bertram Granger; Kostüme: Edith Head; Schnitt: Doane Harrison; Produzent: Joseph Sistrom; USA 1944; 106 Minuten.

ORIGINALTITEL: Double Indemnity
BESETZUNG: Fred MacMurray (Walter Neff), Barbara Stanwyck (Phyllis Dietrichson), Edward G. Robinson (Barton Keyes), Porter Hall (Mr. Jackson), Jean Heather (Lola Dietrichson), Tom Powers (Mr. Dietrichson), Byron Barr (Nino Zachette), Richard Gaines (Mr. Norton).

DER REGISSEUR: Billy Wilder, geboren als Samuel Wilder am 22. Juni 1906 in Wien, arbeitete als Reporter und Eintänzer in Berlin, bevor er begann, Drehbücher zu schreiben. 1933 floh er über Paris und Mexiko in die USA. Seine Mutter und zahlreiche an-

dere Verwandte, die er zurückließ, starben in Nazi-Konzentrationslagern. Wilder kam ohne Geld und ohne Englischkenntnisse in Hollywood an. Er zog mit dem Schauspieler Peter Lorre zusammen und hielt sich mit Gelegenheitsjobs über Wasser, bis er den Drehbuchautor Charles Brackett kennenlernte. Aus ihrer fruchtbaren Zusammenarbeit gingen einige der geistreichsten Scripts der 30er und 40er Jahre hervor, darunter Ernst Lubitschs „Ninotschka" (1939) und Wilders eigene Arbeiten als Regisseur wie „Frau ohne Gewissen" (1944), „Das verlorene Wochenende" (1945), „Eine auswärtige Affäre" (1948) und „Boulevard der Dämmerung" (1950). Nach der Trennung von Brackett bewies Wilder, daß er auch allein brillante Filme drehen konnte, u. a. „Das verflixte siebte Jahr" (1955), „Zeugin der Anklage" (1957), „Manche mögen's heiß" (1959) und „Eins, zwei, drei" (1961). Die Früchte seiner Arbeit: Billy Wilder wurde insgesamt sechsmal mit dem „Oscar" ausgezeichnet.

DER REGISSEUR ÜBER SEINE ARBEIT: „Mit meinem Co-Autor Raymond Chandler hatte ich größte Probleme. Es war Haß auf den ersten Blick. Ich personifizierte für ihn alles, was er an Hollywood nicht ausstehen konnte. Trotzdem rauften wir uns zu einem wirklich guten Drehbuch zusammen."
DIE KRITIK ZUM FILM: „Ein düsteres Mörder-Meisterwerk, bemerkenswert in jeder Beziehung: Darstellung, Buch, Regie." (The Motion Picture Guide)

Fotos:
1. bis 3. Barbara Stanwyck, Fred Mac Murray
4. Fred MacMurray, Edward G. Robinson
5. Fred MacMurray, Barbara Stanwyck, Edward G. Robinson

1945: Gilda

Der berühmteste Leinwand-Strip: Rita Hayworth, der mit diesem Film der Durchbruch zum Sex-Symbol gelang, entledigt sich zu den Klängen von „Put the blame on mame" ihres Satin-Handschuhs. Obwohl sonst kein Kleidungsstück fällt, sprüht die Szene vor Erotik.
Foto: Glenn Ford (l), Rita Hayworth, George Macready

1945: Ich kämpfe um dich

Die ungewöhnliche Synthese von Malerei und Filmkunst: Alfred Hitchcock überredet Salvador Dali, die Traumsequenzen zu entwerfen, die in „Ich kämpfe um dich" der Schlüssel zu einem Mordfall sind. Dalis surrealistische Phantasien fügen sich nahtlos in Hitchcocks Psycho-Krimi und bewahren ihn vor Mittelmäßigkeit.
Foto: Gregory Peck, Ingrid Bergman

1945: Rom, offene Stadt

Der Spielfilm als Zeitdokument: Zwei Monate nach Abzug der deutschen Truppen aus Rom, dreht Roberto Rossellini seinen Film über Ereignisse, die viele Bewohner der italienischen Hauptstadt noch wenige Wochen zuvor selbst erlebt hatten. Folgerichtig besetzt er seine Geschichte über das Schicksal einer Gruppe von Widerstandskämpfern auch größtenteils mit Laiendarstellern. Eine Ausnahme: Anna Magnani, die hier eine der besten Leistungen ihrer Karriere bietet.
Foto: Anna Magnani

**1945: Das verlorene Wochenende
von: Billy Wilder**

Flaschen und Gläser überall. Im Hintergrund verstecken sie sich im Lampenschirm, in Manteltaschen und auf dem Fenstersims. Im Vordergrund stehen sie riesengroß und bedrohlich und zwingen uns, durch sie hindurch eine verzerrte Welt wahrzunehmen. Ray Millands Gesicht, gefilmt durch ein Whiskyglas: die surrealistische Fratze des Alkoholismus. Billy Wilder wagte als erster Hollywoodregisseur, Trunksucht als Krankheit darzustellen. Jahrzehntelang waren Betrunkene im Film nichts anderes gewesen als Slapstick-Lachbomben. Mit seinem alptraumhaft inszenierten Säuferporträt „Das verlorene Wochenende" zwang Wilder ein neues, abstoßendes Bild vom Trinker ins amerikanische Bewußtsein und sorgte für Kontroversen. Die „Antialkoholikerliga" wollte die Aufführung des Films verhindern, weil er ihrer Meinung nach – kaum zu glauben – zum Trinken verführe. Verständlicher waren die Motive der Lobbyisten der Alkoholika-Industrie, die den Paramount-Studios fünf Millionen Dollar für das Negativ des Films boten, um es zer-

stören zu können. Paramount war verunsichert, und Wilder konnte die Studiobosse nur mit größter Mühe überzeugen, den Film herauszubringen. „Das verlorene Wochenende" bekam hervorragende Kritiken und wurde nicht nur zu einem der größten Kassenhits des Jahres 1945, sondern gilt noch heute als Filmkunstwerk von besonderer Subtilität und Kraft.
INHALT: Der erfolglose Autor Don Birnam ist Alkoholiker. Als sein Bruder Nick, mit dem er die Wohnung teilt, ihn für ein Wochenende allein läßt, beginnt Don, sich sinnlos zu betrinken – zunächst in einer Bar. Als ihm das Geld ausgeht, irrt der Schriftsteller auf der Suche nach Alkohol durch die Straßen, während seine Freundin Helen sich Sorgen um seinen Verbleib macht und dauernd in seiner Wohnung anruft. Don stiehlt einer Frau die Handtasche. Dabei wird er gefaßt, doch die Bestohlene zeigt ihn aus Mitleid nicht an. Zu Hause erlebt Don fürchterliche Halluzinationen im Delirium tremens. Das Klingeln des

Telefons (Helen versucht immer noch, ihn zu erreichen) hört er nicht. Am Sonntagmorgen versucht er, seine Schreibmaschine zu versetzen, um Geld für Schnaps aufzutreiben, doch alle Pfandleihen sind geschlossen. Don bricht zusammen und bleibt in der Gosse liegen. Polizisten bringen ihn in die Alkoholikerabteilung der Irrenanstalt „Bellevue". Die Station ist ein Alptraum: sadistische Pfleger und von Alkohol ausgezehrte menschliche Wracks. Don gelingt es zu fliehen. Zu Hause erwarten ihn sein Bruder und Helen. Geläutert bittet Don sie um Verzeihung und schwört, nie wieder zu trinken. Er beschließt, einen Roman über seine Sucht zu entwerfen und überwindet so seine Schreib-Blockierung.
STAB: Regie: Billy Wilder; Drehbuch: Billy Wilder, Charles Brackett (nach dem Roman von Charles R. Jackson); Kamera: John F. Seitz; Musik: Miklos Rozsa, Giuseppe Verdi; Ausstattung: Bertram Granger, Armando Agnini; Bauten: Hans Dreier; Kostüme: Edith Head; Spezialeffekte: Giordon Jennings, Earl Hedrick; Schnitt: Doane Harrison; Produzent: Charles Brackett; USA 1945; 101 Minuten.
ORIGINALTITEL: The Lost Weekend
BESETZUNG: Ray Milland (Don Birnam), Jane Wyman (Helen St. James), Phillip Terry (Nick Birnam), Howard Da Silva (Barkeeper Nat), Doris Dowling (Gloria), Frank Faylen (Bim), Mary Young (Mrs. Deveridge).
PREISE: „Oscars" für Bester Film, Regie, Hauptdarsteller, Drehbuch.
DER REGISSEUR: Billy Wilder, geboren als Samuel Wilder am 22. Juni 1906 in Wien, arbeitete als Reporter und Eintänzer in Berlin, bevor er begann, Drehbücher zu schreiben. 1933 floh er über Paris und Mexiko in die USA. Seine Mutter und zahlreiche an-

dere Verwandte, die er zurückließ, starben in Nazi-Konzentrationslagern. Wilder kam ohne Geld und ohne Englischkenntnisse in Hollywood an. Er zog mit dem Schauspieler Peter Lorre zusammen und hielt sich mit Gelegenheitsjobs über Wasser, bis er den Drehbuchautor Charles Brackett kennenlernte. Aus ihrer fruchtbaren Zusammenarbeit gingen einige der geistreichsten Scripts der 30er und 40er Jahre hervor, darunter Ernst Lubitschs „Ninotschka" (1939) und Wilders eigene Arbeiten als Regisseur wie „Frau ohne Gewissen" (1944), „Das verlorene Wochenende" (1945), „Eine auswärtige Affäre" (1948) und „Boulevard der Dämmerung" (1950). Nach der Trennung von Brackett bewies Wilder, daß er auch allein brillante Filme drehen konnte, u. a. „Das verflixte siebte Jahr" (1955), „Zeugin der Anklage" (1957), „Manche mögen's heiß" (1959) und „Eins, zwei, drei" (1961). Die Früchte seiner Arbeit: Billy Wilder wurde insgesamt sechsmal mit dem „Oscar" ausgezeichnet.

DER REGISSEUR ÜBER SEINE ARBEIT: „Ich wollte den Alkoholiker als Kranken zeigen, nicht als humorigen Säufer, der über die Stränge schlägt. Das war noch nie gemacht worden. Nach diesem Film begannen die Leute in Hollywood, mich zu erkennen."
DIE KRITIK ZUM FILM: „Ray Milland gibt die Vorstellung seines Lebens. Der intelligente und dramatische Film bedeutete für den Realismus in Hollywood einen Riesenschritt nach vorne." (Leslie Halliwell's Filmgoer's Companion)

Fotos:
1. 3. 5. Ray Milland
2. Ray Milland, Doris Dowling
4. Phillip Terry, Jane Wyman, Ray Milland

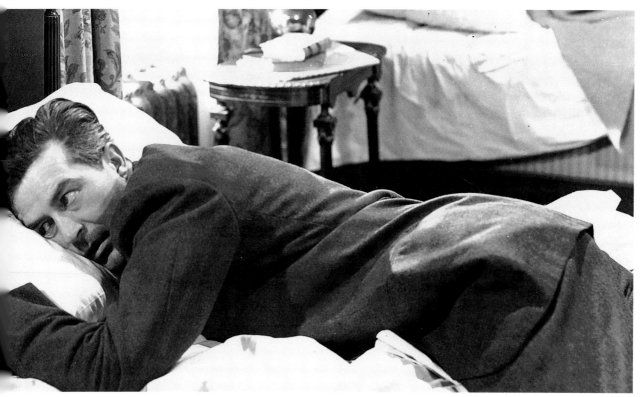

1946

1946: Berüchtigt

Alfred Hitchcock unter Spionage-Verdacht: Während die amerikanische Regierung noch an der ersten Atombombe bastelt, baut der Regisseur Uran in seinen Filmplot ein. Wochenlang steht er deshalb unter Beobachtung des FBI. Trotzdem gelingt ihm einer seiner besten Filme. Legendär: Eine der längsten Kuß-Szenen der Filmgeschichte. In Deutschland kommt der Film anfangs nur in einer verfälschten Version in die Kinos: Die Synchronisation macht aus den Nazi-Verbrechern eine Bande von Rauschgiftschmugglern.
Foto: Cary Grant, Ingrid Bergman

1946: Affäre Macomber

Attraktiv, schweigsam, mit seelischen Abgründen: Gregory Peck erweist sich – wie auch sechs Jahre später in „Schnee am Kilimandscharo" – als Idealbesetzung für Hemingway-Verfilmungen. Einziges Manko dieser Adaption: Als Zugeständnis an die Moralvorstellungen der Zeit wird das Ende entschärft.
Foto: Gregory Peck

1946: Tote schlafen fest

Die Story ist nichts, die Atmosphäre alles. Der nach einem Roman von Raymond Chandler entstandene Krimi verwirrt die Zuschauer durch seinen komplizierten Plot. Sogar Regisseur Howard Hawks gibt zu, im Verlauf der Dreharbeiten selbst den Durchblick durch die Handlung verloren zu haben. Trotzdem inszeniert er mit viel Gespür für Atmosphäre einen Klassiker: Wie Humphrey Bogart im Trenchcoat und mit Zigarette im Mundwinkel durch regennasse Straßen schlendert, macht Filmgeschichte.
Foto: Lauren Bacall, Humphrey Bogart

1946: Ist das Leben nicht schön?
von: Frank Capra

Der Schneesturm ist stärker geworden. Während in den verschneiten Häusern Kinder Weihnachtslieder üben und der Tannenbaum geschmückt wird, steht George am Heiligabend ohne Mantel auf der Brücke und starrt in die bedrohlich-dunklen Fluten: frierend und verzweifelt. Die Kälte scheint nicht nur seinen Körper, sondern auch seine Seele eingefroren zu haben: „Es wäre besser, ich wäre nie geboren." George bekommt die Möglichkeit, das Was-wäre-wenn? zu erfahren. Eine Schreckensvision, die ihm hilft, zu erkennen, daß ein Zuhause mehr wert ist als ein florierendes Geschäft und die Gewißheit, gebraucht zu werden, alle Ängste besiegt. „Ich will leben!" schreit er nach dem Alptraum. Überschwenglich, fast hysterisch rennt George durch die weihnachtlich geschmückten Straßen – zurück in die Arme seiner Frau, in den Schoß seiner Familie, zurück in die Wärme und Geborgenheit seines Heims. Keinem anderen konnte diese sentimentale Geschichte so gelingen wie dem begeisterten Wahlamerikaner Frank Capra, Fachmann für Gefühl und

Happy-Endings und Streiter für die amerikanischen Werte. Er machte aus der anrührenden Geschichte (die anfangs nur als Text auf einer Weihnachtspostkarte gedacht war) einen Klassiker. Ein Stück Filmgeschichte, pathetisch erzählt, brillant inszeniert und mitten ins Herz gezielt. Weihnachten ohne „Ist das Leben nicht schön?" ist kaum denkbar.

INHALT: Heiligabend in einer amerikanischen Kleinstadt: Der Idealist George Bailey ist verzweifelt und will sich das Leben nehmen. Engel Clarence ist abkommandiert, den Unglücklichen zu retten. Doch bevor er zu seiner noblen Tat aufbricht, erhält er – und mit ihm der Zuschauer – einen kurzen Rückblick auf Georges bisheriges Leben: Als Kind rettet er seinen Bruder vor dem Ertrinken und bewahrt einen alten Drogisten vor einem verhängnisvollen Fehler. Später, als junger Mann, verliebt er sich in seine Schulfreundin, gibt seinen Traum, die große weite Welt zu bereisen, auf und übernimmt das väterliche Immobilien-

büro. Doch der geldgierige und hartherzige Bankier Potter versucht, ihn aus dem Geschäft zu drängen. Als Georges Onkel Billy die gesamten Ersparnisse des Immobilienbüros verliert, bricht für George die Welt zusammen. Alle seine Bemühungen scheinen sinnlos gewesen zu sein, und er will sich das Leben nehmen. Um ihn von seinem Vorhaben abzubringen, springt der Engel selbst in die kalten Fluten und läßt sich von dem Selbstmordkandidaten retten. Klatschnaß und immer noch verzweifelt, wünscht sich George, nie gelebt zu haben. Ein Wunsch, den ihm Clarence – zumindest zeitweise – erfüllen kann. George bekommt die Gelegenheit zu sehen, wie das Leben seiner Mitmenschen ohne ihn verlaufen wäre ...

STAB: Regie: Frank Capra; Drehbuch: Frances Goodrich, Albert Hackett, Frank Capra, Jo Swerling (nach einer Geschichte von Philip Van Doren Stern); Kamera: Joseph Walker, Joseph Biroc; Musik: Dmitri Tiomkin; Bauten: Jack Okey; Ausstattung: Emile Kuri; Kostüme: Edward Stevenson; Spezialeffekte: Russell A. Cully; Ton: Richard Van Hessen, Clem Portman; Schnitt: William Hornbeck; Produktion: Frank Capra für Liberty Films/RKO; USA 1946; 129 Minuten.

ORIGINALTITEL: It's a Wonderful Life
BESETZUNG: James Stewart (George Bailey), Donna Reed (Mary Hatch), Lionel Barrymore (Mr. Potter), Thomas Mitchell (Onkel Billy), Henry Travers (Clarence), Beulah Bondi (Mrs. Bailey), Frank Faylen (Ernie), Ward Bond (Bert), Gloria Grahame (Violet Bick), H. B. Warner (Mr. Gower), Frank Albertson (Sam Wainwright).
PREISE: „Golden Globe" für Regie
DER REGISSEUR: Frank Capra wurde am 19. Mai 1897 als jüngstes von sieben Kindern in Palermo geboren. Kurz darauf wanderte seine Familie nach Los Angeles aus. Erstes Geld verdiente sich der junge Immigrant mit dem Austragen von Zeitungen. Nach einem Studium am „California Institute of Technology" lernte er Walter Montague kennen, der im Begriff war, eine Filmproduktionsfirma aufzubauen. Für ihn drehte Capra seinen ersten Kurzfilm, „Fultah Fisher's Boarding House", nach einem Gedicht von Rudyard Kipling – und beeindruckte damit Erfolgs-

produzent Hal Roach, der ihn als Gagschreiber und Regisseur engagierte. 1934 kam der große Erfolg für Frank Capra: Seine Komödie „Es geschah in einer Nacht" (mit Claudette Colbert und Clark Gable) gewann die fünf wichtigsten „Oscars" (u. a. in der Sparte Regie). Kinohits wie „Mr. Deeds geht in die Stadt", 1936, „Mr. Smith geht nach Washington", 1939, und „Hier ist John Doe", 1941, folgten. All diesen Erfolgen war eines gemein: Capras Glaube an das Gute im Menschen, mit dem er das Lebensgefühl der Amerikaner in den 30er und 40er Jahren genau traf. Als Quintessenz seiner Filme gilt die 1946 entstandene, mittlerweile zum Kultfilm avancierte Weihnachtsgeschichte „Ist das Leben nicht schön?". 1961 drehte Frank Capra seinen letzten Film, „Die unteren Zehntausend", war mit dem Ergebnis aber nicht zufrieden und zog sich daraufhin ganz von der Filmarbeit zurück. 1982 erhielt er den „Life Achievement Award" für sein Lebenswerk. Frank Capra starb am 3. September 1991.

DER REGISSEUR ÜBER SEINE ARBEIT: „Ich glaube, das ist der beste Film, den ich gemacht habe, vielleicht der beste Film, der je gemacht wurde. Ich habe ihn nicht für die ach-so-gelangweilten Kritiker oder die ach-so-abgestumpften Literaten gemacht. Es war meine Art von Film für meine Art von Menschen."

DIE KRITIK ZUM FILM: „,Ist das Leben nicht schön?' ist aus so vielen guten Gründen einer der populärsten Filme, die je gemacht wurden, daß es schwerfällt, alle aufzuzählen." (The Motion Picture Guide)

Fotos:
1. Lionel Barrymore (l), James Stewart, Thomas Mitchell (r)
2. Donna Reed, James Stewart (m)
3. Szene mit James Stewart
4. Thomas Mitchell (l), Donna Reed, Frank Faylen
5. Szene mit James Stewart

1947: Der Schatz der Sierra Madre

Aus Angst vor einem Flop propagieren die Produzenten John Hustons Film als Western. Doch „Der Schatz der Sierra Madre" ist viel mehr als eine simple Cowboy-Geschichte. Die Story von Haß und Habgier gerät zur tiefgründigen und stimmungsvoll fotografierten Parabel (John Huston dreht fast ausschließlich an Originalschauplätzen).
Foto: Humphrey Bogart

1948: Fahrraddiebe
von: Vittorio De Sica

Eine riesige Lagerhalle, in der sich bis zur Decke Tausende von kleinen weißen Bündeln auf Eisenregalen stapeln. Das vielleicht eindringlichste Bild aus diesem noch knapp 50 Jahre nach seiner Entstehung tief berührenden Film. Die Halle gehört zu einem Pfandhaus, in den Bündeln ist Bettwäsche: letzte Habseligkeiten, die hungernde Arbeitslose im Rom der Nachkriegsjahre versetzen, um noch ein, zwei Wochen länger zu überleben. Ein Bild des Elends, das in keinem Filmstudio entstand: Vittorio De Sica drehte die Szene aus der Anfangssequenz der „Fahrraddiebe" in einem echten Pfandhaus. Und unterstrich damit die Philosophie des italienischen Neorealismus, den er mit seinen Regie-Kollegen Roberto Rossellini und Luchino Visconti von Anfang der 40er bis Anfang der 50er Jahre prägte. Das Alltagsleben „kleiner Leute" als Thema, weitgehend realisiert an realen Schauplätzen, mit vielen Laiendarstellern neben – oft wenig bekannten – Profischauspielern in den Hauptrollen: Ein damals wie heute ungewöhnliches

Programm, das auch wegen seiner politischen Aussage heftig diskutiert wurde. „Fahrraddiebe", die Geschichte eines Arbeitslosen, der alle Hoffnung verliert, als man ihm seinen letzten Besitz, ein Fahrrad, stiehlt, ist die stilistisch vielleicht „reinste" Arbeit dieser Filmschule. Und ein Kunstwerk, das bis heute zum Grundstudium aller jungen Filmschaffenden von Hollywood bis Hongkong gehört – im Nachkriegs-Italien aber nur wenige Zuschauer fand. Zu traurig war wohl die Botschaft – ein Film ohne Happy-End.

INHALT: Der arbeitslose junge Maurer Antonio Ricci findet einen Job als Plakatkleber, der ihn und seine Angehörigen vor dem Hungertod retten könnte. Mit dem letzten Besitz der Familie – sechs alten Bettlaken – löst er im Pfandhaus sein altes Fahrrad aus, das er für den Job braucht. Am ersten Arbeitstag wird das Fahrrad gestohlen. Eine Nacht und einen Tag lang sucht Antonio mit seinem kleinen Sohn Bruno nach dem Rad – ohne Erfolg.

Schließlich versucht er verzweifelt, selbst ein Rad zu stehlen – auch das mißlingt. In der letzten Szene reiht sich Antonio wieder in das Heer der Arbeitslosen ein.

STAB: Regie: Vittorio De Sica; Drehbuch: Cesare Zavattini (nach dem Roman von Luigi Bartolini); Kamera: Carlo und Mario Montuori; Musik: Alessandro Cicognini; Bauten: Antonio Traverso; Schnitt: Eraldo da Roma; Produktion: Vittorio De Sica für P.D.S.; Italien 1948; 88 Minuten.
ORIGINALTITEL: Ladri di biciclette
BESETZUNG: Lamberto Maggiorani (Antonio Ricci), Enzo Staiola (Bruno Ricci), Lianella Carell (Maria Ricci), Elena Altierie, Gino Saltamerenda, Giulio Chiari, Vittorio Antonucci, Michele Sakara, Fausto Guerzoni, Carlo Jachino.
PREISE: „Oscar" als Bester Auslandsfilm
DER REGISSEUR: Vittorio De Sica, am 7. Juli 1901 in Sora/Italien als Sohn eines neopolitanischen Beamten und einer Römerin geboren, machte eine Lehre als Rechnungsprüfer. Während des Ersten Weltkrieges sammelte er im Theater seines Regiments Erfahrungen als Schauspieler. Seine erste Filmrolle übernahm er 1912 („Die Affäre Clémenceau"), seine erste Filmregie-Arbeit folgte 1940 („Rose Scarlette"), sein erster bekannter Film 1941: Für „Verliebte Unschuld" (mit Anna Magnani) agierte De Sica als Regisseur, Drehbuchautor und Hauptdarsteller. Zu dieser Zeit begann seine Zusammenarbeit mit Drehbuchautor Cesare Zavattini, mit dem er bis Ende der 50er Jahre die meisten seiner Filme

herstellte – und wenig später die mit seinem Regiekollegen Roberto Rossellini, mit dem er den Neorealismus entwickelte. Klassische Beispiele: Rossellinis Film „Rom, offene Stadt" (1945) und De Sicas „Fahrraddiebe". Dieses, wie viele seiner folgenden Werke, finanzierte De Sica mit dem Geld, das er als Schauspieler verdiente. Notwendigerweise: Produzent David O. Selznick hatte die Finanzierung der „Fahrraddiebe" abgelehnt, weil Regisseur De Sica die Besetzung der Hauptrolle mit Cary Grant ablehnte. Mitte der 50er Jahre gab De Sica die Verfilmung sozialkritischer Themen auf und drehte bis Anfang der 70er vorwiegend Unterhaltungs- oder zumindest leichtere Filme mit Stars wie Montgomery Clift („Rom – Station Termini", 1953), Sophia Loren („Und dennoch leben sie", 1960) oder Marcello Mastroianni („Hochzeit auf italienisch", 1964). Vittorio De Sica starb 1974.

DER REGISSEUR ÜBER SEINE ARBEIT: „Der furchtbar fragende Blick eines Knaben, der vom Leben, das auf ihn zukommt, beunruhigt ist, das glückliche Lächeln dem Leben entgegen, das da singt, sind tausendmal mehr wert als alle Schenkel Hollywoods."
DIE KRITIK ZUM FILM: „Die straffe Struktur und die auf ruhige Weise sehr wirkungsvolle Sozialkritik werden durch leise, romantische Obertöne angereichert. Auch heute noch von besonderer Ausdruckskraft." (Lexikon des Internationalen Films)

Fotos:
1. Szene
2. Enzo Staiola
3. Lamberto Maggiorani
4. Lamberto Maggiorani (l), Enzo Staiola (r)
5. Szene mit Lamberto Maggiorani

1948

1948: Oliver Twist

Die sechste und umstrittenste Adaption des Charles Dickens-Klassikers: Regisseur David Lean (der sich mit „Great Expectations" schon an einem Dickens-Roman versucht hatte) besetzt die Rolle des Faggins mit Alec Guinness. Der spielt den jüdischen Gauner so überzeugend, daß die „Jewish Anti-Diffamation League" dem Film antisemitische Tendenzen vorwirft.
Foto: Anthony Newly (l), Robert Newton, Charley Bates, Alec Guinness

1948: Hamlet

Der Triumph eines Engländers in Hollywood: Laurence Olivier – in London längst ein gefeierter Bühnenstar – bringt als Produzent, Regisseur und Hauptdarsteller auf die Leinwand, womit er sich am besten auskennt: Shakespeare. Seine „Hamlet"-Verfilmung wird von der amerikanischen Filmakademie – gegenüber Europäern sonst eher skeptisch – mit vier Auszeichnungen und drei Nominierungen bedacht.
Foto: Laurence Olivier, Jean Simmons

1948: Osterspaziergang

Ursprünglich sollte Gene Kelly die männliche Hauptrolle in Charles Walters Musical übernehmen. Dieser bricht sich jedoch kurz vor Beginn der Dreharbeiten den Knöchel und Fred Astaire wird aus dem selbstgewählten Vorruhestand zurückgeholt und tanzt an der Seite von Judy Garland: Das Hollywood-Musical hatte sein neues Traumpaar.
Foto: Fred Astaire, Judy Garland

1948: Red River

Konkurrenz für John Ford: Howard Hawks, bisher als Regisseur von Screwball-Komödien erfolgreich, versucht sich mit „Red River" zum ersten Mal im Western-Genre – und schafft einen Klassiker. Er verbindet teilweise fast dokumentarisch anmutende Passagen mit epischen Elementen.
Foto: John Wayne (l), Montgomery Clift

1948: Cocktail für eine Leiche

Alfred Hitchcocks erster Farbfilm soll ohne einen einzigen Schnitt gedreht werden. Der Versuch gelingt: „Cocktail für eine Leiche" ist ein kriminalistisches Kammerspiel ohne Längen und mit Top-Besetzung (zum ersten Mal arbeitet der Regisseur mit James Stewart zusammen).
Foto: Farley Granger, James Stewart

1948: Gangster in Key Largo

Die beiden Stars des Gangsterfilmgenres in direkter Konfrontation: Humphrey Bogart und Edward G. Robinson liefern sich ein packendes schauspielerisches Duell vor der exotischen Kulisse Floridas und werden von John Huston mit Kameraführung und stimmungsvoller Beleuchtung perfekt in Szene gesetzt. „Gangster in Key Largo" ist gleichzeitig der letzte gemeinsame Film von Humphrey Bogart und Lauren Bacall.
Foto: Humphrey Bogart (l), Edward G. Robinson

1949: Der dritte Mann
von: Carol Reed

Spannender Thriller, mitreißendes Melodram, optischer Hochgenuß, bewegendes Zeitdokument – ein Gesamtkunstwerk. Der sechste Spielfilm des englischen Schauspielers, Regisseurs und Dokumentarfilmers Carol Reed (1906–1976) gehört fraglos zu den Höhepunkten der Filmgeschichte. Ein künstlerischer Glücksfall, der weniger dem genialen Entwurf eines Film-Autoren als dem Zusammentreffen vieler günstiger Umstände zu verdanken ist. Der in Ungarn geborene englische Produzent Alexander Korda beauftragte 1948 den brillanten Schriftsteller und Journalisten Graham Greene mit der Entwicklung einer Krimi-Story, die im zerbombten Mitteleuropa spielen sollte. Greene reiste im harten Nachkriegswinter 1948/49 nach Wien. Ergebnis seiner Recherchen: Material über eine Penicillin-Schieberbande sowie Geschichten über das Labyrinth der städtischen Abwässerkanäle, die Schiebern und Schwarzhändlern als Fluchtwege dienten. Carol Reed, als Schauspieler und Regisseur geprägt vom Spätexpressionismus der 20er

Jahre, als Militär-Dokumentarfilmer noch vom Grauen des Krieges bewegt, schuf nach Greenes Drehbuch die unverwechselbare Atmosphäre des Films. Durch die Ruinenstadt hastende Menschen, aufgenommen in schrägen Kameraperspektiven, unter hartem Licht und vor riesigen Schlagschatten; die optische Stilisierung aber doch immer wieder gebrochen durch betont ruhige, schlichte Einstellungen, die den Schauspielern viel Raum bieten. „Der dritte Mann" entzieht sich allen gängigen Kriterien wie „expressionistisch", „neorealistisch" oder „existentialistisch". Dafür bleibt jedem, der den Film einmal sah, irgendein Motiv für immer im Gedächtnis. Die Filmmusik, die zum Hit wurde (Anton Karas' auf der Zither gespieltes „Harry Lime-Thema"), der mephistophelische Gesichtsausdruck von Orson Welles – nachts, in einem Hauseingang wartend –, der enervierende Kinderschrei „Mörder, Mörder!" Oder der Blick, den Harry Lime und Holly Martins austauschen, ehe Martins den tödlich ver-

wundeten, zum Feind gewordenen Freund auf dessen Wunsch erschießt. Übrigens hielt man in den 60er Jahren die Darstellung der Nachkriegszeit in „Der dritte Mann" für so authentisch, daß der Film in deutschen Schulen zur Illustration des Geschichtsunterrichts vorgeführt wurde.

INHALT: Der heruntergekommene amerikanische Groschenroman-Autor Holly Martins versucht, den mysteriösen Tod seines alten Freundes Harry Lime im Wien der Nachkriegszeit aufzuklären. Bei seiner Suche nach Zeugen des angeblichen Unfalls trifft Martins durch Zufall den totgeglaubten Freund – der sich einer Aussprache aber durch Flucht entzieht. Gespräche mit Limes ehemaliger Freundin und einem englischen Besatzungs-Offizier überzeugen Martins, daß Lime der Kopf einer Penicillin-Schieberbande und ein vielfacher Mörder ist. Martins stellt dem einstigen Freund eine Falle, jagt ihn durch die Abwässerkanäle Wiens – und erschießt ihn.

STAB: Regie: Carol Reed; Drehbuch: Graham Greene; Kamera: Robert Krasker; Musik: Anton Karas; Schnitt: Oswald Hafenrichter; Bauten: Vincent Korda, John Hawkesworth, Joseph Bato; Ton: John Cox; Produktion: Alexander Korda und Carol Reed für London Films; Großbritannien 1949; 108 Minuten.

ORIGINALTITEL: The Third Man
BESETZUNG: Joseph Cotten (Holly Martins), Alida Valli (Anna), Trevor Howard (Calloway), Orson Welles (Harry Lime), Ernst Deutsch (Baron Kurtz), Erich Ponto (Dr. Winkel), Paul Hörbiger (Hausmeister), Siegfried Breuer (Popescu), Hedwig Bleibtreu (alte Frau).
PREISE: „Best British Film of the Year"; „Oscar" für Beste Kameraführung
DER REGISSEUR: Carol Reed (1906–1976), geboren in London, englischer Regisseur, Schauspieler, Produzent. Seit 1924 Zusammenarbeit mit Edgar Wallace als Theaterschauspieler und -produzent. 1932 Dialogregisseur bei Ealing Studios, London. 1934 erste Regiearbeit „Fähnrich zur See Easy". Danach als Regisseur u. a. die Spielfilme „Die Sterne blicken herab" (1939), „Nachtzug nach München" (1940); „Ausgestoßen" (1946), „Kleines Herz in Not" (1948), „Der dritte Mann"

(1949), „Der Verdammte der Inseln" (1951), „Gefährlicher Urlaub" (1953), „Voller Wunder ist das Leben" (1955), „Trapez" (1956), „Der Schlüssel" (1958), „Unser Mann in Havanna" (1959), „Der zweite Mann" (1962), „Inferno und Ekstase" (1964), „Oliver" (1967), „Der Indianer" (1970), „Ein liebenswerter Schatten" (1971). Wurde mit dem „Oscar" für den besten Dokumentarfilm für den Kriegsbericht „Der wahre Ruhm" (1945) ausgezeichnet. 1952 Erhebung in den Ritterstand. Reed war in der Nachkriegszeit einer der „prominentesten und meistzitierten Filmregisseure der Welt" (Reclams Filmführer). Galt als bescheiden und öffentlichkeitsscheu, war als „Schauspieler-Regisseur" beliebt, sah sich selbst als ambitionierter Handwerker, lehnte jede Stilisierung zum Film-Autor ab. Keiner der Filme Reeds aus den 50er und 60er Jahren erlangte ähnliche Bedeutung wie „Der dritte Mann" – allerdings wurde sein Spätwerk, die Musical-Verfilmung „Oliver", 1968, mit fünf Oscars ausgezeichnet

(darunter für den besten Film und die beste Regie).
DER REGISSEUR ÜBER SEINE ARBEIT: „Alles, was ich will, ist eine Geschichte erzählen. Meine Filme sollen unterhalten. Das Kino ist nicht der Ort für Lektionen darüber, wie wir leben sollten."
DIE KRITIK ZUM FILM: „Faszinierend ist die unverwechselbare Reedsche Atmosphäre, die einerseits die des perfekt ablaufenden Thrillers ist, andererseits aber dem Zugrundegehen des Einsamen in einer ihm fremden Welt einen phantastischen bis metaphysischen Aspekt verleiht." (Der Spiegel)

Fotos:
1. Szene
2. 5. Orson Welles
3. Joseph Cotten, Alida Valli
4. Hedwig Bleibtreu (l), Alida Valli

1949: Adel verpflichtet

Legendäre Krimi-Komödie aus den englischen Ealing-Studios. Unnachahmlich: Alec Guinness, der in acht verschiedenen Rollen (unter anderem als Lady D'Ascoyne) auftritt. Ein morbider Spaß für Krimi-Fans.
Foto: Alec Guinness

1949: Bitterer Reis

Ein Meisterwerk des italienischen Neorealismus: Regisseur Giuseppe de Santis verbindet die laszive Erotik der Silvana Mangano mit den ernüchternden Bildern vom Alltag italienischer Arbeiterinnen. Das Ergebnis ist ein packendes Sittengemälde voll Leidenschaft und emotionaler Kraft. Der Hauptdarstellerin gelingt mit dieser Rolle der internationale Durchbruch.
Foto: Silvana Mangano, Raf Vallone

1949: Ich war eine männliche Kriegsbraut

Cary Grant in Frauenkleidern? Viele prophezeiten dem Leinwand-Charmeur mit diesem Film das Ende seiner Karriere. Zu Unrecht: Die Verkleidungsszene gerät zum geschmackvoll-komischen Höhepunkt. Doch Howard Hawks' Komödie bleibt nicht nur wegen der Travestie-Einlage sehenswert. Mit hintergründigen Dialogen und optimalem Timing gelingt ihm eine treffende Parodie auf die Bürokratie, gepaart mit einer turbulenten Liebesgeschichte in bester Screwball-Tradition.
Foto: Cary Grant, Ann Sheridan

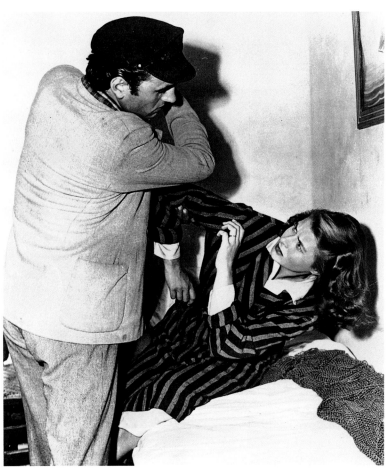

1949: Stromboli

Ingrid Bergman im Exil: Als bekannt wird, daß sie eine Beziehung mit dem italienischen Regisseur Roberto Rossellini hat, obwohl sie noch verheiratet ist, verbannt Hollywood eine seiner erfolgreichsten Schauspielerinnen. Die Bergman dreht in Europa. „Stromboli" ist ihr erster Film unter der Regie ihres neuen Lebensgefährten.
Foto: Mario Vitale, Ingrid Bergman

1950: Boulevard der Dämmerung
von: Billy Wilder

"Moment mal, ich kenne Sie doch", sagt der gutaussehende Schriftsteller Joe Gillis zu der alternden Frau mit dem Turban und der tiefschwarzen Sonnenbrille. "Sie sind Norma Desmond, die Schauspielerin. Sie waren ein großer Star!" Mit einer affektierten Geste reißt La Desmond sich die Brille vom Gesicht, straft den jungen Mann mit einem verächtlichen Blick aus ihren riesigen, grünen Augen, hebt stolz das Kinn und faucht: "Ich bin noch immer groß! Es sind die Filme, die klein geworden sind!" Und obwohl Gillis in sich hinein lächelt und sie als eitle Ex-Diva abtut, weiß der Zuschauer, daß jedes ihrer Worte wahr ist. Sie ist wirklich die größte Schauspielerin aller Zeiten, und sie spielt die Rolle ihres Lebens: sich selbst. – Der zickige, ausgediente Stummfilmstar Norma Desmond ist Gloria Swansons Meisterstück. Jede Geste, jedes Zucken der Augenbrauen ist bedeutungsschwanger, melodramatisch, anrührend und gleichzeitig lächerlich. Billy Wilders brillante Dialoge spricht sie so intensiv, daß sie sich im Gedächtnis

des Publikums eingraben. William Holden und Nancy Olson wirken neben Gloria Swansons Tour de force wie farblose Statisten. Einzig Erich von Stroheim, das stiernackige Monument der Filmgeschichte in seiner besten Rolle, kann neben ihr bestehen. Der Swanson, die in den 20er Jahren selbst zu den ganz Großen gehörte, wurde unterstellt, sie spiele sich selbst, nur deshalb sei sie so gut. „Aber nein", verteidigte sich die Diva, „ich spiele Pola Negri."

INHALT: Auf der Flucht vor Gläubigern sucht der erfolglose Schriftsteller Joe Gillis Unterschlupf in einem palastähnlichen Gebäude am Sunset Boulevard, das er für verlassen hält. Dort wohnt die steinreiche Ex-Stummfilmdiva Norma Desmond mit ihrem Butler Max. Zunächst will sie Joe hinauswerfen, doch dann bittet sie ihn, für ein fürstliches Gehalt ein Drehbuch zu redigieren, das sie selbst für ihr Comeback verfaßt hat. Gillis willigt ein – er braucht dringend Geld. Er zieht in die Chauffeurswohnung über der Garage

und arbeitet täglich an Normas kindischem Manuskript. In Gegenwart des attraktiven Mannes blüht die Diva auf. Sie überschüttet Gillis mit Geschenken und gesteht ihm ihre Liebe. Er weist sie ab, woraufhin Norma einen Selbstmordversuch unternimmt. Aus Mitleid wird Joe ihr Liebhaber, obwohl er sich eigentlich für die hübsche Autorin Betty Schaefer interessiert. Jede Nacht stiehlt er sich fort, um mit Betty an einem Drehbuch zu arbeiten. Norma erfährt von diesen Treffen und macht eine dramatische Eifersuchtsszene. Joe packt seine Sachen. Die verzweifelte Norma verliert den Verstand und erschießt ihn: „Niemand verläßt einen Star."

STAB: Regie: Billy Wilder; Drehbuch: Wilder, Charles Brackett, D. M. Marshman; Kamera: John F. Seitz; Musik: Franz Waxman; Bauten: Hans Dreier, John Meehan; Ausstattung: Sam Comer, Ray Moyer; Kostüme: Edith Head; Spezialeffekte: Gordon Jennings, Farciot Edouart; Schnitt: Doane Harrison, Arthur Schmidt; Produktion: Charles Brackett; USA 1950; 110 Minuten.
ORIGINALTITEL: Sunset Boulevard
BESETZUNG: William Holden (Joe Gillis), Gloria Swanson (Norma Desmond), Erich von Stroheim (Max von Mayerling), Nancy Olson (Betty Schaefer), und als sie selbst: Cecil B. DeMille, Hedda Hopper, Buster Keaton, Anna Q. Nilsson, H. B. Warner.
PREISE: „Golden Globe" für Bester Film, Regie und Hauptdarstellerin.
DER REGISSEUR: Billy Wilder, geboren als Samuel Wilder am 22. Juni 1906 in Wien, arbeitete als Reporter und Eintänzer in Berlin, bevor er begann, Drehbücher zu schreiben. 1933 floh er über Paris und Mexiko in die USA. Seine Mutter und zahlreiche an-

dere Verwandte, die er zurückließ, starben in Nazi-Konzentrationslagern. Wilder kam ohne Geld und ohne Englischkenntnisse in Hollywood an. Er zog mit dem Schauspieler Peter Lorre zusammen und hielt sich mit Gelegenheitsjobs über Wasser, bis er den Drehbuchautor Charles Brackett kennenlernte. Aus ihrer fruchtbaren Zusammenarbeit gingen einige der geistreichsten Scripts der 30er und 40er Jahre hervor, darunter Ernst Lubitschs „Ninotschka" (1939) und Wilders eigene Arbeiten als Regisseur wie „Frau ohne Gewissen" (1944), „Das verlorene Wochenende" (1945), „Eine auswärtige Affäre" (1948) und „Boulevard der Dämmerung" (1950). Nach der Trennung von Brackett bewies Wilder, daß er auch allein brillante Filme drehen konnte, u. a. „Das verflixte siebte Jahr" (1955), „Zeugin der Anklage" (1957), „Manche mögen's heiß" (1959) und „Eins, zwei, drei" (1961). Die Früchte seiner Arbeit: Billy Wilder wurde insgesamt sechsmal mit dem „Oscar" ausgezeichnet.

DER REGISSEUR ÜBER SEINE ARBEIT: „Es war nicht einfach, mit lauter Legenden zu drehen. Aber Stroheim hat einige gute Einfälle zum Film beigesteuert. Cecil B. DeMille hat mir beim Drehen nie reingeredet. Dafür habe ich ihm bei ‚Samson und Delilah' nicht reingeredet."

DIE KRITIK ZUM FILM: „Ein guter Film, vortrefflich fotografiert und gespielt, wenn auch grob präsentiert." (Thomas Mann)

Fotos:
1. 3. Gloria Swanson
2. Gloria Swanson, William Holden
4. William Holden (l), Gloria Swanson, Nancy Olson, Erich von Stroheim
5. Schlußszene mit Gloria Swanson

1950

1950: Asphaltdschungel

Ein Meisterwerk des klassischen Gangsterfilms: Nüchtern, mit Bildern in kühlem Schwarzweiß, rollt John Huston erstmals die Geschichte eines Verbrechens aus Sicht der Kriminellen auf.
Foto: Marilyn Monroe

1950: Winchester '73

Der erste psychologische Western: James Stewart spielt einen von Zweifeln geplagten Mann, der wider Willen zum erbarmungslosen Rächer wird. Seine Figur hat nichts mehr von dem strahlenden Heldentum eines Tom Mix. Rock Hudson ist in seiner ersten Rolle als grimmiger Indianerhäuptling zu sehen.
Foto: James Stewart, Shelley Winters

1950: Der Scharfschütze

Streit um einen Schnauzbart: Für die Rolle des desillusionierten Revolverhelden Ringo soll Gregory Peck, bis dahin meist nur als charmanter, perfekt gekleideter Gentleman erfolgreich, ein Oberlippenbärtchen verpaßt bekommen. Produzent Darryl F. Zanuck ist entsetzt. Er fürchtet um das Image seines Stars. Doch Regisseur Henry King kann sich durchsetzen. Der Bart bleibt, und Pecks Karriere überlebt.
Foto: Gregory Peck, Helen Westcott

1950: Alles über Eva

Das packende Porträt einer jungen Schauspielerin, die ihre Karriere mit Intrigen voranzutreiben versucht, beeindruckt durch hervorragende Darstellerleistungen und brillante Dialoge. Bette Davis und Anne Baxter liefern sich ein schauspielerisches Duell. Marilyn Monroe ist in einer ihrer ersten Filmrollen zu sehen.
Foto: Bette Davis, Gary Merrill

1950: Vater der Braut

Ein gutmütiger Vater und eine resolute Mutter planen die Hochzeit ihres süßen Töchterchens. Regisseur Vincente Minnelli gelingt es, allen Klischees gerecht zu werden und trotzdem eine unbeschwert komische Familien-Farce zu inszenieren.
Foto: Spencer Tracy, Joan Bennett, Elizabeth Taylor, Don Taylor

1950: Das Wunder von Mailand

Vittorio De Sica gelingt eine neue Annäherung an den Neorealismus. Zwar zeigt er nüchtern-realistische Bilder vom Alltag der italienischen Unterschicht, verbindet sie aber mit einem optimistischen Märchen von Glück und Erlösung.
Foto: Emma Grammatica

1950: Die Sünderin

Der Skandalfilm im frühen Nachkriegsdeutschland: Hildegard Knef in der Hauptrolle verkauft ihren Körper, um ihrem Geliebten eine Operation zu finanzieren. Die angebliche Verherrlichung der Prostitution und eine verschwommene Nacktszene bringen Kirche und selbsternannte Sittenwächter auf den Plan. Sie boykottieren die Vorstellungen mit Stinkbomben und Tintenfässern.
Foto: Hildegard Knef

**1951: Ein Amerikaner in Paris
von: Vincente Minnelli**

Wer immer noch glaubt, ein Musical wäre lediglich ein Film, bei dem die Handlung immer wieder durch Tanz- und Gesangseinlagen unterbrochen wird, der kennt „Ein Amerikaner in Paris" nicht. Denn hier erzählt die Musik eine Geschichte, treibt die Handlung voran und ersetzt teilweise die Dialoge. Wenn Gene Kelly und Leslie Caron zu den Klängen von „Our love is here to stay" ein „Pas de deux" am nächtlichen Seine-Ufer tanzen, sagt das mehr als tausend Worte. Wenn George Guetary und Gene Kelly singenderweise von der Liebe schwärmen („S'wonderful"), aber nicht wissen, daß sie in das gleiche Mädchen vernarrt sind, kommt mehr emotionale Spannung auf als bei jeder lautstarken Eifersuchtsszene. Die Krönung dieser musikalischen Erzählweise ist die 17minütige Schlußsequenz gegen Ende des Films: Gene Kelly findet sich plötzlich in den gemalten Kulissen eines stilisierten Paris wieder, tanzt durch zum Leben erwachte Bilder französischer Meister und durchlebt noch einmal seine unglückliche Liebesgeschichte.

Sieben Monate arbeitete das Team allein an dieser 450 000 Dollar teuren Sequenz. Der Aufwand hat sich gelohnt: Choreograph Kelly und Regisseur Minnelli zeigten, welche künstlerischen Möglichkeiten das Musical bietet, machten anspruchsvolle Tanzeinlagen einem breiten Publikum zugänglich und bescherten uns unvergeßliche Momente der Filmgeschichte.

INHALT: Der ehemalige GI Jerry Mulligan lebt als Maler in Paris. Obwohl als Künstler nicht besonders erfolgreich, genießt er sein unbeschwertes Leben in der französischen Metropole. Als die reiche Amerikanerin Milo Roberts sich bereit erklärt, seine finanzkräftige Mäzenin zu sein, scheint sich das Glück auch beruflich einzustellen. Doch die Millionärin interessiert sich mehr für Jerry als für seine Bilder. Das wird zum Problem, als Jerry sich in die grazile Französin Lisa Bouvier verliebt. Milo kocht vor Eifersucht und droht Jerry, den Geldhahn zuzudrehen. Doch damit nicht genug: Lisa fühlt sich einem anderen Mann

verpflichtet, der sie einst vor den Nazis versteckt hat. Aus Dankbarkeit ist sie entschlossen, die Liebe zu Jerry zu opfern und ihren Wohltäter zu heiraten. Pech, daß es sich bei ihrem Zukünftigen ausgerechnet um Jerrys Freund Henri Baurel handelt ...
STAB: Regie: Vincente Minnelli; Drehbuch: Alan Jay Lerner; Kamera: Alfred Gilks (Ballettsequenz: John Alton); Musik: George und Ira Gershwin; Bauten: Cedric Gibbons, Preston Arms; Ausstattung: Edwin B. Willis, Keogh Gleason; Kostüme: Orry-Kelly, Walter Plunkett, Irene Sharaff; Spezialeffekte: Warren Newcombe; Schnitt: Adrienne Fazan; Produktion: Arthur Freed; USA 1951; 113 Minuten.
ORIGINALTITEL: An American in Paris
BESETZUNG: Gene Kelly (Jerry Mulligan), Leslie Caron (Lisa Bouvier), Oscar Levant (Adam Cook), Georges Guetary (Henry Baurel), Nina Foch (Milo Roberts), Eugene Borden (George Mattieu), Martha Bamattre (Mathilde Mattie), Mary Jones (alte Dame), Ann Codee (Therese), George Davis (François), Hayden Rorke (Tommy Baldwin), Paul Maxey (John McDowd), Dick Wessel (Ben Macrow).
PREISE: „Oscars" für Bester Film, Ausstattung, Original-Drehbuch, Kamera, Kostüme, Musik; Spezial-„Oscar" für Gene Kelly.

DER REGISSEUR: Vincente Minnelli, geboren am 28. Februar 1920 in Chicago, begann seine Karriere als Regisseur und Ausstatter am Theater. Schon damals inszenierte er meist Musicals und stellte sein Gespür für das Zusammenwirken von Musik und Dramaturgie unter Beweis. 1942 gab er sein Debüt als Filmregisseur mit „Cabin in the sky", bei dem Louis Armstrong eine der Hauptrollen spielte. Schon sein dritter Film „Meet me in St. Louis" (1944) wurde ein großer Publikumserfolg und brachte dem Regisseur auch privat Glück: Bei den Dreharbeiten lernte er seine spätere Ehefrau Judy Garland kennen (die gemeinsame Tochter Liza Minnelli wurde 1946 geboren). Mit ihr drehte er vier Jahre später ein weiteres Frfolgsmusical: „Der Pirat", dem Minnelli durch den bewußten Einsatz kräftiger Farben besondere Brillanz verlieh. Die Hauptrolle spielte damals Gene Kelly, der mit Minnelli insgesamt drei Filme drehte. Der Höhepunkt dieser Zusammenarbeit war 1951 „Ein Amerikaner in

Paris". Als die große Zeit des Musicals Mitte der fünfziger Jahre zu Ende ging, verlegte sich Minnelli auf Melodramen wie „Vincent Van Gogh – Ein Leben in Leidenschaft", „Verdammt sind sie alle", „Zwei Wochen in einer anderen Stadt" und „... die alles begehren". Vincente Minnelli starb 1986.
DER REGISSEUR ÜBER SEINE ARBEIT: „Filme sind wie Gemälde: Es kommt vor allem auf die Farbkomposition an."
DIE KRITIK ZUM FILM: „Ein ‚Amerikaner in Paris' ist eine der erfolgreichsten Musical-Kreationen, die Hollywood je hervorgebracht hat." (Variety)

Fotos:
1. Georges Guetary (l), Oscar Levant, Gene Kelly
2. Leslie Caron, Gene Kelly
3. Gene Kelly
4. Nina Foch, Gene Kelly
5. Gene Kelly, Leslie Caron

1951: Quo Vadis
von: Mervyn LeRoy

Mervyn LeRoys „Quo Vadis" ist die fünfte Verfilmung des mit dem Nobelpreis ausgezeichneten gleichnamigen Romans von Henryk Sienkiewicz – und die aufwendigste. Für den in Rom gedrehten Film übertraf sich MGM, der Glamour-Spezialist unter den großen Hollywood-Studios, an Superlativen. Mit 29 Hauptdarstellern, 110 Sprechrollen, 30 000 Statisten (unter ihnen Sophia Loren und Elizabeth Taylor), 63 Löwen, sieben Stieren, 250 Pferden, 85 Tauben und zwei Geparden wurden 180 000 Meter Film aufgenommen, von denen schließlich 4553 Meter in der endgültigen Kinofassung übrigblieben. Die 150 000 Requisiten und 115 Dekorationen wurden jahrzehntelang für weitere Monumentalfilme wiederverwendet. Daß in all diesem Prunk weder die Story noch die schauspielerischen Leistungen untergingen, grenzt an ein Wunder. Der enorme Erfolg von „Quo Vadis" ist hauptsächlich das Verdienst des Regie-Routiniers LeRoy, der Spezialeffekte, Menschenmassen und Hauptdarsteller gleichermaßen fest im Griff hatte. Für Peter Ustinov, der in

der Rolle des wahnsinnigen Kaisers Nero eine Bravourleistung ablieferte, bedeutete der Film den Durchbruch zur Hollywood-Karriere. Dabei hatte die Produktion ihm, nach erfolgreichen Probeaufnahmen und einjähriger Denkpause, die Rolle eigentlich nicht geben wollen, weil er mit seinen dreißig Jahren als zu jung erschien. Doch Ustinovs Argument überzeugte. „Wenn Sie noch länger warten", schrieb er an Produzent Sam Zimbalist, „bin ich zu alt. Nero starb nämlich mit 31 Jahren."
INHALT: Im ersten Jahrhundert nach Christus herrscht in Rom der wahnsinnige Kaiser Nero mit seiner skrupellosen Gemahlin Poppaea. Nero will Rom durch eine Feuersbrunst zerstören und als neue Stadt, „Neropolis", wieder aufbauen. Zum Entsetzen seiner Berater macht er den Plan nicht nur wahr, sondern läßt darüber hinaus die Innenstadt abriegeln, damit „der stinkende Pöbel auch verbrennt". Nach der Irrsinnstat droht eine Palastrevolution, die Poppaea dadurch abwendet, daß sie Nero rät, der Christen-

sekte die Schuld an dem Brand zuzuschieben. Die Christenverfolgung beginnt. Zu den Opfern gehören die schöne Sklavin Lygia und Marcus Vinicius, ein römischer Offizier, der die Christin liebt und deshalb als Verräter verhaftet wird. Nach grauenvollen Zirkusspielen, in denen Christen hungrigen Löwen vorgeworfen, verbrannt oder gekreuzigt werden, kann Marcus sich befreien und seine Geliebte Lygia vor dem Tod in der Arena retten. Anschließend führt er die des Mordens überdrüssigen Prätorianer in einen Aufstand gegen Nero. Auf der Flucht erwürgt der Kaiser Poppaea und stürzt sich in seinen Dolch.

STAB: Regie: Mervyn LeRoy; Drehbuch: John Lee Mahin, S. N. Behrman, Sonya Levien nach dem Roman von Henryk Sienkiewicz; Kamera: Robert Surtees, William V. Skall; Musik: Miklos Rozsa; Bauten: William Horning, Cedric Gibbons, Edward Carfagno; Ausstattung: Hugh Hunt; Kostüme: Hershel McCoy; Spezialeffekte: Thomas Howard, A. Arnold Gillespie; Schnitt: Ralph E. Winters; Produktion: Sam Zimbalist; USA 1951; 171 Minuten.
ORIGINALTITEL: Quo Vadis
BESETZUNG: Robert Taylor (Marcus Vinicius), Deborah Kerr (Lygia), Leo Glenn (Petronius), Peter Ustinov (Nero), Patricia Laffan (Poppaea), Finlay Currie (Petrus), Abraham Sofaer (Paulus), Marina Berti (Eunice), Buddy Baer (Ursus), Felix Aylmer (Plautius), Nora Swinburne (Pomponia), Ralph Truman (Tigellinus), Norman Wooland (Nerva).

DER REGISSEUR: Mervyn LeRoy, am 15. Oktober 1900 in San Francisco geboren, arbeitete sich vom Zeitungsjungen zum Schauspieler, Drehbuchautor und schließlich Regisseur hinauf. 1927 drehte er seinen ersten Film. Berühmt wurde LeRoy mit „Der kleine Caesar" (1931), dem ersten Gangsterdrama der Warner Bros.-Studios, der ein Genre begründete und Edward G. Robinson zum Star machte. LeRoy inszenierte weitere sozialkritisch-realistische Filme für Warner (z. B. „Zwei Sekunden", „Jagd auf James A."), bevor er 1938 zu MGM überwechselte, wo er zum Spezialisten für dekorative Romanzen wurde. „Ihr erster Mann" (1940), „Blüten im Staub" (1941), „Madame Curie" (1944), „Kleine tapfere

Jo" (1949) und „Serenade in Rio" (1953) sind Beispiele für diese Phase seines Schaffens. Mitte der fünfziger Jahre ging LeRoy wieder zu Warner und drehte einige spannende Kriminalfilme wie „Böse Saat" (1956), „Geheimagent des FBI" (1959) oder „Der Schuß" (1965). Der Regisseur, der für den sozialkritischen Dokumentarfilm „The House I Live in" (1945) einen Spezial-„Oscar" erhalten hatte, setzte sich mit 65 Jahren zur Ruhe. 1975 ehrte ihn die Filmakademie ein weiteres Mal: Für sein Lebenswerk wurde er mit dem „Irving Thalberg Award" ausgezeichnet. Mervyn LeRoy starb 1987.
DER REGISSEUR ÜBER SEINE ARBEIT: „Man hat mir vorgeworfen, mein Werk habe keinen spezifischen Stil. Ich antworte: *jeder* meiner Filme hat seinen eigenen Stil."
DIE KRITIK ZUM FILM: „Ein Super-Spektakel in jeder Beziehung!" (The Motion Picture Guide)

Fotos:
1. 2. Patricia Laffan (l), Peter Ustinov
3. Deborah Kerr, Robert Taylor
4. Peter Ustinov
5. Szene mit Robert Taylor (m)

1951: Endstation Sehnsucht
von: Elia Kazan

Zwei der berühmtesten „Southern Belles" der Filmgeschichte wurden von der Engländerin Vivien Leigh dargestellt, und für beide Rollen bekam sie einen „Oscar". Die erste war, natürlich, Scarlett O'Hara aus „Vom Winde verweht" (1939), die zweite eine beängstigende Grand Guignol-Version der Scarlett, die neurotische, alternde Blanche DuBois aus „Endstation Sehnsucht". Vivien Leigh, Gattin von Sir Laurence Olivier und von Kopf bis Fuß eine Lady, war eine Schauspielerin der alten Schule. Sobald die Scheinwerfer erloschen, war das Rollenspiel für sie beendet – die zerquälte Blanche verschwand, und Miss Leigh plauderte charmant mit Kollegen und Aufnahmeteam. Ihr Partner Marlon Brando dagegen arbeitete nach der Stanislawsky-Methode, die vorschreibt, daß man seine Rolle „lebt". Er blieb auch in den Pausen und nach Drehschluß der ungewaschene, brutale Stanley Kowalski, was Vivien Leigh zutiefst anwiderte und zur Folge hatte, daß die Stimmung am Set gespannter wurde als in Tennessee Williams' Stück. Regisseur Elia

Kazan machte sich die Antipathie seiner Darsteller zunutze und fing die brodelnden Gefühle mit der Kamera ein. Bis heute ist es nicht wieder gelungen, Szenen von derart geballter Emotion auf Zelluloid zu bannen wie die zwischen Marlon Brando und Vivien Leigh in „Endstation Sehnsucht".
INHALT: Die gezierte Lehrerin Blanche besucht ihre schwangere Schwester Stella und deren ungeschlachten Mann Stanley, die in einer schäbigen Zweizimmerwohnung in New Orleans hausen. Während des Aufenthaltes kommt heraus, daß Blanche ihre Anstellung wegen Verführung eines Minderjährigen verloren hat und ihr Haus verkaufen mußte. Stanley zeigt sich ihr gegenüber von seiner übelsten Seite: primitiv, brutal und rüpelhaft. Die Möchtegern-Aristokratin Blanche ist entsetzt. Als Stanleys Poker-Kumpan Mitch ihr einen Heiratsantrag macht, klärt Stanley ihn über die skandalöse Vergangenheit seiner Angebeteten auf und vereitelt so die Hochzeit. In der Nacht, in der Stella im Krankenhaus

ihr Baby zur Welt bringt, entlädt sich Stanleys animalischer Haß: Er vergewaltigt Blanche, die darüber den Verstand verliert und in eine Anstalt eingewiesen wird ...

STAB: Regie: Elia Kazan; Drehbuch: Tennessee Williams, Oscar Saul (nach Williams' gleichnamigem Bühnenstück); Kamera: Harry Stradling; Musik: Alex North; Bauten: Richard Day; Ausstattung: George James Hopkins; Kostüme: Lucinda Ballard; Schnitt: David Weisbart; Produktion: Charles K. Feldman/Warner Brothers; USA 1951; 125 Minuten.

ORIGINALTITEL: A Streetcar Named Desire

BESETZUNG: Vivien Leigh (Blanche DuBois), Marlon Brando (Stanley Kowalski), Kim Hunter (Stella), Karl Malden (Mitch), Rudy Bond (Steve), Nick Dennis (Pablo), Peg Hillias (Eunice).

PREISE: „Oscar" für weibliche Hauptrolle (Leigh), weibliche Nebenrolle (Hunter), männliche Nebenrolle (Malden), Bauten und Ausstattung. „Preis der New Yorker Filmkritik" für Bester Film, Regie und weibliche Hauptrolle. „Goldener Löwe" des Filmfestivals Venedig für Vivien Leigh als Beste weibliche Hauptdarstellerin.

DER REGISSEUR: Elia Kazan, als Elia Kazanjoglou am 7. September 1909 in Istanbul geboren, war elf Jahre alt, als seine Eltern in die USA emigrierten. Nach seinem Collegeabschluß wurde er Mitglied des „Group Theatre" in New York. In den vierziger Jahren etablierte sich Kazan als einer der begabtesten Bühnenregisseure Amerikas. „Alle meine Söhne", „Endstation Sehn-

sucht", „Tod eines Handlungsreisenden" und „Das Dunkel am Ende der Treppe" waren Sensationserfolge. Auch als Filmregisseur glänzte Kazan: Schon für sein viertes Leinwandwerk, „Tabu der Gerechten" (1947), wurde er mit dem „Oscar" ausgezeichnet. Als Mitbegründer des „Actor's Studio", in dem das von Stanislawsky entwickelte „method acting" gelehrt wurde, entdeckte und förderte Kazan junge Talente wie Marlon Brando, James Dean, Carroll Baker, Natalie Wood und Warren Beatty. Mit Brando drehte Kazan drei ambitionierte Filme: „Endstation Sehnsucht" (1951), „Viva Zapata" (1952) und „Die Faust im Nacken" (1954), für den er zum zweiten Mal einen „Oscar" verliehen bekam. Auch mit „Jenseits von Eden" (1955), „Baby Doll" (1956) und „Fieber im Blut" (1961) bewies Kazan meisterhafte Schauspielerführung und Gespür für die filmgerechte Umsetzung psychologisch raffinierter Plots, bevor er sich sehr persönlichen Themen zuwandte: „Die Unbezwingbaren" (1963) und

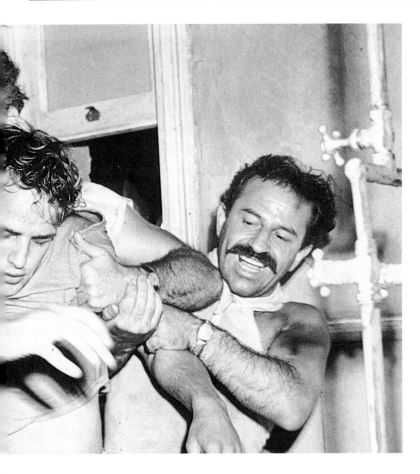

„Das Arrangement" (1969) waren Verfilmungen von Kazans eigenen Romanen, die sich mit der Geschichte seiner Familie auseinandersetzten. Beide floppten an den Kinokassen, ebenso wie die Großproduktion „Der letzte Tycoon" (1976). Kazans Konsequenz: Er zog sich aus dem Filmgeschäft zurück.

DER REGISSEUR ÜBER SEINE ARBEIT: „Ich halte ‚Endstation Sehnsucht' für eine sagenhaft gute Verfilmung eines Stückes. Und der Grund dafür heißt Marlon Brando. Vivien Leigh dagegen hat wenig Talent. Aber ich kenne außer ihr niemanden, der so hart arbeitet, um mit so wenig so viel zu erreichen."

DIE KRITIK ZUM FILM: „Die Darstellung ist der Perfektion so nahe, wie man es nur wünschen kann." (New York Herald Tribune)

Fotos:
1. Marlon Brando, Vivien Leigh
2. Kim Hunter (l), Vivien Leigh, Marlon Brando
3. Kim Hunter, Marlon Brando
4. Szene mit Karl Malden (l), Marlon Brando u. a.
5. Vivien Leigh (l), Kim Hunter

1951: Der Untertan

Ein Leben in Deutschland: Werner Peters spielt den verblendeten Preußen in Wolfgang Staudtes in der DDR entstandener Verfilmung des Heinrich Mann-Romans. Die Abrechnung mit deutschem Obrigkeitsdenken und Opportunismus gelingt ebenso treffend wie in der Romanvorlage. Die Folge: In der Bundesrepublik kommt der Film erst sechs Jahre später in einer um zwölf Minuten gekürzten Fassung in die Kinos.
Foto: Paul Esser, Werner Peters

1951: Reporter des Satans

Billy Wilders kompromißlosester Film: Seine Abrechnung mit Sensations-Journalismus und Voyeurismus läßt keinen Platz für mildernde Komik. Ideal besetzt: Kirk Douglas als skrupelloser Reporter.
Foto: Kirk Douglas

1951: African Queen

Das Meisterwerk eines Eigenwilligen: John Huston setzt sich über seine Geldgeber hinweg und dreht seinen legendären Abenteuerfilm an Originalschauplätzen in Uganda unter strapaziösen Bedingungen. Das Ergebnis: ein brillant inszeniertes und meisterhaft gespieltes Stück Kinounterhaltung mit Humphrey Bogart und Katharine Hepburn in Höchstform.
Foto: Katharine Hepburn, Humphrey Bogart

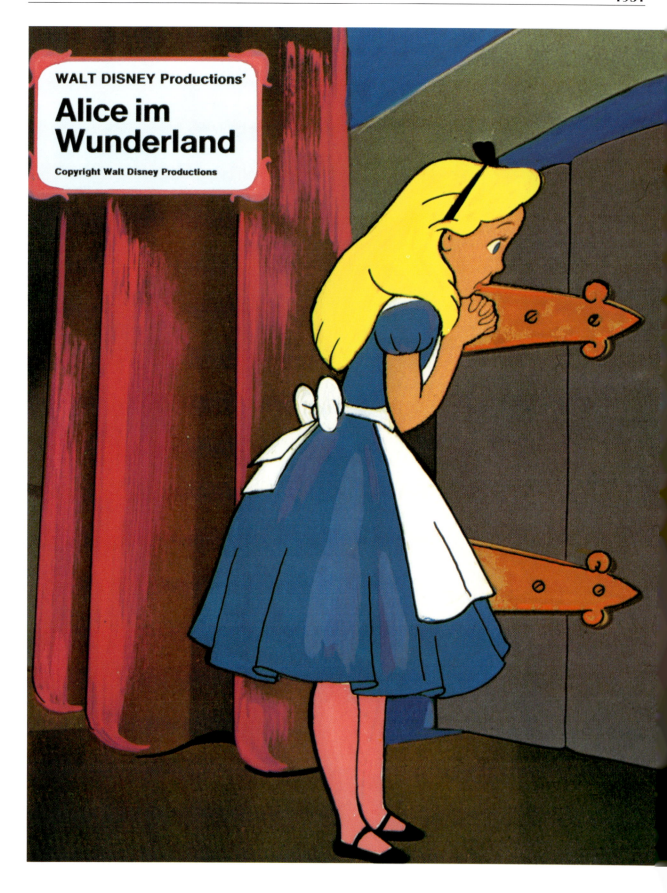

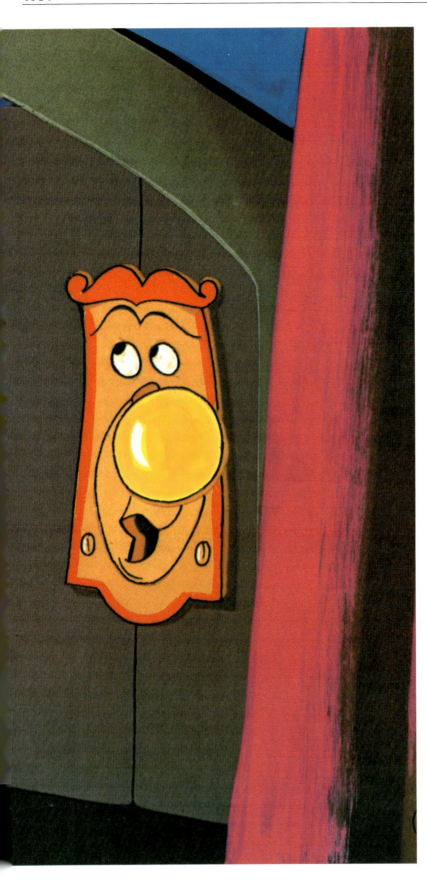

1951: Alice im Wunderland

Walt Disney setzt Lewis Carrolls Roman – eines der meistgelesenen Kinderbücher aller Zeiten – in ein absurdes Zeichentrickmärchen um. Figuren wie die grinsende Katze, das hektische Kaninchen oder die böse Herzdame bekommen durch Disney ein unverwechselbares Gesicht.

1951: Ein Platz an der Sonne

Die Entstehung eines neuen Kinotraumpaares: George Stevens setzt seine beiden Hauptdarsteller Elizabeth Taylor und Montgomery Clift wirkungsvoll in Szene, das Studio aktiviert die Presse, und die Zuschauer strömen scharenweise in die Kinos. Nur die Klatschkolumnisten werden enttäuscht: Privat bleiben Liz Taylor und Monty Clift nur gute Freunde.
Foto: Elizabeth Taylor, Montgomery Clift

1952: Schnee am Kilimandscharo

Schlechte Vorzeichen: Eine Kurzgeschichte von Ernest Hemingway wird auf Spielfilmlänge gestreckt, alle wichtigen Afrika-Szenen entstehen im Studio, und einige Kinobesitzer befürchten ein finanzielles Fiasko, weil viele Zuschauer das Wort „Kilimandscharo" nicht kennen. Doch Henry Kings Melodram wird ein Kassenhit und gilt als eine der besten Hemingway-Verfilmungen.
Foto: Ava Gardner, Gregory Peck

1952: Lohn der Angst

Yves Montand, Peter Van Eyck, Charles Vanel und Folco Lulli sollen zwei Lastwagen mit Nitroglycerin durch 500 Kilometer unwegsamen Urwald führen. Regisseur Henri-Georges Clouzot dreht mit „Lohn der Angst" schlichtweg einen der spannendsten Thriller der Filmgeschichte.
Foto: Vera Clouzot, Yves Montand

1952: Niagara

Marilyn Monroes Durchbruch zur Leinwand-Göttin: Vor der beeindruckenden Kulisse der Niagara-Fälle stiehlt sie allen die Show. Ihre Kurven sind aufregender als die etwas dünne Krimi-Story.
Foto: Richard Allen, Marilyn Monroe

1952: Don Camillo und Peppone

Die Geburtsstunde eines legendären Komiker-Gespanns: Don Camillo, der pfiffige Pfaffe, und Peppone, der kommunistische Bürgermeister, streiten zum ersten Mal auf der Leinwand. Der Beginn einer Ära. Nie wurden italienische Mentalität und ironische Seitenhiebe auf Kirche und Kommunismus so unterhaltsam kombiniert.
Foto: Gino Cervi (l), Fernandel

1952: Der rote Korsar

Der farbenprächtigste aller Piratenfilme: Voll überschäumender Energie kämpft Burt Lancaster in der Titelrolle gegen Feindestruppen, hangelt sich durch die Takelage und begeistert als attraktivster Seeräuber, der je die Sieben Meere unsicher gemacht hat.
Foto: Nick Cravat (l), Burt Lancaster

**1952: Zwölf Uhr mittags
von: Fred Zinnemann**

Produzent Stanley Kramer war mit „Zwölf Uhr mittags" nicht zufrieden: zu viele Längen, zu wenig Spannung. Kramer kürzte nicht nur rigoros, sondern ließ zusätzlich Großaufnahmen von Gary Coopers besorgtem Gesicht und von Zifferblättern, deren Zeiger sich gnadenlos auf zwölf Uhr zubewegen, nachdrehen und in den Film einfügen. Das Ergebnis war phänomenal. Durch Kramers Trick wurde die Spannung um ein Vielfaches gesteigert. „Zwölf Uhr mittags" hat eine Kargheit und Strenge, die an die besten B-Western erinnert. Die knappe, kontrastreiche, dokumentarisch wirkende Bildersprache gibt der Handlung eine klassische Form, die der einfachen, aber archaisch-mythologischen Geschichte angemessen ist. Trotz seines Erfolges war „Zwölf Uhr mittags", als er 1952 – in der heißen Phase der Kommunistenhatz des Senators Joseph McCarthy – herauskam, heftig umstritten: wegen der Schlußszene, in der Will Kane seinen Marshallstern in den Staub fallen läßt. John Wayne warf Gary Cooper vor, in einem Film mitgewirkt zu

haben, in dem ein Symbol der Staatsautorität entehrt wird. Drehbuchautor Carl Foreman wurde sogar vor den „Ausschuß gegen unamerikanische Aktivitäten" geladen und auf die „schwarze Liste" gesetzt. Parallelen zwischen Film und Wirklichkeit: Die feigen Bürger von Hadleyville können als Amerikaner gedeutet werden, die sich während dieses düsteren Kapitels ihrer Geschichte nicht zur Wehr setzten. Einen aufrechten Helden wie Kane, der McCarthy das Handwerk gelegt hätte, gab es damals leider nicht.
INHALT: Der Marshall von Hadleyville, Will Kane, hat die Quäkerin Amy geheiratet und will sein Amt niederlegen. Da erreicht ihn die Nachricht, daß Frank Miller, den Kane vor fünf Jahren wegen Mordes verhaftete, begnadigt wurde und nach Hadleyville zurückkehrt, um Rache zu nehmen. Franks Bruder Ben erwartet ihn mit zwei kaltblütigen Killern am Bahnhof. Der Zug soll um zwölf Uhr mittags ankommen. Kane gerät in einen Gewissenskonflikt: Kann er einfach in den

Ruhestand davonlaufen? Oder muß er sich der Herausforderung stellen? Zum Entsetzen seiner Frau beschließt er, gegen den Banditen anzutreten. Amy verläßt Kane und will mit dem Zwölf-Uhr-Zug abreisen. Ihr Mann sucht indessen nach Unterstützung, doch die redlichen Bürger von Hadleyville haben alle etwas Besseres zu tun. Einzig Amy eilt, als sie im Ort den ersten Schuß fallen hört, ihrem Mann zu Hilfe. Gegen ihre Überzeugung greift sie zur Waffe und rettet Kanes Leben. Als das Ehepaar alle Banditen überwältigt hat, strömen die Einwohner Hadleyvilles herbei, um Kane zu feiern. Der jedoch wirft ihnen verächtlich seinen Marshall-Stern vor die Füße und verläßt die Stadt.

STAB: Regie: Fred Zinnemann; Drehbuch: Carl Foreman (nach der Geschichte „Der Blechstern" von John W. Cunningham); Kamera: Floyd Crosby; Musik: Dmitri Tiomkin, „Do not forsake me, oh my Darlin'" von Dmitri Tiomkin und Ned Washington; Bauten: Ben Hayne; Ausstattung: Emmet Emmerson; Schnitt: Elmo Williams, Harry Gerstad; Produktion: Stanley Kramer; USA 1952; 85 Minuten.
ORIGINALTITEL: High Noon
BESETZUNG: Gary Cooper (Will Kane), Grace Kelly (Amy Kane), Thomas Mitchell (Jonas Henderson), Lloyd Bridges (Harvey Pell), Katy Jurado (Helen Ramirez), Otto Kruger (Percy Metrick), Lon Chaney, Jr. (Martin Howe), Henry Morgan (William Fuller), Ian MacDonald (Frank Miller), Eve McVeagh (Mildred Fuller), Harry Shannon (Cooper), Lee Van Cleef (Jack Colby).
PREISE: „Oscars" für männliche Hauptrolle, Musik, Film-Song und Schnitt.

DER REGISSEUR: Fred Zinnemann, geboren am 29. April 1907 in Wien, gab seine Anwaltskarriere als diplomierter Jurist auf, um Regisseur zu werden. Von seinen Vorbildern Erich von Stroheim und King Vidor inspiriert, arbeitete er zunächst als Kamera-Assistent in Paris und Berlin (u. a. bei Robert Siodmaks „Menschen am Sonntag"). 1929 emigrierte er nach Hollywood, wo er lediglich als Statist Arbeit fand. 1937 engagierte ihn MGM als Vertragsregisseur für Kurzfilme. Sein „That Mothers Might Live" brachte ihm 1938 einen „Oscar" und die Chance, endlich abendfüllende Filme wie „Das siebte Kreuz" (1944, nach dem Roman von Anna Seghers) zu drehen. 1948 kehrte Zinnemann nach Europa zurück, um im zerstörten Berlin mit Montgomery Clift „Die Gezeichneten" zu filmen. Zurück in Hollywood inszenierte er „Zwölf Uhr mittags" und das Kriegsdrama „Verdammt in alle Ewigkeit" (1953), für das er mit einem zweiten „Oscar" ausgezeichnet wurde. Den dritten erhielt er 1966 für „Ein Mann

für jede Jahreszeit". Weitere Meilensteine in Fred Zinnemanns Filmographie sind „Oklahoma!" (1955), „Geschichte einer Nonne" (1959), „Der Schakal" (1973), „Julia" (1977) und „Am Rande des Abgrunds" (1982).

DER REGISSEUR ÜBER SEINE ARBEIT: „Gary Cooper litt während der Dreharbeiten an einem Magengeschwür und hatte sich die Hüfte verletzt. Man sieht im Film, daß es ihm nicht gut geht. Ich habe seine schlechte Verfassung ausgenutzt. Ich wollte mit der Tradition brechen, im Western nur strahlende Helden zu zeigen."

DIE KRITIK ZUM FILM: „Nicht ein Bild ist verschwendet in diesem strengen, hervorragend inszenierten und meisterhaft gespielten Film. Der erste Western für Erwachsene." (The Motion Picture Guide)

Fotos:
1. Szene
2. Grace Kelly, Gary Cooper
3. Gary Cooper, Grace Kelly
4. Katy Jurado, Grace Kelly
5. Szene mit Grace Kelly

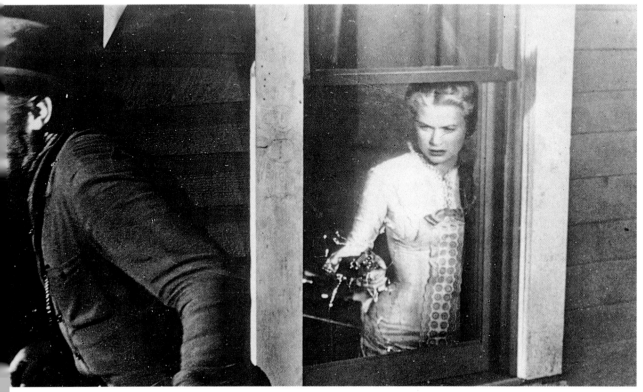

1952: Du sollst mein Glücksstern sein
von: Stanley Donen/Gene Kelly

„Come on with the rain, I've a smile on my face." Die Kamera zoomt auf das strahlende Gesicht von Gene Kelly, auf dem die Regentropfen glitzern. Er planscht durch die Pfützen, stellt sich unter eine Regenrinne und benutzt den Schirm lediglich als Spazierstock, während aus dem nächtlichen Himmel die Wassermassen auf ihn niederprasseln. Normalerweise wäre man bei solch einem Anblick froh, im Warmen zu sitzen und würde dem Hauptdarsteller lediglich ein gutes Schnupfenmittel wünschen. Nicht so bei „Du sollst mein Glücksstern sein". Wenn Gene Kelly singend und tanzend die Straße entlangschlendert, die 1929 komponierte Titelmelodie auf den Lippen, hofft man geradezu auf den nächsten Regentag. Doch „Du sollst mein Glücksstern sein" ist mehr als bloß ein Musical, bei dem nasse Füße als Zeichen von Ausgelassenheit zelebriert werden und das den Zuschauer mit guter Laune aus dem Kinosaal entläßt. Der Film ist eine der gelungensten Satiren auf Hollywood und die Filmindustrie. Eine Hommage an

die „Roaring Twenties", in denen der Tonfilm aufkam und die Stars plötzlich sprechen und vor allem singen konnten.
INHALT: Hollywood in den 20er Jahren: Don Lockwood und Lina Lamont sind *das* Leinwand-Traumpaar der Stummfilmzeit – von den Klatschkolumnisten geliebt, von den Fans frenetisch gefeiert. Doch die Einführung des Tonfilms bringt Probleme: Linas Piepsstimme sorgt nur für Lachsalven, nicht für dramatische Momente. Der neue gemeinsame Film droht ein Desaster zu werden. Dons große Liebe, die junge Schauspielerin Kathy Selden, hat die rettende Idee: Das Mantel- und Degendrama wird zu einem Musical umgearbeitet, bei dem Kathy Lina ohne deren Wissen nachsynchronisiert. Bei der Premierefeier kommt es zum Eklat ...
STAB: Regie: Stanley Donen/Gene Kelly; Drehbuch: Adolph Green, Betty Comden; Kamera: Harold Rosson; Musik: Nacio Herb Brown; Lieder: Arthur Freed, Nacio Herb Brown, Betty Com-

den, Adolph Green, Roger Edens; Bauten: Cedric Gibbons, Randall Duell; Ausstattung: Edwin B. Willis, Jacques Mapes; Kostüme: Walter Plunkett; Spezialeffekte: Warren Newcombe, Irving G. Ries; Schnitt: Adrienne Fazan; Produktion: Arthur Freed für MGM; USA 1952; 103 Minuten.
ORIGINALTITEL: „Singin' in the Rain"
BESETZUNG: Gene Kelly (Don Lockwood), Donald O'Connor (Cosmo Brown), Debbie Reynolds (Kathy Selden), Jean Hagen (Lina Lamont), Millard Mitchell (R. F. Simpson), Rita Moreno (Zelda Zanders), Douglas Fowley (Roscoe Dexter), Cyd Charisse (Tänzerin).
DIE REGISSEURE: Gene Kelly, geboren am 23. August 1912 in Pittsburgh; Stanley Donen, geboren am 13. April 1924 in Columbia, South Carolina. Kelly und Donen begegneten sich das erste Mal am Broadway, wo beide als Revue-Tänzer arbeiteten. Gemeinsam gingen sie nach Hollywood. Kelly stieg schnell zu einem begehrten Musical-Star auf, während Donen hinter der Kamera blieb und bei Filmen wie „Es tanzt die Göttin" und „Urlaub in Hollywood" gemeinsam mit Kelly für die Choreographie verantwortlich war. 1949 engagierte Kelly Stanley Donen als Co-Regisseur für „Heute gehn wir bummeln". Ein Meisterstück gelang dem Team Kelly/Donen drei Jahre später mit dem Musical „Singin' in the Rain", das 1992 von einer Jury, bestehend aus Regisseuren, Komponisten, Schauspielern, Drehbuchautoren und Choreographen, zum besten Musical aller Zeiten gewählt wurde.

DER REGISSEUR ÜBER SEINE ARBEIT: „Ich will unterhaltsame Filme drehen. Wenn das Publikum das Gefühl hat, Geld und Zeit für meinen Film nicht umsonst geopfert zu haben, bin ich zufrieden. Mehr will ich gar nicht." (Stanley Donen)

DIE KRITIK ZUM FILM: „Ohne Frage ist ‚Du sollst mein Glücksstern sein' das großartigste Musical, das jemals gedreht wurde. Es hat alles: großartige Songs, großartige Tänze, eine wundervolle, nostalgische Story, eine superbe Besetzung und wurde mit einem verblüffenden Tempo (...) in Szene gesetzt." (The Motion Picture Guide)

Fotos:
1. *Donald O'Connor (l), Gene Kelly*
2. *Gene Kelly, Cyd Charisse*
3. *Debbie Reynolds, Gene Kelly*
4. *Szene mit Gene Kelly*
5. *Gene Kelly (m), Debbie Reynolds*

1953: Mein großer Freund Shane

Ein Western wie aus dem Lehrbuch: Regisseur George Stevens vereinigt alle Grundelemente des Wildwestfilms zu einem Klassiker: Ein schweigsamer, mutiger Held, eine aufrechte Siedlerfamilie, beeindruckende Landschaftsaufnahmen („Oscar" für die beste Farbfotografie) und stimmungsvolle Musik. Am Ende reitet der mysteriöse Fremde wieder stilgerecht dem endlosen Horizont entgegen.
Foto: Alan Ladd (l), Jean Arthur, Van Heflin

1953: Die Ferien des Monsieur Hulot

Die Geburtsstunde von Monsieur Hulot: Doch Regisseur und Hauptdarsteller Jacques Tati schuf nicht nur eine legendäre Filmfigur, sondern auch einen neuen Komödienstil. Ähnlich wie in Chaplins Stummfilmwerken verblassen auch bei ihm die Dialoge zur bloßen Geräuschkulisse für pantomimischen Slapstick.
Foto: Jacques Tati

1953: Das Gewand

Der erste Film in Cinemascope: Mit dem aufwendigen Epos stellt die Twentieth Century Fox zum ersten Mal das Verfahren vor. Mit vollem Erfolg: „Das Gewand" wird einer der Kassenhits des Jahres und entwickelt sich zu einem Klassiker des Kostümfilms. Die Fortsetzung „Die Gladiatoren" wird ein Jahr später gedreht.
Foto: Jean Simmons, Richard Burton

1953: Die sieben Samurai

Ein großes Vorbild: Akira Kurosawas bildgewaltiges Epos über Kampf und Ehre begeistert 1953 die ganze Welt. „Goldene Palme" in Cannes und „Oscar"-Auszeichnung als Bester ausländischer Film. US-Regisseur John Sturges verlagert sechs Jahre später die Handlung in den Wilden Westen und dreht mit „Die glorreichen Sieben" einen weiteren Filmklassiker.
Foto: Toshiro Mifune (r)

1953: Verdammt in alle Ewigkeit

Liebe zwischen den Wellen: Deborah Kerr, bis dahin Inbegriff von Keuschheit und gefestigter Moral, und Burt Lancaster, charismatischer Leinwand-Held mit Sex-Appeal, räkeln sich am Strand. Die Sittenwächter sind über soviel Freizügigkeit empört, die Kritiker loben das Gesamtkunstwerk. „Oscar"-Rekord für das Melodram: acht Auszeichnungen.
Foto: Burt Lancaster (l), Montgomery Clift

1953: Invasion vom Mars

Bedrohung aus dem All: Außerirdische wollen die Macht auf der Erde übernehmen. Nur ein kleiner Junge bemerkt die schleichende Gefahr. Tobe Hoopers Science-fiction-Film überzeugt nicht durch eine originelle Geschichte, sondern durch humorige Naivität. Immer wieder für einen Lacher gut: die Außerirdischen. Sie werden von Statisten in grünen Samtanzügen dargestellt – der Reißverschluß prangt gut sichtbar auf dem Rücken.
Foto: Szene

1953: Der Wilde

Der Titel ist Programm: Marlon Brando wird als Motorrad-Rocker zum Idol einer ganzen Generation – unangepaßt, respektlos und doch sensibel. Tausende unverstandener Teenager kopieren sein cooles Leder-Outfit und das aufmüpfige Verhalten. Die Eltern der jungen Wilden protestieren gegen den zersetzenden Einfluß des Films und haben zumindest in England Erfolg. Bis 1968 ist das Werk auf den britischen Inseln verboten.
Foto: Marlon Brando

**1953: Ein Herz und eine Krone
von: William Wyler**

Die Umkehrung des klassischen Märchens vom armen Mädchen, das so gerne eine Prinzessin wäre: Die hübsche Königstochter wünscht sich nichts sehnlicher, als einmal aus dem goldenen Käfig zu entfliehen. Idealer Schauplatz für die Verwirklichung ihres Traums ist Rom. Die „ewige Stadt" mit ihren verwinkelten Gassen, wild romantischen Plätzen und dem überschwenglichen italienischen Lebensgefühl, das überall spürbar ist. Der Regisseur führt uns durch die Stadt – zwar nur in Schwarzweiß, dafür aber mit viel Emotion. Und vor dieser grandiosen Kulisse mit ihren Zeugnissen vergangener Kulturen präsentiert William Wyler ein neues Gesicht: Audrey Hepburn, die zarte Schöne aus Europa, gibt ihr Hollywood-Debüt. Keine hätte die Rolle besser spielen können, diese zauberhafte Mischung aus jugendlicher Unschuld und kindlicher Neugier, gepaart mit Eleganz und aristokratischer Ausstrahlung – damit hebt sich Audrey Hepburn wohltuend von den blonden Hollywood-Sexbomben der 50er Jahre ab. Der Zuschauer verliebt

sich von der ersten Sekunde an in dieses zauberhafte Wesen. Anders Gregory Peck: der erliegt ihrem Charme erst, als es schon fast zu spät ist und der kostbare Vogel wieder in seinen Käfig zurück muß. Mit einer Träne im Knopfloch beugen wir uns dem Unvermeidbaren: Es kann eben doch nicht alles wie im Märchen sein!

INHALT: Die junge Prinzessin Anne ist ihres königlichen Lebens überdrüssig. Bei einem Staatsbesuch in Rom flieht sie aus dem Palast, um das wirkliche Leben in den Straßen der „ewigen Stadt" zu genießen. Doch ehe sie überhaupt etwas von der Metropole gesehen hat, schläft sie auf einer Parkbank ein. So findet sie der amerikanische Reporter Joe Bradley. Nicht ahnend, daß es sich bei dem Mädchen um eine Prinzessin handelt, läßt er sie in seiner Wohnung übernachten. Erst am nächsten Morgen entdeckt er die wahre Identität der reizenden Schönen, die sich als Internatsschülerin ausgibt. Eine heiße Story witternd, geht Joe auf Annes Lügengeschichte

ein, zeigt ihr Rom – verliebt sich in die adelige Ausreißerin ...

STAB: Regie: William Wyler; Drehbuch: Ian McLellan Hunter, John Dighton (nach einer Story von Hunter); Kamera: Frank F. Planer, Henri Alekan; Musik: Georges Auric; Bauten: Hal Pereira, Walter Tyler; Kostüme: Edith Head; Ton: Joseph de Bretagne; Schnitt: Robert Swink; Produktion: William Wyler für Paramount; USA 1953; 119 Minuten.

ORIGINALTITEL: Roman Holiday

BESETZUNG: Gregory Peck (Joe Bradley), Audrey Hepburn (Prinzessin Anne), Eddie Albert (Irving Radovich), Hartley Power (Mr. Hennessy), Laura Solari (Hennessys Sekretärin), Harcourt Williams (Botschafter), Margaret Rawlings (Gräfin Vereberg), Tullio Carminati (Gen. Provno), Paolo Carlini (Mario Delani), Claudio Ermelli (Giovanni).

PREISE: „Oscars" für weibliche Hauptrolle, Kostüme und Drehbuch.

DER REGISSEUR: William Wyler, am 1. Juli 1902 in Mülhausen geboren, lebte einige Zeit in Paris, ehe er im Alter von 20 Jahren nach New York zog. Sein Onkel Carl Laemmle, der damalige Chef der Universal-Film, bot ihm einen Job beim Studio an. Als Praktikant, Regieassistent (u. a. bei der Stummfilmversion von „Ben Hur") und Regisseur von Kurzfilmen lernte er sein Handwerk und durfte 1927 seinen ersten Langspielfilm inszenieren:

„Straight Shootin'". Nach seinem Wechsel zu MGM machte er sich als Fachmann für Literaturverfilmungen wie „Jezebel – Die boshafte Lady" (1938), „Stürmische Höhen" (1939) und „Die kleinen Füchse" (1941) einen Namen. Seine Vorliebe für lange Einstellungen und seine Detailbesessenheit brachten ihm den Ruf eines Perfektionisten ein. William Wyler erhielt dreimal den „Oscar" (für „Mrs. Miniver", 1942, „Die besten Jahre unseres Lebens", 1946, und „Ben Hur", 1959) und drehte Filme unterschiedlichsten Genres: Western („Weites Land"), Liebesfilme („Ein Herz und eine Krone"), Komödien („Wie klaut man eine Million?") und Musicals („Funny Lady"). 1976, fünf Jahre vor seinem Tod, erhielt er den „Life Achievement Award".

DER REGISSEUR ÜBER SEINE ARBEIT: „Am schwersten ist es, jedem zu gefallen."

DIE KRITIK ZUM FILM: „Die Abkehr von der Norm, die standesmäßigen Grenzüberschreitungen verdichten sich zu einer Feier italienischer Lebensfreude, deren Evidenz in den Bildern und nicht in der Geschichte oder den Dialogen liegt." (Süddeutsche Zeitung)

Fotos:
1. Gregory Peck (l), Audrey Hepburn, Eddie Albert
2. Audrey Hepburn (r)
3. Gregory Peck, Audrey Hepburn
4. Szene mit Audrey Hepburn
5. Audrey Hepburn, Eddie Albert, Gregory Peck

1954: La Strada – Das Lied der Straße
von: Federico Fellini

„La Strada" ist Giulietta Masinas Film. Ihr offenes, rundes Gesicht spiegelt selbst die kleinste emotionale Regung wieder. Als naive Gelsomina ist sie die Verkörperung der verletzlichen Unschuld, die in einer Welt voller Grausamkeit nicht bestehen kann. Anthony Quinn ist ihr Gegenpol: Zampano, ein, wie Fellini es ausdrückt, „vierschrötiger, schwerer und finsterer Schatten", der sich auf das unbeschwerte Gemüt des jungen Mädchens legt. Zampano verkörpert das Prinzip Gewalt, das wilde Tier im Menschen, das seine zerstörerischen Triebe nicht kontrollieren kann – jedoch unter der eigenen Brutalität leidet. Insofern ist er eine ebenso tragische Figur wie Gelsomina. – Federico Fellini hat sich mit diesem lyrischen, bedächtigen Film erstmals von der Tradition des italienischen Neorealismus gelöst und seinen ganz persönlichen Stil gefunden. Er erzählt ein grausames Märchen, eine Traum-Phantasie voller symbolischer Augenblicke. Die staubige Straße, die bunten Fetzen der Zirkusdekorationen, die weiten, trägen Landschaften – das ist kein rea-

listisches Italien, sondern ein pittoreskes Niemandsland, in dem sich die Geschichte von Gelsomina und Zampano mit der archaischen Kraft eines antiken Mythos abspielt.
INHALT: Der Zigeuner Zampano tritt auf Jahrmärkten als Schwert- und Feuerschlucker auf. Für 10 000 Lire kauft der primitive, brutale Mann einer kinderreichen Bäuerin deren Tochter Gelsomina ab. Das naive, sensible Mädchen soll ihn bei seinen Darbietungen unterstützen. Zampano macht sie zu seiner Geliebten, mißhandelt und betrügt sie. Als Gelsomina zu fliehen versucht, fängt er sie wieder ein und schließt sich mit ihr einem Zirkus an. Dort tritt das Mädchen als Clown auf und freundet sich mit dem Artisten Matto an. Rasend vor Eifersucht erschlägt Zampano den sanften Matto und flieht. Gelsomina, die die Gewalttat mitansehen muß, verliert den Verstand und stirbt.
STAB: Regie: Federico Fellini; Drehbuch: Fellini, Tullio Pinelli, Ennio Flaiano; Kamera: Otello Martelli; Musik:

Nino Rota; Ausstattung: Roberto Tirardi, Mario Ravasco; Kostüme: Margherita Marinari; Schnitt: Leo Catozzo; Produktion: Dino de Laurentiis, Carlo Ponti; Italien 1954; 94 Minuten.
ORIGINALTITEL: La strada
BESETZUNG: Giulietta Masina (Gelsomina Di Costanzo), Anthony Quinn (Zampano), Richard Basehart (Matto), Aldo Silvani (Herr Giraffa), Marcella Royere (Witwe), Livia Venturini (Nonne).
PREISE: „Oscar" als Bester ausländischer Film.
DER REGISSEUR: Federico Fellini, geboren am 20. Januar 1920 in Rimini. Fellini, der von sich selbst sagt, er lüge gerne, hat so viel Widersprüchliches über seine Jugend erzählt, daß Fakten und Phantasie verschwimmen. Sicher ist, daß er im Alter von sieben Jahren für einige Tage von zu Hause fortlief, um mit einem Zirkus zu ziehen. Der Zirkus hat Fellinis Oeuvre geprägt wie die strengen katholischen Schulen, die er besuchte. 1938 ging er nach Florenz, wo er als Comic-Zeichner, Reporter, Radio- und Drehbuchautor arbeitete. Roberto Rossellini engagierte ihn als Script-Mitarbeiter und Regieassistent. Fellini zog nach Rom, wo er 1950 – in Zusammenarbeit mit Alberto Lattuada – seinen ersten Film, „Lichter des Varieté", inszenierte, der genauso floppte wie sein nächstes Projekt „Der weiße Scheich" (1950). Doch schon

sein drittes Werk, „Die Müßiggänger" (1953), etablierte Fellini als international anerkannten Filmemacher. Für „La Strada" (1954), in dem seine Frau Giulietta Masina die Hauptrolle spielte, wurde er mit dem „Oscar" ausgezeichnet, ebenso für „Die Nächte der Cabiria" (1957), „Achteinhalb" (1963) und „Amarcord' (1973). Sensationelle Erfolge feierte er auch mit „Das süße Leben" (1959), „Fellinis Satyricon" (1969), „Fellinis Casanova" (1976) und „Fellinis Schiff der Träume" (1983). 1990 drehte er seinen 20. Film, „Die Stimme des Mondes". Am 31. Oktober 1993 starb der große italienische Regisseur an den Folgen eines Schlaganfalls.
DER REGISSEUR ÜBER SEINE ARBEIT: „Lange schon wollte ich einen auf Giulietta zugeschnittenen Film gestalten. Sie ist eine Schauspielerin, die die außergewöhnliche Gabe hat, das Erstaunen, die Ängste, die ausgelassene Freude und die komischen Verdüsterungen eines Clowns spontan auszudrücken."

DIE KRITIK ZUM FILM: "‚La Strada' ist ein erstaunlicher und geheimnisvoller Film. Er bezwingt und bewegt den Zuschauer, auch wenn es diesem nur mühsam gelingt, die tiefen psychologischen Gründe zu begreifen, die in einer Region angesiedelt sind, zu der selbst Fellini nur durch die Kraft seiner Gefühle und nicht dank der Klarheit seines Intellekts vorgedrungen ist." (Vittorio Bonicelli in „Tempo", 1954)

Fotos:
1. Richard Basehart, Giulietta Masina
2. Anthony Quinn
3. Giulietta Masina
4. 5. Anthony Quinn, Giulietta Masina

1954: Bei Anruf Mord

Der Beginn einer großen Leidenschaft: Hitchcock holt sich zum ersten Mal Grace Kelly vor die Kamera – und hat endlich seine perfekte Heroine gefunden: damenhaft, elegant mit knisterndem Sex unter der Oberfläche. Insgesamt arbeiten Grace Kelly und Alfred Hitchcock dreimal zusammen.
Foto: Szene mit Grace Kelly

1954: Weiße Weihnachten

1942 war es zum ersten Mal zu hören: das von Irving Berlin komponierte Weihnachtslied „White Christmas". Schon damals sang Bing Crosby den Song in „Musik, Musik". Zwölf Jahre später macht er ihn in dem Komödien-Musical von Michael Curtiz zum Evergreen. Der Film bleibt durchschnittliche Kino-Unterhaltung, der Titelsong macht Musikgeschichte.
Foto: Danny Kaye (l), Bing Crosby

1954: Rosen-Resli

Zuckersüßes aus deutschen Landen: Christine Kaufmann als neunjähriges Waisenkind, das eine herzkranke Pflegemutter betreut, ein junges Paar zusammenbringt und sich nichts sehnlicher wünscht, als einen eigenen Rosenstock zu besitzen. Höchster Schluchzfaktor im deutschen Nachkriegsfilm.
Foto: Paul Klinger, Christine Kaufmann

1954: Die Caine war ihr Schicksal

Auch ohne Trenchcoat unschlagbar: Humphrey Bogart begeistert als paranoider Kapitän, der sich vor Gericht verantworten muß. Dank Bogart gelingt die adäquate Umsetzung des „Pulitzer-Preis"-gekrönten Romans von Herman Wouk.
Foto: José Ferrer (l), Van Johnson, Humphrey Bogart

1954: Godzilla

Was den Amerikanern King Kong, ist den Japanern Godzilla. Unter der Regie von Inoshiro Honda stapft das Monster erstmals über die Leinwand, macht ganz Tokio platt und kräftig Kasse. Der Kampf der Giganten folgt aber erst 20 Jahre später: „King Kong gegen Godzilla".
Foto: Godzilla

1954: Der Schrecken vom Amazonas

Es ist groß, glitschig und gefährlich: Im Zuge der Monsterbegeisterung der 50er Jahre kreiert Jack Arnold das originellste Monster: den „Schrecken vom Amazonas", eine Mischung aus Froschmann und Barrakuda. Mit aufwendigen Spezialeffekten und gut eingesetzter 3-D-Technik hebt sich Jack Arnolds Film von sonstigen Monster-Machwerken ab.
Foto: Ricou Browning (Ungeheuer), Julia Adams

**1954: Das Fenster zum Hof
von: Alfred Hitchcock**

Ein Meisterstück des „Suspense": Alfred Hitchcock, bekannt für seine eindringliche Bildsprache, verläßt sich bei „Das Fenster zum Hof" völlig auf die Kraft der Bilder, die Dialoge sind kaum mehr als Nebengeräusche. Schon in der ersten Einstellung erklärt er alles, was der Zuschauer wissen muß – ohne Worte. Wir sehen James Stewarts gebrochenes Bein, seine Kamera-Ausrüstung, Pressefotos an den Wänden und die Aufnahme eines sich überschlagenden Rennwagens, der auf den Fotografen zurast: Der Pressefotograf Stewart ist seit diesem Unfall an den Rollstiuhl gefesselt, quasi gefangen in den eigenen vier Wänden. Seine einzige Abwechslung: der Blick aus dem Fenster. Die Kamera folgt dieser Perspektive und zeigt stets den gleichen Blickwinkel, den des Fotografen aus seinem Rollstuhl. Weit weg vom eigentlichen Geschehen, aber trotzdem nicht distanziert. Kaum eine Situation könnte für größeren Nervenkitzel sorgen: Wenn Grace Kelly sich in die Wohnung des Mörders wagt und Stewart, genau wie der Zuschauer, hilflos zuse-

hen muß, wie sich der brutale Killer seinem Apartment nähert, ist die Spannung auf dem Höhepunkt. „Das Publikum muß immer informiert werden", war Hitchcocks Devise, die er an einem Beispiel belegte: „Zwei Männer reden miteinander, unter dem Tisch ist eine Bombe versteckt, und plötzlich, bumm, eine Explosion. Das Publikum ist für 15 Sekunden überrascht. Tickt aber die Bombe unter dem Tisch, und das Publikum weiß es, bieten wir ihm fünf Minuten Suspense."

INHALT: L. B. Jeffries, Fotograf und damit „Berufs-Voyeur", ist wegen eines gebrochenen Beins an den Rollstuhl gefesselt. Seine einzige Abwechslung ist die Aussicht auf die Häuserzeile gegenüber. Seltsame Vorgänge im Nachbarhaus lassen ihn vermuten, daß der zwielichtige Vertreter Lars Thorwald seine Frau umgebracht hat. Doch niemand, nicht einmal seine Verlobte Lisa, will Jeffries glauben. Er beschließt, den Verdächtigen aus der Reserve zu locken und schreibt ihm anonyme Briefe. Doch der potentielle

Killer weiß schon bald, wer ihm auf den Fersen ist ...

STAB: Regie: Alfred Hitchcock; Drehbuch: John Michael Hayes (nach der Story von Cornell Woolrich); Kamera: Robert Burks; Musik: Franz Waxman; Bauten: Hal Pereira, Joseph McMillan Johnson; Ausstattung: Sam Comer, Ray Mayer; Kostüme: Edith Head; Spezialeffekte: John P. Fulton; Ton: Harry Lindgren, John Cope: Schnitt: George Tomasini; Produktion: Alfred Hitchcock für Paramount; USA 1954; 112 Minuten.

ORIGINALTITEL: Rear Window

BESETZUNG: James Stewart (L. B. „Jeff" Jeffries), Grace Kelly (Lisa Carol Fremont), Wendell Corey (Detective Thomas J. Doyle), Thelma Ritter (Stella), Raymond Burr (Lars Thorwald), Judith Evelyn (Miss Lonely Hearts), Ross Bagdasarian (Komponist), Sara Berner (Frau auf der Feuerleiter), Frank Cady (Mann auf der Feuerleiter), Georgine Darcy (Miss Torso), Jesslyn Fax (Miss Hearing Aid).

DER REGISSEUR: Alfred Hitchcock, am 13. Oktober 1899 als Sohn eines katholischen Gemüsehändlers in London geboren, besuchte eine Ingenieurschule und begann als 19jähriger, bei einer Telegraphenanstalt zu arbeiten; zunächst als Vermesser, dann, wegen seiner künstlerischen Begabung, als Zeichner und Layouter in der Werbeabteilung. 1920 begann seine Laufbahn in der Filmindustrie: Er entwarf Zwischentitel für Stummfilme. Hitchcock fing an, sich für Regie zu interessieren. 1925 inszenierte er seinen ersten Film, „The Pleasure Garden". Doch erst mit „Der Mieter" (1926) bewies er sein besonderes Gespür für Krimis voller düsterer Span-

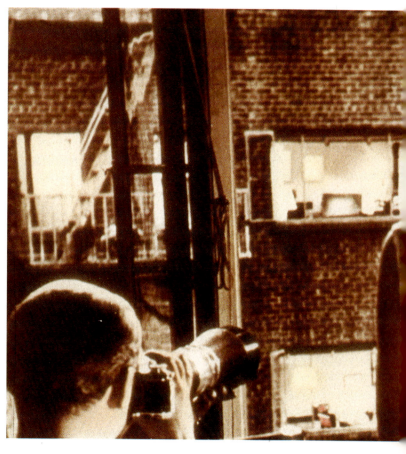

nung, mit denen er berühmt werden sollte. Kein anderer Regisseur wurde so vollständig mit einem Genre identifiziert wie Hitchcock mit dem Thriller. Nach Riesenerfolgen in England mit Klassikern wie „Die 39 Stufen" (1935) und „Eine Dame verschwindet" (1938) ging er nach Hollywood. „Rebecca", seine erste amerikanische Arbeit, wurde 1940 mit dem „Oscar" als Bester Film ausgezeichnet. Im Laufe seiner langen Karriere bewies Alfred Hitchcock immer wieder Mut zum Experiment und ein ausgeprägtes Gefühl für Bildsprache und filmischen Stil. Er prägte den Begriff „suspense" für die subtile Spannungssteigerung mit psychologischen Mitteln. Zu seinen Meisterwerken gehören „Berüchtigt" (1946), „Der Fremde im Zug" (1951), „Bei Anruf Mord" (1954), „Das Fenster zum Hof" (1954), „Aus dem Reich der Toten" (1958), „Der unbekannte Dritte" (1959), „Psycho" und „Die Vögel" (1963). 1979, ein Jahr vor seinem Tod, erhielt Hitchcock einen Ehren-„Oscar" für sein Lebenswerk.

DER REGISSEUR ÜBER SEINE ARBEIT: „Wenn Sie sich bei diesem Film nicht ängstigen, kneifen Sie sich – vielleicht sind Sie schon tot."
DIE KRITIK ZUM FILM: „Hitchcock kombiniert technisches und künstlerisches Talent in einer Weise, die das ‚Fenster zum Hof' zu einem außergewöhnlichen Thriller macht." (Variety)

Fotos:
1. Judith Evelyn
2. 3. 5. James Stuart, Grace Kelly
4. James Stewart, Grace Kelly, Thelma Ritter (r)

1954: Johnny Guitar – Wenn Frauen hassen
von: Nicholas Ray

Ein „kleiner" Kultfilm, jedenfalls ein Western-Klassiker – und ein Film mit Seltenheitswert, was die handelnden Figuren betrifft: Wildwest-Heldinnen bestimmen in ihm auf eine markante, machohafte (und doch feminin besetzte) Weise das Geschehen. Der Gitarre spielende ehemalige Scharfschütze Johnny wird als „Aufhänger"-Figur in einer gelegentlich sorglos-absurden Cowboy-Szenerie plaziert. Die Bild- und Dialog-Inszenierung hat Regisseur Nicholas Ray in reizvolle Abhängigkeit von den agierenden Damen gesetzt: Hier stehen Reiterinnen ihren Mann, hier ist das Klischee gebrochen (und doch befinden wir uns in einem Reinkultur-Western). Dem damals 43jährigen Ray ist es mit Hilfe der ironisch-maskulinen Joan Crawford gelungen, „Johnny Guitar" zu einem auch optisch markanten Film voll überraschender Facetten zu machen. „Das Kino, das ist Nicholas Ray", soll Jean-Luc Godard 1958 über den Kollegen gesagt haben, der so gern „gegen alle Regeln" (des Hollywood-Kinos)

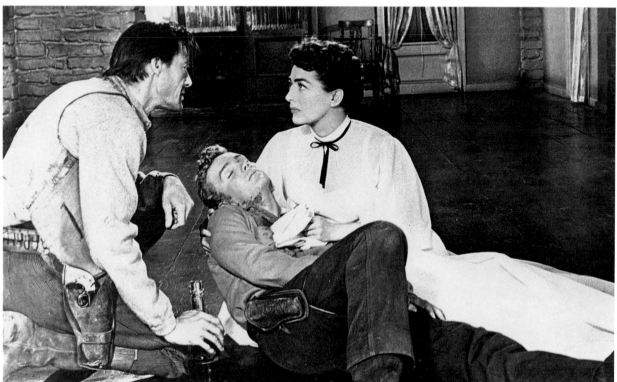

arbeitete. François Truffaut hatte schon drei Jahre zuvor, nach dem Europa-Start des 110-Minuten-Stücks, seinen Enthusiasmus in die Worte gefaßt: „Ein geträumter, ein märchenhafter, bis an die Grenzen des Möglichen irrealer, ein delirierender Western."

INHALT: Der Revolverheld Johnny Guitar will in Arizona ein friedliches Leben beginnen. Er findet Arbeit bei der resoluten Saloon-Besitzerin Vienna. Diese hat große Mengen Land gekauft, durch das demnächst die Bahnstrecke führen soll. Außerdem steht ihr Etablissement genau an der Stelle, wo bald ein Eisenbahndepot entstehen wird: Die Farmer der Gegend neiden der toughen Geschäftsfrau ihre lohnende Investition. Vor allem die Rancherin Emma Small ist Vienna übel gesonnen. Sie hat ihr nämlich den Desperado Dancin' Kid ausgespannt, bei dem sich Emma selber Chancen ausgerechnet hat. Als sie den Sheriff dazu bringt, Vienna aus der Stadt zu weisen, setzt diese – unterstützt von Johnny Guitar – alles daran, ihren

Besitz zu verteidigen. Es kommt zum Duell zwischen den beiden verfeindeten Frauen.

STAB: Regie: Nicholas Ray; Drehbuch: Philip Yordan (nach einem Roman von Roy Chanslor); Kamera: Harry Stradling, Jr.; Musik: Victor Young; Schnitt: Richard L. Van Enger; Ausstattung: James Sullivan; Produktion: Herbert J. Yates für Republic; USA 1954; 110 Minuten.

ORIGINALTITEL: Johnny Guitar
BESETZUNG: Joan Crawford (Vienna), Sterling Hayden (Johnny Guitar), Mercedes McCambridge (Emma Small), Ward Bond (John McIvers), Scott Brady (Dancin' Kid), Ernest Borgnine (Bart Lonergan), John Carradine (Old Tom), Royal Dano (Corey).

DER REGISSEUR: Nicholas Ray, geboren am 7. August 1911 als Raymond Nicolas Kienzel in La Crosse/Wisconsin, arbeitete nach einem Architekturstudium als Schauspieler und Regisseur zusammen mit Elia Kazan, John Houseman und Martin Ritt am Theater. Fernsehspiele und eine Anstellung an einer Avantgardistenbühne folgten. 1947 übertrug ihm sein alter Freund John Houseman, der mittlerweile Produzent bei RKO geworden war, die erste Filmregie: „Sie leben bei Nacht". In den folgenden Jahren konnte Ray sich mit Filmen wie „Vor verschlossenen Türen" (1948), „Ein einsamer Ort" (1950) und „On Dangerous Ground" (1950) als Kinoregisseur etablieren. Genau wie sein bis dahin größter Erfolg „Johnny Guitar" handelten seine Filme meist von Gewalttätigkeit und Konflikten, die ihre Entsprechung in Rays furiosen Kamerafahrten und seinem plakativen Gebrauch von Farbigkeit fanden. Den Höhepunkt seiner Karriere erreichte Ray 1955 mit „... denn

sie wissen nicht, was sie tun". Als er sich wegen „Rächer der Enterbten" mit den Hollywood-Bossen verkrachte, ging er nach Kanada und später nach Europa und drehte dort Filme wie „König der Könige" und „55 Tage in Peking". Nicholas Ray war mit den Schauspielerinnen Gloria Grahame und Elizabeth Utley verheiratet. Als er 1979 starb, hinterließ er eine Fangemeinde von Cineasten, zu denen u. a. François Truffaut und Wim Wenders gehören.

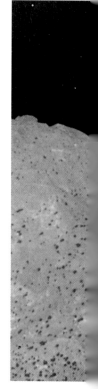

DER REGISSEUR ÜBER SEINE ARBEIT: „Ich breche jede Regel des Hollywood-Systems. Es gab zum Beispiel eine Zeit, in der man Drehbuchautoren nie mit ihrem Regisseur zusammenarbeiten ließ. Da beschloß ich, selbst zu schreiben. So hatten die Produzenten kaum Einfluß."
DIE KRITIK ZUM FILM: „Ein balladeskes, atmosphärisch dichtes Eifersuchtsdrama, in dem wider alle Westerngewohnheiten zwei Frauen die Drähte ziehen und weibliche Emotionen ein paar der originellsten Männerfiguren des Genres ans Messer liefern."
(Süddeutsche Zeitung)

Fotos:
1. Szene mit Mercedes McCambridge
2. John Carradine (l), Ben Cooper, Joan Crawford
3. Joan Crawford
4. Ernest Borgninge (l), Ben Cooper, Royal Dano, Joan Crawford, Scott Brady
5. Sterling Hayden, Joan Crawford

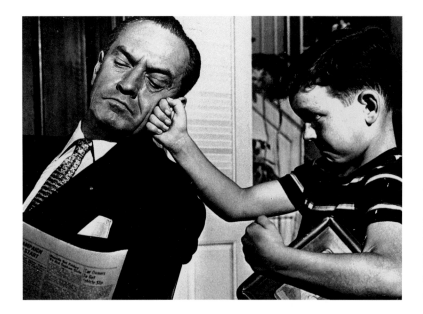

1955: An einem Tag wie jeder andere

Drei Kriminelle brechen in das traute Leben einer amerikanischen Mittelstandsfamilie ein. Humphrey Bogart – in seiner letzten Gangster-Rolle – sorgt als eiskalter Killer für Gänsehaut.
Foto: Fredric March (l), Richard Eyer

1955: Was der Himmel erlaubt

Hollywoods Meister des Melodrams: Douglas Sirk (vormals: Detlef Sierck) landete schon 1954 mit „Die wunderbare Macht" einen Kassenhit. Ein Jahr später vereint er wieder seine Stammbesetzung Rock Hudson und Jane Wyman vor der Kamera und dreht eine Liebesgeschichte, wie sie schöner und kitschiger nicht sein könnte.
Foto: Rock Hudson, Jane Wyman

1955: Der Hofnarr

Danny Kaye in Höchstform: rasant, schlagfertig und herrlich albern macht er diese Ritterfilm-Parodie zu einem Komödien-Highlight. Mit Zungen- und Körperakrobatik mischt er den englischen Hof auf und findet in Basil Rathbone und Angela Lansbury würdige Gegner in Sachen Komik.
Foto: Danny Kaye

1955: Lola Montez

Max Ophüls' letzter Film ist gleichzeitig sein bester. Unter genialer Verwendung von Farbe und Cinemascope erzählt er die Lebensgeschichte der berühmten Kurtisane. Ein später korrigierter Frevel: Weil der Film bei seiner Uraufführung nicht besonders gut ankommt, kürzen die Produzenten ihn um mehr als 20 Minuten und pressen die in Rückblenden erzählte Geschichte in eine chronologische Handlung.
Foto: Martine Carol, Will Quadflieg

1954: Aufstand der Tiere – Animal Farm

Trotz Zeichentrick keine Spur von niedlicher Kuscheltier-Idylle à la Disney. John Halas und Joy Batchelor gelingt eine adäquate und beklemmende Adaption von George Orwells Roman, der als Parabel für die russische Revolution gedacht war.

1955: Ladykillers

Rabenschwarzer Humor von der Insel: Alexander Mackendrick inszeniert ein Highlight der englischen „black comedy". Morbider Humor, schrullige Charaktere und reichlich Leichen zwischen Gebäck und Five o'clock tea. „Ladykillers" ist der letzte Film, der in den traditionsreichen Ealing-Studios entsteht.
Foto: Katie Johnson, Peter Sellers, Alec Guinness (r)

1955: Alle Herrlichkeit auf Erden

Liebe im Land der aufgehenden Sonne: William Holden als amerikanischer Auslandskorrespondent in Asien und Jennifer Jones als eurasische Schönheit auf den Spuren von Romeo und Julia. Ein Hollywood-Melodram mit einem interessiert-realistischen Blick für die fremde Kultur.
Foto: William Holden, Jennifer Jones

1955: Keine Zeit für Heldentum

Glänzendes Comeback für Henry Fonda: Nach sechsjähriger Leinwandabstinenz begeistert er in der Rolle des aufrechten Offiziers Mr. Roberts, der sich gegen einen despotischen Kapitän auflehnt. Einzig John Ford ist nicht begeistert: Der eigensinnige Regisseur lag mit dem störrischen Fonda im Dauerstreit.
Foto: James Cagney (l), Henry Fonda

1955: Jenseits von Eden

James Deans erster Film. Obwohl die Handlung im Amerika des Jahres 1917 spielt, fühlen sich die Jugendlichen der 50er in ihren Gefühlen und Frustrationen zum ersten Mal wirklich verstanden. James Dean wird die Verkörperung des „angry young man".
Foto: Julie Harris, James Dean

1955: Die Nacht des Jägers

Regisseur Charles Laughton greift auf expressionistische Stilmittel zurück und inszeniert ein düsteres Krimi-Melodram, das dem Publikum kalte Schauer über den Rücken treibt. Teuflisch gut: Robert Mitchum, der hier eine der bedrohlichsten Rollen seiner Karriere spielt.
Foto: Robert Mitchum

1955: Sissi
von: Ernst Marischka

„Du wirst alle jungen Mädchen Europas zum Träumen bringen", verhieß Regisseur Ernst Marischka seiner Hauptdarstellerin Romy Schneider. Die war 16 Jahre, als sie in ihrem ersten Film zu „Sissi" wurde. „Sie pappt mir an wie Grießbrei", klagte Romy über diese Rolle, die sie über Nacht zum Superstar machte. Die Monarchen-Mär schlug alle Einnahmerekorde und verwies in Deutschland sogar „Vom Winde verweht" auf Platz zwei. Ernst Marischka, der das „Sissi"-Thema schon 1932 in einer Operette und 1936 zu einem Drehbuch verarbeitet hatte, traf mit seiner höfisch-herrschaftlichen Heimatfilmversion voll den Nerv der Zeit. Seine ganz auf Gefühle, Romantik, Walzerseligkeit, Prunkkostüme und dekorative Natur- und Schloßschauplätze ausgerichtete Produktion nahm es mit der historischen Wahrheit nicht so genau und unterschlug die problematischen Kapitel im Leben der Kaiserin Elisabeth. Das schmälerte nicht den Erfolg der „Sissi"-Trilogie und hinderte das österreichi-

sche Unterrichtsministerium nicht daran, „Sissi II" das Prädikat „künstlerisch wertvoll" zu verleihen, weil hier „die Werte des Herzens und der Menschlichkeit als charakteristische Merkmale österreichischer Wesensart überzeugend zur Darstellung" gebracht werden. Zu diesem Zeitpunkt wehrte sich Romy bereits gegen die verlogene Idealisierung, ließ sich aber für zwei weitere „Sissi"-Filme breitschlagen. Einer darüber hinausgehenden Fortsetzung aber versagte sie sich, um dann in Viscontis „Ludwig II." doch noch einmal die Elisabeth zu spielen – diesmal allerdings weit entfernt von der Zuckerguß-Kaiserin von einst.

INHALT: Die österreichische Erzherzogin Sophie sucht 1853 für ihren Sohn, den jungen Kaiser Franz Joseph, eine Frau. Ihre Wahl fällt auf Helene, die älteste Tochter ihrer Schwester Ludovika, die mit ihrem Mann, Herzog Max in Bayern, und ihren acht Kindern in Possenhofen am Starnberger See lebt. Da Max ein unkonventioneller Mann ist, geht es bei Herzogs ungezwungen

zu – sehr zur Freude von Wildfang Sissi, Helens jüngerer Schwester. Sie darf die Mama und Helene auf einem als Privatreise getarnten Ausflug nach Bad Ischl begleiten, wo die Verlobung arrangiert werden soll. Per Zufall begegnet Franz Joseph der kleinen Sissi, verliebt sich in sie – und verlobt sich, zum Entsetzen seiner Mutter, mit diesem „Fratz" (Sissi war damals 16). Sissi nimmt Abschied von ihrer Heimat, fährt im Triumphzug durch München, ein rosengeschmücktes Schiff bringt sie nach Wien, die Bayern jubeln, die Österreicher jauchzen – und dann wird Hochzeit gefeiert.
STAB: Regie: Ernst Marischka; Buch: Ernst Marischka, nach dem gleichnamigen Roman von Marie Blank-Eismann; Kamera: Bruno Mondi; Musik: Anton Profes; Bauten: Fritz Jüptner-Jornstorff; Schnitt: Alfred Srp; Kostüme: Gerdago, Franz Szivats; Österreich 1955; 102 Minuten.
BESETZUNG: Romy Schneider (Prinzessin Elisabeth in Bayern, genannt Sissi), Karlheinz Böhm (Kaiser Franz Joseph), Magda Schneider (Herzogin Ludovika in Bayern), Gustav Knuth (Herzog Max in Bayern), Uta Franz (Prinzessin Helene in Bayern), Vilma Degischer (Erzherzogin Sophie).
PREISE: „Bambi" als kommerziell erfolgreichster Film des Jahres 1956.
DER REGISSEUR: Ernst Marischka, geboren am 2. Januar 1893, landete schon 1912 beim Film. Starthilfe gab ihm sein zehn Jahre älterer Bruder Hubert (damals ein populärer Operettentenor und später ebenfalls ein erfolgreicher Regisseur), der den „Ernstl" zum Verfassen von Drehbüchern und Libretti ermunterte. Dessen schriftstellerische Bemühungen fanden soviel Anklang, daß er nach dem Ersten Weltkrieg seine eigene Produktionsfirma (Erma-Film in Wien) gründete. Er ver-

sorgte das Kino mit Stoffen wie „Mädchenjahre einer Königin" (von dem er 1954 selbst ein Remake inszenierte), „Opernball" oder „Frau Luna". 1940 stieg er mit „Sieben Jahre Pech" ins Regiegeschäft ein und drehte insgesamt 22 Filme. Mit „Matthäus-Passion" (1949) und „Der veruntreute Himmel" (1958) schlug er ernstere Töne an, doch sein Hauptmetier blieben die Wiener Walzerseligkeit und der Glanz der k.u.k.-Monarchie. Die Trilogie „Sissi" (1955), „Sissi, die junge Kaiserin" (1956) und „Sissi, Schicksalsjahre einer Kaiserin" (1957) wurde zum Höhepunkt im Schaffen des erfolgreichen Wieners, der 1959 seine Regie-Laufbahn mit „Alt-Heidelberg" beendete. Ernst Marischka starb 1963.
DER REGISSEUR ÜBER SEINE ARBEIT: „Die große Überraschung aber ist Romy Schneider ... Hier wächst eine Schauspielerin mit Profil und Format heran. Romy bringt mehr mit als ihre Jugend und ein erträglich hübsches Gesicht. Sie ist ... schon jetzt eine kleine Persönlichkeit."

DIE KRITIK ZUM FILM: „‚Sissi' war und ist mehr als einfach nur ein Film. ‚Sissi' gilt als typisches Kennzeichen der fünfziger Jahre. In diesem Film sind der Geist und das Lebensgefühl des Jahrzehnts noch weitaus dichter konzentriert als in Nierentischen, Petticoats oder Nyltesthemden. ‚Sissi' war und ist ein Phänomen." (Claudius Seidl: „Der deutsche Film der fünfziger Jahre")

Fotos:
1. Romy Schneider, Karlheinz Böhm
2. Peter Weck (l), Karlheinz Böhm
3. Karlheinz Böhm
4. 5. Karlheinz Böhn, Romy Schneider

**1955: ... denn sie wissen nicht, was sie tun
von: Nicholas Ray**

Blaue, ein wenig trübe, dunkel umringte Augen. Klassisch schöne, ziemlich übernächtigte Gesichtszüge. Die Stirn ist cool gefaltet, im Schmollmund schwelt eine Zigarette: eine explosive Mischung aus kindlicher Verletzlichkeit und jugendlichem Zorn. James Dean ist seit „... denn sie wissen nicht, was sie tun" eine Ikone für Rebellen und alle, die es gern sein möchten. Schon in seinem ersten Film, „Jenseits von Eden", hatte der damals 24jährige fasziniert. Doch erst seine Darstellung des aufrührerischen Halbstarken Jim, der sich von überkommenen Konventionen löst und nach neuen, für ihn geltenden Werten sucht, machte ihn unsterblich. Dean wurde das Symbol einer ganzen Generation, der Jugendlichen zwischen Kindheit und Erwachsensein, die in den fünfziger Jahren als „Teenager" ihre eigene Identität fanden. Seine Kleidung (Blue Jeans, T-Shirt und rote Windjacke), seine Frisur, seine Posen und Dialoge aus „... denn sie wissen nicht, was sie

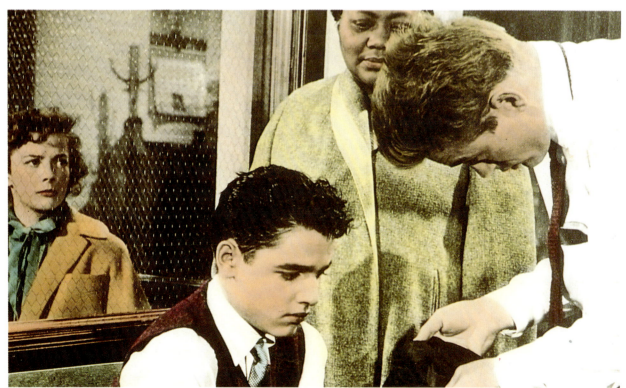

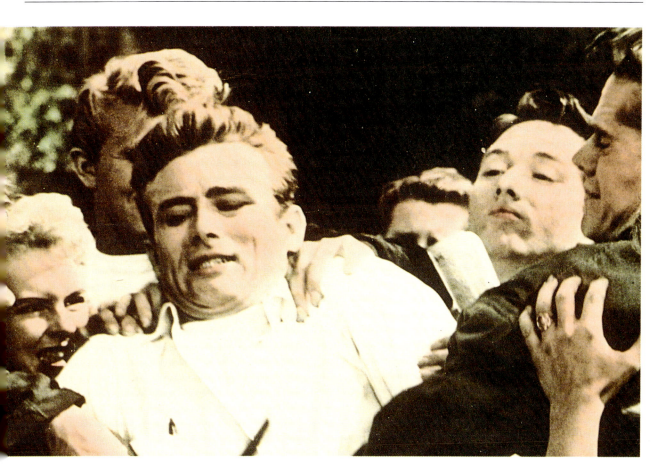

tun" fanden begeisterte Nachahmer. Mit gelegentlich fatalen Folgen: Japanische Jugendliche etwa spielten das Messerkampf-Ritual so realistisch nach, daß es zu Todesfällen kam und der Film verboten wurde. Jungen wollten sein wie James Dean, Mädchen wollten von ihm geliebt werden. Sein früher Tod machte ihn – ähnlich wie Valentino und Marilyn Monroe – zu einer ewig jugendlichen Kultfigur, die ihre Ausstrahlung bis heute nicht verloren hat. Am 30. September 1955 wurde James Dean von einem Polizisten wegen überhöhter Geschwindigkeit angehalten. Er nahm den Strafzettel, zuckte mit den Schultern und sagte: „Na und?" Zwei Stunden später starb er bei einem von ihm verursachten Autounfall.

INHALT: Der Teenager Jim Stark ist mit seinen Eltern in eine andere Stadt gezogen. Schon am ersten Tag in der neuen High-School gibt es Ärger: Als Jim die hübsche Judy um ein Rendezvous bittet, fordert ihr Freund Buzz ihn zu einer Messerstecherei heraus. Jim

kann Buzz überwältigen, doch der Besiegte will sich ein weiteres Mal mit ihm duellieren: Nachts rasen die beiden mit gestohlenen Autos auf einen Abgrund zu. Wer als erster abspringt, hat verloren. Buzz bleibt mit seiner Jacke am Türgriff hängen und stürzt in den Tod. Der schockierte und verwirrte Jim sucht Hilfe und Trost bei seinen Eltern, die jedoch nur in Panik ausbrechen und ihm Vorwürfe machen. Seine Mutter will die Stadt wieder verlassen. Jim beschwört seinen Vater, ihr ein einziges Mal zu widersprechen. Als der Pantoffelheld jedoch, wie unzählige Male zuvor, klein beigibt, schlägt ihn Jim in ohnmächtiger Wut nieder und läuft fort. Zusammen mit Judy und seinem jüngeren Mitschüler Plato versteckt er sich in einem verlassenen Haus. Doch Buzz' Kumpane und die Polizei spüren die drei auf. Es kommt zu einem Schußwechsel, bei dem Plato schwer verwundet wird. Er stirbt in Jims Armen.

STAB: Regie: Nicholas Ray; Drehbuch: Steward Stern; Kamera: Ernest Haller; Musik: Leonard Rosenman; Bauten: Malcolm Bert; Ausstattung: William Wallace; Kostüme: Moss Mabry; Schnitt: William Ziegler; Produktion: David Weisbart; USA 1955; 111 Minuten.
ORIGINALTITEL: Rebel Without a Cause
BESETZUNG: James Dean (Jim Stark), Natalie Wood (Judy), Sal Mineo (Plato), Jim Backus (Jims Vater), Ann Doran (Jims Mutter), Corey Allan (Buzz), William Hopper (Judys Vater), Rochelle Hudson (Judys Mutter), Dennis Hopper (Goon).
DER REGISSEUR: Nicholas Ray, geboren am 7. August 1911 als Raymond Nicolas Kienzel in La Crosse/Wisconsin, arbeitete nach einem Architekturstudium als Schauspieler und Regisseur zusammen mit Elia Kazan, John Houseman und Martin Ritt am Theater. Fernsehspiele und eine Anstellung an einer Avantgardistenbühne folgten. 1947 übertrug ihm sein alter Freund John Houseman, der mittlerweile Produzent bei RKO geworden war, die

erste Filmregie: „Sie leben bei Nacht". In den folgenden Jahren konnte Ray sich mit Filmen wie „Vor verschlossenen Türen" (1948), „Ein einsamer Ort" (1950) und „On Dangerous Ground" (1950) als Kinoregisseur etablieren. Genau wie sein bis dahin größter Erfolg „Johnny Guitar" handelten seine Filme meist von Gewalttätigkeit und Konflikten, die ihre Entsprechung in Rays furiosen Kamerafahrten und seinem plakativen Gebrauch von Farbigkeit fanden. Den Höhepunkt seiner Karriere erreichte Ray 1955 mit „... denn sie wissen nicht, was sie tun". Als er sich wegen „Rächer der Enterbten" mit den Hollywood-Bossen verkrachte, ging er nach Kanada und später nach Europa und drehte dort Filme wie „König der Könige" und „55 Tage in Peking". Nicholas Ray war mit den Schauspielerinnen Gloria Grahame und Elizabeth Utley verheiratet. Als er 1979 starb, hinterließ er eine Fangemeinde von Cineasten, zu denen u. a. François Truffaut und Wim Wenders gehören.

DER REGISSEUR ÜBER SEINE ARBEIT: „Ich ließ James Dean soviel Freiheit wie möglich. Mit ihm zu arbeiten hieß, seinen Charakter zu erforschen, ihn zu verstehen. War seine Umgebung nicht bereit, sich völlig auf ihn einzulassen, schien er innerlich zu erstarren, und von seiner Begabung war nicht mehr viel zu spüren."

DIE KRITIK ZUM FILM: „James Dean verstand es, mit einem Achselzucken, einer Körperhaltung oder einem Blick die Träume und Ängste der jungen Kinogänger zum Ausdruck zu bringen. Stärker als jede Sozialstatistik belegte sein Spiel als Jim Stark die Gründe für die Richtungslosigkeit, Frustration und Straffälligkeit der Teenager-Generation zwischen Weltkriegsende, Koreakrieg und Kubakrise." (Cinema)

Fotos:
1. *Szene mit James Dean*
2. *Natalie Wood, Sal Mineo (m), James Dean*
3. *Natalie Wood*
4. *James Dean*
5. *Natalie Wood, James Dean*

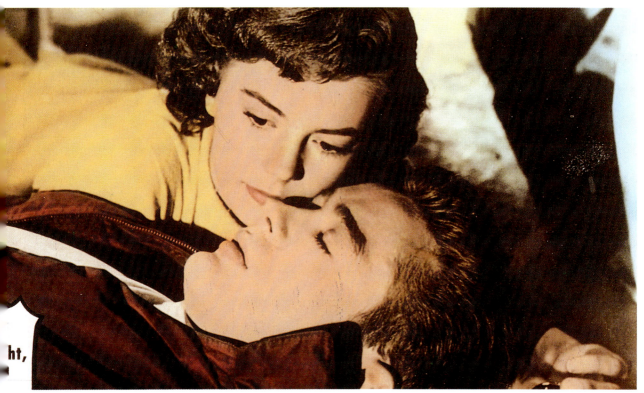

1955: Giganten

Ein Kassenerfolg mit tragischem Hintergrund: Kurz vor dem endgültigen Abschluß der Dreharbeiten zu George Stevens' opulentem Leinwanddrama verunglückt Hauptdarsteller James Dean tödlich. Der Film kann trotzdem fertiggestellt werden und wird ein Kassenerfolg: Die trauernden Fans strömen scharenweise in die Kinos.
Foto: Elizabeth Taylor, James Dean

1955: Das verflixte siebente Jahr

Eine Szene macht Filmgeschichte: Wenn Marilyn Monroe ihr weißes Kleid über einem Luftschaft aufwirbeln läßt, schaut nicht nur Filmpartner Tom Ewell genau hin. Für Marilyn Monroe ein zweifelhafter Erfolg: Sie festigt mit „Das verflixte siebente Jahr" ihren Ruf als Sex-Göttin, als Schauspielerin wird sie jedoch nach wie vor nicht ernst genommen.
Foto: Marilyn Monroe

1956: Und immer lockt das Weib
von: Roger Vadim

„Brigitte hatte sich daran gewöhnt, ein Sternchen zu sein. Ich schuf einen Star." So selbstbewußt kündigte 1956 ein nur 28jähriger Regisseur die Hauptdarstellerin seines ersten Films an. Aber Roger Vadim hatte nicht übertrieben: Seine 22jährige Ehefrau Brigitte Bardot avancierte mit dem Film „Und immer lockt das Weib" tatsächlich zum Weltstar und Sex-Symbol. Das französische Kino ist seitdem international bekannt. Als aufreizend schönes Waisenmädchen Juliette, das den Frauenhelden Antonio (Christian Marquand) begehrt, dann aber dessen Bruder heiratet (Jean-Louis Trintignant), um nicht ins Waisenhaus zurückkehren zu müssen, machte die Bardot ihren Schmollmund und die lange, blonde Mähne zum Markenzeichen. Vadim ließ Brigitte Sex aus allen Poren atmen. Mit genießerischer Langsamkeit ließ er die Kamera von Kopf bis Fuß über ihren kurvenreichen Körper gleiten (die entsprechende Szene am Strand wurde berühmt), ließ sie barfuß, mit fliegenden Haaren Mambo tanzen

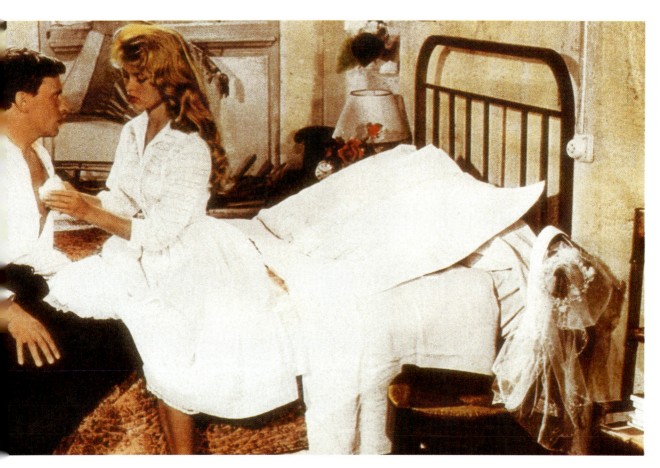

und verstieß gegen die geltende, puritanische Nachkriegs-Moral, als er sie am hellichten Tage vor versammelter Familie zu ihrem Mann ins Bett steigen ließ. Eine Frau, die Spaß am Sex hatte, das war ein Skandal – und der war nicht durch ein paar Schnitte zu zensieren. Verzweifelt suchten Sittenwächter aller Länder nach verruchten Einzelszenen und schnitten schließlich eine Sequenz aus dem Film, in der Brigitte ein Fahrrad über die Straße schiebt. Begründung: „ihr eindeutiger Gang". In den USA (wo sogar einige Kinomanager, die den Film gezeigt hatten, im Gefängnis landeten) war „Und immer lockt das Weib" erfolgreicher als das gleichzeitig aufgeführte Mammutwerk „Die zehn Gebote" von Cecil B. DeMille.

INHALT: Das Waisenmädchen Juliette arbeitet in einem verschlafenen Fischerdorf als Verkäuferin in einem Zeitungsladen und bringt durch ihre unverhohlen dargestellten Reize die Männer in Aufruhr. Vom Playboy Antoine fühlt sie sich unwiderstehlich

angezogen und will sogar mit ihm durchbrennen. Doch als er vor Freunden mit seiner Eroberung prahlt, wendet sie sich dem zwielichtigen Geschäftsmann Eric Carradine (Curd Jürgens) zu. Der rät ihr, als ihre Pflegemutter sie ins Waisenhaus zurückschicken will, Antoines schüchternen Bruder Michel zu heiraten. Gegen den Widerstand seiner Familie hält Michel um die Hand der übel beleumdeten Juliette an. Kurz nach der Hochzeit betrügt sie ihn mit seinem eigenen Bruder. Vor Scham betrinkt sich Juliette danach und läßt sich in einer Kneipe zu einem erotischen Tanz hinreißen – sie hat nichts mehr zu verlieren. Doch Michel hält weiterhin zu ihr.
STAB: Regie: Roger Vadim; Drehbuch: Roger Vadim, Raoul J. Lévy; Kamera: Armand Thirard; Musik: Paul Misraki; Bauten: Jean André; Ton: Pierre-Louis Calvet; Schnitt: Victoria Mercanton; Produzent: Raoul J. Lévy für Iéna/Cocinor/UCIL/Cocinex; Frankreich 1956; 95 Minuten.
ORIGINALTITEL: ... et Dieu créa la femme
BESETZUNG: Brigitte Bardot (Juliette Hardy), Curd Jürgens (Eric Carradine), Jean-Louis Trintignant (Michel Tardieu), Christian Marquand (Antoine Tardieu), Georges Poujouly (Christian Tardieu), Jeanne Marken (Madame Morin), Isabell Corey (Lucienne), Jean Lefèbvre (René), Philippe Grenier (Perri), Jacqueline Ventura (Madame Vigier-Lefranc), Jean Tissier (Monsieur Vigier-Lefranc), Jany Mourey (schöne Frau), Marie Glory (Madame Tardieu), Jacques Giron (Roger), Paul Faivre (Monsieur Morin), Leopoldo Frances (Tänzer), Toscano (René), sowie Claude Vega.
DER REGISSEUR: Roger Vadim, am 26. Januar 1928 als Roger Vladimir Plemiannikow in Paris geboren, Sohn eines weißrussischen Diplomaten und einer französischen Fotografin, studierte die Schauspielerei bei Charles Dullin und arbeitete ab 1947 als Regieassistent und Drehbuchautor für Regisseur Marc Allégret und als Reporter bei „Paris Match". 1949 lernte er die 15jährige Brigitte Bardot kennen und heiratete sie drei Jahre später. 1955 schrieb er das Drehbuch für den BB-Film „Ein Gänseblümchen wird entblättert". Seine erste eigenständige Regie-

arbeit „Und immer lockt das Weib", machte Vadim und die Bardot ein Jahr später weltbekannt. Obwohl die Ehe 1957 geschieden wurde, drehten sie weiter gemeinsam: „In ihren Augen ist immer Nacht" (1958), „In Freiheit dressiert" (1961), „Das Ruhekissen" (1962) und „Don Juan 73" (1973). Vadims zweite Frau Annette Stroyberg spielte 1959 die Hauptrolle in „Les liaisons dangereuses"; mit seiner dritten Frau, Jane Fonda, drehte Vadim „Der Reigen" (1964), „Barbarella" (1968) und „Außergewöhnliche Geschichten" (1968). 1970 entstand sein erster Hollywoodfilm „Pretty Maids All in a Row", mit dem er jedoch an alte Erfolge nicht mehr anknüpfen konnte. In die Schlagzeilen geriet er 1986 mit seinem offenherzigen Erinnerungsbuch „Bardot, Deneuve und Fonda". Das Remake von „Und immer lockt das Weib" mit Rebecca de Mornay unter dem Titel „Adams kesse Rippe" floppte 1989. Roger Vadim zog sich weitgehend vom Filmgeschäft zurück und lebt heute als Kunstmaler in Los Angeles und Paris.

DER REGISSEUR ÜBER SEINE ARBEIT: „Wenn ich nicht weiß, wie ich meine eigene Frauz inszenieren soll, wer, zum Teufel, sollte es denn sonst können?"
DIE KRITIK ZUM FILM: „Es ist der ruchloseste, suggestivste Film, den ich je irgendwo gesehen habe. Er geht bis zum Äußersten." (Donald Zec vom „Daily Mirror")

Fotos:
1. Jean-Louis Trintignant, Brigitte Bardot
2. Curd Jürgens, Brigitte Bardot
3. 4. Brigitte Bardot
5. Jean-Louis Trintignant, Brigitte Bardot

1956: Die zehn Gebote

Der unterhaltsamste Monumentalfilm aus der Traumfabrik: Epik-Spezialist Cecil B. DeMille dreht (teils an Originalschauplätzen in Ägypten, teils in naiver Pappmaché-Kulisse) eine kitschig-kolossale Version der Bibelgeschichte. Höhepunkt: Charlton Heston teilt in der Rolle des Moses das Rote Meer.
Foto: Charlton Heston (m)

1956: In 80 Tagen um die Welt

Hollywood-Superlative gepaart mit britischem Understatement: Michael Andersons bunter Reise-Bilderbogen, der – mit Unterstützung von 33 Regie-Assistenten – an 140 verschiedenen Originalschauplätzen entsteht, wird durch David Nivens snobistisches Spiel sehenswert. Er achtet auch im tiefsten Dschungel von Indien noch darauf, daß die Krawatte richtig sitzt.
Foto: David Niven (l), John Mills, Cantinflas

1956: Der schwarze Falke

Western-Epik in Vollendung: John Ford inszeniert den komplexesten Western der Filmgeschichte. Ein ambivalenter Protagonist (John Wayne in seiner besten Rolle), eine vielschichtige Story und atemberaubende Landschaftsaufnahmen fügen sich zu einem filmischen Meisterwerk voll Symbolkraft und Dynamik zusammen.
Foto: Vera Miles, John Wayne

1956: Der Hauptmann von Köpenick

Paraderolle für Heinz Rühmann: Der große kleine Mann des deutschen Films spielt augenzwinkernd und trotzdem souverän. Unter der Regie von Helmut Käutner verteilt er nicht nur Seitenhiebe auf die Wilhelminische Ära, sondern entlarvt auch die aktuelle Politik und ruft damit sogar die Zensurbehörden auf den Plan.
Foto: Heinz Rühmann

1956: Die Halbstarken

Der Durchbruch des deutschen James Dean: Horst Buchholz – in schwarzem Hemd und Lederhose – rebelliert gegen Spießbürgertum und Sicherheitsdenken. Die Frustrationen der jungen Generation im Nachkriegsdeutschland entladen sich in seinen Aggressionen.
Foto: Horst Buchholz

1956: Moby Dick

Die Geschichte eines Besessenen: John Huston verfilmt Hermann Melvilles Klassiker, und nimmt selbst Züge des despotischen Kapitäns Ahab an. Er legt Wert auf größtmöglichen Realismus und dreht auch bei stürmischer See und Nebel im englischen Kanal. Ein mehrere tausend Dollar teures Wal-Modell geht verloren, und Hauptdarsteller Gregory Peck entgeht nur knapp dem Ertrinken.
Foto: Gregory Peck

1956: Krieg und Frieden

Die bekannteste Tolstoi-Verfilmung: Audrey Hepburn verleiht der Figur der Natascha ein unverwechselbares Gesicht – mit unbekümmertem Charme und einer kindlichen Ernsthaftigkeit besteht sie sogar in aufwendigen Massenszenen.
Foto: Audrey Hepburn (r), Barry Jones, Lea Seidel, Anna Maria Ferrero (l)

1956: Der König und ich

Die Rolle seines Lebens: Yul Brynner spielte in mehr als 4000 Theateraufführungen den herrischen König von Siam. Walter Long kann ihn auch für die zweite Verfilmung des Erfolgsromans verpflichten. Die Krönung des Erfolgs: „Oscar" für Yul Brynner als bester Hauptdarsteller.
Foto: Deborah Kerr, Yul Brynner (m)

1956: Die oberen Zehntausend

Glänzender Abschied von der Leinwand: Grace Kelly, die sich nach diesem Film in das Privatleben als Fürstin von Monaco zurückzieht, übernimmt die Rolle, die Katharine Hepburn 16 Jahre zuvor bravourös gespielt hat. Sie verleiht der Figur eine herrlich snobistische Arroganz. Die mitreißende Musik von Cole Porter („High Society", „True Love") tut ein Übriges und macht aus dem Remake einen Publikums-Hit.
Foto: Bing Crosby, Grace Kelly

1956: Der Mann, der zuviel wußte

Die Story ist auf die Hauptdarstellerin zugeschnitten: Doris Day spielt – für eine Hitchcock-Heroine untypisch zugeknöpft und verzweifelt – eine Schlagersängerin, deren Sohn gekidnappt wird. Indem sie den Schlager „Que sera, sera" durch leere Treppenflure schmettert, findet sie den Entführten wieder. Furios: Das spannungsgeladene Finale in der Royal Albert Hall in London.
Foto: Chris Olsen, James Stewart

1957: Wilde Erdbeeren
von: Ingmar Bergman

Ingmar Bergmans „Wilde Erdbeeren" ist ein Essay über Bildsprache und die Möglichkeiten der filmischen Erzählkonstruktion. Die Ebenen von Zeit und Raum, Traum und Wirklichkeit werden raffiniert vermischt. Bergman skizziert das Leben des greisen Professors nicht chronologisch, sondern zeitlich versetzt in sich überlagernden Schichten. So kann der alte Mann sich selbst als Kind bei der Suche nach wilden Erdbeeren beobachten oder durch die Räume seiner Jugend wandeln und Türen in die Vergangenheit und zu seinen Erinnerungen öffnen. Die Idee zu dieser Epoche machenden Form der literarischen Filmerzählung kam Ingmar Bergman, als er im Frühjahr 1957 das Haus besuchte, in dem er aufwuchs: „Ich griff nach der Küchentürklinke, und dabei durchfuhr mich ein Schauer: Wenn ich nun öffnete und plötzlich wieder in die Kindheit eintreten könnte..."
Trotz der deutlichen Betonung von Form und Struktur ist „Wilde Erdbeeren" keine blutleere Fingerübung

in Sachen Filmstil, sondern die zutiefst bewegende Schilderung eines Lebens voller vertaner Chancen. In der Hauptrolle glänzt der große alte Mann des schwedischen Kinos, der Regisseur und Schauspieler Victor Sjöström, dem Bergman mit „Wilde Erdbeeren" seine Reverenz erwies.

INHALT: Der 78jährige Professor Isak Borg soll am fünfzigsten Jahrestag seiner Promotion von der Universität Lund geehrt werden. Seine Schwiegertochter Marianne, die tief in einer Ehekrise steckt, fährt ihn von Stockholm nach Lund. Die Reise wird für den alten Mann zur bitteren Bilanz seines Lebens. Er besucht unterwegs das Sommerhaus seiner Jugend und seine greise Mutter. Häufig schläft Isak während der Fahrt ein und wird von alptraumhaften Erinnerungen heimgesucht: seine unglückliche Ehe, seine Entfremdung von den Menschen, sein schlechtes Verhältnis zu Sohn und Schwiegertochter. Eine Anhalterin, die er mitnimmt, erinnert ihn an seine Jugendliebe und macht ihm deutlich,

daß er sich um sein Glück betrogen hat. In Lund läßt der Professor die Ehrungen über sich ergehen und zieht anschließend die Bilanz seines Lebens. Isak beschließt, sich zu ändern. Abends macht er den Versuch, sich seinem Sohn und seiner Schwiegertochter zu öffnen und die Ehe dieser beiden Menschen, die er liebt, zu retten ...

STAB: Regie und Drehbuch: Ingmar Bergman; Kamera: Gunnar Fischer; Musik: Erik Nordgren; Bauten und Ausstattung: Gittan Gustaffson; Kostüme: Millie Ström; Schnitt: Oscar Rosander; Produktion: Svensk Filmindustri AB, Stockholm; Schweden 1957; 91 Minuten.

ORIGINALTITEL: Smultronstället

BESETZUNG: Victor Sjöström (Professor Isak Borg), Bibi Andersson (Sara), Ingrid Thulin (Marianne), Gunnar Björnstrand (Evald), Naima Wifstrand (Isaks Mutter), Folke Sundquist (Anders), Björn Bjelvenstam (Victor), Gunnel Broström (Frau Alman).

DER REGISSEUR: Ingmar Bergman, geboren am 14. Juli 1918 in Uppsala, wurde von seinem Vater, einem lutheranischen Pastor, extrem streng erzogen. Die traumatischen Erlebnisse seiner Kindheit beeinflußten sein gesamtes späteres Werk. Er studierte Literatur, verfaßte Stücke, Geschichten und Romane, bevor er 1944 das Drehbuch für Alf Sjöbergs „Die Hörige" schrieb. Der Film wurde ein internationaler Erfolg. Bergman begann, selbst zu inszenieren. Sein erster Film, „Gefängnis" (1949), erzählt vom Selbstmord einer Prostituierten. Bergman benutzt die Geschichte, um sich mit religiösen, ethischen und existentialistischen Problemen auseinanderzusetzen – Themen, die in seinen späteren Filmen immer wieder auftauchen.

Mit der Komödie „Das Lächeln einer Sommernacht" (1955), der düsteren Allegorie „Das siebte Siegel" (1956) und dem Erinnerungsbogen „Wilde Erdbeeren" (1957) gelang Bergman der internationale Durchbruch. Die Offenheit, mit der er sexuelle Probleme behandelte, machte „Das Schweigen" 1963 zu einem Skandal. Weitere Meilensteine in Bergmans Filmkarriere: „Persona" (1965), „Szenen einer Ehe" (1972), „Die Zauberflöte" (1974), „Herbstsonate" (1978) und „Fanny und Alexander" (1982). Neben seiner Kinoarbeit inszenierte er Opern und Theaterstücke auf den großen Bühnen der Welt. 1976 emigrierte er nach Deutschland, nachdem er fälschlich der Steuerhinterziehung bezichtigt worden war. Inzwischen ist Bergman nach Schweden zurückgekehrt. Seine Autobiographie „Mein Leben" erschien 1987.

DER REGISSEUR ÜBER SEINE ARBEIT: „Diese Art von Film birgt gefährliche Möglichkeiten künstlerischer Gedankenflut in sich. Jeden Augenblick zu entscheiden, was richtig, wahr und gut ist, kann ziemlich schwierig sein. Die Anstrengung darf nicht auffallen. Alles muß den Eindruck von Natürlichkeit machen."

DIE KRITIK ZUM FILM: „Mit ‚Wilde Erdbeeren' hat Bergman den Film von der Abhängigkeit von der physischen Welt befreit." (Jörn Donner, Schwedisches Filminstitut)

Fotos:
1. *Victor Sjöström, Ingrid Thulin*
2. *Bibi Andersson, Gunnar Björnstrand*
3. *Szene mit Ingrid Thulin*
4. *Szene*
5. *Szene mit Victor Sjöström*

1957: Zeugin der Anklage

Ein Klassiker des Gerichts-Thrillers: Die Zusammenarbeit von Billy Wilder und Marlene Dietrich erweist sich als Glücksfall. Genial spielt der Regisseur mit dem Image der Dietrich als durchtriebener Vamp, nur um die Zuschauer am Ende mit einer überraschenden Lösung zu konfrontieren. Ebenfalls brillant: Charles Laughton als behäbiger, aber scharfsinniger Anwalt und Laughtons Ehefrau Elsa Lanchester als ständig nörgelnde Krankenschwester.
Foto: Charles Laughton

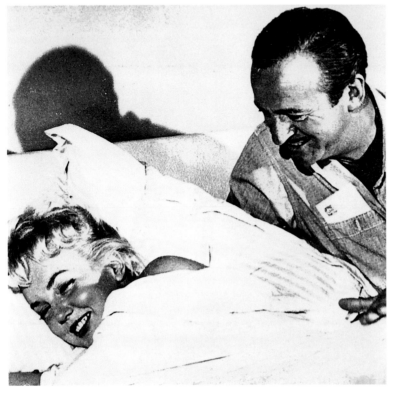

1957: Bonjour Tristesse

Nach dem gleichnamigen französischen Erfolgsroman dreht der Exil-Österreicher Otto Preminger die tragische Geschichte von Liebe, Haß und (zu) später Einsicht. In den Hauptrollen: die Engländer David Niven und Deborah Kerr und die junge Amerikanerin Jean Seberg. Der Film bleibt in den USA hinter den Erwartungen zurück: Den Amerikanern ist die ambitionierte Hollywood-Produktion nicht europäisch genug.
Foto: Mylène Demongeot, David Niven

1957: Die Brücke am Kwai

Fast hätte der Instinkt versagt. Alec Guinness will die Rolle des Oberst Nicholson in David Leans psychologisierendem Kriegsfilm ablehnen. Er fürchtet, seine Darstellung könnte zur Karikatur geraten. Erst nach der dritten Anfrage sagt er zu – und liefert die beeindruckendste Leistung seiner Karriere: „Oscar" als bester Hauptdarsteller.
Foto: William Holden (l)

1957: Wege zum Ruhm

Kubricks zynische Abrechnung mit Kriegstreiberei und blindem Militär-Gehorsam: In der Nähe von München dreht er mit internationaler Besetzung einen der aufsehenerregendsten Filme über den Ersten Weltkrieg. In Frankreich wird der Film teilweise verboten, in einigen amerikanischen Garnisonskinos wird die Aufführung verweigert, bei der „Oscar"-Verleihung wird er vollständig übergangen.
Foto: Kirk Douglas

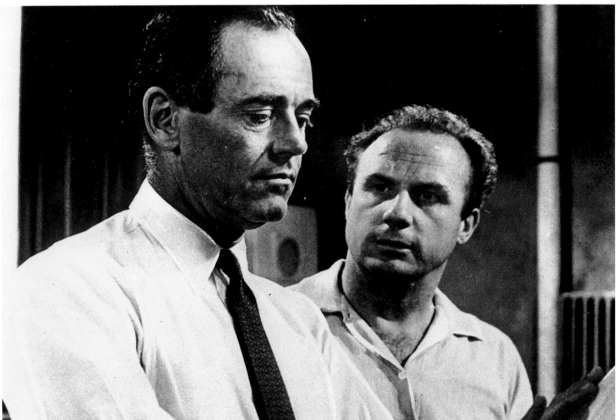

1957

1957: Lindbergh: Mein Flug über den Ozean

Billy Wilder schwimmt gegen den Strom: Statt die Sensationslust der Zuschauer zu befriedigen, legt er bei der Verfilmung von Lindberghs Atlantik-Überquerung mehr Wert auf Detailgenauigkeit und psychologische Tiefe als auf spektakuläre Flugszenen. Idealbesetzung für die Rolle des Flug-Pioniers: James Stewart. Er diente im Zweiten Weltkrieg bei der US-Luftwaffe.
Foto: James Stewart

1957: Der Prinz und die Tänzerin

Das sexy Kätzchen Marilyn Monroe zeigt die Krallen: Die Verfilmung des erfolgreichen Bühnenstücks ist das erste Projekt, das von ihrer neugegründeten Produktionsfirma realisiert wird. Sie übernimmt selbst die Hauptrolle, sichert sich 75 % (!) des Gewinns und liegt mit Regisseur und Filmpartner Laurence Olivier im Dauerstreit. Der war von Marilyns notorischer Unpünktlichkeit und ihrer eigensinnigen Arbeitsauffassung genervt: „Sie ist nur eine professionelle Amateurin."
Foto: Laurence Olivier, Marilyn Monroe

1957: Die zwölf Geschworenen

Ein Courtroom-Drama, das aus dem Rahmen fällt: Hier geht es nicht um die Überführung eines Täters, sondern um die Frage nach Schuld und Unschuld und die Willkür bei Gerichtsurteilen. Hauptdarsteller Henry Fonda, der hier eine der besten Leistungen seiner Laufbahn abliefert, ist es zu verdanken, daß das erfolgreiche Theaterstück auf die Leinwand kommt. Die Hollywood-Studios schreckten vor dem dialoglastigen Stoff zurück. Fonda produziert selber und verpflichtet den damals noch unbekannten Sidney Lumet als Regisseur.
Foto: Henry Fonda (l), Jack Warden

**1958: Die Katze auf dem heißen Blechdach
von: Richard Brooks**

Ein unvergeßlicher Anblick und ein Hollywood-Skandal: Elizabeth Taylor im weißen Spitzenunterrock räkelt sich als „Maggie, die Katze" auf einem riesigen Messingbett. Die Verfilmung des Tennessee-Williams-Dramas „Die Katze auf dem heißen Blechdach", 1955 am Broadway uraufgeführt, sorgte in den prüden Fünfzigern für Schlagzeilen; handelte das Stück doch von Alkoholismus, schlecht verdrängter Homosexualität, Tod, sexueller Frustration und familiärem Haß. Nicht gerade ein Stoff für Hollywood, wo damals harmlose Abenteuerfilme und Liebes-Schmonzetten an der Tagesordnung waren. Regisseur Richard Brooks wagte sich dennoch an die explosive Story, allerdings nicht, ohne sie vorher zu entschärfen: Jede Erwähnung von Bricks Liebe zu seinem Freund Skipper wurde gestrichen, jede erotische Anspielung verharmlost. Was übrig bleibt, ist zwar nicht mehr das schockierende Williams'sche Neurosenkarussell, aber dennoch der finan-

1958

ziell erfolgreichste Film des Jahres 1958, nicht zuletzt dank der schauspielerischen Glanzleistungen: Burl Ives gibt als Big Daddy die beste Darstellung seiner langen Karriere, Paul Newman und Elizabeth Taylor laden das Melodram mit emotionaler Hochspannung auf (alle drei wurden für den „Oscar" nominiert). Besonders La Liz glänzt als Maggie, und das, obwohl zehn Tage nach Drehbeginn ihr damaliger Mann Mike Todd bei einem Flugzeugabsturz ums Leben kam. Elizabeth Taylor brach die Dreharbeiten nicht ab: „Ich wurde zwar fast verrückt vor Kummer, aber es war eine Erleichterung, jemand anders sein zu können. Nur als Maggie konnte ich die Tränen zurückhalten und funktionieren. Wenn ich nicht vor der Kamera stand, war ich wie gelähmt vor Trauer."

INHALT: Auf dem Landsitz des Plantagenbesitzers Big Daddy Pollitt kommt es anläßlich der Feier seines 65. Geburtstages zu explosiven Szenen. Daß der alte Mann an Krebs sterben wird, verschweigt ihm die Familie. Der

ältere Sohn Gooper und dessen Frau Mae spekulieren schon auf die Erbschaft, während der jüngere Sohn Brick sich – sehr zum Leidwesen seiner attraktiven Frau Maggie – nur für Whisky interessiert. Er versucht, die Erinnerungen an seinen verstorbenen Freund Skipper im Alkohol zu ertränken. Maggie, die er verdächtigt, Skipper verführt und so in den Selbstmord aus schlechtem Gewissen getrieben zu haben, widert ihn an. Doch Maggie, die Brick mit fast übermenschlicher Kraft liebt, verzeiht ihm seine ungerechtfertigten Vorwürfe. Verbissen kämpft sie um seine Zuneigung und gegen die intrigierende Verwandtschaft. Als Big Daddy Brick Vorhaltungen wegen seiner Trunksucht macht, platzt dieser mit dem gut gehüteten Familiengeheimnis heraus: Er klärt seinen Vater über dessen unmittelbar bevorstehenden Tod auf ...

STAB: Regie: Richard Brooks; Drehbuch: Richard Brooks, James Poe (nach dem Theaterstück von Tennessee Williams); Kamera: William Daniels; Bauten: William A. Horning, Urie McCleary; Ausstattung: Henry Grace, Robert Priestley; Kostüme: Helen Rose; Spezialeffekte: Lee LeBlanc; Maske: William Tuttle; Schnitt: Ferris Webster; Produktion: Lawrence Weingarten; USA 1958; 108 Minuten.
ORIGINALTITEL: Cat on a hot tin Roof
BESETZUNG: Elizabeth Taylor (Maggie Pollitt), Paul Newman (Brick Pollitt), Burl Ives (Big Daddy Pollitt), Jack Carson (Gooper Pollitt), Judith Anderson (Big Mama Pollitt), Madeleine Sherwood (Mae Pollitt), Larry Gates (Dr. Baugh), Vaughn Taylor (Deacon Davis).
DER REGISSEUR: Richard Brooks, geboren am 18. Mai 1912 in Philadelphia, begann seine Laufbahn als Sport-

reporter und wurde dann Radiomoderator in New York. 1942 zog er nach Los Angeles, wo er als Drehbuchautor tätig war und Romane schrieb. Nach Kriegsende versuchte sich Brooks als Regisseur. Seine frühen Filme waren durchschnittliche Hollywood-Konfektionsware („Begegnung in Tunis", 1951; „Arzt im Zwielicht", 1952). Erst mit dem sozialkritischen Thriller „Die Saat der Gewalt" gelang ihm 1955 der große Wurf. Brooks, der die Drehbücher für seine Filme am liebsten selbst verfaßt, machte sich in der Folgezeit einen Namen als Spezialist für Literaturverfilmungen wie „Die Brüder Karamasow" (1955), „Die Katze auf dem heißen Blechdach", „Süßer Vogel Jugend" (1962), „Kaltblütig" (1967), „Auf der Suche nach Mr. Goodbar" (1977) oder „Flammen am Horizont" (1981). Seit 1961 ist Brooks mit der Schauspielerin Jean Simmons verheiratet.

DER REGISSEUR ÜBER SEINE ARBEIT: „Ich liebe gute Bücher und Stücke. Sie in Filme umzusetzen, ist eine Herausforderung, der ich mich verdammt gerne stelle. Die Autoren haben es mir leider nicht immer gedankt."

DIE KRITIK ZUM FILM: „Die Kino-Adaption von ‚Die Katze auf dem heißen Blechdach' funktioniert bemerkenswert gut. Tennessee Williams selbst hält Brooks' Film für die beste der zahlreichen Hollywood-Versionen seiner Stücke." (Maurice Yacowar, „Tennessee Williams and Film")

Fotos:
1. Burl Ives, Elizabeth Taylor
2. Szene mit Burl Ives, Madeleine Sherwood
3. 4. Elizabeth Taylor, Paul Newman
5. Szene mit Elizabeth Taylor, Burl Ives

**1958: Weites Land
von: William Wyler**

Zwei Männer prügeln sich. Eigentlich eine bekannte Western-Szene. In gängigen Cowboy-Stories heißt das: zersplitternde Whisky-Flaschen, Kleinholz im Saloon, johlende Schaulustige, schmerzverzerrte Gesichter in schneller Abfolge. Nicht so bei William Wyler. Er läßt seine beiden Hauptdarsteller Gregory Peck und Charlton Heston ihren Faustkampf in der offenen Prärie austragen – im Halbdunkel, fernab von gröhlenden Revolverhelden und zerbrechlichen Pokertischen. Die Kamera bleibt dabei meist diskret, fast unbeteiligt auf Distanz. Viele Kritiker hielten solche Szenen für einen Fehler. Sie wollten auf rauchende Colts und rauchige Saloons nicht verzichten. So lobte „New York Times"-Kritiker Bosley Crowther zwar den pazifistischen Anspruch des Films, behauptete aber „fightin' is more excitin'". Angeblich führt ein Western, der mit gängigen Klischees aufräumt, sich selbst ad absurdum. Doch gerade dieser Mut zum Traditionsbruch macht den Reiz von „Weites Land" aus. Man weiß nie, wie Gregory Peck reagiert,

weiß nie, wie die nächste Szene endet. William Wyler beweist, was einen guten Western wirklich ausmacht: hervorragende Darsteller, ein gutes Drehbuch, fantastische Landschaftsaufnahmen und ein furioser Soundtrack. Ein Muß für alle Wildwest-Fans, die mit blauen Bohnen übersättigt sind.
INHALT: Der Städter James McKay kommt von der Ostküste in den Wilden Westen, um dort die Ranchertochter Patricia Terrill zu heiraten. Doch in der Beziehung kriselt es, als sich MacKay weigert, die gängigen Männlichkeitsrituale zu vollziehen: Er will sich nicht prügeln, läßt sich in keine Schießerei verwickeln und weigert sich, ein wildes Pferd zu reiten, nur um seine „Mannesehre" zu retten. Als er in einer Familienfehde um Wassernutzungsrechte Partei gegen Patricias Vater ergreift, ist die Trennung unvermeidbar. Nur die selbstbewußte Lehrerin Julie, eine Freundin Patricias und Besitzerin der umstrittenen Wasserquelle, scheint McKay zu verstehen ...

ORIGINALTITEL: The Big Country
STAB: Regie: William Wyler; Drehbuch: James R. Webb, Sy Bartlett, Robert Wyler (nach dem Roman von Donald Hamilton); Kamera: Franz F. Planer; Schnitt: Robert Belcher, John Faure; Musik: Jerome Moross; Kostüme: Emile Santiago, Yvonne Wood; Ausstattung: Frank Hotaling; Produktion: William Wyler für United Artists; USA 1958; 166 Minuten.
BESETZUNG: Gregory Peck (James McKay), Jean Simmons (Julie Maragon), Carroll Baker (Patricia Terrill), Charlton Heston (Steve Leech), Burl Ives (Rufus Hannassey), Charles Bickford (Maj. Henry Terrill), Alfonso Bedoya (Ramon), Chuck Connors (Buck Hannassey), Chuck Hayward (Rafe).
PREISE: „Oscar" für Beste männliche Nebenrolle (Burl Ives).
DER REGISSEUR: William Wyler, am 1. Juli 1902 in Mülhausen geboren, lebte einige Zeit in Paris, ehe er im Alter von 20 Jahren nach New York zog. Sein Onkel Carl Laemmle, der damalige Chef der Universal-Film, bot ihm einen Job beim Studio an. Als Praktikant, Regieassistent (u. a. bei der Stummfilmversion von „Ben Hur") und Regisseur von Kurzfilmen lernte er sein Handwerk und durfte 1927 seinen ersten Langspielfilm inszenieren: „Straight Shootin'". Nach seinem Wechsel zu MGM machte er sich als Fachmann für Literaturverfilmungen wie „Jezebel – Die boshafte Lady" (1938), „Stürmische Höhen" (1939),

und „Die kleinen Fische" (1941), einen Namen. Seine Vorliebe für lange Einstellungen und seine Detailbesessenheit brachten ihm den Ruf eines Perfektionisten ein. William Wyler erhielt dreimal den „Oscar" (für „Mrs. Miniver", „Die besten Jahre unseres Lebens" und „Ben Hur") und drehte Filme unterschiedlichster Genres: Western („Weites Land"), Liebesfilme („Ein Herz und eine Krone"), Krimis („Polizeirevier 21"), Komödien („Wie klaut man eine Million?") und Musicals („Funny Lady"). 1976, fünf Jahre vor seinem Tod, erhielt er den „Life Achievement Award".

DER REGISSEUR ÜBER SEINE ARBEIT: „Es gibt Leute, die behaupten, ich hätte meine Schauspieler geschunden. Sie nennen mich einen Perfektionisten. Aber mehr als fünf-, sechsmal habe ich eine Aufnahme nie wiederholt. Danach ist ohnehin niemand mehr leistungsfähig."
DIE KRITIK ZUM FILM: „Gewaltiges Western-Epos mit allem, was dazugehört: brillante Kameraführung, superbe Musik, intelligentes Drehbuch und exzellente Darstellerleistungen." (The Motion Picture Guide)

Fotos:
1. Szene
2. Szene mit Gregory Peck (r)
3. Burl Ives
4. Szene mit Gregory Peck und Carroll Baker
5. Jean Simmons (l), Carroll Baker

1958: Der alte Mann und das Meer

Ein ambitioniertes Projekt: John Sturges wagt sich an die Verfilmung des gleichnamigen Hemingway-Romans, dessen Handlung sich zum größten Teil nur im Kopf eines alten Fischers abspielt. Spencer Tracy ist der Einzige, der diese Herausforderung bewältigen kann. Der schauspielerische Alleingang bleibt an den Kinokassen zwar hinter den Erwartungen zurück, überzeugt jedoch Kritiker in aller Welt.
Foto: Felipe Pazos (l), Spencer Tracy

1958: Mein Onkel

Jacques Tatis erster Farbfilm: In der gewohnt dialogarmen Farce schlägt er sich mit moderner Technik und lästigen Verwandten herum – und unterliegt. Mit dieser Komödie erreicht er endlich auch internationale Anerkennung: „Oscar" als bester ausländischer Film.
Foto: Szene mit Jacques Tati

1958: Vertigo – aus dem Reich der Toten

Hitchcocks diabolische Variante des Pygmalion-Motivs: James Stewart als Polizist mit Höhenangst „erschafft" sich eine Frau, die seiner toten Geliebten bis auf's Haar gleicht und merkt nicht, daß er Opfer eines Komplotts ist. Berühmt wird die Szene, in der Hitchcock durch die Kombination von Kamerafahrt und Zoom die Höhenangst seines Protagonisten verdeutlicht.
Foto: James Stewart, Kim Novak

1958: Wir Wunderkinder

Regisseur Kurt Hoffmann bringt die Stimmung im Nachkriegsdeutschland auf einen zynischen Nenner: Die Aufrechten gehen vor die Hunde, nur wer korrupt ist, überlebt. Hoffmanns perfekt ausgewogene Mischung zwischen Satire und Drama hält einer ganzen Generation den Spiegel vor.
Foto: Robert Graf (l), Hansjörg Felmy

1958: Es geschah am hellichten Tag

Der beklemmendste und düsterste deutsche Kino-Krimi der Nachkriegszeit. Gert Fröbe war nie bedrohlicher als in der Rolle des psychopathischen Kindermörders. Ebenfalls überraschend zynisch: Komiker Heinz Rühmann. Er spielt keinen makellosen Vorzeigekommissar mit weißer Weste, sondern einen unerbittlichen Kriminaler, der ein kleines Mädchen als Lockvogel für einen Sexualmörder mißbraucht.
Foto: Gert Fröbe, Anita von Ow

1958: Das Mädchen Rosemarie

Der Film zum Skandal: In den 50er Jahren beschäftigt der Mord an der Prostituierten Rosemarie Nitribitt ganz Deutschland. Hochgestellte Persönlichkeiten aus Wirtschaft und Politik werden in die Affäre hineingezogen. Auf ähnlich großes Interesse stößt Rolf Thieles Film, der die Affäre Nitribitt als Anlaß für eine zynische Attacke gegen die Wirtschaftswunder-Mentalität und die Remilitarisierung der Bundesrepublik nimmt.
Foto: Carl Raddatz, Nadja Tiller

1958: Indiskret

Cary Grants zweiter Kassenhit im Jahr 1958. Er beweist sich als Meister des Understatements und findet in Ingrid Bergman wieder die perfekte Partnerin. Spätestens nach der Verführungsszene (Grant folgt der Bergman „auf einen Drink" in ihr Apartment, die Kamera bleibt vor der sich schließenden Tür) weiß man: Ein Blick sagt mehr als tausend Worte.
Foto: Ingrid Bergman, Cary Grant

1958: Hausboot

Ein amerikanischer Witwer und Vater dreier Kinder bekommt von einer rassigen Italienerin Nachhilfe im *dolce farniente* und anti-autoritärer Erziehung – Romanze inbegriffen. Eine der schwungvollsten und sorglosesten Familienkomödien zum Immer-Wieder-Sehen.
Foto: Cary Grant, Sophia Loren

1959: Natürlich die Autofahrer

Heinz Erhardt in Höchstform: In seinem 14. Film verkörpert er einmal mehr den typischen Kleinbürger mit einer gehörigen Portion schelmischen Humors und liebenswerter Ungeschicklichkeit. Unvergeßlich: Erhardts erste Fahrstunde mit Trude Herr als Fahrlehrerin: „Nur nicht nervös werden!"
Foto: Heinz Erhardt, Maria Perschy

1959: Wer den Wind sät

Ein Glaubensstreit vor den Schranken des Gerichts: In der amerikanischen Kleinstadt Hillsboro wird in den 20er Jahren ein junger Lehrer angeklagt, weil er die Lehre Darwins verbreitet hat. Stanley Kramer inszeniert nach einer wahren Geschichte ein packendes Courtroom-Drama. Die beiden Hollywood-Veteranen Spencer Tracy und Fredric March liefern sich ein darstellerisches Duell bis zur Erschöpfung.
Foto: Spencer Tracy (l), Gene Kelly, Dick York

1959: Rio Bravo

Howard Hawks' „High Noon"-Version: Verärgert über die seiner Ansicht nach unglaubwürdige Personenkonstellation in Fred Zinnemanns Western-Klassiker, dreht er einen „Gegenfilm". Dem Sheriff stehen nun ein erfahrener Revolverheld, ein Greis und ein Greenhorn zur Seite. Acht Jahre später präsentiert Hawks – wieder mit John Wayne in der Hauptrolle – eine weitere Version: „El Dorado".
Foto: John Wayne, Angie Dickinson

1959: Der unsichtbare Dritte

Die Umkehrung des Spannungsprinzips: Ein Flugzeug überfällt den ahnungslosen Cary Grant mitten in der Einöde. Alfred Hitchcock braucht keine regennassen Straßen oder dunkle Gassen. Er inszeniert eine der spektakulärsten Überfallszenen der Filmgeschichte am hellichten Tag, auf freiem Feld, bei gleißendem Sonnenschein.
Foto: Cary Grant

1959: Das Appartement

Ein kleiner Angestellter stellt Vorgesetzten seine Wohnung für heimliche Rendezvous zur Verfügung und ist zwischen Karriere-Ambitionen und moralischen Skrupeln hin- und hergerissen. Jack Lemmon, der hier nach „Manche mögen's heiß" zum zweiten Mal mit Billy Wilder zusammenarbeitet, begründet seinen Ruhm als tragikomischer Durchschnittstyp. Niedlich: Shirley MacLaine als Suizid-gefährdetes Lift-Girl. „Oscar" in der Sparte „Bester Film".
Foto: Jack Lemmon, Shirley MacLaine

1959: Anatomie eines Mordes

James Stewart, der Saubermann des amerikanischen Kinos, in einem Skandalfilm: Als Provinzanwalt verteidigt er einen jungen Leutnant, der den angeblichen Vergewaltiger seiner Ehefrau umgebracht hat. Zum ersten Mal in der Filmgeschichte wird Vergewaltigung so offen thematisiert.
Foto: Arthur O'Connell (l), James Stewart

1959: Augen der Angst

Karlheinz Böhm – in den „Sissi"-Verfilmungen als Kaiser Franz Joseph noch der Schwarm aller deutschen Hausfrauen – in seiner ersten Mörder-Rolle: Als psychopathischer Killer bringt er seine Opfer vor laufender Kamera um. Seine Fans sind geschockt, Cineasten begeistert.
Foto: Karlheinz Böhm

1959: Alamo

Eine Gruppe amerikanischer Soldaten kämpft 1836 gegen eine Übermacht mexikanischer Truppen. John Wayne, Western-Held und Patriot aus Überzeugung, macht aus diesem Kapitel der amerikanischen Geschichte ein dreieinhalbstündiges Durchhalte-Epos im aufwendigen Hollywood-Stil. Politisch zweifelhaft, cineastisch opulent.
Foto: John Wayne

1959: Spartacus

Das Mammutwerk eines Einzelgängers: Kirk Douglas fungiert bei dem Sklaven-Epos „Spartacus" als ausführender Produzent und Hauptdarsteller, behält sich aber auch die künstlerische Entscheidungsgewalt vor. Deshalb wird Regisseur Anthony Mann nach wenigen Wochen von Stanley Kubrick abgelöst. Trotz dieser und anderer Unstimmigkeiten am Set: Dem Team gelingt der beste Monumentalfilm der Geschichte. Gekürztes Vergnügen: Einige Szenen mit homosexuellen Anspielungen werden herausgeschnitten. Erst 1992 kommt der Film erstmals ungekürzt in die Kinos.
Foto: Kirk Douglas (m)

1959: Das letzte Ufer

Die Welt nach dem Atomkrieg: Während Amerika einem Friedhof gleicht, warten in Australien die letzten Überlebenden auf den Tod. In trostlosem Schwarzweiß gedreht, vermittelt Stanley Kramers Film nicht Schrecken in grellen Bildern, sondern Hoffnungslosigkeit und Bedrückung. Die Angst vor dem großen Knall ist längst überwunden, das Schlimmste ist die leblose Stille. Die Produktionsfirma United Artists organisiert Gala-Premieren in Moskau und zeitgleich in 25 anderen Städten auf der ganzen Welt.
Foto: Ava Gardner, Gregory Peck

1959: Hiroshima – mon amour

Eine filmische Collage aus Schrecken und Liebe: Der Dokumentar- und Kurzfilmer Alain Resnais verbindet die Liebesgeschichte zwischen einer französischen Schauspielerin und einem japanischen Architekten in Hiroshima mit Reflexionen über die Vergangenheit der Stadt und den Krieg im allgemeinen. Durch geschickt plazierte Rückblenden, Schnitte und das Einfügen von dokumentarischem Filmmaterial gelingt ihm ein in seiner Machart einzigartiges und avantgardistisches Werk zum Thema atomare Bedrohung.
Foto: Emmanuelle Riva

1959: Sonntags ... nie!

Kulturschock der besonderen Art: Der Amerikaner Homer, der in Griechenland auf den Spuren der großen Philosophen wandeln will, muß entsetzt feststellen, daß das tägliche Leben im Land der Götter auch nur von Kommerz und Vergnügungssucht bestimmt wird. Multitalent Jules Dassin (er schrieb das Drehbuch und übernahm Hauptrolle, Regie und Produktion) beobachtet die Eigenarten des griechischen Alltags und setzt sie mit furioser Kameraführung und einer temperamentvollen Hauptdarstellerin in Szene.
Foto: Melina Mercouri

1959: Das süße Leben

Die Ewige Stadt als Sündenpfuhl: Federico Fellini zeigt das Leben der Schönen und Reichen, die sich in Rom entlang der Via Veneto tummeln. Dekadenz, Sex und Vergnügungssucht stehen im Mittelpunkt. Der Regisseur hält seinen Landsleuten den Spiegel vor – und viele erkennen sich. Das Parlament beanstandet die „Amoralität" von Fellinis Werk, der Vatikan rät offiziell von einem Besuch des Films ab. Trotzdem kennt bald jeder die erotische Szene des Films: Anita Ekbergs Bad im Trevi-Brunnen.
Foto: Anita Ekberg

1959: Außer Atem
von: Jean-Luc Godard

Sein erster Spielfilm und zugleich das Paradebeispiel der „Nouvelle Vague", jener französischen neuen Welle, die von den Kritikern um die Filmzeitschrift „Cahiers du Cinéma" Ende der 50er Jahre ausgelöst wurde: Jean-Luc Godard schuf mit „Außer Atem", nach Chabrol, Resnais, Malle und Varda, einen Film gegen die herkömmliche Sprache, eine Hymne an die Unordnung: Mit absichtlichen handwerklichen Regelverstößen wie überzogenen Kamerafahrten, scharfen Kontrasten und einer unüblichen Schnitt-Technik setzte Godard neue Maßstäbe in der Filmkunst. Dazu kam die bewußt billige Machart im Stile der Hollywood B-Pictures: Der Film war in nur vier Wochen abgedreht, entstand ausschließlich im frühen Morgenlicht, an Originalschauplätzen. Die Besetzung der Hauptrolle mit dem zu dieser Zeit noch völlig unbekannten Jean-Paul Belmondo erwies sich als genialer Griff. „Ich habe Belmondo wie eine Art Block empfunden, den man filmen muß, um zu sehen, was dahinter-

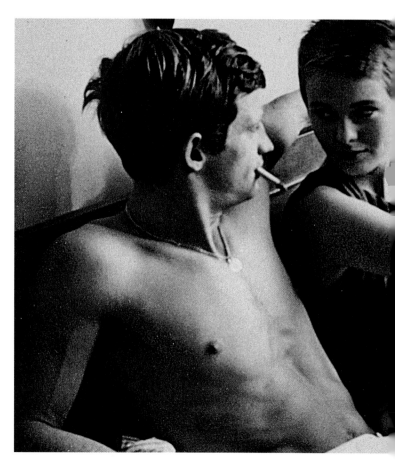

steckt", sagt Godard. Der damals 26jährige Schauspieler mit der zweimal gebrochenen Nase wurde zum Vorbild der jungen Männer im Europa der 60er Jahre – und ein Star. Der streichholzkurze Haarschnitt seiner Partnerin Jean Seberg wurde zum Modehit.

INHALT: Der junge Michel Poiccard klaut ein Auto und erschießt auf der Flucht einen Polizisten. Als er in Paris ankommt, läuft bereits eine Großfahndung nach dem Polizistenmörder. Michel trifft eine flüchtige Bekannte wieder, die amerikanische Studentin Patricia Franchini, bei der er Unterschlupf findet. Sie beginnen eine Affäre, und Michel träumt davon, mit Patricia nach Italien zu fliehen, wenn er Geld eingetrieben hat. Doch das Mädchen wird von der Polizei erpreßt. Schließlich verrät Patricia Michel. Im letzten Moment will sie ihn noch warnen, doch es ist bereits zu spät. Michel wird auf der Flucht erschossen.

STAB: Regie: Jean-Luc Godard; Drehbuch: Jean-Luc Godard (nach einem

Exposé von François Truffaut); Kamera: Raoul Coutard; Musik: Martial Solal, Mozart (Konzert für Klarinette und Orchester); Schnitt: Cécile Decugis, Lila Herman; Ton: Jacques Maumont; Technische Beratung, Bauten: Claude Chabrol; Produktion: Georges de Beauregard, S.N.C., für Imperia Films; Frankreich 1959; 90 Minuten.
ORIGINALTITEL: A bout de souffle
BESETZUNG: Jean-Paul Belmondo (Michel Poiccard alias Laszlo Kovacs), Jean Seberg (Patricia Franchini), Henri-Jacques Huët (Antonio Berutti), Van Doude (Van Doude), Claude Mansard (Autohändler), Daniel Boulanger (Polizeiinspektor Vidal), Jean-Pierre Melville (Parvulesco, Schriftsteller), Michel Favre (Polizist), Richard Balducci (Tolmatchoff), Jean-Luc Godard (Denunziant).
PREISE: „Prix Jean Vigo"; Preis für Regie, Berlinale 1960; „Deutscher Kritikerpreis" für die Kameraführung von Raoul Coutard.
DER REGISSEUR: Jean-Luc Godard, am 3. Dezember 1930 als Sohn eines Arztes und einer Bankierstochter in Paris geboren, wuchs in der Schweiz auf. 1949 begann er an der Pariser Sorbonne mit dem Studium der Ethnologie und entdeckte seine Liebe zum Film. Im Mai 1950 gehörte der neunzehnjährige Godard, zusammen mit Eric Rohmer und Jacques Rivette, zu den Gründern der „Gazette du Cinéma". Schon bald schrieb er auch für die „Cahiers du Cinéma" und kam so mit Claude Chabrol und François Truffaut zusammen. Während dieser Zeit

drehte er zwei Kurzfilme: „Opération béton", über die Errichtung eines Dammes, bei der er als ungelernter Arbeiter beschäftigt war, und „Une femme coquette". Schon hier experimentierte er mit neuartigen stilistischen Kunstgriffen. „Außer Atem" war Godards erster abendfüllender Spielfilm. 1961 folgte „Eine Frau ist eine Frau" mit Godards späterer Ehefrau Anna Karina in der Hauptrolle. Begeistert von der 68er Bewegung, drehte er dann ausschließlich politische Filme, die teilweise von der Zensur verboten („Der kleine Soldat") oder nie gezeigt wurden („Lotte in Italia"), experimentierte mit Video- und neuen Kommunikationstechniken. Erst 1972 kehrte er mit „Alles in Butter" mit Yves Montand und Jane Fona zum kommerziellen Kino zurück. Es folgten „Rette sich, wer kann" (1980), „Passion" (1982) und „Vorname Carmen" (1983). Heute gilt Godard als menschenscheuer, depressiver Sonderling, der sich längst mit seinen alten Kumpanen zerstritten hat.

DER REGISSEUR ÜBER SEINE ARBEIT: „Als ich ‚Außer Atem' gemacht habe, war es das Ergebnis von zehn Jahren Kino. Ich habe vorher zehn Jahre Kino gemacht, ohne Filme zu machen, aber es unentwegt versucht."

DIE KRITIK ZUM FILM: „Ich glaube, daß ‚Außer Atem' der Film ist, der mich am tiefsten in meinem Leben berührt hat, und ich bin überzeugt, daß man ein Wahnsinniger oder ein Lügner sein muß, um die Wichtigkeit dieses einzigartigen und grandiosen Films nicht zu erkennen." (Claude Sautet, „Cinema 64", Nr. 88)

Fotos:
1. 2. 4. 5. Jean-Paul Belmondo, Jean Seberg
3. Jean-Paul Belmondo

1959: Bettgeflüster

Ein neues Kapitel in der Geschichte der Filmkomödie: Rock Hudson und Doris Day stehen zum ersten Mal gemeinsam vor der Kamera und werden zu Gallionsfiguren der neuen, prüden Erotik. Die Dialoge drehen sich fast ausschließlich um das Thema Sex, doch mehr als ein Kuß ist vor der Ehe nicht erlaubt. Genial, aber ungerechterweise immer im Schatten des neuen Kinotraumpaares: Tony Randall als Rock Hudsons neurotischer Sidekick.
Foto: Doris Day, Rock Hudson

**1959: Die Brücke
von: Bernhard Wicki**

Eine Szene, die sich im Gedächtnis einbrennt: Der junge Fritz Wepper in der Rolle des 16jährigen Albert Mutz taumelt wie in Trance die Straße entlang. Die Uniform hat er verloren, sein Unterhemd ist blutverschmiert. In seinem Gesicht eine Leere, die sich langsam in fassungsloses Begreifen wandelt: Bei der Verteidigung einer strategisch völlig unwichtigen Brücke gegen die anrückenden Amerikaner wurden seine sechs Schulfreunde sinnlos getötet. Albert ist der einzige Überlebende des Himmelfahrtskommandos. – Nie zuvor hatte ein deutscher Regisseur so radikale Aussagen zum Horror des Krieges gewagt wie Bernhard Wicki in seinem kompromißlosen Spielfilmdebüt. „Die Brücke" markierte 1959 eine Wende im deutschen Film. Die Tage des rührseligen Heimatfilms und der anspruchslosen Romanze waren gezählt. Wicki bewies den Deutschen, daß Kino mehr sein kann und muß als bloße Unterhaltung. Er wußte, daß die Zeit reif war für eine filmische Aufarbeitung verdrängter

Reizthemen wie Naziregime und verlorener Krieg. Wickis schnörkellose, in düsterem Schwarzweiß gedrehte Antikriegsballade war der Schatten, den der Neue Deutsche Film vorauswarf.
INHALT: Kurz vor Kriegsende, im April 1945, werden die minderjährigen Schüler eines Kleinstadtgymnasiums zum Kriegsdienst einberufen. Ihr Oberstleutnant will die begeisterten Jungen jedoch vor ihrem eigenen Enthusiasmus schützen und sie von der Front fernhalten. Deshalb befiehlt er ihnen, eine strategisch unbedeutende Brücke zu sichern. Doch beim Anrücken amerikanischer Panzer stürmen die Jungen, von blindem Eifer getrieben, gegen den Feind an. Alle, bis auf einen, sterben einen sinnlosen Tod.
STAB: Regie: Bernhard Wicki; Regie-Assistenz: Holger Lussmann; Drehbuch: Michael Mansfeld, Karl-Wilhelm Vivier, Bernhard Wicki (nach dem Roman von Manfred Gregor); Kamera: Gerd von Bonin; Zweite Kamera: Horst Fehlhaber; Kamera-Assistenz: Franz Ausböck; Musik: Hans Martin

Majewski; Bauten: Peter Scharff, Heinrich Graf Bühl; Ton: Willy Schwadorf; Schnitt: C. O. Bartning; Produktion: Hermann Schwerin, Jochen Severin für Fono-Film; BRD 1959; 105 Minuten.
BESETZUNG: Volker Bohnet (Scholten), Fritz Wepper (Mutz), Michael Hinz (Forst), Frank Glaubrecht (Borchert), Karl Michael Balzer (Horber), Volker Lechtenbrink (Hager), Günther Hoffmann (Bernhard), Cordula Trantow (Franziska), Wolfgang Stumpf (Stern), Günter Pfitzmann (Heilmann).
PREISE: „Golden Globe" 1960
DER REGISSEUR: Bernhard Wicki, geboren am 28. Oktober 1919 in St. Pölten, Österreich, verbrachte als 18jähriger zehn Monate im KZ, weil seine freiheitliche Denkweise nicht mit dem Nazi-Regime konform ging. Durch ein Gnadengesuch des einflußreichen Theaterregisseurs und Schauspielers Gustav Gründgens kam er schließlich wieder frei. Wickis Filmkarriere begann 1950, mit einer Rolle in Harald Brauns „Der fallende Stern"; seine Regiekarriere 1958, mit dem dokumentarischen Film „Warum sind sie gegen uns?" über Jugendliche im Nachkriegsdeutschland. „Die Brücke" ebnete ihm den Weg nach Hollywood: Produzent Darryl F. Zanuck verpflichtete ihn als Regisseur der deutschen Episoden für die Großproduktion „Der längste Tag", den berühmten, mit internationalen Stars besetzten Kriegsfilm über die Landung der Alliierten in der Normandie. 1964 inszenierte er die Leinwandversion des Dürrenmatt-Stückes „Der Besuch der

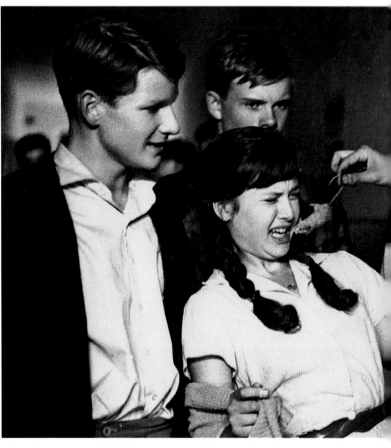

alten Dame" (mit Ingrid Bergman und Anthony Quinn) und spezialisierte sich in den 70er Jahren auf Literaturverfilmungen für das Fernsehen. Einen weiteren großen Erfolg feierte Bernhard Wicki 1989 mit dem engagierten Vorkriegsdrama „Das Spinnennetz".

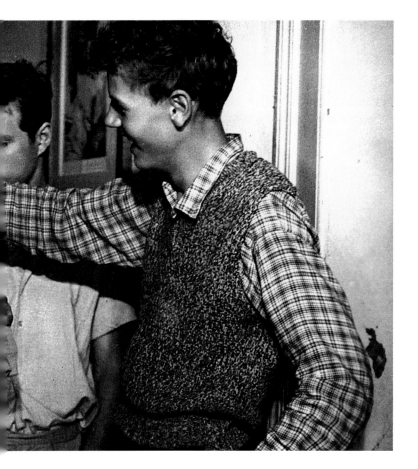

DER REGISSEUR ÜBER SEINE ARBEIT: „Ich war schon lange an der Regie interessiert, habe aber nie geglaubt, daß ich es schaffen würde. Bei jedem Film, bei dem ich mitgespielt habe, habe ich dem Regisseur auf die Finger geschaut – sogar im Schneideraum. Mittlerweile ist Filmemachen mein Leben, eine Besessenheit, die mich wie ein Klammergriff hält."
DIE KRITIK ZUM FILM: „Ein makelloses Regiedebüt von Wicki. Die jungen Darsteller sind überraschend gut." (The Motion Picture Guide)

Fotos:
1. v.l.n.r.: Günther Hoffmann, Volker Lechtenbrink, Fritz Wepper, Michael Hinz, Frank Glaubrecht
2. Cordula Trantow, Michael Hinz
3. Michael Hinz
4. Fritz Wepper (l), Cordula Trantow
5. Szene

**1959: Ben Hur
von: William Wyler**

Ein Film der Superlative: 50 000 Komparsen, 365 Sprechrollen, über eine Million Requisiten, 300 Dekorationen. Allein die Arena für das berühmte Wagenrennen nahm eine Fläche von über 7 Quadratkilometern ein, die mit 40 000 Tonnen Sand bedeckt wurde – Hollywood-Gigantomanie in Reinkultur. Viele Kritiker bemängeln den schonungslosen Sentimental-Kitsch, beschweren sich über Anspielungen auf biblische Begebenheiten, die wie Auszüge aus einem Groschenroman wirken. Doch erstklassige Darsteller und eine stilsichere Regie verhindern, daß das Monumental-Epos zu einer aufwendigen Antik-Schnulze verflacht. Und mal ehrlich: Wer fiebert nicht jedesmal wieder aufs neue mit, wenn Charlton Heston und Stephen Boyd ihre Gespanne durch die Arena peitschen, wenn sich auf ihren vor Anstrengung verzerrten Gesichtern Blut, Schweiß und Staub mischen und das Getöse der Pferde und die Anfeuerungsrufe der wütenden Menge alles andere übertönen? Auch zehn

Minuten eines dreieinhalbstündigen Mammutwerks können Filmgeschichte machen.

INHALT: Der jüdische Prinz Judah Ben Hur wird nach dem vermeintlichen Mord an einem römischen Statthalter von seiner Familie getrennt und zu lebenslanger Galeerenstrafe verurteilt. Als er dem römischen Flottenkommandanten das Leben rettet, kommt er aus der Gefangenschaft frei. Auf der Suche nach seiner Familie begegnet er seinem Erzfeind Messala wieder. Der Konflikt gipfelt in einem dramatischen Wagenrennen. Schließlich findet Ben Hur seine Mutter und seine Schwester wieder, die jedoch an Lepra erkrankt sind. Während der Kreuzigung Christi werden sie auf wundersame Weise geheilt.

STAB: Regie: William Wyler; Drehbuch: Karl Tunberg (nach dem Roman von Lew Wallace); Kamera: Robert L. Surtees; Musik: Miklos Rozsa; Bauten: William Horning, Edward Carfagno; Kostüme: Elizabeth Haffenden; Spezialeffekte: Arnold Gillespie,

Robert McDonald; Schnitt: Ralph E. Winters, John Dunning; Produktion: Sam Zimbalist für MGM; USA 1959; 212 Minuten.
ORIGINALTITEL: Ben Hur
BESETZUNG: Charlton Heston (Judah Ben Hur), Jack Hawkins (Quintus Arrius), Stephen Boyd (Messala), Haya Harareet (Esther), Hugh Griffith (Scheich Ilderim), Martha Scott (Miriam), Sam Jaffe (Simonides), Cathy O'Donnell (Tirzah).
PREISE: „Oscars" für Bester Film, männliche Hauptrolle (Charlton Heston), männliche Nebenrolle (Hugh Griffith), Ausstattung, Kamera, Kostüme, Musik, Regie, Spezialeffekte und Ton; „Golden Globe" für Bester Film (Drama).
DER REGISSEUR: William Wyler, am 1. Juli 1902 in Mülhausen geboren, lebte einige Zeit in Paris, ehe er im Alter von 20 Jahren nach New York zog. Sein Onkel Carl Laemmle, der damalige Chef der Universal-Film, bot ihm einen Job beim Studio an. Als Praktikant, Regieassistent (u. a. bei der Stummfilmversion von „Ben Hur") und Regisseur von Kurzfilmen lernte er sein Handwerk und durfte 1927 seinen ersten Langspielfilm inszenieren: „Straight Shootin'". Nach seinem Wechsel zu MGM machte er sich als Fachmann für Literaturverfilmungen wie „Jezebel – Die boshafte Lady" (1938), „Stürmische Höhen" (1939), und „Die kleinen Füchse" (1941), einen Namen. Seine Vorliebe für lange Einstellungen und seine Detailbesessenheit brachten ihm den Ruf eines Perfektionisten ein. William Wyler

erhielt dreimal den „Oscar" (für „Mrs. Miniver", „Die besten Jahre meines Lebens" und „Ben Hur") und drehte Filme unterschiedlichsten Genres: Western („Weites Land"), Liebesfilme („Ein Herz und eine Krone"), Krimis („Polizeirevier 21"), Komödien („Wie klaut man eine Million?") und Musicals („Funny Lady"). 1976, fünf Jahre vor seinem Tod, erhielt er den „Life Achievement Award".
DER REGISSEUR ÜBER SEINE ARBEIT: „Ich habe mich, im Gegensatz zu Ford oder Hitchcock, nie festgelegt. Für mich war der Versuch, alle möglichen Filme zu machen, viel reizvoller. Das trug mir die Kritik ein, keinen ausgeprägten Stil zu haben."

DIE KRITIK ZUM FILM: „Dieser Film war die Anstrengungen wert, die er gekostet hat. Das Ergebnis sind dreieinhalb Stunden vom Besten, was je auf der Leinwand zu sehen war." (The Motion Picture Guide)

Fotos:
1. Szene
2. Stephen Boyd (l), Charlton Heston
3. Charlton Heston
4. Finlay Currie, Charlton Heston (r)
5. Szene mit Charlton Heston (r) und Haya Harareet (2.v.l.)

**1959: Manche mögen's heiß
von: Billy Wilder**

„Nobody is perfect!" Ein Satz macht Filmgeschichte. Am Ende von „Manche mögen's heiß" erklärt Jack Lemmon seinem Verehrer Joe E. Brown, daß er die Verlobung lösen müsse, weil er in Wirklichkeit ein Mann ist. Der gebraucht den oben zitierten Satz und nimmt's gelassen. Gelassenheit ist auch das Geheimnis von Wilders Erfolgskomödie. Der Regisseur geht mit der stereotypen Komödiensituation souverän und unverkrampft um: Männer in Frauenkleidern beispielsweise sind nicht automatisch komisch – im Gegenteil. Deshalb vermeidet Wilder platte Zoten, verzichtet auf schon oft gehörte Anspielungen unterhalb der Gürtellinie und dreht seinen Film in Schwarzweiß, damit das grelle Make-up nicht zu lächerlich wirkt. Das Konzept funktioniert: Wenn Jack Lemmon anfangs in hochhackigen Schuhen umknickt, ist das vielleicht zum Schmunzeln, brüllen muß man erst, wenn er später selbst daran glaubt, eine Frau zu sein und freudig seine Verlobung mit dem Millionär Osgood

E. Fielding III. bekannt gibt. Daß Jack Lemmon auch in solchen Szenen noch glaubwürdig bleibt, liegt vor allem an seinem Spaß an der Verkleidung: Er stakste während der Drehpausen sogar in der Kantine noch im „Fummel" umher – und alle hatten ihren Spaß. Bis auf einen: Ein eigens für den Film engagierter europäischer Travestie-Künstler fand Lemmons Verhalten „völlig unmöglich" und reiste zornig wieder ab. Nobody is perfect!

INHALT: New York zur Zeit der Prohibition: Während in verschwiegenen Hinterzimmern unbekümmert gezecht wird, toben auf den Straßen die Bandenkriege. Die beiden Musiker Jerry und Joe geraten ungewollt mitten in den Schlamassel hinein, als sie das „Massaker am Valentinstag" beobachten. Auf der Flucht vor dem Gangsterboß Spats Columbo tauchen sie, als Frauen verkleidet, in einer Damen-Combo unter – und geraten prompt in romantische Turbulenzen: Joe verliebt sich in die atemberaubend attraktive Sängerin Sugar, spielt deshalb tagsüber

deren „beste Freundin" und gibt sich nachts als verklemmter Millionenerbe aus. Jerry hat sich währenddessen einen echten Millionär geangelt; nur weiß der leider nichts von Jerrys dunklem Geheimnis ...

STAB: Regie: Billy Wilder; Drehbuch: Billy Wilder; Kamera: Charles Lang; Musik: Adolph Deutsch; Bauten: Edward G. Boyle; Ausstattung: Ted Haworth; Kostüme: Orry-Kelly; Spezialeffekte: Milt Rice; Ton: Fred Lau; Schnitt: Arthur Schmidt; Produktion: Billy Wilder für Ashton-Mirisch/United Artists; USA 1959; 120 Minuten.
ORIGINALTITEL: „Some Like it hot"
BESETZUNG: Marilyn Monroe (Sugar Kane Kowa), Tony Curtis (Joe/Josephine), Jack Lemmon (Jerry/Daphne), George Raft (Spats Columbo), Pat O'Brien (Mulligan), Joe E. Brown (Osgood E. Fielding III.), Nehemiah Persoff (Little Bonaparte), Joan Shawlee (Sweet Sue), Bill Gray (Sig Poliakoff), George E. Stone (Toothpick Charlie).
DER REGISSEUR: Billy Wilder, geboren als Samuel Wilder am 22. Juni 1906 in Wien, arbeitete als Reporter und Eintänzer in Berlin, bevor er begann, Drehbücher zu schreiben. 1933 floh er über Paris und Mexiko in die USA. Seine Mutter und zahlreiche andere Verwandte, die er zurückließ, starben in Nazi-Konzentrationslagern. Wilder kam ohne Geld und ohne Englischkenntnisse in Hollywood an. Er zog mit dem Schauspieler Peter Lorre zusammen und hielt sich mit Gelegenheitsjobs über Wasser, bis er den Drehbuchautor Charles Brackett kennenlernte. Aus ihrer fruchtbaren Zusammenarbeit gingen einige der geistreichsten Scripts der 30er und 40er Jahre hervor, darunter Ernst Lubitschs „Ninotschka" (1939) und Wilders

eigene Arbeiten als Regisseur wie „Frau ohne Gewissen" (1944), „Das verlorene Wochenende" (1945), „Eine auswärtige Affäre" (1948) und „Boulevard der Dämmerung" (1950). Nach der Trennung von Brackett bewies Wilder, daß er auch allein brillante Filme drehen konnte, u. a. „Das verflixte siebente Jahr" (1955), „Zeugin der Anklage" (1957), „Manche mögen's heiß" (1959) und „Eins, zwei, drei" (1961). Die Früchte seiner Arbeit: Billy Wilder wurde insgesamt sechsmal mit dem „Oscar" ausgezeichnet.
DER REGISSEUR ÜBER SEINE ARBEIT: „Ich habe zehn Gebote. Die ersten neun: Du sollst nicht langweilen. Das zehnte: Du sollst dir das Recht für den endgültigen Schnitt vorbehalten."

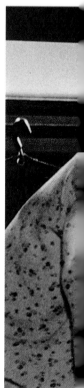

DIE KRITIK ZUM FILM: „‚Manche mögen's heiß' ist eine verrückte, clevere, absurde Komödie, die wie ein Feuerwerkskörper losgeht und bis zum Ende ständig lebhaft Funken sprüht."
(Variety)

Fotos:
1. *Szene mit Marilyn Monroe (r)*
2. *Jack Lemmon (l), Tony Curtis*
3. *Marilyn Monroe*
4. *Tony Curtis, Marilyn Monroe*
5. *Jack Lemmon, Marilyn Monroe*

**1959: Solange es Menschen gibt
von: Douglas Sirk**

Douglas Sirks tränenreiches Remake des Claudette Colbert-Films „Imitation of Life" (1934) ist gleichzeitig Höhepunkt und Abschluß seiner Karriere als Meister des Melodrams. Raffiniert benutzt der Regisseur melodramatische Strategien, um die amerikanische Gesellschaft und ihren Rassismus zu hinterfragen. Obgleich „Solange es Menschen gibt", Sirks erfolgreichster US-Film, weltweit die Kinokassen füllte, wurde er von den Kritikern seinerzeit als Schnulze ignoriert. Erst in den 70er Jahren rehabilitierten französische Filmhistoriker Sirk als Künstler, der mit innovativen Kamerawinkeln, unnatürlichen Farben und starker Überzeichnung der melodramatischen Elemente das Genre nahezu parodierte und die Risse in der glatten, geschönten Oberfläche der bürgerlichen Mittelstandsgesellschaft freilegte. Kitsch mit Methode: Sirk hält den Zuschauern auf subtile Weise den Spiegel vor, ohne sie dabei zu langweilen oder zu verärgern. Rainer Werner Fassbinder, der 1974 mit „Angst essen Seele auf"

ein freies Remake des Sirk-Films „Was der Himmel erlaubt" drehte, erklärte den Altmeister zu seinem Idol und Lieblingsregisseur.
„Solange es Menschen gibt" hat bis heute nichts von seiner emotionalen Kraft verloren. Lana Turner glänzt mit ungewohnt zurückhaltend-sensibler Schauspielkunst, und sowohl Susan Kohner als auch Juanita Moore wurden für ihre Leistung als entfremdetes Mutter-Tochter-Paar für den „Oscar" nominiert (den sie jedoch gegen Shelley Winters in „Das Tagebuch der Anne Frank" verloren). Die rührende Schlußsequenz, eine gigantische, mit dem Gesang Mahalia Jacksons unterlegte Beerdigung, bricht immer noch – selbst beim hartgesottensten Zuschauer – den Tränendamm.
INHALT: Am Strand von Coney Island lernt die Schauspielerin Lora Meredith die Schwarze Annie Johnson kennen. Sie stellt sie als Kindermädchen ein. Annie, eine liebevolle, mütterliche Frau, bringt Loras Tochter all die Zuneigung entgegen, die der gefeierte

Broadway-Star dieser längst nicht mehr geben kann. Zehn Jahre später: Annies eigene Tochter Sarah Jane, von Geburt an sehr hellhäutig, schämt sich ihrer schwarzen Herkunft und verleugnet ihre Mutter, der sie die Schuld an ihrem verpfuschten Leben gibt. Während Lora damit umgehen muß, daß sie und ihre Tochter den gleichen Mann, den Fotografen Steve Archer, lieben, macht sich Annie auf die Suche nach der verschwundenen Sarah Jane. Sie findet ihre Tochter in einem abgewrackten Amüsierschuppen, in dem diese sich als Tänzerin verdingt. Annie versucht, sie nach Hause zu holen, wird jedoch von Sarah Jane nur beschimpft. Sie stirbt an gebrochenem Herzen. Erst auf der Beerdigung ihrer Mutter merkt Sarah Jane, wie sehr sie sie geliebt hat. Trost findet sie bei Lora und Susie, die sich inzwischen versöhnt haben – Steve Archer hat ihnen beiden den Laufpaß gegeben.

STAB: Regie: Douglas Sirk; Drehbuch: Eleanore Griffin, Allan Scott (nach dem Roman von Fannie Hurst); Kamera: Russell Metty; Musik: Frank Skinner; Bauten: Russell A. Gausman, Julia Heron; Ausstattung: Alexander Golitzen, Richard H. Riedel; Kostüme: Jean Louis, Bill Thomas; Spezialeffekte: Clifford Stine; Schnitt: Milton Carruth; Produktion: Ross Hunter; USA 1959; 125 Minuten.
ORIGINALTITEL: Imitation of Life
BESETZUNG: Lana Turner (Lora Meredith), John Gavon (Steve Archer), Sandre Dée (Susie), Dan O'Herlihy (David Edwards), Susan Kohner (Sarah Jane), Robert Alda (Allen Loomis), Juanita Moore (Annie Johnson), Mahalia Jackson (sie selbst).
DER REGISSEUR: Douglas Sirk, geboren als Claus Detlev Sierk am 26. April 1900 in Skagen, Dänemark, zog als Teenager nach Deutschland, um Kunst und Theater zu studieren. Er germani-

sierte seinen Namen in Detlev Hans Sierck und wurde ein erfolgreicher Bühnenproduzent und Filmregisseur („Das Mädchen vom Moorhof", 1935). Mit Melodramen wie „Schlußakkord" (1936), „La Habanera" und „Zu neuen Ufern" (beide mit Zarah Leander, 1937) machte er sich einen Namen. 1937 emigrierte der überzeugte Sozialist, den die Nazis immer mehr bedrängten, in die USA. Wieder änderte er seinen Namen: Douglas Sirk. Nach einer Reihe von mittelmäßigen Low-Budget-Filmen etablierte sich Sirk in den 50er Jahren als Meister des sozialkritischen Melodrams. Werke wie „Die wunderbare Macht" (1954), „Was der Himmel erlaubt" (1955) und „In den Wind geschrieben" (1957) gelten als Höhepunkte des Genres. Sirks letzter Film, „Solange es Menschen gibt", war gleichzeitig sein erfolgreichster. Danach zog er sich aus dem Filmgeschäft zurück. In den 70er Jahren lehrte er an der Münchner Filmhochschule. Douglas Sirk starb am 14. Januar 1987 in Lugano (Schweiz).

DER REGISSEUR ÜBER SEINE ARBEIT: „Das Melodrama kann sehr viel über gesellschaftliche Zustände aussagen. Ich habe in meinen Filmen gleichzeitig eine alte Genre-Formel benutzt und neue Fragen aufgeworfen."
DIE KRITIK ZUM FILM: „Sirk spielt auf den Gefühlen der Zuschauer wie auf einer Harfe: große Emotionen und hoher Taschentuchverschleiß von Anfang bis Ende. Lana Turner sieht genauso gut aus wie vor über zehn Jahren." (The Motion Picture Guide)

Fotos:
1. *Sandra Dee (l), Lana Turner*
2. *Lana Turner, Juanita Moore*
3. *John Gavin, Sandra Dee*
4. *Susan Kohner (l), Juanita Moore*
5. *Szene*

1960: Machen wir's in Liebe

Marilyn Monroe als Kassengift: Schon im Vorfeld vergrault sie Regisseur Billy Wilder und Gregory Peck, der ursprünglich als männlicher Hauptdarsteller vorgesehen war. George Cukor springt als Ersatzregisseur ein und verpflichtet den gerade in Amerika tourenden französischen Superstar Yves Montand. Trotzdem bleiben die Einspielergebnisse weit hinter den Erwartungen zurück. Sehenswert ist der Film wegen der Gaststars: Gene Kelly, Bing Crosby und Milton Berle treten als Tanz- und Gesangslehrer auf.
Foto: Yves Montand, Marilyn Monroe

1960: ... und dennoch leben sie

Vittorio De Sicas tragischster Film: das Schicksal einer jungen Witwe und ihrer dreizehnjährigen Tochter im Italien des Zweiten Weltkriegs. De Sica kombiniert Elemente des italienischen Neorealismus mit Stilmitteln des klassischen Hollywood-Melodrams.
Foto: Sophia Loren, Eleanora Brown

1960: Der grüne Bogenschütze

Die erfolgreichste deutsche Kino-Krimireihe aller Zeiten: Jürgen Rolands Edgar Wallace-Verfilmungen locken scharenweise Zuschauer in die Kinos. „Der grüne Bogenschütze" ist die beste der zahlreichen Krimi-Adaptionen – nicht zuletzt dank Gert Fröbe in der Rolle eines psychopathischen Mörders.
Foto: Gert Fröbe

1960: Schachnovelle

Diese Augen lassen den Zuschauer nicht los: Curd Jürgens spielt einen Rechtsanwalt in Isolationshaft, der sich in seine Schachspiel-Besessenheit verliert. Jürgens' schauspielerischer Alleingang läßt das mangelhafte Drehbuch, das der literarischen Vorlage von Stefan Zweig nicht gerecht wird, und die Fehlbesetzung mit Hansjörg Felmy als Nazi-Scherge vergessen.
Foto: Mario Adorf (l), Curd Jürgens

1960: Letztes Jahr in Marienbad

Ein surrealistisches Gesamtkunstwerk des französischen Regisseurs Alain Resnais: Die vielschichtige Handlung (der Zuschauer bleibt bis zuletzt im ungewissen darüber, ob es sich bei dem Geschehen um Traum oder Film-Wirklichkeit handelt) wird verwoben mit einem Labyrinth unwirklich erscheinender Bilder. Vor allem der seltsam abstrakt wirkende Schauplatz mit seinen geometrischen Formen (gedreht wurde im Nymphenburger Schloß in München) bleibt im Gedächtnis.
Foto: Giorgio Albertazzi, Delphine Seyrig

1960: Psycho
von: Alfred Hitchcock

Ein Schocker: Sex, Gewalt, Mord, Diebstahl, Nekrophilie, Wahnsinn, Transvestismus – „Psycho' brach fast jedes Tabu. Hitchcock, der als Meister des eleganten Salonkrimis galt, hatte große Schwierigkeiten, für ein derart sensationsbeladenes Projekt Investoren zu finden. Paramount schlug ihm vor, den Film zu verleihen – mit 60prozentiger Gewinnbeteiligung für den Regisseur –, wenn Hitchcock ihn selbst finanzierte. Der Meister akzeptierte und drehte den bis dahin erfolgreichsten Film der Kinogeschichte, der den Begriff „Psychothriller" prägte, zahlreiche Billig-Kopien und drei Fortsetzungen (alle mit Anthony Perkins) nach sich zog – und seinen Regisseur reich machte: bei nur 800 000 Dollar Produktionskosten spielte „Psycho" 16 Millionen ein.

Hitchcock arbeitete mit einer kostengünstigen TV-Crew, relativ unbekannten Stars und schlichten, aber wirkungsvollen Kulissen. Zur Erzeugung von höchstmöglicher Spannung setzte er alle ihm zur Verfügung stehenden

filmischen Tricks ein: bizarre Kamerawinkel, bedrohliche Schatten, hysterische Schnitte, schrille Musik und verstörende Überblendungen (wie etwa vom Ausguß der Dusche auf Janet Leighs Auge). Von den vier Wochen Drehzeit verwandte er sieben Tage für die berühmte und vielkopierte Mordszene in der Dusche: eine geniale Collage aus 70 Kamerapositionen in 45 Sekunden, in der er nichts zeigt und das Publikum doch alles sieht – weil es die Ellipsen, die Hitchcock bewußt setzt, mit seiner Phantasie ausfüllen muß. Denn, so der Meister: „Kein Horror auf der Leinwand kann so fürchterlich sein wie der im Kopf des Zuschauers."

INHALT: Marion Crane unterschlägt 40 000 Dollar von ihrem Arbeitgeber. Auf der Flucht steigt sie im abgelegenen „Bates"-Motel ab. Dessen junger Besitzer Norman Bates erzählt ihr, daß er zusammen mit seiner invaliden und eigenwilligen Mutter in dem unheimlichen, viktorianischen Haus nebenan wohnt. Als Marion vor dem Schlafen-

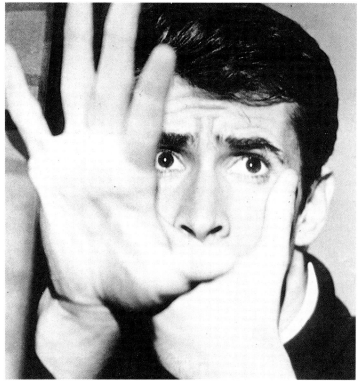

gehen duscht, taucht die alte Frau auf und tötet sie mit zahlreichen Messerstichen. Norman will seine Mutter decken und versenkt Marions Leiche, ihr Gepäck und ihr Auto in einem schlammigen Teich. Sowohl Marions Geliebter Sam und ihre Schwester Lila als auch der Versicherungsdetektiv Arbogast, der hinter dem verschwundenen Geld her ist, folgen der Spur der Vermißten. Arbogast schleicht sich heimlich in das Haus der Bates, um mit Normans Mutter zu reden. Dort wird er ebenfalls erstochen. Vom Sheriff des Ortes erfahren Lila und Sam, daß Normans Mutter seit zehn Jahren tot ist. Im Keller des Bates-Hauses entdeckt Lila eine mumifizierte Leiche in einem Schaukelstuhl ...

STAB: Regie und Produktion: Alfred Hitchcock; Drehbuch: Joseph Stefano (nach dem Roman von Robert Bloch); Kamera: John L. Russell; Musik: Bernard Herrmann; Ausstattung: George Milo; Kostüme: Helen Colvig; Spezialeffekte: Clarence Champagne; Schnitt: George Tomasini; USA 1960; 109 Minuten.

ORIGINALTITEL: Psycho

BESETZUNG: Anthony Perkins (Norman Bates), Janet Leigh (Marion Crane), Vera Miles (Lila Crane), John Gavin (Sam Loomis), Martin Balsam (Milton Arbogast), John McIntire (Sheriff Chambers), Lurene Tuttle (Mrs. Chambers), Simon Oakland (Dr. Richmond), Frank Albertson (Tom Cassidy), Patricia Hitchcock (Caroline).

DER REGISSEUR: Alfred Hitchcock, am 13. Oktober 1899 als Sohn eines katholischen Gemüsehändlers in London geboren, besuchte eine Ingenieurschule und begann als 19jähriger, bei einer Telegraphenanstalt zu arbeiten; zunächst als Vermesser, dann, wegen seiner künstlerischen Begabung, als Zeichner und Layouter in der Werbeabteilung. 1920 begann seine Laufbahn in der Filmindustrie: Er entwarf Zwischentitel für Stummfilme. Hitchcock fing an, sich für Regie zu interessieren. 1925 inszenierte er seinen ersten Film, „The Pleasure Garden". Doch erst mit „Der Mieter" (1926) bewies er sein besonderes Gespür für Krimis voller düsterer Spannung, mit denen er berühmt werden

sollte. Kein anderer Regisseur wurde so vollständig mit einem Genre identifiziert wie Hitchcock mit dem Thriller. Nach Riesenerfolgen in England mit Klassikern wie „Die 39 Stufen" (1935) und „Eine Dame verschwindet" (1938) ging er nach Hollywood. „Rebecca", seine erste amerikanische Arbeit, wurde 1940 mit dem „Oscar" als Bester Film ausgezeichnet. Im Laufe seiner langen Karriere bewies Alfred Hitchcock immer wieder Mut zum Experiment und ein ausgeprägtes Gefühl für Bildsprache und filmischen Stil. Er prägte den Begriff „suspense" für die subtile Spannungssteigerung mit psychologischen Mitteln. Zu seinen Meisterwerken gehören „Berüchtigt" (1946), „Der Fremde im Zug" (1951), „Bei Anruf Mord" (1954), „Das Fenster zum Hof" (1954), „Aus dem Reich der Toten" (1958), „Der unbekannte Dritte" (1959), „Psycho" und „Die Vögel" (1963). 1979, ein Jahr vor seinem Tod, erhielt Hitchcock einen Ehren-„Oscar" für sein Lebenswerk.

DER REGISSEUR ÜBER SEINE ARBEIT:
„Es ist nicht üblich, daß der Star eines Films im ersten Drittel umkommt. Ich habe das absichtlich getan, auf diese Weise kam der Mord noch unerwarteter. Deshalb habe ich auch darauf bestanden, daß nach Beginn des Films keine Besucher mehr eingelassen wurden. Die Zuspätkommenden hätten auf Janet Leigh gewartet, nachdem sie bereits mit den Füßen nach vorn die Leinwand verlassen hatte."
DER REGISSEUR ÜBER SEINE ARBEIT:
„Wie bekannt ist doch Norman Bates. Zehntausende von Film-Figuren kamen und gingen, seit Norman 1960 zum ersten Mal auftauchte, er jedoch bleibt gestochen scharf im Gedächtnis."
(Rogers Ebert's Movie Home Companion)

Fotos:
1. Janet Leigh
2. Janet Leigh, Anthony Perkins
3. Anthony Perkins
4. Szene
5. Anthony Perkins, John Gavin (m), Vera Miles

**1960: West Side Story
von: Robert Wise und Jerome Robbins**

Die Eingangssequenz machte Filmgeschichte: Vom Himmel (aus einem Helikopter) sieht man die West Side Manhattans, dann zoomt die Kamera herunter auf die Straßen, in denen dieses Shakespeare'sche Drama im modernen Gewand stattfindet, das zu einem der erfolgreichsten Musicals der Kinogeschichte wurde. Dabei hat „West Side Story" unübersehbare Mängel: Die Story ist vorhersehbar (wirklich jeder weiß, wie „Romeo und Julia" endet), die Hauptdarstellerin kann weder singen noch tanzen (Natalie Wood wurde in beiden Fällen gedoubelt), der Straßen-Slang der Fifties, in dem die Dialoge verfaßt sind, wirkte schon 1965 veraltet, und daß die toughen Kids aus den Slums sich in choreographierten Ballettschritten fortbewegen, bedarf einiger Gewöhnungszeit. Trotzdem: Die Faszination der perfekt inszenierten Tänze, der innovativen Musik und der rasanten Kamerafahrten ist ungebrochen. Sechs Millionen Dollar Herstellungskosten, sieben Monate Schnitt, 200 Paar durchtanzte Ballett-

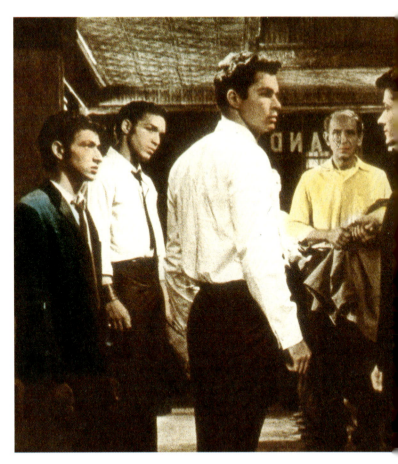

schuhe, 27 in Fetzen getanzte Hosen und 100 Pfund Schminke hat die „West Side Story" gekostet. Der Aufwand lohnte sich: Es wird wohl kaum einem Zuschauer gelingen, bei „Maria" keine Tränen zu vergießen oder bei „America" die Füße still zu halten. Der Rhythmus dieses Films geht direkt ins Herz.

INHALT: Die „West Side Story" ist eine moderne Version von Shakespeares „Romeo und Julia". An die Stelle der sich befehdenden Adelsgeschlechter der Capulets und der Montagus im mittelalterlichen Verona treten Teenager-Straßenbanden in New York: die Jets (Einheimische) und die Sharks (zugewanderte Puertoricaner), die sich in den Slums der West Side erbitterte Schlachten liefern. Tony ‚Romeo' und Maria ‚Julia' gehören den verfeindeten Banden an, lieben sich aber trotzdem. Doch auch ihre Gefühle füreinander können die Gangs nicht versöhnen. Zwischen den Halbstarken kommt es immer wieder zu Messerstechereien und Affektmorden.

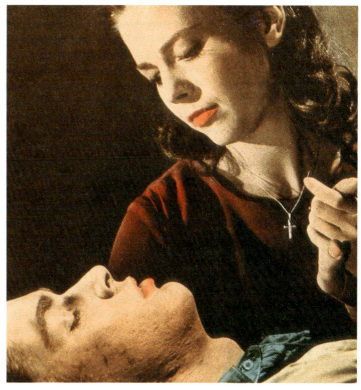

Flucht und Polizeirazzien sind die Folgen. Erst, als Tony bei einer Straßenschlacht von einem Shark niedergeschossen wird, kommt es zur Annäherung zwischen den verfeindeten Banden. „Ich habe nicht fest genug an unsere Zukunft geglaubt", sagt Tony sterbend. „Es genügt zu lieben", antwortet Maria. Mitglieder beider Gangs tragen den Leichnam davon.
STAB: Regie: Robert Wise, Jerome Robbins; Drehbuch: Ernest Lehman (nach dem Stück von Arthur Laurents); Kamera: Daniel L. Flapp; Musik: Leonard Bernstein; Lieder: Leonard Bernstein, Stephen Sondheim; Ausstattung: Victor Gangelin; Kostüme: Irene Sharaff; Choreographie: Jerome Robbins; Schnitt: Thomas Stanford; Produktion: Robert Wise; USA 1960; 153 Minuten.
ORIGINALTITEL: West Side Story
BESETZUNG: Natalie Wood (Maria), Richard Beymer (Tony), Russ Tamblyn (Riff), Rita Moreno (Anita), George Chakiris (Bernardo), Tucker Smith (Ice), Jose De Vega (Chino), Jay Norman (Pepe), Gus Trikonis (Indio), Simon Oakland (Lt. Schrank), Bill Bramley (Officer Krupke).
PREISE: „Oscars" für Bester Film, Regie, Nebendarsteller (George Chakiris), Nebendarstellerin (Rita Moreno), Musik, Schnitt, Ton, Ausstattung, Kostüme, Kamera. Ehren-„Oscar" für Jerome Robbins. Preis der New Yorker Filmkritiker als „Bester Film".
DIE REGISSEURE: Robert Wise, geboren am 10. September 1914 in Winchester, Indiana, und Jerome Robbins, geboren am 11. Oktober 1918 in Weehawken, New Jersey. Wise, der sich in Hollywood einen Namen als Cutter der Orson Welles-Meisterwerke „Citizen Kane" und „Der Glanz des Hauses Amberson" gemacht hatte, begann seine Karriere als Regisseur mit Horrorfilmen wie „Fluch der Katzenmenschen" (1944) und „Der Leichendieb" (1945), bewies jedoch bald seine Vielseitigkeit in allen Genres – vom Western („Nacht in der Prärie", 1948) über Science-fiction („Der Tag, an dem die Erde still stand", 1951) und Kriegsfilm („Die Wüstenratten", 1953) bis zum Melodram („Die Intriganten", 1954). Mit „West Side Story", „Meine Lieder – meine Träume" (1965) und „Star!" (1968) wurde er zum Meister

des aufwendigen Musicals. 1979 inszenierte er „Star Trek – Der Film", der zu fünf Fortsetzungen führte. Seine jüngste Arbeit ist „Rooftops" (1991). Auf den Tänzer und Choreographen Jerome Robbins wurde Wise durch die Tanznummern in „Der König und ich" (1956) aufmerksam. Weil Wise bei der „West Side Story" einen Fachmann für rasante Choreographie brauchte, bot er Robbins die Co-Regie an. Es gab jedoch Streit zwischen den beiden, und Robbins verließ die Produktion, nachdem er nur den Prolog und drei weitere Nummern inszeniert hatte (darunter die berühmte Dach-Szene mit dem Song „America"). Den „Oscar" für beste Regie mußte sich Wise trotzdem mit ihm teilen. Später zeichnete Robbins verantwortlich für die Choreographien von „Gypsy" (1963) und „Anatevka" (1971). 1972 wurde er Chef des New York City Ballett.
DER REGISSEUR ÜBER SEINE ARBEIT: „Jeder Film hat seinen eigenen visuellen Stil. Und da ich immer in verschiedenen Genres und Formaten gearbeitet

habe, die auch photographisch unterschiedliche Ansprüche stellten, habe ich die ‚eigene Handschrift', die die Kritiker so lieben, nicht entwickelt." (Robert Wise)

DIE KRITIK ZUM FILM: „Hervorragend und unterhaltsam – das energiegeladenste, dynamischste Musical der 60er. Natalie Wood ist entzückend, und Richard Beymers schlechte Kritiken von damals erscheinen aus heutiger Sicht unfair." (Clive Hirschhorn, „The Hollywood Musical")

Fotos:
1. Szene mit Richard Beymer (l) und George Chakiris
2. Rita Moreno (l), George Chakiris, Natalie Wood
3. Richard Beymer, Natalie Wood
4. Szene mit Rita Moreno
5. Szene

1960: Misfits – nicht gesellschaftsfähig

Der Schritt in eine neue Richtung: Die Sex-Symbole Marilyn Monroe und Clark Gable zeigen sich von einer ungewohnt anspruchsvollen Seite – Merkmal für die Wandlung, die das Kino in den 60er Jahren durchmacht. Das von John Huston inszenierte Melodram sollte für beide Hollywood-Idole der letzte Film sein.
Foto: Clark Gable, Marilyn Monroe

1960: Frühstück bei Tiffany

Audrey Hepburn in ihrer besten Rolle: Als blutjunges New Yorker Playgirl Holly Golightly vereint sie auf unnachahmliche Weise betörende Verruchtheit und kindlich-zerbrechliche Unschuld. Ursprünglich sollte Marilyn Monroe die Rolle übernehmen: Das Sex-Symbol lehnte jedoch ab. Der Part erschien ihr zu anstößig.
Foto: Audrey Hepburn, George Peppard

**1961: Jules und Jim
von: François Truffaut**

„Seit zwanzig Jahren drehe ich Filme. Aber dank Jeanne Moreau denke ich an die Dreharbeiten zu ‚Jules und Jim' immer noch besonders gern zurück, ja sogar am liebsten", sagt François Truffaut 1979. Diese „Hymne auf das Leben und den Tod" (so der Regisseur) war sein dritter Spielfilm, der 1961 in knapp dreimonatiger Drehzeit von April bis Juni entstand. Als Vorlage wählte er den Roman von Henri-Pierre Roché, einem Autor, dem er später mit „Zwei Mädchen aus Wales und die Liebe zum Kontinent" ein weiteres Mal Tribut zollte. Zu Truffauts Entzücken war der Verfasser, der kurz vor Beginn der Dreharbeiten starb, von der Hauptdarstellerin Moreau ebenso angetan wie der Regisseur selbst. Der hatte sich vorgenommen, „ausgehend von der Skandalsituation – zwei Männer und eine Frau, die ein ganzes Leben zusammenleben – einen Film hervorzubringen, der so ‚rein' wie möglich sein sollte." Tatsächlich glückte es ihm, diese die Jahre zwischen 1912 und 1933 umspannende Dreiecksge-

schichte in schwebender Balance zu halten; unvergeßlich sind die Szenen purer Lebensfreude und schäumenden Übermuts, wenn die drei über eine Brücke um die Wette laufen, zusammen eine Radtour machen oder durch ein Strandwäldchen toben. Oskar Werner, neben Henri Serre der männliche Hauptdarsteller des Trios, durfte sich wegen seines österreichischen Akzents für die deutsche Fassung nicht synchronisieren.

INHALT: Vor dem Ersten Weltkrieg in Paris: Der Franzose Jim und der Deutsche Jules, beide Schriftsteller, sind unzertrennliche Freunde. Beide verlieben sich in die Französin Cathérine, die für sie das lebende Abbild einer von ihnen vergötterten antiken Statue ist. Sie durchleben eine unbeschwerte Zeit der reinen Liebe zu dritt. Dann heiratet Cathérine Jules und folgt ihm nach Deutschland. Der Krieg trennt die Freunde. Gleich nach Kriegsende besucht Jim die alten Gefährten, die mit ihrer kleinen Tochter im Schwarzwald wohnen. Er spürt sofort, daß es mit der

Ehe nicht stimmt – und sie nehmen die alte Dreierbeziehung wieder auf. Cathérine zieht dann für kurze Zeit zu Jim, kehrt jedoch, weil sie von ihm kein Kind bekommen kann, zu Jules zurück. Als Jim seine alte Freundin Gilberte zu heiraten gedenkt, will Cathérine ihn nicht freigeben. Bei einer Autofahrt mit Jim lenkt sie den Wagen in die Seine, beide ertrinken. In der Schlußeinstellung heißt es: „Die Liebe konnte die Freundschaft zwischen Jules und Jim nicht aufwiegen ..."

STAB: Regie: François Truffaut; Drehbuch: François Truffaut, Jean Gruault (nach dem Roman von Henri-Pierre Roché); Kamera: Raoul Coutard; Musik: Georges Delerue, Chanson „Le Tourbillon" von Boris Bassiak, gesungen von Jeanne Moreau; Schnitt: Claudine Bouché; Bauten: Fred Capel; Frankreich 1961; 100 Minuten.
ORIGINALTITEL: Jules et Jim
BESETZUNG: Jeanne Moreau (Cathérine), Oskar Werner (Jules), Henri Serre (Jim), Marie Dubois (Thérèse), Boris Bassiak (Albert), Sabine Haudepin (Sabine), Vanna Urbino (Gilberte).
DER REGISSEUR: François Truffaut, geboren am 6. Februar 1932 in Paris als Sohn eines technischen Zeichners und einer Sekretärin, hatte eine so unglückliche und einsame Kindheit wie der kleine Held seines Spielfilm-Erstlings „Sie küßten und sie schlugen ihn" (1959). Trost fand er vor allem im Kino, und so begann schon früh jene leidenschaftliche Liebesaffäre mit dem Film, die sein ganzes Leben bestimmte. Truffaut geriet an den Kritikerpapst André Bazin und wurde durch ihn zum Mitarbeiter an den „Cahiers du Cinéma". Als Kritiker war Truffaut ein entschiedener Verfechter des Autoren-

kinos und wurde mit Kollegen wie Godard, Rivette und Rohmer zum Begründer der Nouvelle Vague. Sein Debütwerk (in Cannes mit dem Regiepreis ausgezeichnet) erzählt die autobiografisch geprägte Geschichte von Antoine Doinel, der, älter werdend und stets von Jean-Pierre Léaud gespielt, in den Filmen „Antoine und Colette" (Truffauts Beitrag zu dem Episodenfilm „Liebe mit zwanzig", 1962), „Geraubte Küsse" (1968), „Tisch und Bett" (1970) und „Liebe auf der Flucht" (1978) wieder auftauchte. Zu den berühmtesten Filmen des Hitchcock-Bewunderers Truffaut gehören „Fahrenheit 451" (1966), „Die Braut trug schwarz" (mit Jeanne Moreau, 1967), „Die Liebe der Adèle H." (mit Isabelle Adjani, 1975) und „Die letzte Métro" (mit Catherine Deneuve, 1980). Seine Lebensgefährtin Fanny Ardant war die Heldin seiner beiden letzten Filme „Die Frau nebenan" (1981) und „Auf Liebe und Tod". François Truffaut starb am 21. Oktober 1984 an einem Gehirntumor.

DER REGISSEUR ÜBER SEINE ARBEIT: „Ich glaube, es ist trotz der heiklen Aspekte der Vorlage ein zutiefst moralischer Film geworden, schon allein der schrecklichen Traurigkeit wegen, die er entfaltet ... Anfangs glaubte ich, einen lustigen Film zu drehen, aber auf halbem Wege merkte ich, daß er Traurigkeit braucht, um überhaupt zu funktionieren."

DIE KRITIK ZUM FILM: „Die Realisierung von ‚Jules und Jim' ist eine perfekte Mischung aus Vergangenheitsbeschwörung und zeitgenössischer Relevanz." (Lexikon des internationalen Films)

Fotos:
1. Jeanne Moreau, Oskar Werner, Henri Serre (r),
2. Jeanne Moreau, Oskar Werner, Henri Serre (r)
3. Jeanne Moreau, Henri Serre
4. Marie Dubois, Henri Serre
5. Szene

1961: Eins, zwei, drei

Von der Geschichte überrollt: Billy Wilders bissige Farce über deutsch-deutsche Beziehungen, manierierte Amerikaner und das geteilte Berlin stieß bei der Uraufführung 1961 auf Ablehnung. Kein Wunder, nicht nur den Berlinern war durch den Bau der Mauer das Lachen über diese Themen vergangen. Bei der Wiederaufführung 1986 erhält die temporeiche Komödie dann endlich die Anerkennung, die sie verdient.
Foto: Hans Lothar, James Cagney, Horst Buchholz, Pamela Tiffin

1961: Ein Pyjama für zwei

Die Wiederholung des Erfolgsrezepts und doch mehr als ein Aufguß: Doris Day und Rock Hudson ziehen wieder in den Geschlechterkrieg. Dabei gerät die Komödie nicht nur zu einem unterhaltsamen Schlagabtausch der beiden Hauptdarsteller, sondern auch zu einer bissigen Attacke gegen den Konsumrausch.
Foto: Rock Hudson

1961: Miss Marple: 16.50 Uhr ab Paddington

Wer Miss Marple sagt, meint Margaret Rutherford: Die englische Bühnenschauspielerin steht 1961 unter der Regie von George Pollock zum erstenmal als rüstige Hobby-Detektivin vor der Kamera. Ihre schrullige Komik, kombiniert mit einem Schuß englischen Snobismus, bleibt unerreicht. Nur Marple-Schöpferin Agatha Christie ist „not amused". Sie schimpft nach der Vorführung: „Was für ein Blödsinn!"
Foto: Margaret Rutherford

1961: Das Urteil von Nürnberg

Das aufsehenerregendste Courtroom-Drama mit geschichtlichem Hintergrund: Überraschend differenziert zeichnet Stanley Kramer die Nürnberger Kriegsverbrecher-Prozesse nach. Ihm geht es nicht um einseitige Schuldzuweisung, sondern er beschreibt die Ohnmacht eines Richters, der im Sumpf von Rassenhaß und blindem Befehlsgehorsam vergeblich versucht, Gerechtigkeit walten zu lassen. Die Besetzung ist erstrangig: Spencer Tracy, Marlene Dietrich, Maximilian Schell, Montgomery Clift, Burt Lancaster, Richard Widmark, Judy Garland.
Foto: Spencer Tracy

1961: Einsam sind die Tapferen

Der Abgesang auf eine Ära: Der Western, einst das erfolgreichste Genre des Hollywood-Films, stößt bei den Zuschauern auf immer weniger Interesse. Regisseur David Miller zieht die Konsequenzen: Er dreht mit Westernstar Kirk Douglas in der Hauptrolle die Geschichte eines alternden Cowboys, der sich nicht an die neue Zeit anpassen will und sich deshalb allein mit seinem Pferd der modernen Polizeimaschinerie entgegenstellt.
Foto: Kirk Douglas, Gena Rowlands

1961: Ein Köder für die Bestie

Hilflosigkeit als Spannungsmittel: Robert Mitchum bedroht als brutaler Killer einen Anwalt und seine Familie – die Polizei muß tatenlos zusehen. J. Lee Thompson dreht einen Thriller mit zynischer Aussage: Wo der Arm des Gesetzes nicht mehr hinreicht, herrscht wieder blanke Gewalt und das Gesetz des Stärkeren. Furios: das Finale in den Sümpfen von Florida. Martin Scorsese dreht 30 Jahre später ein Remake des Krimi-Klassikers, das aber an das Vorbild nicht heranreicht.
Foto: Lori Martin, Robert Mitchum

1961: Der Mann, der Liberty Valance erschoß

Die Hinterfragung des Mythos: John Ford dreht – stilistisch perfekt – einen Abgesang auf Western-Legenden und falsches Heldentum. Der Satz eines Reporters in der Schlußszene wird zum Kernpunkt des Films: „Das ist der Westen. Wenn die Wahrheit über eine Legende herauskommt, druck die Legende."
Foto: Vera Miles, James Stewart

1961: Der Gefangene von Alcatraz

Das Drama eines stillen Mannes: Basierend auf der Lebensgeschichte des Strafgefangenen Robert Stroud dreht John Frankenheimer ein Drama der leisen Töne, das wirkungsvoll wie kein anderes den modernen Strafvollzug anprangert. Burt Lancaster wird für den „Oscar" nominiert und erhält den Darstellerpreis auf den Filmfestspielen in Venedig.
Foto: Burt Lancaster

1961: Es muß nicht immer Kaviar sein

Spion wider Willen: Nach dem Roman des Bestseller-Autors Johannes Mario Simmel dreht Geza von Radvanyi die erfrischendste deutsche Agentenparodie. O. W. Fischer beweist sich als selbstironischer Charmeur von internationalem Format.
Foto: O. W. Fischer

1961: Infam

Ein Tabu schockt die Kinozuschauer: William Wyler wagt sich (nach seiner Verfilmung des Bühnenstücks „Infame Lügen" von Lillian Hellman, 1936) zum zweitenmal an das Thema lesbische Liebe. Wesentlich deutlicher (aber im Vergleich zu späteren Werken immer noch verhalten) erzählt er die Geschichte zweier Erzieherinnen, denen ein Verhältnis unterstellt wird, erschreckend wirklichkeitsnah.
Foto: Audrey Hepburn, James Garner

1961: Mister Hobbs macht Ferien

Der Meister der sorglosen Unterhaltung: James Stewart als Familienoberhaupt in Nöten. Der Urlaubstrip mit der Sippschaft gerät zum Alptraum. Ob beim Kampf mit der Wasserpumpe oder bei der Vogelexpedition mit dem Vorgesetzten des Schwiegersohnes: Mit grimmig-entschlossener Miene und fahrigen Bewegungen meistert James Stewart alle Höhen und Tiefen des Familienlebens.
Foto: Natalie Trundy, James Stewart

1962: Lilien auf dem Felde

Eine Revolution in Hollywood: Sidney Poitier erhält als erster schwarzer Schauspieler den „Oscar" für die beste Hauptrolle. Damit beweist sich Poitier nicht nur als Meister seines Fachs, sondern bringt auch den Kampf gegen Rassendiskriminierung in der Traumfabrik einen entscheidenden Schritt voran.
Foto: Sidney Poitier (m)

1962: Die Vögel

Nervenaufreibendes Filmdebüt für Tippi Hedren: Das blonde Model wird von Hitchcock entdeckt und erhält die Hauptrolle in seinem neuen Film. Die Dreharbeiten werden für die 28jährige zur Tortur: Eine Woche verbringt sie auf einem engen Set mit Krähen und Möwen, die teilweise mit Gummibändern an ihrem Körper befestigt sind. Schließlich werden die Vögel tatsächlich aggressiv und fügen der Schauspielerin tiefe Hackwunden knapp unter den Augen zu.
Foto: Tippi Hedren, Rod Taylor

1962: Wer die Nachtigall stört

Eine gelungene Mischung aus engagiertem Drama und beschaulichen Kindheitserinnerungen: Robert Mulligan gelingt eine gefühlvolle Umsetzung von Harper Lees Pulitzer-Preisgekröntem Roman mit dem neunjährigen Naturtalent Mary Badham und Hollywood-Star Gregory Peck in Höchstform („Oscar"). Selten: Auch der Buchautor war von der Verfilmung begeistert.
Foto: Mary Badham, Gregory Peck

1962: Der Leopard

Viscontis opulentestes Werk: Er schwelgt in üppigen Ausstattungen, prächtigen Kostümen und prunkvollen Gesellschaften. Doch verwirkt er dabei nie den Anspruch seines Films als Sittengemälde. Er zeigt den Prunk nicht um des Prunks Willen, sondern als Ausdruck einer Epoche. Der Film kommt nur in stark gekürzter Version in die Kinos.
Foto: Claudia Cardinale, Alain Delon

1962: Das Mädchen Irma la Douce

Keine Leinwand-Prostituierte war unschuldiger: Shirley MacLaine verleiht in der Verfilmung des gleichnamigen Erfolgs-Musicals der Bordsteinschwalbe Irma eine kindliche Naivität. Regisseur Billy Wilder verzichtet diesmal auf seinen gewohnten Zynismus und dreht (nach eigener Aussage) eine „nette, saubere und warmherzige Story über die Emanzipation einer Prostituierten".
Foto: Shirley MacLaine

1962: Cleopatra

Das pompöseste Fiasko aller Zeiten: Elizabeth Taylor übernimmt für eine Million Dollar (bis dahin die höchste Gage, die je gezahlt wurde) die Titelrolle. Als Regisseur wird Rouben Mamoulian verpflichtet. Der steigt jedoch nach sechsmonatiger Drehzeit, die immer wieder durch Allüren der Taylor verzögert wird, aus. Mit ihm die beiden männlichen Hauptdarsteller Peter Finch und Stephen Boyd. Joseph L. Mankiewicz, Rex Harrison und Richard Burton springen ein. Am Ende waren 40 Millionen Dollar verpulvert, die trotz guter Zuschauerzahlen nur knapp zur Hälfte wieder eingespielt wurden.
Foto: Richard Burton, Elizabeth Taylor

1962: Lawrence von Arabien
von: David Lean

In einer strahlend weißen Dschellaba tanzt T. E. Lawrence durch die Wüste: übermütig, optimistisch, erleichtert, sich der engen britischen Uniform entledigt zu haben. Ein Idealist und Weltverbesserer, der an die Mär von Freiheit und Gerechtigkeit glaubt und den Frieden in Arabien als sein höchstes Ziel erachtet. Noch ist sein weißes Gewand sauber, unberührt von Wüstensand, Schweiß und Blut. In der zweiten Hälfte des Films sieht das Publikum einen anderen Lawrence: Nach einer Schlacht mit den Türken steht er mit dem Dolch in der Hand zwischen Leichen, sein Gewand ist blutgetränkt, in den Augen spiegeln sich Wahnsinn und Mordlust – ein fanatischer Kämpfer, der seine eigentlichen Ziele längst aus den Augen verloren hat. David Lean erweist sich mit „Lawrence von Arabien" als Meister der Bildsprache. Jede Einstellung mußte bis ins Detail perfekt sein. Oft wartete er tagelang auf den richtigen Sonnenuntergang, ließ teilweise sogar den Wüstensand einfärben, um den erwünschten Effekt

zu erzielen. Umso unverständlicher, daß sein bei der Uraufführung 220 Minuten langer Film im Laufe der Jahre auf 187 Minuten gekürzt wurde. Erst 1989 kamen die Fans wieder in den Genuß der langen Version. Robert A. Harris arbeitete zusammen mit David Lean sechs Jahre an der Restaurierung des Abenteuer-Epos'. Fast verschollen geglaubte oder wegen ihrer Brisanz bislang nicht gezeigte Szenen wurden nachsynchronisiert, neu eingefärbt und wieder eingefügt. 27 Jahre nach der Entstehung konnte David Lean seinen Film zum ersten Mal so auf der Leinwand sehen, wie er ihn selbst sich vorgestellt hatte.

INHALT: Der junge englische Offizier T. E. Lawrence arbeitet während des Ersten Weltkriegs im britischen Hauptquartier in Kairo. Er erhält den Auftrag, die arabischen Stämme zu einen und sie beim Kampf gegen die Türken anzuführen. Erfreut, sich endlich ins „Abenteuer" stürzen zu können, macht er sich auf den Weg in die Wüste. Tatsächlich gelingt es dem Idealisten,

einen Waffenstillstand zwischen Auda Abu Tayi und Prinz Feisal zu erwirken. Gemeinsam erobern die Araber die von den Türken besetzte Hafenstadt Akaba. Begeistert von Lawrences Erfolg, gibt ihm die britische Regierung den Auftrag für die Leitung weiterer Überfälle. Von den Arabern hochgeachtet, von seinen Landsleuten verehrt, führt Lawrence einen Guerillakrieg gegen die Türken. Doch bei der Eroberung der Hauptstadt Damaskus erleidet er einen herben Rückschlag. Die Araber können mit ihrer neugewonnenen Freiheit nicht umgehen, und die alten Feindschaften zwischen den Stämmen brechen wieder auf. Überzeugt, als Friedensstifter versagt zu haben, kehrt Lawrence nach England zurück.
STAB: Regie: David Lean; Drehbuch: Robert Bolt, Michael Wilson (nach der Autobiographie „Die sieben Säulen der Weisheit" von T. E. Lawrence); Kamera: F. A. Young; Musik: Maurice Jarre; Bauten: John Stoll; Ausstattung: Dario Simoni; Kostüme: Phyllis Dalton; Schnitt: Anne V. Coates; Produktion: Sam Spiegel; GB 1962; 220 Minuten.
ORIGINALTITEL: Lawrence of Arabia
BESETZUNG: Peter O'Toole (T. E. Lawrence), Alec Guinness (Prinz Feisal), Anthony Quinn (Auda Abu Tayi), Jack Hawkins (Gen. Allenby), José Ferrer (Türkischer Offizier), Omar Sharif (Sherif Ali), Anthony Quayle (Oberst Brighton), Claude Rains (Mr. Dryden), Arthur Kennedy (Jackson Bentley), Donald Wolfit (General Murray); I. S. Johar (Gasim), Gamil Ratib (Majid), Michel Ray (Ferraj).
PREISE: „Oscars" für Bester Film, Regie, Musik, Kamera, Bauten, Ton, Schnitt.
DER REGISSEUR: David Lean, geboren am 25. März 1908 in Croydon, England, stieg im Alter von 19 Jahren ins

Filmgeschäft ein und arbeitete sich vom Laufburschen zum Cutter von Wochenschauen und Spielfilmen hoch. Zusammen mit Noel Coward inszenierte er 1942 seinen ersten Film, das Kriegsdrama „In Which we Serve". Lean entwickelte sich zum Spezialisten für aufwendige Literaturverfilmungen wie zum Beispiel Charles Dickens' „Oliver Twist" (1948). Für seine Monumental-Epen „Die Brücke am Kwai" (1957) und „Lawrence von Arabien" (1962) erhielt er den „Oscar"; „Ryan's Tochter" hingegen wurde ein Mißerfolg. Erst 1984 drehte Lean wieder. Erneut eine großangelegte Literaturverfilmung: E. M. Forsters „Reise nach Indien". Im gleichen Jahr wurde Lean in den Adelsstand erhoben. 1990, ein Jahr vor seinem Tod, würdigte man sein Lebenswerk mit dem „Life Achievement Award".

DER REGISSEUR ÜBER SEINE ARBEIT: „Ich versuche, etwas klar zu zeigen und eine gewisse Sichtweise zu vermitteln. Die Leute im Publikum können von meiner Sicht der Dinge abweichen, je nach ihrer Persönlichkeit und ihren Erfahrungen. Ich hoffe nur, daß sie etwas mitnehmen, worüber sie nachdenken und sprechen können."
DIE KRITIK ZUM FILM: „Die Intensität dieses Films ist so stark, daß das Publikum sich bei den Wüstenszenen fast einen Sonnenbrand holen könnte."
(The Motion Picture Guide)

Fotos:
1. Szene
2. Omar Sharif
3. Anthony Quinn (l), Peter O'Toole
4. 5. Szenen

1962: James Bond 007 jagt Dr. No

Er ist da: James Bond 007. Nach mehrjähriger Vorbereitungszeit bringt das Produzententeam Albert R. Broccoli und Harry Saltzman Ian Flemings Superagenten auf die Leinwand. Bond steigt zum erfolgreichsten Spion aller Zeiten auf. Das James Bond-Thema wird ein Ohrwurm, und Sean Connery avanciert zum Superstar, der auf der ganzen Welt von kreischenden Fans umlagert wird.
Foto: Sean Connery

1962: Jason und die Argonauten

Kämpfende Skelette, fliegende Harpyien und eine zum Leben erwachte Bronzestatue: Ray Harryhausen, der Urvater der modernen Tricktechnik, macht aus der griechischen Sage ein grelles Fantasy-Märchen. Mit Hilfe der Stop-Motion-Technik präsentiert er Special-Effect-Szenen in bis dahin nie gekannter Perfektion.
Foto: Todd Armstrong

**1962: Achteinhalb
von: Federico Fellini**

Fellini meditiert über Fellini. „Achteinhalb" ist eine Reise in das Gehirn das Regisseurs Guido (Marcello Mastroianni) – doch Guido ist nichts weiter als ein Strohmann für Fellini selbst. Mit „Das süße Leben" (1959) hatte der extravagante Filmemacher den Zenit seiner Laufbahn erreicht. Der weltweite Erfolg führte zu einer schöpferischen Krise: Der Regisseur stand unter Leistungsdruck, fühlte sich ausgelaugt und ohne Schaffenskraft. Fellinis raffinierter Ausweg aus der kreativen Sackgasse: Er machte seine Ängste und Frustrationen zum Thema seines nächsten Films. Das Ergebnis ist phänomenal – ein psychoanalytischer Bilderbogen, in dem der Meister seine Seele offenlegt. Fellinis Filme handeln immer von seinen Obsessionen, aber „Achteinhalb", dessen Titel die Summe der bisherigen Filme Fellinis bezeichnet (sechs abendfüllende – „ganze" –, drei kurze – „halbe" –, plus der gerade entstehende), ist sein intensivster und faszinierendster Ego-Trip. Die rasante Collage von Realität, Erinnerung,

Traum und Wunschdenken versetzt den Zuschauer in eine surrealistische Welt, in der die Grenzen zwischen Wirklichkeit und Phantasie, Leben und Tod aufgehoben sind. Nichts ist unmöglich. Kein Wunder, daß der Arbeitstitel des Films „Das schöne Durcheinander" war. „Wozu sich bemühen, Ordnung zu schaffen?" fragt Fellini. „Wäre es nicht sinnvoller, sich in das phantastische Ballett des Lebens einzufügen und nur zu versuchen, intuitiv den richtigen Rhythmus zu erkennen?"

INHALT: Der berühmte Regisseur Guido Anselmi hat sich zu einer Kur in ein Thermalbad zurückgezogen. Er steckt in einer Schaffenskrise. Sein Produzent erwartet von ihm einen monumentalen Science-fiction-Film, aber Guido kann sich nicht zur Arbeit aufraffen. Statt dessen reflektiert er über sein Leben. Tagträume und Visionen vermischen sich mit dem Alltag im Thermalbad. Guido phantasiert eine Begegnung mit seinen toten Eltern auf einem Friedhof, träumt von der großen

Liebe zu einer Krankenschwester, erinnert sich an Erlebnisse aus seiner Kindheit und stellt sich vor, wie es wäre, Ehefrau und Geliebte in einem Harem zu vereinen und mit der Peitsche zur Eintracht zu zwingen. Er hat Selbstmordgedanken. Schließlich reißt er sich zusammen, stellt sich am Set des Films, einer riesigen Rakete, den Journalisten und beginnt mit den Dreharbeiten ...

STAB: Regie: Federico Fellini; Drehbuch: Federico Fellini, Tullio Pinelli, Ennio Flaiano, Brunello Rondi; Kamera: Gianni Di Venanzo; Musik: Nino Rota; Ausstattung und Kostüme: Piero Gherardi; Schnitt: Leo Catozzo; Produzenten: Federico Fellini, Angelo Rizzoli; Italien/Frankreich, 1962; 114 Minuten.

ORIGINALTITEL: Otto e mezzo

BESETZUNG: Marcello Mastroianni (Guido Anselmi), Anouk Aimée (Luisa, seine Frau), Sandra Milo (Carla, seine Geliebte), Claudia Cardinale (Claudia), Mario Pisu (Mezzobotta), Barbara Steel (Gloria), Guido Alberti (Produzent), Rossella Falk (Rossella).

PREISE: „Oscar" als Bester ausländischer Film, erster Preis des Moskauer Filmfestivals.

DER REGISSEUR: Federico Fellini, geboren am 20. Januar 1920 in Rimini. Fellini, der von sich selbst sagt, er lüge gerne, hat so viel Widersprüchliches über seine Jugend erzählt, daß Fakten und Phantasie verschwimmen. Sicher ist, daß er im Alter von sieben Jahren für einige Tage von zu Hause fortlief, um mit einem Zirkus zu ziehen. Der Zirkus hat Fellinis Oeuvre geprägt wie die strengen katholischen Schulen, die er besuchte. 1938 ging er nach Florenz, wo er als Comic-Zeichner, Reporter, Radio- und Drehbuchautor arbeitete. Roberto Rossellini engagierte ihn als Script-Mitarbeiter und Regieassistent. Fellini zog nach Rom, wo er

1950 – in Zusammenarbeit mit Alberto Lattuada – seinen ersten Film, „Lichter des Varieté", inszenierte, der genauso floppte wie sein nächstes Projekt „Der weiße Scheich" (1950). Doch schon sein drittes Werk, „Die Müßiggänger" (1953), etablierte Fellini als international anerkannten Filmemacher. Für „La Strada" (1954), in dem seine Frau Giulietta Masina die Hauptrolle spielte, wurde er mit dem „Oscar" ausgezeichnet, ebenso für „Die Nächte der Cabiria" (1957), „Achteinhalb" (1962) und „Amarcord' (1973). Sensationelle Erfolge feierte er auch mit „Das süße Leben" (1959), „Fellinis Satyricon" (1969), „Fellinis Casanova" (1976) und „Fellinis Schiff der Träume" (1983). 1990 drehte er seinen 20. Film, „Die Stimme des Mondes". Am 31. Oktober 1993 starb der große italienische Regisseur an den Folgen eines Schlaganfalls.

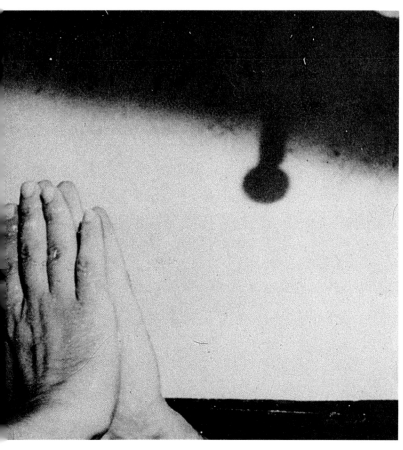

DER REGISSEUR ÜBER SEINE ARBEIT:
„Guido aus ‚Achteinhalb' hat eine Frau, eine Geliebte und verfügt über ein weitgespanntes Netz von Beziehungen, in dem er wie eine Fliege im Spinnennetz zappelt. Doch ohne diese Beziehungen würde er wahrscheinlich ins tiefste Nichts fallen, da er das Gefühl hat, nirgends verankert zu sein."

DIE KRITIK ZUM FILM: „Fellinis Protagonist ist ein Erotomane, ein Sadist, ein Masochist, ein Mythomane, ein Lebensfeigling, ein Mutterbrust-Nostalgiker, ein Narr, ein Schwindler und Betrüger. Fellini verdeutlicht die Neurose des Unvermögens mit einer geradezu klinischen, bisweilen sogar unfreiwilligen Präzision." (Alberto Moravia)

Fotos:
1. *Anouk Aimée, Marcello Mastroianni*
2. *Claudia Cardinale*
3. *Sandra Milo*
4. *Marcello Mastroianni*
5. *Szene*

1963: Dr. Seltsam – oder wie ich lernte, die Bombe zu lieben

Die schwärzeste Komödie zum Zeitgeschehen: Stanley Kubrick setzt seine Sicht der politischen Lage in Szene. Die Welt ist ein Pulverfaß, und ein paar fanatische Massenmörder mit beschränktem Horizont sitzen am Roten Knopf. Grandios: Peter Sellers als ausrangierter Nazi-Scherge mit neuen Aufgaben.
Foto: Peter Sellers

1963: Das Schweigen

Geniale Parabel auf Vereinsamung und Beleidigung der Menschenwürde: Ingmar Bergmans Film über die Beziehung zweier Schwestern, die von der zwanghaften lesbischen Veranlagung der einen überschattet wird, sorgt vor allem in Deutschland für Aufregung. Das unspektakulär inszenierte Drama stößt durch eine gewagte Sexszene auf ungewöhnlich großes Publikumsinteresse.
Foto: Ingrid Thulin

1963: My Fair Lady

Der Erfolgsfilm zum Broadway-Hit: George Cukor bringt das Musical, das allein in New York 2717 Vorstellungen erlebte, auf die Leinwand: Rex Harrison (als verschrobener Professor Higgins) und Audrey Hepburn (als sympathisch-natürliche Eliza) bieten inmitten opulenter Sets und aufwendiger Kostüme Bestleistungen.
Foto: Rex Harrison, Audrey Hepburn

1963: Winnetou I

Konkurrenz für den Hollywood-Western: Regisseur Harald Reinl kreiert ein neues Genre, das einige der erfolgreichsten deutschen Nachkriegsfilme hervorbringt. Basierend auf den Erzählungen Karl Mays erschafft Reinl eine heile Western-Welt mit edlen Indianern und mutigen Trappern, die aber trotz – oder gerade wegen – ihrer Naivität neben der Konkurrenz aus Übersee bestehen kann.
Foto: Marie Versini, Lex Barker

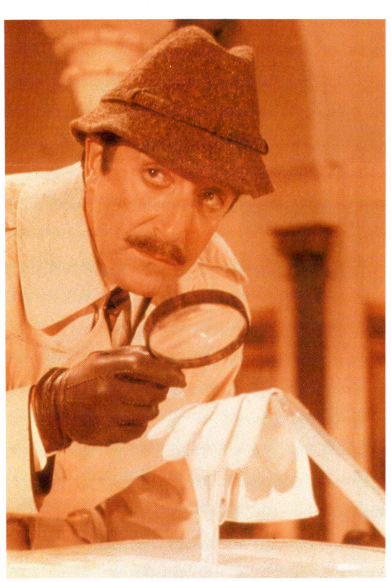

1963: Der rosarote Panther

Der trotteligste Kriminaler der Filmgeschichte gibt sein Debüt: Inspektor Clouseau (unnachahmlich: Peter Sellers) stolpert durch die High-Society und klärt nebenbei einen Juwelenraub auf. Der Auftakt zu einer der erfolgreichsten Filmreihen aller Zeiten.
Foto: Peter Sellers

1964: Hochzeit auf italienisch

Ein erfolgreiches Gespann: Regisseur Vittorio De Sica und seine beiden Hauptdarsteller Sophia Loren und Marcello Mastroianni landeten schon ein Jahr zuvor mit „Gestern, heute und morgen" einen Kassenhit. Mit „Hochzeit auf italienisch" können sie diesen Erfolg wiederholen und lösen eine Flut von zweitklassigen Komödien aus, die sich meist nur an den Titel anlehnen.
Foto: Marcello Mastroianni, Sophia Loren

1964: Angélique

Trivialliteratur auf der Leinwand: Bernard Borderie bedient sich einer anspruchslosen, aber erfolgreichen Buchvorlage, setzt sie mit aufwendigen Kostümen und reichlich Erotik um und landet einen Kassenerfolg. Vier weitere „Angélique"-Filme folgen.
Foto: Michèle Mercier, Robert Hossein

1964: Für eine Handvoll Dollar

Der erste Italo-Western. Sergio Leone dreht mit einem Budget von 200 000 Dollar eine zynische Western-Variante. Er geht inhaltlich und stilistisch neue Wege: Der Protagonist ist kein strahlender Held, Brutalität ist an der Tagesordnung; extreme Großaufnahmen wechseln in schneller Folge; die Musik wird von kühlen, fast grausamen Tönen bestimmt. Die Hauptrolle übernimmt der TV-Schauspieler Clint Eastwood, der damit zum Kino-Star avanciert.
Foto: Clint Eastwood

1964: Ekel

Was als billiger Horrorfilm geplant war, avanciert zum vielbeachteten Frühwerk eines anspruchsvollen Regisseurs. Roman Polanskis erster englischsprachiger Film überzeugt durch geschickt inszenierte Psycho-Spannung und ermöglicht ihm den Sprung ins US-Kino.
Foto: Catherine Deneuve

1964: Eine verheiratete Frau
von: Jean-Luc Godard

„Den einzigen Film, den zu machen ich wirklich Lust habe", hat Jean-Luc Godard einmal gesagt, „werde ich niemals durchführen, weil er unmöglich ist. Das ist ein Film über die Liebe, oder von der Liebe oder mit der Liebe." Er hat ihn doch gemacht: „Eine verheiratete Frau". Der Rätsel- und Widersprüche-Inszenator der französischen „Nouvelle Vague" hat eine fast dokumentarisch-einsilbige Love-Story abgeliefert – voller fragmentarischer Einzelbilder, voller karger Dialoge und eindimensionaler Einstellungen (etwa die grotesk-tragische Schlafzimmersequenz zwischen der „verheirateten Frau" und ihrem Ehemann: Es läuft dabei eine Platte mit hysterischem Liebesgegurre ...). Alphaville läßt grüßen. „Die Essenz des Films im Jahr 1964", sah damals ein englischer Kritiker in diesem Godard-Werk, das, mittlerweile zum Filmklassiker avanciert, heute vor allem durch seinen 60er-Jahre-Zeitgeist besticht.
INHALT: 24 Stunden aus dem Leben einer verheirateten Frau: Täglich be-

sucht Charlotte ihren Liebhaber, den Schauspieler Robert. Sie verspricht ihm, sich von ihrem Mann Pierre zu trennen. Anschließend holt sie ihren Sohn Nicolas und fährt mit ihm zum Flughafen, wo sie ihren Mann trifft, der mit einem Geschäftsfreund von einer Reise zurückkehrt. Am nächsten Tag erfährt Charlotte, daß sie schwanger ist. Sie weiß aber nicht, von wem – von ihrem Geliebten oder ihrem Mann. Bei einem Treffen mit Robert erklärt Charlotte, daß sie Pierre doch nicht verlassen wird. Robert beendet darauf das Verhältnis mit Charlotte.
STAB: Regie und Drehbuch: Jean-Luc Godard; Kamera: Raoul Coutard; Ton: Antoine Bonfanti, René Levert, Jacques Maumont; Schnitt: Agnès Guillemot, François Collin; Produktion: Anouchka Films, Orsay Films, Paris; Frankreich 1964; 95 Minuten.
ORIGINALTITEL: Une femme mariée
BESETZUNG: Macha Méril (Charlotte), Philippe Leroy (Pierre), Bernard Noel (Robert), Roger Leenhard (Roger Leenhard), Rita Maiden (Madame Céline).

DER REGISSEUR: Jean-Luc Godard, am 3. Dezember 1930 als Sohn eines Arztes und einer Bankierstochter in Paris geboren, wuchs in der Schweiz auf. 1949 begann er an der Pariser Sorbonne mit dem Studium der Ethnologie und entdeckte seine Liebe zum Film. Im Mai 1950 gehörte der neunzehnjährige Godard zusammen mit Eric Rohmer und Jacques Rivette zu den Gründern der „Gazette du Cinéma". Schon bald schrieb er auch für die „Cahiers du Cinéma" und kam so mit Claude Chabrol und François Truffaut zusammen. Während dieser Zeit drehte er zwei Kurzfilme: „Opération béton", über die Errichtung eines Dammes, bei der er als ungelernter Arbeiter beschäftigt war, und „Une femme coquette". Schon hier experimentierte er mit neuartigen stilistischen Kunstgriffen. „Außer Atem" war Godards erster abendfüllender Spielfilm. 1961 folgte „Eine Frau ist eine Frau" mit Godards späterer Ehefrau Anna Karina in der Hauptrolle. Begeistert von der 68er Bewegung drehte er dann ausschließlich politische Filme, die teilweise von der Zensur verboten („Der kleine Soldat") oder nie gezeigt wurden („Lotte in Italia"), experimentierte mit Video- und neuen Kommunikationstechniken. Erst 1972 kehrte er mit „Alles in Butter" mit Yves Montand und Jane Fonda zum kommerziellen Kino zurück. Es folgten „Rette sich, wer kann" (1980), „Passion" (1982) und „Vorname Carmen" (1983). Heute

gilt Godard als menschenscheuer, depressiver Sonderling, der sich längst mit seinen alten Kumpanen zerstritten hat.

DER REGISSEUR ÜBER SEINE ARBEIT: „Kino bedeutet, die Welt auf eine bestimmte Art zu sehen, oder man könnte sagen, die Welt zu sehen und zu analysieren. Kino hat eine spektakuläre Kraft, aber, wenn nur das Spektakel bleibt und die Analyse verloren geht, ist es uninteressant."

DIE KRITIK ZUM FILM: „Dieses Werk, das in fast allen Ländern zunächst verboten und dann freigegeben wurde, ohne daß die Zensoren den Grund fürs Verbieten wie fürs Freigeben formulieren konnten, ist ein sehr einfacher, sehr schöner, bisweilen sehr erheiternder Film über den sehr komplizierten, häufig unschönen, fast nie komischen Alltag einer Frau." (ihk)

Fotos:
1. Philippe Leroy, Macha Méril
2. Macha Méril
3. Bernard Noel, Macha Méril
4. Philippe Leroy, Macha Méril
5. Macha Méril

**1964: Goldfinger
von: Guy Hamilton**

Mit „Goldfinger" erreichte die „Bonditis" ihren ersten weltweiten Höhepunkt. Der dritte Film der Serie (nach „Dr. No", 1962 und „Liebesgrüße aus Moskau", 1963) war der bisher aufwendigste – auch, was die Vermarktung anging. Die Produzenten Saltzman und Broccoli setzten eine gigantische Werbekampagne in Gang, die in der Filmgeschichte bis dato einmalig war. Es gab die verschiedensten Spielsachen, Modell-Autos und James Bond-Puppen. Der von Shirley Bassey gesungene Titelsong („Goooldfinggaahh") wurde ein Plattenhit, und Bond-Girl Shirley Eaton, fast nackt und gänzlich vergoldet, war in allen Ländern der Welt auf den Titeln der wichtigsten Zeitschriften zu sehen, bevor der Film überhaupt abgedreht war. Zur Premiere wurden die Filmspulen – unter großem Interesse der Presse – von schwer bewaffneten Mädchen in goldenen Bikinis in den Vorführraum getragen. Doch „Goldfinger" wäre auch ohne all den Rummel ein Erfolg geworden. Der Film hat – im Gegen-

satz zu vielen anderen der Bond-Serie – ein straffes Drehbuch ohne Schnickschnack und bemerkenswert gute Darsteller. Sean Connery hatte noch Spaß an seiner Rolle, Honor Blackman strahlte eine faszinierende Mischung aus Sex und Brutalität aus, Harold Sakata war ein herrlich bizarrer Killer, und Gert Fröbe als größenwahnsinniger Meisterverbrecher spielte die Rolle seines Lebens. Harry Saltzman wußte, wie wichtig Fröbe für den sensationellen Erfolg des Filmes gewesen war und bedankte sich mit einem ungewöhnlichen Geschenk: einem echten Goldfinger. Was den stets witzigen Gert Fröbe zu der Bemerkung veranlaßte: „Schade, daß der Film nicht ‚Goldarm' heißt."

INHALT: Der verbrecherische Millionär Auric Goldfinger will mit Hilfe seiner Komplizin Pussy Galore und seines mörderischen japanischen Dieners Oddjob in Ford Knox einbrechen, um die dort gelagerten Goldreserven der Vereinigten Staaten mit einer Mini-Atombombe radioaktiv zu verseuchen

und so zu entwerten. Goldfingers Goldvorrat würde dadurch enorm im Wert steigen und ihn zum reichsten Mann der Welt machen. Doch er hat die Rechnung ohne James Bond vom Britischen Geheimdienst gemacht, der den Plan des Superverbrechers durchschaut und ihn von Miami in die Schweiz verfolgt. Dort wird Bond von Goldfingers Vasallen überwältigt und gefangengenommen. Der eitle Gangster läßt den Agenten bei seinem Einbruch in Fort Knox – für den er die US-Wachmannschaften mit von Flugzeugen aus versprühtem Nervengas einschläfert – zusehen, kettet ihn dann an die radioaktive Zeitbombe und flieht. Bond kann den Sprengsatz im letzten Moment entschärfen und sich befreien. Er nimmt die Verfolgung Goldfingers auf. In einem Flugzeug kommt es zum dramatischen Showdown ...

STAB: Regie: Guy Hamilton; Drehbuch: Richard Maybaum, Paul Dehn (nach dem Roman von Ian Fleming); Kamera: Ted Moore; Musik: John Barry; Bauten: Peter Murter; Ausstattung: Freda Pearson; Spezialeffekte: John Stears, Frank George; Schnitt: Peter Hunt; Produktion: Harry Saltzman, Albert R. Broccoli; Großbritannien 1964; 112 Minuten.
ORIGINALTITEL: Goldfinger
BESETZUNG: Sean Connery (James Bond), Gert Fröbe (Goldfinger), Honor Blackman (Pussy Galore), Shirley Eaton (Jill Masterson), Tania Mallett (Tilly Masterson), Harold Sakata (Oddjob), Bernard Lee („M"), Martin Banson (Solo), Cec Linder (Felix Leiter), Lois Maxwell (Miss Moneypenny), Desmond Llewelyn („Q").
DER REGISSEUR: Guy Hamilton, im September 1922 in Paris als Sohn britischer Eltern geboren, ging im Alter von 18 Jahren nach London, wo er als Regieassistent (u. a. bei Carol Reed)

arbeitete. Im Zweiten Weltkrieg diente Hamilton bei der Britischen Marine. 1952 drehte er seinen ersten Film, „The Ringer". Mit vier James Bond-Filmen („Goldfinger" (1964), „Diamantenfieber" (1971), „Leben und sterben lassen" (1973), und „Der Mann mit dem goldenen Colt" (1974), machte er sich einen Namen als routinierter Action-Regisseur. In den 80er Jahren inszenierte er in Hollywood zwei Agatha Christie-Verfilmungen mit Starbesetzung – „Mord im Spiegel" (1980, mit Angela Lansbury, Elizabeth Taylor, Rock Hudson, Geraldine Chaplin, Kim Novak) und „Das Böse unter der Sonne" (1981, mit Peter Ustinov, Jane Birkin, James Mason) – sowie den Action-Reißer „Remo – Unbewaffnet und gefährlich" (1985). Danach arbeitete er in Frankreich, wo „Trau keinem Schurken" (1989) und „Passez une bonne nuit" (1989) entstanden.

DER REGISSEUR ÜBER SEINE ARBEIT: „In ‚Goldfinger' lief alles so gut, weil wir die perfekte Formel für einen James Bond-Film gefunden hatten. Sean, ich, wir alle wußten genau, wo wir hinwollten."

DIE KRITIK ZUM FILM: „‚Goldfinger' ist ohne Zweifel das beste Bond-Spektakel, auch nach Jahren noch sehenswert." (The Motion Picture Guide)

Fotos:
1. Sean Connery, Shirley Eaton
2. Szene mit Sean Connery
3. Honor Blackman, Sean Connery
4. Gert Fröbe (l), Harold Sakata
5. Tania Mallett, Sean Connery

1964: Alexis Sorbas
von: Michael Cacoyannis

Der Mann ist ein Naturereignis: Er tanzt, lacht, singt und schreit, wie es ihm gerade einfällt. Alexis Sorbas – unrasiertes, kantiges Gesicht über einem mächtigen Brustkorb – ein Mann wie ein Bär, aber im Herzen ein Kind. Überschwenglich, lebenslustig und naiv. Anthony Quinn ist dieser Grieche und „spielt die Rolle seines Lebens" („New Republic"). Das „Time Magazine" jubelt: „Er ist das personifizierte Feuer des Lebens, ein Stück der Sonne in der Gestalt eines Mannes." Michael Cacoyannis' „Alexis Sorbas" brachte dem Mexikaner Anthony Quinn Weltruhm. Dabei wäre der Film fast nicht zustandegekommen: Jahrelang lag die Erzählung „Zorba the Greek" des griechischen Schriftstellers Nikos Kazantzakis unbeachtet in den Schubladen diverser Studios. Sowohl Burl Ives als auch Burt Lancaster hatten die Rolle abgelehnt. Anthony Quinn dagegen gefiel der Stoff. Mit seiner Empfehlung konnte Regisseur Cacoyannis die Filmrechte kaufen. Trotzdem schien das Projekt zu scheitern,

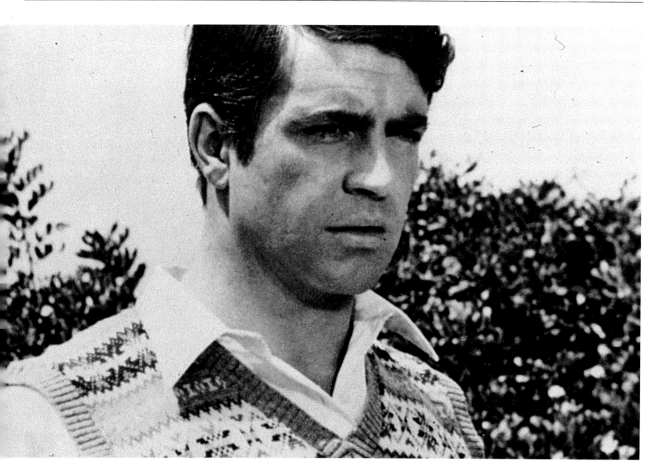

bevor es überhaupt begonnen hatte. Denn noch vor Drehbeginn kürzte United Artists das Budget auf 400 000 Dollar – zu wenig, um das Projekt zu realisieren. Quinns Fürsprache rettete den Film, der ein Welterfolg wurde und nicht nur ihn, sondern auch den griechischen Tanz „Sirtaki" berühmt machte.

INHALT: Der englische Schriftsteller Basil kommt nach Griechenland, um sein Erbe, eine alte Braunkohlenmine auf Kreta, zu übernehmen. Im Hafen von Piräus trifft er den lebenslustigen Herumtreiber Alexis Sorbas. Von dessen Vitalität angezogen, nimmt Basil Sorbas mit nach Kreta und macht ihn zum Werkleiter der Mine. Gemeinsam wundern sie sich über die Bräuche der Dorfbewohner. Sie wohnen bei der abgetakelten Kokotte Hortense, der Sorbas den Hof macht, und Basil verliebt sich in die schöne und viel umworbene „Witwe". Als einer ihrer Verehrer aus Liebeskummer Selbstmord begeht, lynchen wütende Dorfbewohner die „unmoralische" Frau.

Am Ende kommt es durch Alexis' Schuld zu einer Katastrophe: Die neu erbaute Drahtseilbahn der Mine stürzt zusammen. Basil ist ruiniert und kehrt, innerlich verändert, nach England zurück. Zuvor aber tanzt er am Strand mit Sorbas noch einmal Sirtaki.

STAB: Regie: Michael Cacoyannis; Drehbuch: Michael Cacoyannis (nach einem Roman von Nikos Kazantzakis); Kamera: Walter Lassally; Musik: Mikis Theodorakis; Schnitt: Michael Cacoyannis; Ton: Mikes Damalas, Demetris Kasimatis; Bauten: Vassilis Photopoulos; Kostüme: Anna Stavropoulou; Maske: Monique Archambault; Produktion: Michael Cacoyannis für 20th Century Fox/Rochley Prod.; USA/GR 1964; 142 Minuten.
ORIGINALTITEL: Zorba the Greek
BESETZUNG: Anthony Quinn (Alexis Sorbas), Alan Bates (Basil), Irene Papas (Witwe), Lila Kedrova (Madame Hortense), George Foundas (Mavrandoni), Eleni Anousaki (Lola), Sotiris Moustakas (Mimithos), Takis Emmanuel (Manolakas), George ‚Yorgo' Voyadjis (Pavlo), Anna Kyriakou (Soul).
PREISE: „Oscars" für Kamera, Nebendarstellerin (Lila Kedrova) und Bauten.
DER REGISSEUR: Michael Cacoyannis, am 11. Juni 1922 in Zypern geboren, lebte vor allem in Griechenland und Großbritannien, wo er Jura studierte. Während des Zweiten Weltkrieges arbeitete Cacoyannis als Berichterstatter der BBC in Griechenland. Nach dem Krieg versuchte er sich als Bühnenschauspieler und entdeckte dabei sein Interesse an der Regie. Sein erster Film, „Windfall in Athens", entstand 1953 in Griechenland. In seinem nächsten Film

„Stella" (1955) spielte Melina Mercouri die Hauptrolle. Schon bald arbeitete Cacoyannis mit dem Kameramann Walter Lassally zusammen, der auch „Alexis Sorbas" seinen unverwechselbaren Stempel aufdrückte. Als die Militärjunta 1967 die Macht in Griechenland übernahm, ging Cacoyannis ins Exil, arbeitete in New York und London. Nach der Entmachtung der Obristen kehrte er wieder zurück. Seine Vorliebe für die Antike manifestierte sich in der dreiteiligen Verfilmung der Euripides-Tragödie. Deren zweiter Teil, „Die Troerinnen", wurde, nicht zuletzt wegen der hochkarätigen Besetzung mit Katharine Hepburn, Vanessa Redgrave und Geneviève Bujold, die bekannteste. Cacoyannis' größter Erfolg blieb jedoch „Alexis Sorbas".

DER REGISSEUR ÜBER SEINE ARBEIT: „Mir ging es nicht nur um die Geschichte – die Gegenüberstellung des Intellektuellen und des gutmütigen Tumben, der aus allem das Beste macht –, sondern auch um das Aufzeigen der oft unverständlichen Sitten der griechischen Landbevölkerung."
DIE KRITIK ZUM FILM: „Zum Glück besitzt der Film eines nicht: Hollywood-Glätte. Er stellt auf die weißleuchtende Erde rabenschwarze Gestalten. Es ist ein Film ohne jede Gebrauchsanweisung. Er scheint zu suggerieren: Man muß leben, wie es gerade geht – und das möglichst mit unbekümmert heiterem Herzen."
(„Neuer Film", 29. 3. 65)

Fotos:
1. Irene Papas, Alan Bates
2. Anthony Quinn
3. Irene Papas
4. Lila Kedrova, Alan Bates
5. Alan Bates (l), Anthony Quinn (m)

1965: Der Flug des Phoenix
von: Robert Aldrich

Eine Handvoll Männer, gefangen in der unendlichen Weite der Wüste. Eine beliebte Ausgangssituation für Abenteuerfilme. Daraus kann eine platte Helden-Plotte werden oder ein packendes Überlebensdrama. Robert Aldrich gelang letzteres – dank hervorragender Darstellerleistungen (das Psycho-Duell zwischen James Stewart und Hardy Krüger ist atemberaubend) und gekonnter Kameraführung. Trotz einer Laufzeit von 147 Minuten kommt nicht einen Augenblick Langeweile auf. Fasziniert und gleichzeitig erschüttert beobachtet man den geistigen und körperlichen Zerfall der Männer, die im heißen Wüstensand ums Überleben kämpfen. Dabei waren Schweißperlen und Sonnenbrand echt: Die gesamte Crew mußte mehrere Wochen in der Wüste von Yuma/Arizona ausharren. Höhepunkt der schauspielerischen Tour de Force: Der Moment als Pilot Towns (James Stewart) und sein Co-Pilot Moran (Richard Attenborough) herausfinden, daß Heinrich Dorfmann alias Hardy Krüger bislang nur Modellflugzeuge gebaut hat und somit ihre

einzige Hoffnung auf den Berechnungen eines Spielzeugerfinders ruhen. „Der Flug des Phoenix" ist der Beweis, daß das Genre Abenteuerfilm noch mehr zu bieten hat als reine Action-Spektakel.

INHALT: Ein Passagierflugzeug mit Arbeitern und Angestellten einer Ölfirma an Bord muß in der Sahara notlanden. Unter Leitung des Piloten Frank Towns richten sich die Überlebenden provisorisch ein, um auf Hilfe zu warten. Nur der deutsche Ingenieur Heinrich Dorfmann will sich mit Warten nicht zufrieden geben: Er hat die wahnwitzige Idee, aus den Überresten der zerstörten Maschine ein neues Flugzeug zu bauen. Als das Wasser knapp und die Hoffnung auf Rettung immer geringer werden, entschließt man sich, dem Rat Dorfmanns zu folgen. Doch aufgestaute Aggressionen, feindselige Araber und die gleißende Wüstensonne gefährden die verzweifelte Selbsthilfe-Aktion.

STAB: Regie: Robert Aldrich; Drehbuch: Lukas Heller (nach dem Roman

von Elleston Trevor); Kamera: Joseph Biroc; Schnitt: Michael Luciano; Spezialeffekte: L. B. Abbott, Howard Lydecker; Musik: Frank de Vol; Kostüme: Norma Koch; Bauten: William Glasgow; Ausstattung: Lucien Hafley; Produktion: Robert Aldrich für Twentieth Century Fox; USA 1965; 147 Minuten.
ORIGINALTITEL: The Flight of the Phoenix
BESETZUNG: James Stewart (Frank Towns), Richard Attenborough (Lew Moran), Peter Finch (Capt. Harris), Hardy Krüger (Heinrich Dorfmann), Ernest Borgnine (Trucker Cobb), Ian Bannen (Crow), Ronald Fraser (Sgt. Watson), Christian Marquand (Dr. Renaud), Dan Duryea (Standish), George Kennedy (Bellamy).
DER REGISSEUR: Robert Aldrich, geboren am 9. April 1918 in Cranston, Rhode Island, ging nach einem abgebrochenen Jura- und Wirtschaftsstudium nach Hollywod, wo er als Aufnahmeleiter, Studioleiter, Autor und Assistent so bekannter Regisseure wie Jean Renoir, Joseph Losey und Charles Chaplin arbeitete. Bei der TV-Serie „Medic" saß er zum ersten Mal auf dem Regiestuhl. 1953 gab er sein Debüt als Kinoregisseur mit „The Big Leaguer" und gründete ein Jahr später seine eigene Produktionsfirma. Lein-

wand-Hits wie „Vera Cruz" und „Massai" folgten. In den 60ern verschafften ihm Filme wie „Was geschah wirklich mit Baby Jane?" und „Wiegenlied für eine Leiche" den Ruf eines Spannungsmeisters mit Vorliebe für Gewaltszenen. Von einigen Flops gebeutelt, verlegte sich Aldrich danach immer mehr auf Action- und Abenteuerfilme und drehte Erfolge wie „Der Flug des Phoenix", 1965, „Das dreckige Dutzend", 1967 und „Die Kampfmaschine", 1973. Robert Aldrich starb am 7. Dezember 1983 im Alter von 65 Jahren.

DER REGISSEUR ÜBER SEINE ARBEIT:
„Filmemachen ist ein Problem des Überlebens: Man wartet stets auf die nächste Katastrophe."
DIE KRITIK ZUM FILM: „Die Regie ist genau, das Timing perfekt, das Drehbuch fesselnd-realistisch und die Schauspielerleistung dynamisch – ein grandioser Film." (The Motion Picture Guide)

Fotos:
1. Szene
2. Richard Attenborough (l), Hardy Krüger, James Stewart
3. James Stewart
4. Richard Attenborough (l), James Stewart, Hardy Krüger
5. Szene

**1965: Doktor Schiwago
von: David Lean**

Eine kleine Kutsche inmitten der endlosen Weite Sibiriens. Man kann die klirrende Kälte des russischen Winters förmlich spüren. Überleitung zu einem der unvergeßlichen Augenblicke in der Filmgeschichte: der erste Blick auf das tiefverschneite Landhaus Schiwagos. Es wirkt wie ein Kristallpalast aus einer weit entfernten Märchenwelt. David Leans Epos scheint aus längst vergangener Zeit zu stammen, seltsam unwirklich und doch mitreißend. Selten konnte man im Kino 200 Minuten lang so hemmungslos leiden, hoffen und bangen. Ein Mann zwischen zwei Frauen; zwischen Leidenschaft und Verantwortung; zwischen Krieg und Liebe. Obwohl einige Kritiker feststellten, Leans Drama enthalte „mehr künstlichen Schnee als künstlerischen Anspruch", waren Kinogänger in aller Welt hingerissen. Nicht zuletzt ein Verdienst der erstklassigen Darsteller: Omar Sharif, der mit seinen dunklen Augen so verzweifelt in die Kamera blicken konnte wie kein anderer; Geraldine Chaplin als hingebungsvolle Mutter; die aufbrausende Julie Christie

und Alec Guiness als General der Roten Armee mit ideologischer Tristesse. Sie reißen mit, lassen eine Identifikation mit den Figuren zu. Taschentücher raus!

INHALT: Der Arzt Yuri Schiwago wird in die Wirren der Russischen Revolution verstrickt. Im Vordergrund steht die unglückliche Dreiecksbeziehung zwischen Yuri, seiner Frau Tonya und seiner Geliebten Lara. Schiwagos Schicksal verknüpft sich auf dramatische Weise mit dem Schicksal seines Landes.

STAB: Regie: David Lean; Drehbuch: Robert Bolt (nach dem Roman von Boris Pasternak); Kamera: Freddie Young; Musik: Maurice Jarre; Ausstattung: Dario Simoni; Kostüme: Phyllis Dalton; Spezialeffekte: Eddie Fowlie; Schnitt: Norman Savage; Produktion: Carlo Ponti für MGM; USA 1965; 200 Minuten.

ORIGINALTITEL: Doctor Zhivago
BESETZUNG: Geraldine Chaplin (Tonya), Julie Christie (Lara), Omar Sharif (Yuri), Tom Courtenay (Pasha/

Strelnikoff), Alec Guinness (Yevgraf), Siobban McKenna (Anna), Ralph Richardson (Alexander), Rod Steiger (Kamarovsky), Klaus Kinski (Kostoyed), Rita Tushingham (das Mädchen).
PREISE: „Oscar" für Drehbuch, Musik, Kamera, Kostüme und Art Direction.
DER REGISSEUR: David Lean, geboren am 25. März 1908 in Croydon, England, stieg im Alter von 19 Jahren ins Filmgeschäft ein und arbeitete sich vom Laufburschen zum Cutter von Wochenschauen und Spielfilmen hoch. Zusammen mit Noel Coward inszenierte er 1942 seinen ersten Film, das Kriegsdrama „In Which we Serve". Lean entwickelte sich zum Spezialisten für aufwendige Literaturverfilmungen wie zum Beispiel Charles Dickens' „Oliver Twist" (1948). Für seine Monumental-Epen „Die Brücke am Kwai" (1957) und „Lawrence von Arabien" (1962) erhielt er den „Oscar"; „Ryan's Tochter" hingegen wurde ein Mißerfolg. Erst 1984 drehte Lean wieder. Erneut eine großangelegte Literaturverfilmung: E. M. Forsters „Reise nach Indien". Im gleichen Jahr wurde Lean in den Adelsstand erhoben. 1990, ein Jahr vor seinem Tod, würdigte man sein Lebenswerk mit dem „Life Achievement Award".

DER REGISSEUR ÜBER SEINE ARBEIT: "Ich hoffe nur, meine Arbeitgeber finden nie heraus, daß ich sie bezahlen würde, damit ich Filme drehen kann!"
DIE KRITIK ZUM FILM: "Eines der großen Filmwerke. Die Besetzung ist brillant. Der Film erzählt seine Geschichte mit packender Genauigkeit, ist stets gehaltvoll, kraftvoll, bedeutend und zugleich von tiefer Menschlichkeit. Und dies mit allen mächtigen Möglichkeiten der Leinwand in überragender Könnerschaft." (The Motion Picture Daily)

Fotos:
1. *Szene*
2. *Omar Sharif, Julie Christie*
3. *5. Geraldine Chaplin, Omar Sharif*
4. *Julie Christie, Tom Courtenay*

1965: Wer hat Angst vor Virginia Woolf?

Szenen einer Ehe: Richard Burton und Elizabeth Taylor, wegen ihrer privaten Auseinandersetzungen eines der promintentesten Paare Hollywoods, dürfen ihren Zwist nun auch – sehr publikumswirksam – vor der Kamera austragen. Mike Nichols' Verfilmung des Bühnenstücks von Edward Albee wird ein Kassenhit.
Foto: Elizabeth Taylor

1965: Der Spion, der aus der Kälte kam

Ein Agentenfilm, der nichts mit der aufregenden Glitzerwelt der „James Bond"-Filme zu tun hat. Martin Ritt orientiert sich an der Realität und inszeniert einen düsteren Ost-West-Thriller, in dem Grausamkeit und Resignation dominieren.
Foto: Claire Bloom, Richard Burton

1965: Lemmy Caution gegen Alpha 60

Der anspruchsvollste aller „Lemmy Caution"-Filme: Die Version Jean-Luc Godards hat nichts mit den zweitklassigen früheren Agentenabenteuern zu tun. Godard verpflichtet Eddie Constantine für die Hauptrolle, macht Anleihen im klassischen Agenten- und Science-fiction-Genre und inszeniert ein neorealistisches Werk mit Spannungselementen.
Foto: Anna Karina, Eddie Constantine

1966: El Dorado

Der Western-Meister parodiert sein eigenes Werk: Sieben Jahre nach dem Klassiker „Rio Bravo" bringt Howard Hawks mit „El Dorado" die leichte Variante der Story auf die Leinwand. Unnachahmlich: John Wayne und Robert Mitchum als angeschlagene Helden.
Foto: John Wayne

1965: Cat Ballou – Hängen sollst du in Wyoming

Das berühmteste Roß der Filmgeschichte: Unter einem völlig betrunkenen Lee Marvin taumelt sein ebenso reichlich alkoholisiertes Pferd durch die Straßen. Hauptdarstellerin Jane Fonda verblaßt neben der vierbeinigen Konkurrenz.
Foto: Lee Marvin

**1966: Tanz der Vampire
von: Roman Polanski**

Da bleibt einem das Lachen im Halse stecken. Roman Polanski, der Meister des bedrückenden Psychogrusels, läßt selbst in seiner Komödie „Tanz der Vampire" die Haare der Zuschauer zu Berge stehen. Der Film ist eine so brillante Parodie, weil er sein Thema vollkommen ernst nimmt. Die Vampire sind keine Witzfiguren, sondern bedrohliche Ungeheuer, und mit Schockeffekten spart Polanski keineswegs: Da beißt ein Buckliger einen Wolf zu Tode, ein Vampir bricht durchs Dach und entführt eine Jungfrau aus der Badewanne, ein Ungetüm jagt die Helden in einem zum Schlitten umfunktionierten Sarg durch die verschneiten Karpaten. Die Komik steckt in den Einzelheiten, in der subtilen Verfremdung der klassischen Vampirgeschichte, in der Art, wie hier ein Mythos ad absurdum geführt wird. Die Vampirjäger sind durchaus nicht heldenhaft, der Vampir-Graf dagegen erscheint als eleganter, kultivierter Lebemann, gegen dessen Biß die schöne Sarah wenig einzuwenden hat. Es gibt einen jüdischen Vampir, der über das ihm entge-

gengestreckte Kreuz nur lachen kann, und einen homosexuellen Blutsauger, der dem schüchternen Alfred Avancen macht. Am Ende schließlich siegt das Böse, und der Vampirismus breitet sich über die ganze Welt aus. Polanski weiß, daß der Vampir eine Metapher für das Schlechte im Menschen ist. Insofern ist sein Ende auf sarkastisch-augenzwinkernde Weise realistisch.

INHALT: Der trottelige Professor Abronsius und sein schüchterner Assistent Alfred begeben sich in den Karpaten auf Vampirjagd, um die Menschheit für immer von den blutsaugenden Ungeheuern zu befreien. Als der Vampir Graf Krolock die schöne Wirtstochter Sarah entführt, folgen der Professor und Alfred ihm auf sein Schloß. Dort erwarten sie zahlreiche Schwierigkeiten: Alfred wird vom homosexuellen Sohn des Grafen bedrängt, der Professor bleibt in einem Fenster der Schloßgruft stecken, ein buckliger Handlanger des Untoten verfolgt die beiden, und schließlich platzen sie auch noch in einen Vampirball, bei dem sie plötz-

lich Hunderten von Blutsaugern gegenüberstehen. Todesmutig gelingt es ihnen, alle Hindernisse zu überwinden und Sarah zu retten. Doch die Schöne ist inzwischen von Krolock gebissen worden ...

STAB: Regie: Roman Polanski; Drehbuch: Roman Polanski, Gerard Brach; Kamera: Douglas Slocombe; Musik: Christopher Komeda; Bauten: Fred Carter; Ausstattung: Wilfred Shingleton; Kostüme: Sophie Devine; Maske: Tom Smith; Ton: George Stephenson; Schnitt: Alistair McIntyre; Produzent: Gene Gutowski; GB 1966; 107 Minuten.

ORIGINAI TITEL: The Fearless Vampire Killers

BESETZUNG: Jack McGowran (Professor Abronsius), Roman Polanski (Alfred), Sharon Tate (Sarah), Alfie Bass (Shagal), Ferdy Mayne (Graf Krolock), Terry Downes (Koukol), Fiona Lewis (Magda), Ian Quarrier (Herbert), Jessie Robbins (Rebecca).

DER REGISSEUR: Roman Polanski, geboren am 18. August 1933 in Paris als Kind polnischer Eltern, mußte in seiner Jugend Grauenvolles ertragen. Mit seinen Eltern wurde er ins Krakauer KZ eingeliefert, wo seine Mutter starb. Roman konnte fliehen und wanderte ziel- und hilflos durch das besetzte Polen. Erst nach Kriegsende, mit zwölf Jahren, wurde er wieder mit seinem Vater vereint, der den verwahrlosten Jungen auf die Schule schickte. Roman war ein hervorragender Schüler und wurde an der Filmhochschule von Lodz aufgenommen, wo er mit seinen Kurzfilmen

Aufsehen erregte. Sein erster Spielfilm „Das Messer im Wasser" machte ihn 1961 international bekannt. Er ging nach Paris, wo „Ekel" (1964) und „Wenn Katelbach kommt" (1965) entstanden, Filme, die bei Publikum und Presse gleichermaßen erfolgreich waren. 1968 heiratete Polanski Sharon Tate, die Hauptdarstellerin aus seiner Gruselkomödie „Tanz der Vampire". „Rosemaries Baby" (1968), sein erster amerikanischer Film, war Polanskis bisher größter Erfolg. 1969 fiel Sharon Tate dem Mordanschlag einer Gruppe Wahnsinniger zum Opfer. Roman Polanski zog sich danach für zwei Jahre aus dem Filmgeschäft zurück. Seitdem schwankte seine Karriere zwischen Belanglosigkeiten wie „Was?" (1972) oder „Piraten" (1986) und kraftvollen, verstörenden Meisterwerken wie „Chinatown" (1974), „Der Mieter" (1976) und „Tess" (1979). Heute lebt Roman Polanski mit seiner zweiten Frau Emmanuelle Seigner, die in seinen Filmen „Frantic" (1987) und „Bitter Moon" (1992) die Hauptrollen spielte, in Paris.

DER REGISSEUR ÜBER SEINE ARBEIT: „Es hat mich sehr gereizt, einmal eine wirkliche Gruselkomödie zu machen. Die Leute sollten richtig lachen können, womit nicht gesagt ist, daß der Film nicht auch echte Schauereffekte enthält."

DIE KRITIK ZUM FILM: „Roman Polanski, des internationalen Kinos raffiniertester Filmkunstgnom, serviert hier eine Schauergeschichte von einzigartiger stilistischer Brillanz." (Ponkie, „Münchener Abendzeitung")

Fotos:
1. 2. *Szene*
3. *Jack McGowran*
4. *Sharon Tate*
5. *Ferdy Mayne, Sharon Tate*

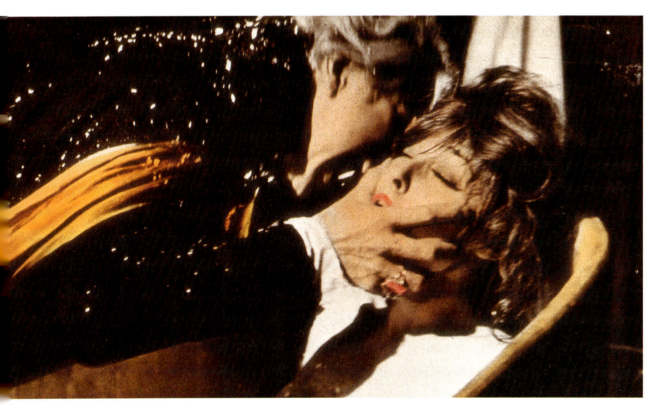

1966: In der Hitze der Nacht

Mehr als ein Hochspannungs-Thriller: Norman Jewison verpackt das Problem der Rassendiskriminierung in eine spannende Kriminal-Story. Die Hauptrollen sind mit Sidney Poitier (erster schwarzer Filmstar) und Rod Steiger („Oscar" als Bester Hauptdarsteller) glänzend besetzt.
Foto: Sidney Poitier (l), Rod Steiger

1966: Ein Mann und eine Frau

Die Kunst der Einfachheit: Claude Lelouch dreht eine unspektakuläre Liebesgeschichte in ruhigen Bildern und mit viel Sinn für Gefühl. Ein Erfolg nicht nur in Frankreich: Die Romanze beschert Lelouch den internationalen Durchbruch („Oscar" als Bester fremdsprachiger Film).
Foto: Jean-Louis Trintignant, Anouk Aimée

1966: Barfuß im Park

Eine neue Generation erobert das Genre der Beziehungskomödie: Jane Fonda und Robert Redford treten in die Fußstapfen von Rock Hudson und Doris Day und spielen ein junges Paar in Wohnungs- und Liebesnöten. Skurril: Charles Boyer als weitgereister Sonderling mit seltsamen kulinarischen Vorlieben.
Foto: Robert Redford, Jane Fonda

1966: Fahrenheit 451

François Truffauts Ausflug ins Sciencefiction-Genre. Er kreiert nach einer Romanvorlage von Ray Bradbury eine pessimistische Zukunftsvision: Bücher sind verboten, die Menschen vegetieren in technisierter Isolation vor sich hin. Truffauts apokalyptisches Weltraummärchen erstrahlt in greller Optik und avanciert zum anspruchsvollen Klassiker des Genres.
Foto: Oskar Werner, Julie Christie

1966: Arabeske

Stanley Donen, Schöpfer von Musical-Erfolgen wie „Du sollst mein Glücksstern sein" und „Heut' geh'n wir bummeln", versucht sich im Thriller-Genre. Das Ergebnis: ein doppelbödiger Krimi im Sixties-Look mit bizarren Kamera-Einstellungen, aber der Tradition des „film noir" verhaftet.
Foto: Gregory Peck, Sophia Loren

1966: Blow up
von: Michelangelo Antonioni

Was ist Realität? Für den Modefotografen Thomas aus Antonionis „Blow up" sind nur seine Bilder wirklich. Die Modelle verachtet Thomas, ihre fotografischen Abbilder vergöttert er. Seine Fotos sind sein eigener kleiner Kosmos, den er vollständig kontrolliert. Doch als auf einem seiner Bilder im Hintergrund eine Leiche auftaucht, drängt sich die Wirklichkeit in seine fotografische Welt: unerklärlich, bedrohlich und unkontrollierbar.

„Blow up" ist ein dürftig als Thriller verkleideter filmischer Essay über das Verhältnis des Menschen zur Realität. Die Handlung ist sprunghaft, langatmig und oft unverständlich, das Ende läßt alle Fragen offen. Trotzdem fand Antonionis intellektuelle Taschenspielerei ihr Publikum – der Film traf den Nerv seiner Zeit.

Bei den Kritikern löste er Kontroversen aus: Die einen feierten ihn als Offenbarung, die anderen taten ihn als geschmäcklerischen, überschätzten Blödsinn ab. Aus heutiger Sicht wirkt „Blow up" fast dokumentarisch, wie eine Chronik des „Swinging London". Doch

hinter all den stilisierten Interieurs, eleganten Supermodels, Beat- und Drogen-Parties, Designer-Garderoben und schnellen Autos macht Antonioni eine große Leere sichtbar. Die aufgesetzte Dekadenz des Londoner Jet-sets ist nur eine Fassade, hinter der – wie an allen Orten und zu jeder Zeit – Menschen mit ihren Problemen allein sind. Die Dekors und Bilder in „Blow up" mögen heute nostalgisch wirken, doch Antonionis Einsicht in den Kampf der menschlichen Seele mit dem, was wir „Realität" nennen, bleibt aktuell.
INHALT: 24 Stunden aus dem Leben eines Modefotografen. Thomas ist der typische Bewohner des „Swinging London" der Sixties. Fotografieren ist sein Beruf und seine Leidenschaft. Von seinen Models erwartet er völlige Hingabe – und nicht selten landet er mit ihnen im Bett. Beim Entwickeln heimlich in einem Park geschossener Fotos von einem Liebespaar glaubt Thomas, eine Leiche im Gebüsch erkennen zu können. Er vergrößert das Foto – und sein Verdacht erhärtet sich. In seinem

Studio taucht auf unerklärliche Weise das Mädchen auf, das zu dem heimlich aufgenommenen Liebespaar gehört. Thomas geht noch einmal in den Park und findet tatsächlich einen Toten. Nach seiner Rückkehr von einer ausgelassenen, wilden Party sind nicht nur alle Fotos und Negative aus seiner Wohnung, sondern auch die Leiche aus dem Park verschwunden. Hat sich Thomas alles nur eingebildet?

STAB: Regie: Michelangelo Antonioni; Drehbuch: Michelangelo Antonioni, Tonino Guerra, Edward Bond (nach einer Kurzgeschichte von Julio Cortazar); Kamera: Carlo di Palma; Musik: Herbie Hancock, The Yardbirds; Ausstattung: Assheton Gorton; Kostüme: Jocelyn Richards; Maske: Paul Rabiger; Schnitt: Frank Clarke; Produktion: Pierre Rouve, Carlo Ponti; Großbritannien 1966; 110 Minuten.
ORIGINALTITEL: Blow-up
BESETZUNG: David Hemmings (Thomas), Vanessa Redgrave (Jane), Sarah Miles (Patricia), Jane Birkin, Gillian Hills (Teenager), Peter Bowles (Ron), Harry Hutchinson (Antiquitätenhändler), Veruschka von Lehndorff (Model).
PREISE: „Goldene Palme", Cannes 1967

DER REGISSEUR: Michelangelo Antonioni, am 29. September 1912 in Ferrara geboren, studierte an der Universität von Bologna Wirtschaft, bevor er im Jahre 1930 Filmkritiker wurde. Mit dreißig begann er, Drehbücher zu verfassen und Kurzfilme zu inszenieren. Erst 1953 drehte er seinen ersten abendfüllenden Spielfilm „Chronik einer Liebe". Sein höchst individueller, meditativer Stil, der Handlung zugunsten von Stimmungen und Gefühlen außer acht läßt, zeigte sich schon hier wie in den folgenden Werken „Die große Rolle", „Die Dame ohne Kamelien", „Liebe in der Stadt" (alle 1953) und „Freundinnen" (1954). 1959 erlebte Antonioni einen internationalen Erfolg mit „Die mit der Liebe spielen", einem Drama über die Entfremdung des modernen Menschen von seinen Gefühlen. Dieses Thema entwickelte er in den folgenden Filmen weiter: „Die Nacht", 1960; „Liebe", 1962 und „Die rote Wüste", 1963. Der unerwartete weltweite Erfolg von „Blow up" brachte Antonioni einen Vertrag mit MGM ein. In seinem ersten Hollywood-Film „Zabriskie Point" (1969) versuchte er, ein komplexes Bild der Hippie-Generation zu zeichnen. Doch für das breite Publikum war das Werk zu stilisiert und verschlüsselt – der erhoffte finanzielle Erfolg blieb aus. Antonionis Ruhm verblaßte, bis er 1982 mit „Identifikation einer Frau" wieder einen Publikums- und Kritikererfolg landete.

DER REGISSEUR ÜBER SEINE ARBEIT: „Wenn man beim Filmemachen die Handlung und die Figuren ganz außer acht lassen könnte, um sich nur auf eine philosophische Idee zu konzentrieren, die man in Bilder faßt – das könnte ein sehr guter Film werden."
DIE KRITIK ZUM FILM: „In Inszenierung, Fotografie und Darstellung hervorragender Film, der die Faszination des Bildes als Abbild tatsächlicher oder vermeintlicher Wirklichkeit und die Möglichkeit der Manipulation aufzuzeigen versucht und zugleich ein Porträt der Beat-Generation zeichnet." (film-dienst)

Fotos:
1. 2. Szene mit David Hemmings (vorne)
3. David Hemmings
4. 5. David Hemmings, Veruschka von Lehndorff

1967: Rosemaries Baby

Alptraum zwischen Wolkenkratzern: Roman Polanski befreit mit seiner Verfilmung des Romans von Ira Levin das Genre des Horrorfilms von dem Klischee düsterer Geister-Schlösser und nebelumwabberter Friedhöfe. Bei ihm spielt sich der Schrecken mitten in der pulsierenden Metropole New Yorks ab und wirkt gerade deshalb besonders beklemmend.
Foto: Mia Farrow

1967: Kaltblütig

Psychogramm zweier Killer: 1958 schockte der Mord an einer vierköpfigen Familie die amerikanische Öffentlichkeit. Zwei Jugendliche hatten die Tat ohne ersichtlichen Grund begangen und wurden zum Tode verurteilt. Neun Jahre später rollt Regisseur Richard Brooks die Geschichte (in Anlehnung an den Erfolgsroman von Truman Capote) wieder auf und dreht – in nüchternem Schwarzweiß – einen Spielfilm nach den Regeln der Dokumentation.
Foto: Robert Blake

1967: Der eiskalte Engel

Der bekannteste Film von Alain Delon. Als skrupelloser Killer entwickelt er seine Markenzeichen – stechender Blick und zurückhaltende Mimik – und prägt seinen Ruf als geheimnisvoller Einzelgänger.
Foto: Alain Delon

1967: Barbarella

Sex im All: Mit dem grellen Zukunftsmärchen von Roger Vadim zieht erstmals die Erotik in das bisher prüde Science-fiction-Genre ein. Jane Fonda stellt als schrill-verführerische Weltraumagentin ihre Reize zur Schau und avanciert zur Kultfigur der Sixties.
Foto: Jane Fonda, John Phillip Law

1967: Planet der Affen

Grüne Männchen und mutierte Weltraummonster, die Stars der Science-fiction-Filme der 50er Jahre, werden von vertrauteren Lebewesen abgelöst: Die Affen erobern die Leinwand. Die Make-Up-Spezialisten Jack Martin Smith und William Creber verwandeln die Schauspieler in ausdrucksstarke Primaten (Regie: Franklin J. Schaffner). Der Erfolg: Vier „Affen"-Fortsetzungen werden in den 70ern gedreht.
Foto: Linda Harrison, Charlton Heston

1967: Bonnie und Clyde
von: Arthur Penn

Das schönste Gaunerpärchen aller Zeiten, Warren Beatty und Faye Dunaway als Bonnie und Clyde, erleidet den bis dahin grausamsten Tod der Filmgeschichte: In schonungsloser Zeitlupe zeigt die Kamera, wie die beiden von Maschinengewehrfeuer zerfetzt werden – eine unvergeßliche Szene, die in jedem Zuschauer widersprüchliche Gefühle aufkommen läßt. Einerseits haben Bonnie und Clyde zahllose Diebstähle begangen und 18 Menschen brutal ermordet, andererseits wirkt das Killer-Paar in Arthur Penns Film so normal, liebenswürdig und nett, daß man seine Verbrechen als Kavaliersdelikte abtun möchte. Der Großteil des Kinopublikums in den 60er Jahren identifizierte sich mit den gutaussehenden Gangstern, die als zu Märtyrern stilisierte Anarchisten gegen die reaktionäre Gesellschaft rebellieren. Vor dem Hintergrund des Vietnamkrieges und der Studentenrevolten wurde Penns Parabel über die rücksichtslose Auflehnung gegen soziale Konventionen ein Riesenhit. Der sozialkritische Thriller war (nach „My

Fair Lady") der bis dato finanziell erfolgreichste Film der Warner Bros. (23 Millionen Dollar Einspielsumme), erhielt zwei „Oscars" (und acht weitere Nominierungen), löste eine 30er Jahre-Mode Nostalgie aus und katapultierte Faye Dunaway und Warren Beatty in den Star-Olymp. Arthur Penns Regiestil mit seinem kompromißlosen Realismus, seiner quasi-künstlerischen Darstellung von Gewalt und den zahlreichen Anspielungen auf das klassische Hollywoodkino beeinflußte die amerikanischen Filmemacher der 70er Jahre und zog eine Welle von Anti-Establishment-Filmen nach sich („Zwei Banditen", 1968, „Easy Rider", 1969, „Alices Restaurant", 1969).

INHALT: Eine Kleinstadt in den USA, Anfang der 30er Jahre. Die hübsche Bonnie Parker lernt den gutaussehenden Clyde Barrow kennen, als dieser versucht, ihrer Mutter das Auto zu stehlen. Bonnie freundet sich mit dem jugendlichen Gauner an, der sie mit einem dreisten Raub im örtlichen Gemischtwarenladen beeindruckt. Ge-

meinsam fliehen die beiden – laut lachend – in einem gestohlenen Auto: Der Beginn einer ungewöhnlichen Romanze. Wahllos raubend fährt das verliebte Gangsterpärchen durch die Gegend; tatkräftig unterstützt von dem naiven Tankwart C. W. Moss, Clydes Gefängnis-Kumpel Buck und dessen Frau Blanche, die sich den beiden anschließen. Die gemeinsamen Raubzüge werden immer gewagter, Menschen, die sich der Barrow-Bande in den Weg stellen, erschossen. Schließlich wird die Gang von der Polizei gestellt. Im Kugelhagel verliert Blanche ein Auge, Buck wird getötet. Bonnie und Clyde, von mehreren Schüssen getroffen, können mit C. W.'s Hilfe noch einmal fliehen. Am nächsten Tag jedoch holt die Polizei sie ein. Bonnie und Clyde werden von Maschinengewehrkugeln erbarmungslos zerfetzt.

STAB: Regie: Arthur Penn; Drehbuch: David Newman, Robert Benton; Kamera: Burnett Guffey; Musik: Charles Strouse; Bauten: Dean Tavoularis; Ausstattung: Raymond Paul; Kostüme: Theodora Van Runkle; Spezialeffekte: Danny Lee; Ton: Francis E. Stahl; Schnitt: Dede Allen; Produktion: Warren Beatty; USA 1967; 111 Minuten.
ORIGINALTITEL: Bonnie and Clyde
BESETZUNG: Warren Beatty (Clyde Barrow), Faye Dunaway (Bonnie Parker), Michael J. Pollard (C. W. Moss), Gene Hackman (Buck), Estelle Parsons (Blanche), Denver Pyle (Frank Hamer), Dub Taylor (Ivan Moss), Evans Evans (Velma Davis), Gene Wilder (Eugene Grizzard).
PREISE: „Oscar" für Kamera, Nebendarstellerin (Estelle Parsons).
DER REGISSEUR: Arthur Penn, gebo-

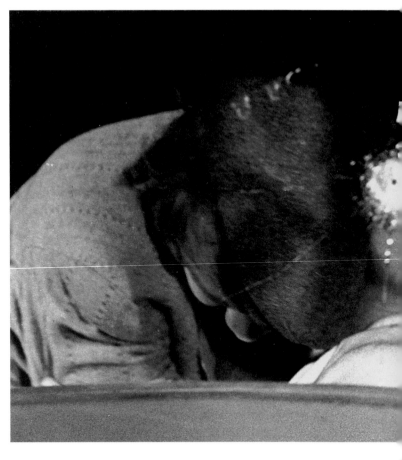

ren am 22. September 1922 in Philadelphia, sollte eigentlich wie sein Vater Uhrmacher werden, entdeckte jedoch schon auf der High-School sein Interesse für das Theater. Nach diversen, wenig erfolgreichen Versuchen als Bühnendarsteller ging er 1951 als Autor und Regisseur zum Fernsehen. 1958 inszenierte er „Two for the Seesaw" am Broadway – die erste in einer Reihe von anspruchsvollen Theater-Regiearbeiten. Im gleichen Jahr drehte Penn seinen ersten Kinofilm, „Einer muß dran glauben" mit Paul Newman, der kommerziell jedoch floppte. Mit „Bonnie und Clyde" konnte er sich schließlich als Spielfilmregisseur etablieren. In der Folgezeit entstanden „Alices Restaurant" (1969), „Little Big Man" (1970), „Die heiße Spur" (1975), „Duell am Missouri" (1976) und „Target – Zielscheibe" (1985), die im Vergleich mit „Bonnie und Clyde" jedoch enttäuschten. Penns Stärke ist das Theater, in das er auch heute noch den Großteil seiner schöpferischen Energien investiert.

DER REGISSEUR ÜBER SEINE ARBEIT: „Mich faszinieren die Gefühle und Wahrheiten, die in einer bestimmten Bewegung oder einem einzigen Blick eines Schauspielers offenbar werden. Ich versuche, nicht nur Handlungen zu filmen, sondern die unbewußten, inneren Vorgänge, die Menschen dazu bringen, diese Handlungen auszuführen."

DIE KRITIK ZUM FILM: „‚Bonnie und Clyde', diese Mischung aus Komik, Poesie und extremer Gewalt, ist ein Meilenstein der Filmgeschichte." (Halliwell's Filmgoer's Companion)

Fotos:
1. (v.l.n.r.) Michael J. Pollard, Gene Hackman, Warren Beatty, Faye Dunaway
2. 4. 5. Faye Dunaway, Warren Beatty
3. Dub Taylor (l), Michael J. Pollard

1967: Rat mal, wer zum Essen kommt

Toleranz ist oft nur ein Wort. Selbst die liberalsten Eltern sehen immer noch schwarz, wenn die Tochter plötzlich mit einem Farbigen als Ehemann vor der Tür steht. Katharine Hepburn und Spencer Tracy, die großen Stars des alten Hollywoods, reißen die Geschichte an sich und machen Stanley Kramers Film nicht nur zu einer originellen Komödie über Rassendiskriminierung, sondern auch zur erfrischenden Leinwand-Romanze eines alternden Paares.
Foto: Katharine Hepburn (l), Katherine Houghton

1967: Zur Sache, Schätzchen

Der Klassiker des Neuen Deutschen Films: Der Lebenskünstler Martin zieht durch München und legt sich mit der Obrigkeit an. May Spils' Milieuschilderung vermittelt das Lebensgefühl der 68er-Generation und Uschi Glas avanciert zum „Schätzchen der Nation".
Foto: Uschi Glas

1967: Die Reifeprüfung

Vertauschte Rollen: Im Zuge der Emanzipation stellt Anne Bancroft als reife Verführerin den Lolita-Effekt auf den Kopf und macht sich an den Freund ihrer Tochter heran. Eine unvergleichliche Mischung zwischen linkischer Unerfahrenheit und grimmiger Entschlossenheit: Dustin Hoffman. Der Titelsong von Simon & Garfunkel, „Mrs. Robinson", wird ein Ohrwurm.
Foto; Katharine Ross, Dustin Hoffman

1968: Ein seltsames Paar

Das Meisterwerk eines unvergleichlichen Komiker-Gespanns: Die zweite Zusammenarbeit von Jack Lemmon und Walter Matthau ist ein Volltreffer in Sachen Humor. Die Story um eine erzwungene Männer-WG ist optimal auf die unterschiedlichen Charaktere der beiden Hauptdarsteller zugeschnitten.
Foto: Walter Matthau, Jack Lemmon (r)

1968: Jagdszenen aus Niederbayern

Heimatfilm einmal anders: Peter Fleischmann persifliert in einer bitterbösen Satire Provinzialität und Xenophobie der Landbevölkerung. Martin Speer, der Autor des Theaterstücks, das Fleischmann als Vorlage dient, übernimmt die Hauptrolle.
Foto: Szene mit Angela Winkler

1968: Asphalt-Cowboy

Mitleid ist der Profitgier gewichen, der „American way of life" endet in einer Sackgasse. John Schlesingers Film schockiert mit einer pessimistischen Grundhaltung und drastischen Dialogen harmonieliebende Hippies und prüde Spießbürger gleichermaßen.
Foto: Dustin Hoffman, Jon Voight

1968: Zwei Banditen

Debüt einer neuen Western-Generation: Paul Newman und Robert Redford stehen das erste Mal gemeinsam vor der Kamera und verleihen dem legendären Gangstergespann Butch Cassidy und Sundance Kid menschliche Tiefe und rebellische Größe. Für Redford ist es der erste nennenswerte Leinwanderfolg, Newmans Karriere bekommt neuen Aufschwung.
Foto: Robert Redford (l), Paul Newman

1968: Z

Politisch hochexplosiv: Der Exilgrieche Constantin Costa-Gavras will einen brisanten Thriller über die griechische Militärdiktatur inszenieren, findet aber anfangs keine Geldgeber. Erst der junge Schauspieler Jacques Perrin, der schon lange ins Produktionsgeschäft einsteigen wollte, geht das Wagnis ein. Das Ergebnis begeistert in fast allen europäischen Ländern die Kritik, in den diktatorisch regierten Staaten – vor allem in Griechenland – bleibt der Film lange Zeit verboten.
Foto: Jean-Louis Trintignant

1968: 2001 – Odyssee im Weltraum
von: Stanley Kubrick

Als Stanley Kubrick 1968 die Zuschauer ins Jahr 2001 zu einer „Odyssee im Weltraum" entführte, war er den Science-fiction-Spektakeln seiner Zeit um Galaxien voraus. Die tricktechnische Brillanz seiner Weltraumvisionen kann selbst heute noch, in der Ära der Computergrafik, den Sternen-Kriegen seiner Filmnachfahren standhalten – und das für einen Bruchteil der Summen, die ein George Lucas oder Steven Spielberg ausgeben. Die insgesamt 205 sehr aufwendigen und komplizierten Trickeinstellungen des Films, für die Kubrick und sein Spezialistenteam neue Techniken entwickelten, ließen den Produktionsetat von 6 auf (nach heutigen Begriffen läppische) 10,5 Millionen Dollar steigen. Die Film-„Odyssee" aber besteht nicht nur aus phantastischen Techniktricks; nicht minder faszinierend ist der philosophische „Überbau" der Story, die mit ihrem mystischen Ende Legionen von Exegeten auf den Plan rief und ruft. Kubrick, der in seiner Weltraumoper die technische Utopie einer All-Mission mit der Menschheitsgeschichte in Zu-

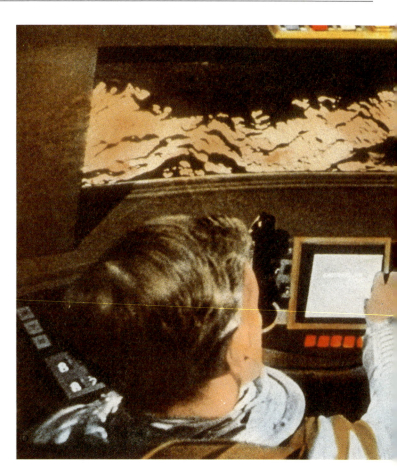

sammenhang brachte, charakterisierte das Werk als „visuelle, nicht-verbale Erfahrung". Tatsächlich enthalten nur 40 der insgesamt 141 Filmminuten Sprache. Der Film wurde von der US-Kritikerelite zunächst als „stumpfsinnig" und „Science-fiction-Idiotenphantasie" unterschätzt, gewann dann aber rasch Kultstatus.

INHALT: „Der magische Dokumentarfilm in vier Teilen" (Kubrick) setzt in der Vorzeit ein mit dem Kapitel „Aufbruch der Menschheit". Ein geheimnisvoller schwarzer Monolith steht am Anfang der Entwicklung menschlicher Intelligenz: Ein Affe lernt, einen Knochen als Waffe einzusetzen, schleudert den Knochen triumphierend in die Luft – und der verwandelt sich (in einem der berühmtesten, vier Millionen Jahre umspannenden Schnitte der Filmgeschichte) wie im Fluge in ein Raumschiff. In der Orion-Episode ist der US-Wissenschaftler Dr. Heywood R. Floyd unterwegs zum Mond. Dort ist der mysteriöse Monolith aufgetaucht, die Strahlen des Steins weisen zum Jupiter.

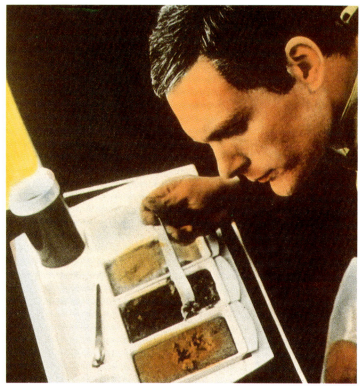

– „Unternehmen Jupiter – 18 Monate später": Eine Expedition mit den Astronauten David Bowman und Frank Poole sowie drei in Tiefschlaf versetzten Kollegen soll das Geheimnis des auf außerirdische Intelligenz hindeutenden Monolithen ergründen. An Bord des Raumschiffes kommt es zu einer Katastrophe, als der „menschliche" Supercomputer HAL 9000 außer Kontrolle gerät. Als einziger Überlebender gelangt Bowman in Jupiter-Nähe. „Jupiter – und dahinter die Unendlichkeit": Der Monolith taucht auf, Bowman stürzt in das „Sternentor" und findet sich nach einem psychedelischen Trip in einem Schlafzimmer, das im Louis-seize-Stil eingerichtet ist. Er durchlebt einen schnellen Alterungsprozeß, um schließlich als Embryo, als Sternenkind, in einer durchsichtigen Fruchtblase durch das All auf die Erde zuzuschweben.
STAB: Regie: Stanley Kubrick; Drehbuch: Stanley Kubrick und Arthur C. Clarke (nach dessen Kurzgeschichte „The Sentinel"); Kamera: Geoffrey Unsworth, John Alcott; Spezialeffekte: Stanley Kubrick (Konzeption und Regie), Wally Veevers, Douglas Trumbull, Con Pederson, Tom Howard; Schnitt: Ray Lovejoy; Bauten: John Hoesli; Musik: Richard Strauss, Johann Strauß, Aram Khatchaturian, György Ligeti; GB 1965–68; 141 Minuten.
ORIGINALTITEL: 2001 – A Space Odyssey
BESETZUNG: Keir Dullea (David Bowman), Gary Lockwood (Frank Poole), William Sylvester (Dr. Heywood Floyd), Daniel Richter (Affe „Mondschauer"), Leonard Rossiter (Dr. Andreas Smyslow), Margaret Tyzack (Elena), Robert Beatty (Halvorsen).
PREISE: „Oscar" 1968 für Beste Spezialeffekte
DER REGISSEUR: Stanley Kubrick, geboren am 26. Juli 1928 in New York, begann als Fotoreporter für die Zeitschrift „Look". Nach ersten Kurz- und Spielfilmversuchen (wie dem Gangsterfilm „Killing", 1956) hatte er mit der harten Militarismus-Anklage „Wege zum Ruhm" (1957) den großen Durchbruch. Es folgten „Spartacus" (1959), „Lolita" (1961), die Atomkriegssatire „Dr. Seltsam oder Wie ich lernte, die Bombe zu lieben" (1963) und der Science-fiction-Klassiker „2001 – Odyssee im Weltraum". Kubrick, der als detailbesessener Arbeiter seine Filme selbst plant und organisiert und deshalb oft jahrelang mit einer Produktion beschäftigt ist, drehte seither „Uhrwerk Orange" (1970/71), „Barry Lyndon (1974–75), „Shining" (1980) und „Full Metal Jacket" (1987).

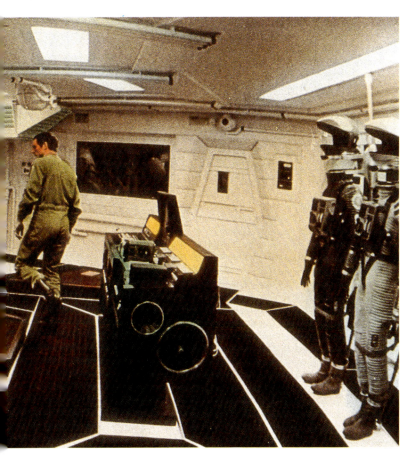

DER REGISSEUR ÜBER SEINE ARBEIT: „Ein Regisseur ist eine Art Ideen- und Geschmacksmaschine. Ein Film ist eine Serie kreativer und technischer Entscheidungen, und es ist die Aufgabe des Regisseurs, die richtigen Entscheidungen so oft wie möglich zu treffen."
DIE KRITIK ZUM FILM: „Nur wenige Werke der Filmgeschichte haben eine vergleichbare Aufmerksamkeit und Rezeption erfahren, nur wenige sind ähnlich prägend gewesen für weitere Entwicklungen, nur wenige haben – vor allem – ähnlich die Fantasie der Zeitgenossen beschäftigt und besetzt, ihr Leben bestimmt." (Peter W. Jansen in: „Stanley Kubrick", Hanser Reihe Film, 18)

Fotos:
1. 2. 4. 5. Szenen
3. Keir Dullea

1968: Spiel mir das Lied vom Tod
von: Sergio Leone

Die klagende Melodie der Mundharmonika klingt einem noch Stunden nach dem Film in den Ohren. Bilder eines Henry Fonda, der mit eiskalten blauen Augen seinen Gegner abschätzt, jagen einem immer wieder kalte Schauer über den Rücken, sobald man die Musik hört. Kaum ein Film – am wenigsten ein Western – hat je gekonnter mit der Musik harmoniert. Bei „Spiel mir das Lied vom Tod" verschmelzen optische und akustische Eindrücke zu einem virtuosen Ganzen, das den Zuschauer keine Minute aus seinem Bann entläßt. Die Erklärung: Komponist Ennio Morricone komponierte den furiosen Soundtrack nach dem Drehbuch – ehe überhaupt ein Meter Film belichtet war. Bei Beginn der Dreharbeiten war die Musik schon weitgehend fertiggestellt, und Regisseur Sergio Leone spielte sie während der Aufnahmen ab: „So konnten die Schauspieler sich bei ihrer Darstellung dem Rhythmus der Klänge anpassen", erklärt er. Die Rechnung ging auf: Wenn sich Charles Bronson und Henry Fonda am Ende im entscheidenden

Duell gegenüberstehen, wirken sie wie Figuren in einer grandiosen Operninszenierung. Als die Musik verklingt, ist der Tod eines der beiden Kontrahenten schon besiegelt. Die Schüsse zerreißen die Stille ...

INHALT: Der amerikanische Westen zur Zeit des Eisenbahnbaus: Noch gilt die Region als wild, doch der Fortschritt dringt unaufhaltsam von Osten Richtung Pazifik vor. Eine einsame Ranch, neben der bald die Schienen verlaufen sollen, wird zum Schauplatz eines erbarmungslosen Kampfes um Geld und Besitzansprüche. So macht das Freudenmädchen Jill, die den Besitzer der Farm geheiratet hat, bei Ankunft in ihrem neuen Heim eine grausige Entdeckung: Ihr Mann und seine Kinder sind von einer Bande brutaler Revolverhelden kaltblütig erschossen worden. Oberhaupt der skrupellosen Gang ist Frank, ein eiskalter Mörder mit stahlhartem Blick und schneller Hand. Er wurde von Morton, dem Besitzer der Eisenbahnlinie, engagiert, um das Terrain zu „säubern". Doch

Frank beschließt, selbst in das Eisenbahngeschäft einzusteigen und bedroht seinen Auftraggeber. Währenddessen kämpft die junge Witwe Jill für die Verteidigung und Erhaltung der Farm. Unterstützt wird sie dabei von dem flüchtigen Verbrecher Cheyenne und einem geheimnisvollen Fremden mit einer Mundharmonika, der von finsteren Rachegedanken getrieben wird ...
STAB: Regie: Sergio Leone; Drehbuch: Sergio Leone, Sergio Donati (nach einer Story von Dario Argento, Bernardo Bertolucci und Sergio Leone); Kamera: Tonino Delli Colli; Musik: Ennio Morricone; Bauten: Carlo Simi; Ausstattung: Carlo Leva; Kostüme: Carlo Simi; Schnitt: Nino Baragli; Produzent: Fulvio Morsella; USA/Italien, 1968; 165 Minuten.
ORIGINALTITEL: C'era una volta il west
BESETZUNG: Henry Fonda (Frank), Claudia Cardinale (Jill McBain), Jason Robards (Cheyenne), Charles Bronson (Der Mann mit der Mundharmonika), Frank Wolff (Brett McBain), Gabriele Ferzetti (Morton), Keenan Wynn (Sheriff), Paolo Stoppa (Sam), Marco Zuanelli (Wobbles), Lionel Stander (Wirt), Jack Elam (Knuckles), Woody Strode (Stony), John Frederick (Mitglied von Franks Bande).
DER REGISSEUR: Sergio Leone, 1921 als Sohn eines erfolgreichen italienischen Stummfilmregisseurs in Rom geboren, hatte von klein auf Kontakt zur Kinemathographie. Erste Regie-Erfahrungen sammelte er in Italien, u. a. als Assistent von Vittorio De Sica bei seinem Meisterwerk „Die Fahrraddiebe" und später auch in Hollywood. Er arbeitete mit so etablierten Filmemachern wie William Wyler, Mervyn Le-Roy und Robert Wise zusammen. 1960 inszenierte er seinen ersten eigenen Spielfilm, das Historien-Spektakel „Der Koloß von Rhodos". Der Durchbruch gelang ihm 1964 mit „Für ein paar Dollar mehr", mit dem er seinen Ruf als Vater des Italo-Westerns begründete. Leone drehte zwei weitere Filme nach ähnlichem Muster (im Mittelpunkt: Clint Eastwood als wortkarger und erbarmungsloser Antiheld), die allesamt finanzielle Erfolge waren. Sein Meisterwerk gelang dem Regisseur 1968 mit einem Western von epischen Ausmaßen: „Spiel mir das Lied vom Tod" setzte neue Maßstäbe in der Kinogeschichte. 16 Jahre später drehte Leone die logische Fortsetzung dieses Kassenerfolges. „Es war einmal in Amerika" beleuchtet ein weiteres, von Hollywood als ruhmreich hochgespieltes Kapitel der amerikanischen Vergangenheit.

DER REGISSEUR ÜBER SEINE ARBEIT: „Mein Ziel ist es, daß das, was der Film ausdrücken soll, rein über die Bilder kommt, unterstützt von der Musik. Man kann mich wohl als so etwas wie einen heimlichen Stummfilmer bezeichnen."

DIE KRITIK ZUM FILM: „Der Film ist ein bißchen zu intellektuell, aber für mich ist es Leones bester Film." (Bernardo Bertolucci)

Fotos:
1. *Szene*
2. *Claudia Cardinale*
3. *Charles Bronson*
4. *Claudia Cardinale, Jason Robards (m)*
5. *Szene*

1969: Little Big Man

Grenzgänger zwischen zwei Welten: Arthur Penn inszeniert eine ungewöhnliche Mischung zwischen Western und Komödie und erzählt die Lebensgeschichte eines Halbbluts. Schauspielerische Tour de force für Dustin Hoffman. Er wandelt sich im Verlauf des Films vom jungen Greenhorn zum 122jährigen Indianerhäuptling.
Foto: Dustin Hoffman, Faye Dunaway

1969: Love Story

Der Schmachtfilm der Hippie-Ära: Zu den Tönen der „Schicksalsmelodie" lieben und leiden Ryan O'Neal und Ali MacGraw – und mit ihnen Millionen von Kinozuschauern. Einspielergebnis: über 55 Millionen Dollar weltweit.
Foto: Ryan O'Neal, Ali MacGraw

1969: Airport

Panik auf der Leinwand: „Airport" begründet die Reihe der Katastrophenfilme, die die Zuschauer in den 70er Jahren in die Kinos locken. Das Rezept: ein immenses Staraufgebot gemixt mit reichlich Trümmern und Schreckensschreien.
Foto: Dean Martin, Jacqueline Bisset

1969: Ein Mann, den sie Pferd nannten

Eine neue Annäherung an das Indianerbild: Unter der Regie von Elliot Silverstein findet erstmals im populären US-Kino eine ernsthafte Auseinandersetzung mit den amerikanischen Ureinwohnern statt. In Silversteins Film sind die Indianer Amerikas nicht länger eine Horde Wilder, sondern Menschen mit einer eigenen, uns fremden Kultur.
Foto: Richard Harris

1969: Ryan's Tochter

Faszination der Naturgewalten: David Lean dreht an der stürmischen Küste Irlands und fängt für sein Liebes-Epos Bilder von optischer Opulenz und ungezähmter Schönheit ein. Höhepunkt: Die Bergung einer Waffenlieferung, die während eines Sturms an die Küste gespült wird.
Foto: Sarah Miles, Christopher Jones

1969: Easy Rider
von: Dennis Hopper

Auf ihren aufgemotzten Choppern rollen Billy und Wyatt Richtung Süden. Endloser Horizont, blauer Himmel, die Straße gehört ihnen ... Noch wissen sie nicht, daß ihr Traum vom Land der unbegrenzten Möglichkeiten, der grenzenlosen Freiheit auf Rädern, längst ausgeträumt ist. „Easy Rider", mit weniger als 400 000 Dollar auf den Highways des amerikanischen Westens realisiert, spielte über 50 Millionen Dollar ein und avancierte 1969 zum Kult-Road-Movie schlechthin. Mit seinen Bildern von Abenteuer und Freiheit, der Rockmusik der 60er und natürlich den langhaarigen, drogenberauschten Motorradfreaks vermittelte der Film das Lebensgefühl der Hippie-Generation wie kein anderer. Das schaurige Ende auf der anderen Seite rechnet mit der Wirklichkeit der 60er Jahre schonungslos ab. Peter Fonda und Dennis Hopper schrieben das Drehbuch, spielten und inszenierten den Film. Die zehn Lieblingsstücke Fondas – darunter Titel wie Steppenwolfs „Born to be wild" oder „I wasn't born to follow" der Byrds – machen die Reise der Ausstei-

ger auf der alten Pionierstraße Amerikas zur Rebellion gegen ein Land, das nicht mehr die Werte vertritt, für die es einmal warb.
INHALT: Billy und Wyatt setzen sich nach einem gelungenen Drogendeal in Los Angeles auf ihre Harley Davidsons und machen sich auf den Weg nach Süden. Sie wollen zum „Mardi Gras" nach New Orleans. Mit dem Geld im Tank versteckt durchqueren sie den menschenleeren Süden der USA, kampieren im Freien, rauchen „Pot", baden nackt und träumen von der großen Freiheit. In Arizona finden die beiden freundliche Aufnahme bei einfachen Farmersleuten. Aber sobald die langhaarigen Tramps weiter nach Süden kommen, schlägt ihnen der Haß der „normalen" Bürger entgegen. In einer Kleinstadt in Texas werden sie aus nichtigem Anlaß festgenommen. Im Gefängnis lernen Wyatt und Billy den versoffenen Rechtsanwalt Hanson kennen, der sie herausholt und sich ihnen anschließt. Doch das ungewöhnliche Trio ist den Provinzlern ein Dorn im

Auge. Auf einem Campingplatz wird George Hanson erschlagen. Billy und Wyatt fahren weiter und werden – einfach so – von zwei Truckern auf der Landstraße erschossen.
STAB: Regie: Dennis Hopper; Drehbuch: Peter Fonda, Dennis Hopper, Terry Southern; Kamera: Lazlo Kovacs; Musik: Songs der 60er; Bauten: Jerry Kay; Ton: LeRoy Robbins; Schnitt: Donn Cambern; Spezialeffekte: Steve Karkus; Produktion: Paul Lewis für Pando Company mit Raybert Productions; Gesamtleitung: Peter Fonda; USA 1969; 94 Minuten.
ORIGINALTITEL: Easy Rider
BESETZUNG: Peter Fonda (Wyatt), Dennis Hopper (Bill), Jack Nicholson (George Hanson), Luke Askew (Stranger), Karen Black (Karen), Toni Basil (Mary), Sabrina Scharf (Sarah), Warren Finnerty (Farmer), Luana Anders (Lisa), Antonio Mendoza (Jesus).
PREISE: Großer Preis von Cannes 1969
DER REGISSEUR: Dennis Hopper wurde am 17. Mai 1936 in Dodge City geboren. Später zog er mit seiner Familie nach Kalifornien und begann als Teenager, an örtlichen Bühnen Theater zu spielen. Auf Empfehlung der Schauspielerin Dorothy McGuire ging er nach Hollywood und bekam einige TV-Rollen. Daraufhin nahm ihn Warner unter Vertrag. Hopper erhielt Nebenrollen in „... denn sie wissen nicht, was sie tun" und „Giganten" und gelangte so in die Clique um James Dean. Weitere Nebenrollen – meist in Western – folgten. Bei den Dreharbeiten zu „Wilde Engel" lernte er Peter Fonda kennen und verwirklichte mit ihm seinen Traum eines „ganz anderen" Films. „Easy Rider" war Hoppers erste Regiearbeit. Der Erfolg brachte ihm die Achtung der Filmbranche, doch Hopper gab sein Freak-Image niemals auf. Sein nächster Film „The Last Movie", wurde von der Kritik als „gigantischer Ego-Trip" abgetan. Erst 1988 gelang ihm ein Regie-Comeback mit dem Achtungserfolg „Colors". Doch an den Ruhm von „Easy Rider" konnte Hopper nie mehr anknüpfen. Als Darsteller erregte er Aufsehen in David Lynch's „Blue Velvet" (1985); eine „Oscar"-Nominierung erhielt er für seine Nebenrolle in „Freistoß". 1973 heiratete Hopper seine dritte Frau Darlene Halpin, mit der er heute in Los Angeles lebt.

DER REGISSEUR ÜBER SEINE ARBEIT: „Für mich war ‚Easy Rider' ein Western. Zwei Typen, die statt auf Pferden auf Motorrädern ritten..."
DIE KRITIK ZUM FILM: „Diese jungen Leute hatten wirklich etwas zu sagen. Und sie haben es in außerordentlich schöner Weise gebracht!" (Luchino Visconti)

Fotos:
1. 2. 3. Dennis Hopper, Peter Fonda
4. Peter Fonda, Karen Black
5. Dennis Hopper

1970: Uhrwerk Orange

Beethovens Neunte dröhnt zu Mord, Vergewaltigung und Folter: Stanley Kubrik schockt mit seiner Gewaltorgie die Zuschauer. Kritiker sind sich uneinig, ob Kubrik die Brutalität anprangert oder zelebriert. Das aufsehenerregende Werk wird trotzdem zum Kultfilm.
Foto: Szene mit Adrienne Corri

1970: Aristocats

Der letzte Film, an dessen Konzeption Walt Disney noch selbst mitgewirkt hat: Seine Erben verwirklichen den Zeichentrick-Spaß mit heißen Jazz-Rhythmen und putzigen Katzen-Babys. Maurice Chevalier steuert den Titelsong bei.

1970: Vier Fäuste für ein Hallelujah

Das schlagfertigste Gespann der Leinwand: Bud Spencer und Terence Hill, die 1967 zum ersten Mal gemeinsam vor der Kamera standen, landen einen Volltreffer. Ihr comic-haftes Prügelspektakel ist eine Alternative zum brutalen Italo-Western und Auftakt zu einer Reihe ähnlich gestrickter – und ebenso erfolgreicher – Leinwandkeilereien.
Foto: Terence Hill (l), Bud Spencer

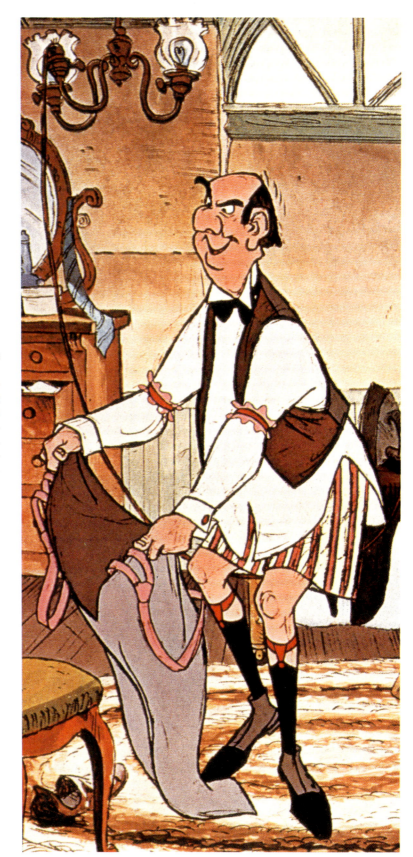

1970: Der Tod in Venedig
von: Luchino Visconti

„Der Tod in Venedig" ist – nach „Die Verdammten" (1969) und vor „Ludwig II." (1972) – der epische Mittelpunkt von Luchino Viscontis „deutscher Trilogie", einem filmischen Dreigestirn, in dem der Regisseur sich mit bröckelnden moralischen und gesellschaftlichen Strukturen auseinandersetzte. Während die anderen beiden Filme in ihrem manchmal voyeuristischen Abfeiern morbider Dekadenz plakativ und gewalttätig wirken, ist Viscontis Version der klassischen Novelle von Thomas Mann ein Beispiel für die Kunst der leisen Töne, gedämpften Farben und subtilen Andeutungen. Wenn auch der todessehnsüchtige Dichter Aschenbach im Mittelpunkt steht, so findet er doch im Knaben Tadzio ein lichtes Gegenstück. Und wie dieser Tadzio des Komponisten düsteres Leben erhellt, so gibt sein zartes Strahlen auch Viscontis Film eine helle Schönheit, die sich gegenüber Cholera, Dekadenz und Verfall zu behaupten weiß. Wenn Aschenbach am Ende zu sinfonischer Mahler-Musik dahinscheidet, so ist dies ein heiteres Sterben,

denn am Horizont, im pastellblauen Meer, spielt Tadzio, die Jugend, die Zukunft, das Leben.
INHALT: Gustav von Aschenbach, ein alternder Komponist in einer Lebens- und Schaffenskrise, sucht Erholung in Venedig. Dort fällt ihm am Strand der schöne blonde Junge Tadzio auf, der mit seiner Mutter und seinen Schwestern reist. Der Knabe ist das Schönste, das Aschenbach in seinem Leben gesehen hat. Sein Anblick erlöst ihn von der lähmenden Melancholie, der der Komponist verfallen war. Er beobachtet Tadzio aus der Ferne, nähert sich ihm jedoch nie. Von einem Barbier läßt er sich jugendlich zurechtmachen, das Resultat ist jedoch erbärmlich. Als in Venedig die Cholera ausbricht und alle Touristen abreisen, bleibt Aschenbach absichtlich, erkrankt und stirbt schließlich am Strand – sein Blick ruht auf der Silhouette des Jungen vor dem leuchtenden Meer.
STAB: Regie und Produktion: Luchino Visconti; Drehbuch: Luchino Visconti, Nicola Badalucco nach der Novelle

„Der Tod in Venedig" von Thomas Mann; Kamera: Pasquale De Santis; Musik: Gustav Mahler; Bauten: Fernandino Scarfiotti; Ausstattung: Nedo Azzini; Kostüme: Piero Tosi; Schnitt: Ruggero Mastroianni; Frankreich/Italien 1970; 130 Minuten.
ORIGINALTITEL: Morte a Venezia
BESETZUNG: Dirk Bogarde (Gustav Aschenbach), Silvana Mangano (Tadzios Mutter), Bjorn Andresen (Tadzio), Romolo Valli (Hoteldirektor), Mark Burns (Alfred), Nora Ricci (Gouvernante), Marisa Berenson (Frau Aschenbach), Carol Andre (Esmeralda).
DER REGISSEUR: Luchino Visconti, geboren als Graf Don Luchino Visconti di Modrone am 2. November 1906 in Mailand. Der Sproß einer der vornehmsten Adelsfamilien Italiens entdeckte sein Interesse am Kino erst im Alter von 30 Jahren und ging als Jean Renoirs Regieassistent nach Paris. Zwölf Jahre später inszenierte Visconti sein erstes Werk, „Ossessione", eine unautorisierte Adaption von James M. Cains Roman „Wenn der Postmann zweimal klingelt". Der Film begründete mit seiner ungeschönten Darstellung des proletarischen Lebens unter dem Faschismus den italienischen Neorealismus, zu dessen Mitteln Visconti in späteren Arbeiten wie „Bellissima" (1951) und „Rocco und seine Brüder" (1960) zurückgriff. Schon mit seiner zweiten Regiearbeit „La terra

trema" (1948) entfernte er sich jedoch vom Neorealismus in Richtung der opernhaft-opulenten Werke, für die er berühmt werden sollte. „Der Leopard" (1963), „Die Verdammten" (1969), „Der Tod in Venedig", „Ludwig II." (1972) und „Gewalt und Leidenschaft" (1975) sind Prunkstücke des italienischen Nachkriegsfilms, die sich nicht nur durch verschwenderische Dekors, sondern auch durch exzellente Schauspielerführung auszeichnen. Visconti protegierte unter anderen Romy Schneider, Alain Delon und Helmut Berger. Neben seiner Filmarbeit feierte der Regisseur Triumphe mit Theater- und Operninszenierungen. Er starb 1976, nach Abschluß der Dreharbeiten zu „Die Unschuld".

DER REGISSEUR ÜBER SEINE ARBEIT: „Von allen Aufgaben, die mich als Regisseur betreffen, begeistert mich am meisten die Arbeit mit den Schauspielern: dem Material, aus dem man jene neuen Menschen formt, die, zum Leben berufen, eine neue Realität hervorbringen, die Realität der Kunst."
DIE KRITIK ZUM FILM: „Dirk Bogarde und Visconti sind ein außergewöhnliches Team, und Bogardes Darstellung des Aschenbach ist ebenso subtil wie bewegend." (Variety)

Fotos:
1. Szene mit Dirk Bogarde (r)
2. Dirk Bogarde, Marisa Berenson
3. Silvana Mangano
4. Björn Andresen
5. Luchino Visconti, Björn Andresen, Dirk Bogarde

**1971: Der Pate
von: Francis Ford Coppola**

Das Hochzeitsfest im Garten der Villa ist in vollem Gange. Hunderte von Gästen – die Männer im Smoking, die Frauen in bunten Kleidern – singen und tanzen zu den Klängen italienischer Volkslieder. Szenenwechsel: Ein abgedunkelter Raum der Villa, durch die geschlossenen Jalousien fällt fast kein Licht. Don Vito Corleone (Marlon Brando in seiner eindrucksvollsten Rolle) sitzt hinter einem schweren Eichenschreibtisch und empfängt Bittsteller. Während draußen im Sonnenschein gefeiert wird, entscheidet Don Vito Corleone in der Dunkelheit seines Arbeitszimmers über Leben und Tod. Ein genialer Auftakt für „Der Pate". Draußen, für jeden sichtbar, bewahrt man die Fassade der angesehenen Familie, in Hinterzimmern regiert das Verbrechen. Fast drei Stunden erleben wir die Geschichte des Clans: Liebe und Brutalität liegen dicht beieinander, die Familie hat Vorrang vor allem, Mord ist reines Geschäft, und dieses läuft nach strengen Regeln der Ehre ab. Fantastische Schauspieler, eine bis ins Detail perfekte Ausstattung, opulente

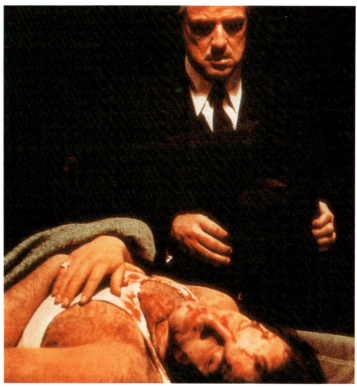

Musik und geniale Schnitte – ein Film wie ein Rausch. Auch als Zuschauer wird man immer weiter in die edle Scheinwelt des organisierten Verbrechens hineingezogen. Bis zum grandiosen Finale, bei dem Michael (Al Pacino) die Stelle seines Vaters übernimmt. Die wichtigsten Männer der Unterwelt küssen seinen Ring – natürlich hinter halb verschlossenen Türen.
INHALT: Don Vito Corleone ist der mächtigste Mann New Yorks: offiziell ein italienischer Kaufmann, in Wirklichkeit Oberhaupt der „ehrenwerten Familie". Mit Gewalt und Korruption regiert er das organisierte Verbrechen. Während der Hochzeitsfeier seiner Tochter Connie empfängt er in seinem Haus Bittsteller und entscheidet über Leben und Tod. Seine unangefochtene Machtposition gerät ins Wanken, als der Gangster Solozzo ihm einen Vorschlag macht, „den er nicht ablehnen kann": Die Corleones sollen mit ihm ins Drogengeschäft einsteigen. Don Vito weigert sich. Schon bald tobt ein Bandenkrieg, in dessen Verlauf ein At-

tentat auf Don Vito verübt wird, das er nur mit Glück überlebt. Während er sich von den Folgen des Anschlags erholt, übernimmt sein unbeherrschter Sohn Sonny die Leitung. Mit dessen Zustimmung greift auch Vitos jüngster Sohn Michael, der sich bisher aus den Geschäften seines Vaters weitgehend herausgehalten hat, zur Waffe: Er erschießt Solozzo und muß nach Sizilien fliehen. Kurze Zeit später stirbt Sonny im Kugelhagel seiner Gegner. Der mittlerweile genesene Don Vito ruft die wichtigsten Clan-Chefs zusammen. Um weiteres Blutvergießen zu vermeiden, drängt er auf eine Einigung und ist zu diesem Zwecke sogar bereit, auf Rache für seinen Sohn zu verzichten. Doch der Pate stirbt, ehe der Frieden in Kraft treten kann. Sein offizieller Erbe Michael kehrt aus Sizilien zurück und ist entschlossen, die alte Machtposition der Corleones wiederherzustellen: Er läßt alle seine Gegner liquidieren.

STAB: Regie: Francis Ford Coppola; Drehbuch: Mario Puzo, Francis Ford Coppola (nach dem Roman von Mario Puzo); Kamera: Gordon Willis; Musik: Nino Rota; Bauten: Philip Smith; Ausstattung: Warren Clymer; Spezialeffekte: A. D. Flowers, Joe Lombardi, Sass Bedig; Schnitt: William Reynolds, Peter Zinner, Marc Laub, Murray Solomon; Kostüme: Anna Hill Johnstone; Maske: Dick Smith, Phillip Rhodes; Produzent: Albert S. Ruddy für Paramount; USA 1971; 175 Minuten.
ORIGINALTITEL: The Godfather
BESETZUNG: Marlon Brando (Don Vito Corleone), Al Pacino (Michael Corleone), James Caan (Sonny Corleone), Richard Castellano (Clemenza), Robert Duvall (Tom Hagen), Sterling Hayden (McCluskey), John Marley (Jack Woltz), Richard Conte (Barzini), Diane Keaton (Kay Adams), Al Lettieri (Sollozzo), Abe Vigoda (Tessio), Talia Shire (Connie Rizzi), Gianni Russo (Carlo Rizzi), John Cazale (Fredo Corleone).
PREISE: „Oscars" für Bester Film, Hauptdarsteller (Marlon Brando), Original-Drehbuch.
DER REGISSEUR: Francis Ford Coppola, geboren am 7. April 1939 in Detroit, begann als Regieassistent von Roger Corman. Dieser half ihm 1963 bei der Finanzierung seines ersten Films: „Dementia 13". In den 60er und 70er Jahren arbeitete Coppola in erster Linie als Drehbuchautor und inszenierte zwischendurch immer wieder eigene Projekte. 1968 gründete er seine Produktionsfirma; im Jahr darauf erntete Coppola erstmals Kritikerlob, als Regisseur des Dramas „Liebe niemals einen Fremden". 1971 gelang ihm der Durchbruch: Allen Bedenken von Kollegen und Drohungen seitens der Mafia zum Trotz drehte er das Gangster-Epos „Der Pate". Der Film wurde ein Kassenhit, und Coppola etablierte sich endgültig als Regisseur. Drei Jahre später drehte er die Fortsetzung, die auch wieder für Einspiel-Rekorde sorgte. 1976 steckte er den gesamten Gewinn in den Vietnamfilm „Apokalypse Now" und brachte sich damit fast an den Rand des Ruins. Mittlerweile wird das Werk zwar als Antikriegsfilm mit Kultstatus gehandelt, die Kosten hat es aber nie eingespielt. In den 80er Jahren (nach dem Mega-Flop „Einer mit Herz" mußte er sein Studio verkaufen) erledigte Coppola in erster

Linie Auftragsarbeiten, die qualitativ nie über ein solides Mittelmaß hinausgingen. Erst 1990 sorgte er wieder für Schlagzeilen, als er mit der Arbeit an „Der Pate, Teil 3" begann. Nachdem auch dieser Film erfolgreich war, wagte Coppola sich 1992 an die Neuverfilmung von „Bram Stokers Dracula".

DER REGISSEUR ÜBER SEINE ARBEIT: „Ich bin glücklich, wenn ich koche. Das braucht so wenig Zeit. Und wenn man serviert, sind alle happy. Für einen Film geht man zwei Jahre durch die Hölle, und am Ende kritisieren einen alle. Kochen macht mehr Spaß."

DIE KRITIK ZUM FILM: „ ‚Der Pate' fesselt durch die virtuose Umsetzung seines Themas in eine Mischung aus Kitsch, Pomp, Thriller und Familien-Drama, und nicht zuletzt durch die Faszination des Bösen, die er ausstrahlt." (cinema)

Fotos:
1. *Al Pacino (l), Marlon Brando*
2. *Al Pacino, Diane Keaton*
3. *James Caan, Marlon Brando*
4. *Szene mit Al Pacino*
5. *Szene mit Marlon Brando*

**1971: Cabaret
von: Bob Fosse**

Eine verruchte, nuttige Berliner Spelunke Anfang der 30er Jahre. Im Publikum sitzen Karikaturen von George Grosz, auf der Bühne steht ein dämonischer, androgyner Zwerg im Frack: Joel Grey als Conférencier heißt den Besucher des „Kit-Kat-Clubs" – und den Kinozuschauer – mit blecherner Stimme: „Willkommen, bienvenue, welcome". Willkommen an einem Ort, an dem der Flitter und die Theaterschminke nur noch mühsam die Dekadenz und Brutalität des beginnenden Nazi-Regimes überdecken. „Cabaret" ist die Perversion des Musicals: keine bunte heile Welt voller Musik, beschwingter Tänze und erhabener Gefühle, sondern ein monströser Reigen menschlicher Schwächen: Betrug, Untreue, Opportunismus, Rassenhaß, Grausamkeit. Die eskapistische Funktion des Musicals hat Regisseur Bob Fosse völlig aufgehoben. Er benutzt eine harmlose Form, um den Zuschauer auf schreckliche Inhalte zu stoßen. Die schrillen Gesangseinlagen sind Hilfeschreie, die hysterischen Tänze finden auf einem Vulkan statt.

Die verdrehten Gliedmaßen der Tanzgirls stehen für die biegsame Moral eines Landes am Abgrund. Mitten in dieser Hölle: ein Liebespaar, dessen Ideale langsam und schmerzhaft in Stücke gehen. Nie war ein Musical schockierender, erschütternder und – in aller Künstlichkeit – ehrlicher.
INHALT: Die Geschichte der Varieté-Sängerin Sally Bowles, die sich nicht zwischen dem naiv-unschuldigen englischen Studenten Brian und dem weltgewandten Baron von Heune entscheiden kann, spielt im Berlin der frühen 30er Jahre. Die privaten Schicksale vermischen sich mit den politischen Ereignissen. Brian läßt sich vom dekadenten Baron von Heune verführen und aushalten, was Sally zutiefst schockiert. Sallys Freundin, die jüdische Kaufhauserbin Natalia Landauer und ihr Freund Fritz sind den Attacken des Nazi-Mobs hilflos ausgeliefert, heiraten aber trotzdem nach der jüdischen Zeremonie. Die unerschütterlich scheinende Sally verliert angesichts der gesellschaftlichen und persönlichen

Katastrophen ihre Lebensfreude. Als sie erfährt, daß sie von Brian schwanger ist, glaubt sie vorübergehend wieder an die Möglichkeit eines Happy-Ends. Doch über der Vorstellung, in England ein Hausfrauenleben führen und Brians sexuelle Ambivalenz tolerieren zu müssen, verliert sie den Mut und läßt das Kind abtreiben. Brian reist enttäuscht nach England ab, Baron von Heune zieht sich auf seine Güter in Afrika zurück. Alleingelassen betritt Sally die Bühne im schäbigen Kit-Kat-Club und singt trotzig: „Life is a cabaret".

STAB: Regie und Choreographie: Bob Fosse; Drehbuch: Jay Presson Allen, nach dem Musical von Joe Masteroff, dem Stück „Ich bin eine Kamera" von John Van Druten und dem Roman „Lebwohl, Berlin" von Christopher Isherwood; Kamera: Geoffrey Unsworth; Musik: Ralph Burns, Lieder: John Kander, Fred Ebb; Ton: Robert Knudtson, David Hildyard; Bauten: Jürgen Kiebach, Rolf Zehetbauer: Ausstattung: Herbert Strabel; Kostüme: Charlotte Flemming; Schnitt: David Bretherton; Produzent: Cy Feuer; USA 1971; 124 Minuten.

ORIGINALTITEL: Cabaret

BESETZUNG: Liza Minnelli (Sally Bowles), Michael York (Brian Roberts), Helmut Griem (Maximilian von Heune), Joel Grey (Conférencier), Fritz Wepper (Fritz Wendel), Marisa Berenson (Natalia Landauer), Elisabeth Neumann-Viertel (Frl. Schneider), Helen Vita (Frl. Kost), Ralf Wolter (Herr Ludwig).

PREISE: „Oscars" für Hauptdarstellerin (Liza Minnelli), Nebendarsteller (Joel Grey), Regie, Kamera, Musik, Ton, Schnitt, Ausstattung.

DER REGISSEUR: Bob Fosse, am 23. Juni 1927 in Chicago als Sohn eines Vaudeville-Entertainers geboren, stand schon als Kind auf der Bühne. Nach

dem Zweiten Weltkrieg trat er mit seiner ersten Frau Mary-Ann Niles als Tanzpaar à la Astaire/Rogers in Nachtclubs auf und spielte in den frühen 50ern in einigen Filmmusicals mit – an der Seite seiner zweiten Frau Joan McCracken. Fosse entwickelte sich zu einem vulkanischen, genialen, erotomanen Choreographen, der schon für seine erste Broadway-Arbeit („The Pajama Game", 1954) einen „Tony"-Award erhielt. 1959 inszenierte er erstmals selbst: In „Redhead" spielte seine dritte Frau Gwen Verdon die Hauptrolle. Seit 1969 war Fosse auch als Filmregisseur tätig. „Cabaret", nach „Sweet Charity" sein zweiter Film, machte ihn weltberühmt. Er drehte danach nur noch drei weitere Filme, „Lenny", „Star 80" und „Hinter dem Rampenlicht", in denen er immer wieder mit Kraft und Wut die Abgründe der Show-Glamourwelt ausleuchtete. Im Alter von 60 Jahren starb er an einem Herzinfarkt – im National Theater von Washington, beim Einstudieren eines neuen Musicals.

DER REGISSEUR ÜBER SEINE ARBEIT: „Der perfekte Film muß eine perfekte Show sein."

DIE KRITIK ZUM FILM: „Ein höchst ungewöhnliches Musical; es ist literarisch, frech, elegant, sinnlich, zynisch, herzerwärmend und fordert auf irritierende Weise zum Nachdenken heraus. Liza Minnelli führt eine starke Besetzung an. Bob Fosses exzellente Regie erweckt das Berliner Milieu der 30er Jahre wieder zum Leben." (Variety)

Fotos:
1. Szene mit Michael York
2. Helmut Griem, Michael York, Liza Minnelli
3. Liza Minnelli
4. Liza Minnelli, Joel Grey
5. Fritz Wepper, Marisa Berenson, Michael York

1971: Die letzte Vorstellung

Melancholie statt Nostalgie: Peter Bogdanovich wirft einen wehmütigen Blick in eine texanische Kleinstadt der 50er Jahre, kurz vor dem Koreakrieg. Die Menschen versacken in verkorksten Beziehungen, alte Freundschaften gehen in die Brüche, und sogar das Kino des Ortes muß schließen.
Foto: Timothy Bottoms

1971: Harold und Maude

Die ungewöhnlichste Love-Story, die je auf der Leinwand zu sehen war: Der 20jährige Harold liebt die 79jährige Maude. Ausgangssituation für eine rabenschwarze Komödie mit melancholischem Unterton. Die trotz allem positive Gesamtaussage wird in Cat Stevens Titellied zusammengefaßt: „If you want to be free".
Foto: Bud Cort, Ruth Gordon

1971: Dirty Harry

Neue Wege im Action-Kino: Mit technischer Brillanz, aber auch mit bisher nicht gekannter Brutalität setzt Don Siegel einen der härtesten Thriller der Filmgeschichte in Szene. Obwohl nur dritte Wahl (Frank Sinatra und John Wayne hatten abgelehnt) ist Clint Eastwood in der Hauptrolle optimal besetzt.
Foto: Clint Eastwood

1971: Brennpunkt Brooklyn

Eine Verfolgungsjagd macht Filmgeschichte: Gene Hackman hetzt einen Verbrecher, der in die berühmte New Yorker Hochbahn flüchtet. Der Beginn einer dramatischen und perfekt getimeten Action-Sequenz. William Friedkins Film ist der Überraschungssieger bei der „Oscar"-Verleihung.
Foto: Gene Hackman

1971: Mach's noch einmal Sam

Woody Allens Hommage an Bogey: Allens gleichnamiges Theaterstück lief zwei Jahre erfolgreich am Broadway. Bei der Verfilmung überläßt er Herbert Ross die Regie und konzentriert sich selbst auf seine Rolle vor der Kamera. Trotzdem: Das Ergebnis ist ein urkomischer Lobgesang auf den Mythos Kino.
Foto: Woody Allen

1971: Macbeth

Geschmäcker sind verschieden: Während Polanskis Shakespeare-Adaption in Amerika wegen einiger Sex-Szenen und visueller Brutalität verrissen wird, überschlagen sich die Kritiker in Europa mit Lob. Fest steht: Polanski gelingt die eigenwilligste Shakespeare-Adaption der Filmgeschichte.
Foto: Francesca Annis, John Finch

1972: Der diskrete Charme der Bourgeoisie
von: Luis Buñuel

Eine manirierte Orgie, ein Film aus einzelnen Geschichten, nicht einer großen Story unterworfen, nicht orientiert an herkömmlichen Stilmitteln: „Der diskrete Charme der Bourgeoisie" verbildlicht, was Regisseur Luis Buñuel über sich selbst gesagt hat: „Die religiöse Erziehung und der Surrealismus haben in meinem Leben unauslöschliche Spuren hinterlassen ..." Die Reproduktion der Buñuelschen Obsession fürs Kino – ein Angriff auf die Werte bürgerlichen Lebens mit Schock-Effekten, die von einer diabolischen Freude an der Provokation zeugen. Der damals 72jährige spanische Filmemacher gibt zu: „Ich habe mich bei den Dreharbeiten wirklich amüsiert, bei diesem Stück voller Improvisationen, zufälliger Einfälle und Erscheinungen, irrationaler Inspiration – keineswegs auf einem gelenkten Gedanken basierend." Um das Thema Dekadenz in eine Form zu gießen, hat Buñuel mehrfach einen Stil zwischen Realität, Traum und Einbrüchen des

Mysteriösen in die Wirklichkeit gewählt.
INHALT: Zwei Pariser Ehepaare, die Thévenots und die Sénéchals, sind mit dem Botschafter von Miranda, einer südamerikanischen Republik, befreundet. Der kleine Kreis versucht mehrmals vergeblich, sich zu einem gemeinsamen Essen zusammenzusetzen. Beim Anlauf zum ersten Dinner trifft man die Gastgeber unvorbereitet an, in einem Restaurant ist der eben verstorbene Besitzer im Speisesaal aufgebahrt. Ein Essen bei den Sénéchals scheitert, weil sich Monsieur und Madame lieber ehelichen Freuden hingeben. Weitere Versuche nehmen alptraumhafte Formen an: Am Ende des Reigens der verpaßten Gelegenheiten erscheint ein blutüberströmter Gendarm, die Freunde werden verhaftet, schließlich von Terroristen erschossen.
STAB: Regie: Luis Buñuel; Drehbuch: Luis Buñuel, Jean-Claude Carrière; Kamera: Edmond Richard; Ausstattung: Pierre Guffroy; Ton: Guy Villette; Schnitt: Helene Olemiannikow; Pro-

duktionsleitung: Ulrich Pickard; Produktion: Serge Silbermann/Greenwich Film; Frankreich 1972; 101 Minuten.
ORIGINALTITEL: Le charme discret de la bourgeoisie
BESETZUNG: Fernando Rey (Botschafter), Delphine Seyrig (Madame Thévenot), Paul Frankeur (Monsieur Thévenot), Stéphane Audran (Madame Sénéchal), Jean-Pierre Cassel (Monsieur Sénéchal), Julien Bertheau (Bischof), Michel Piccoli (Minister).
PREISE: „Oscar" als Bester ausländischer Film, 1973.
DER REGISSEUR: Luis Buñuel wurde am 22. Februar 1900 als Sohn eines Großgrundbesitzers in Calanda (Spanien) geboren und wuchs in einer Klosterschule auf. Nach einem vierjährigen Studium in Madrid ging er nach Paris, wo er an der „Académie du Cinéma" angenommen wurde. Er arbeitete als Assistent für Jean Epstein und entwickelte gleichzeitig sein erstes eigenes Filmprojekt. Unter Mitwirkung seines Freundes Salvador Dali entstand 1928 der 20minütige Kurzfilm „Der andalusische Hund", ein surrealistisches Meisterwerk, das das Publikum mit genial-schrecklichen Visionen schockierte. Zwei Jahre später drehte Buñuel mit seinem ersten abendfüllenden Spielfilm „L'âge d'or" einen weiteren Meilenstein des Surrealismus. Nach der Machtergreifung Francos

emigrierte der Filmemacher nach Amerika und arbeitete einige Jahre am New Yorker „Museum of Modern Art", bis er 1947 nach Mexiko zog. Hier entstanden so wegweisende Werke wie „Die Vergessenen" (1950), „Er" (1953) und „Nazarin" (1959), die meist die subversive Kraft der Liebe zum Thema hatten und die kirchliche Autorität in Frage stellten. In den 60er Jahren – mit seiner Rückkehr nach Europa – begann Buñuels späte Schaffensphase. In Filmen wie „Belle de jour – Schöne des Tages" (1967), „Der diskrete Charme der Bourgeoisie" (1972) und „Dieses obskure Objekt der Begierde" (1977) übt er herbe Sozialkritik und entlarvt bürgerliche Konventionen als Deckmantel für Obsessionen. Luis Buñuel starb am 29. Juli 1983 in Mexiko.

DER REGISSEUR ÜBER SEINE ARBEIT: „Eine ernsthafte Farce, in der ich meinem Temperament freien Lauf gelassen habe."

DER REGISSEUR ÜBER DAS FILMEMACHEN: „Wenn ich zu drehen begonnen habe, habe ich den fertigen Film bereits im Kopf. Wenn er dann fertig ist, interessiert er mich nicht mehr. Er ist ein Kadaver. Das Inszenieren ist ein notwendiger Vorgang. Was mich interessiert, ist vor allem die Vorbereitung."

DIE KRITIK ZUM FILM: „Was wir viele Jahre lang über Buñuel-Filme nicht sagen konnten, jetzt können wir's: Versäumen Sie diesen Film nicht..."
(The New York Times)

Fotos:
1. Szene mit Jean-Pierre Cassel (l), Stephane Audran (r)
2. Delphine Seyrig, Fernando Rey
3. Bulle Ogier, Fernando Rey
4. Szene
5. Jean-Pierre Cassel, Julien Bertheau, Stephane Audran

1972: Die amerikanische Nacht
von: François Truffaut

François Truffauts Liebeserklärung an das Kino: In „Die amerikanische Nacht" erklärt er den Zuschauern, wie ein Film entsteht, läßt sie hinter die Kulissen blicken, führt die Spiel- und Täuschungsmöglichkeiten des Mediums vor. So ist „La nuit américaine" der französische Fachausdruck für das Verfahren, durch den Einsatz von Spezialfiltern bei Tag Aufnahmen zu machen, die wie in der Nacht gedreht wirken. Truffaut selbst übernahm den Part des Regisseurs Ferrand, der im Film einen Film inszeniert. „Einen Film drehen", so Truffaut/Ferrand, „das ist wie eine Kutschenfahrt durch den Wilden Westen. Zu Beginn hofft man noch auf eine schöne Reise. Und sehr bald fragt man sich, ob man wohl am Ziel ankommen wird." Truffaut ist mit diesem Film angekommen – bei der Kritik und beim Publikum, dem er viele Hintergrundinformationen vermittelt, verpackt in die menschlich-zwischenmenschlichen Beziehungsstories rund um eine Kinoproduktion. Truffaut zieht hier eine Zwischenbilanz seines Schaffens; er ist nach diesem Film, „in dem

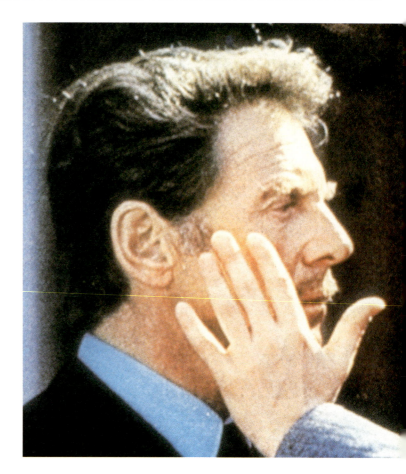

es ganz einfach darum geht, warum ich lebe" wieder mit sich ins reine gekommen.

INHALT: In Nizza dreht Regisseur Ferrand den Film „Meet Pamela". Der Inhalt: Alphonse stellt seinen Eltern, Séverine und Alexandre, seine Frau Pamela vor. Vater und Schwiegertochter entflammen füreinander und brennen durch; Pamela kommt bei einem Autounfall ums Leben, Alphonse erschießt seinen Vater. Während der Produktion gibt es neben technischen Problemen menschliche Verwicklungen aller Art: Der Alphonse-Darsteller will aus Liebeskummer alles hinschmeißen, läßt sich jedoch von seiner Starkollegin, der Pamela-Darstellerin Julie Baker, mit einer Liebesnacht trösten. Worauf deren amerikanischer Ehemann beunruhigt auf dem Set erscheint. Dann gibt es eine wirkliche Katastrophe: Der Darsteller des Alexandre verunglückt kurz vor Drehschluß tödlich. Mit einem Double wird der Film dennoch zu Ende gebracht; das Team geht auseinander ...

STAB: Regie: François Truffaut; Drehbuch: François Truffaut, Jean-Louis Richard, Suzanne Schiffmann; Kamera: Pierre-William Glenn; Musik: Georges Delerue; Schnitt: Yann Dedet; Bauten: Damien Lanfranchi; Frankreich/Italien 1972; 116 Minuten.
ORIGINALTITEL: La nuit américaine
BESETZUNG: François Truffaut (Ferrand), Jacqueline Bisset (Julie Baker/Pamela), Jean-Pierre Léaud (Alphonse), Valentina Cortese (Séverine), Jean-Pierre Aumont (Alexandre), Alexandra Stewart (Stacey), Nathalie Baye (Joelle, Scriptgirl), Dani (Liliane, Skriptvolontärin), David Markham (Dr. Nelson), Jean Champion (Bertrand, Produzent).
PREISE: „Oscar" für Bester ausländischer Film; „New York Film Critics Award" für Bester Film, Regie und Nebendarstellerin (Valentina Cortese).
DER REGISSEUR: François Truffaut, geboren am 6. Februar 1932 in Paris als Sohn eines technischen Zeichners und einer Sekretärin, hatte eine so unglückliche und einsame Kindheit wie der kleine Held seines Spielfilm-Erstlings „Sie küßten und sie schlugen ihn" (1959). Trost fand er vor allem im Kino, und so begann schon früh jene leidenschaftliche Liebesaffäre mit dem Film, die sein ganzes Leben bestimmte. Truffaut geriet an den Kritikerpapst André Bazin und wurde durch ihn zum Mitarbeiter an den „Cahiers du Cinéma". Als Kritiker war Truffaut ein entschiedener Verfechter des Autorenkinos und wurde mit Kollegen wie Godard, Rivette und Rohmer zum Begründer der Nouvelle Vague. Sein Debütwerk (in Cannes mit dem Regiepreis ausgezeichnet) erzählt die autobiografisch geprägte Geschichte von Antoine Doinel, der, älter werdend und stets von Jean-Pierre Léaud gespielt, in den Filmen „Antoine und Colette" (Truffauts Beitrag zu dem Episodenfilm „Liebe mit zwanzig", 1962), „Geraubte Küsse" (1968), „Tisch und Bett" (1970) und „Liebe auf der Flucht" (1978) wieder auftauchte. Zu den berühmtesten Filmen des Hitchcock-Bewunderers Truffaut gehören „Fahrenheit 451" (1966), „Die Braut trug schwarz" (mit Jeanne Moreau, 1967), „Die Liebe der Adèle H.' (mit Isabelle Adjani, 1975) und „Die letzte Métro" (mit Catherine Deneuve, 1980). Seine Lebensgefährtin Fanny Ardant war die Heldin seiner beiden letzten Filme „Die Frau nebenan" (1981) und „Auf Liebe und Tod". François Truffaut starb am 21. Oktober 1984 an einem Gehirntumor.

DER REGISSEUR ÜBER SEINE ARBEIT: „Ein Seminar über Filmarbeit sollte mit ‚La nuit américaine' eröffnet werden können."

DIE KRITIK ZUM FILM: „Ganz einfach der beste Film zu dem Thema: wie es ist, einen Film zu drehen. Da gibt es kein falsches Gefühl, kein Melodrama, etwas Humor, etwas Leidenschaft und jede Menge Irrsinn – in anderen Worten genau das, was passiert, während ein Film gemacht wird." (The Motion Picture Guide)

Fotos:
1. Jean-Pierre Aumont (l), Jean-Pierre Léaud
2. David Markham, Jacqueline Bisset
3. Jacqueline Bisset, Jean-Pierre Léaud
4. Jean-Pierre Léaud, Dani
5. Jacqueline Bisset, François Truffaut

1972: Ludwig II.

Der „Märchenkönig" in neuem Licht: Luchino Visconti befreit den Bayernkönig von der romantischen Idealisierung der 50er Jahre und präsentiert das komplexe Lebensbild eines Besessenen. Die deutschen Kinozuschauer reagieren auf die Demontage ihres Märchenkönigs anfangs ablehnend, der Film kommt nur in einer stark gekürzten Version in die Kinos.
Foto: Helmut Berger, Romy Schneider

1972: Der letzte Tango in Paris

Skandal um Brando: Der Star der „Wilden 50er" in dem Erotik-Schocker der 70er. Bernardo Bertoluccis schonungsloses Lustdrama definiert die Tabugrenzen des Kinos neu: Sex ist nicht mehr Teil romantischen Geplänkels, sondern brutale Obsession. Kritiker unterstellen dem Regisseur, unter dem Deckmantel der Kunst einen Pornofilm gedreht zu haben.
Foto: Maria Schneider

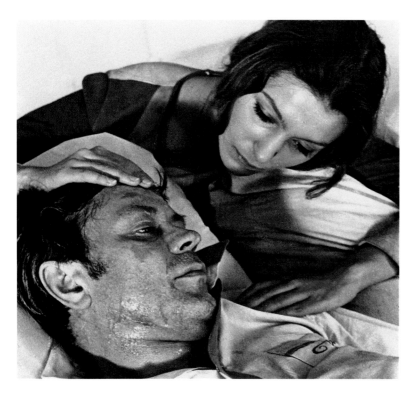

1973: Solaris

Ein Zukunftsmärchen, das die Vergangenheit glorifiziert: Der russische Regisseur Andrej Tarkowskij beschreitet im Science-fiction-Genre neue Wege und inszeniert eine symbolbeladene Meditation über die Zukunft des Menschen. Seine Prognose: Wenn der Mensch alles erreicht hat und an die Grenzen seines Wissens gestoßen ist, zieht er sich in seine Erinnerungen zurück.
Foto: Donatas Banionis, Natalia Bondartchuk

1972: Paper Moon

Ganz der Vater: Tatum O'Neal, die Tochter von Hollywood-Star Ryan O'Neal, absolviert ihren ersten Leinwandauftritt und stiehlt ihrem Vater die Show. Das neunjährige Naturtalent wird mit dem „Oscar" als Beste Hauptdarstellerin ausgezeichnet. Der berühmte Daddy geht leer aus.
Foto: Ryan O'Neal, Tatum O'Neal

1973: Angst essen Seele auf

Auf Jahrzehnte hin erschreckend aktuell: die Geschichte einer Liebe, die an Haß und Vorurteilen der Mitmenschen scheitert. Brigitte Mira profiliert sich unter der Regie von Rainer Werner Fassbinder erstmals als reife Schauspielerin.
Foto: Brigitte Mira, El Hedi Ben Salem

1973: Papillon

Der meistdiskutierte Kinohit der 70er Jahre: In schonungslosen Bildern voll Brutalität und Grausamkeit prangert Franklin J. Schaffner (nach dem autobiographischen Roman von Henri Charrière) die Unmenschlichkeit des Strafvollzugs auf der „Todesinsel" Cayenne an.
Foto: Dustin Hoffman (l), Steve McQueen

1973: Leben und sterben lassen

Ein neuer James Bond: Roger Moore übernimmt (nach einem kurzen und erfolglosen Zwischenspiel von George Lazenby) als dritter Bond-Darsteller den begehrten Part und leitet damit eine neue Ära ein. Moores Agentenspektakel glänzen mit aufwendigen Special-Effects.
Foto: Roger Moore, Jane Seymour

1973: Wenn die Gondeln Trauer tragen

Vor der schaurig-schönen Kulisse Venedigs dreht Nicholas Roeg seinen doppelbödigen Thriller: eine Fahrt ins Jenseits voll erschreckender Rückblenden und alptraumhafter Visionen. Einige Moralhüter sind empört, Millionen Kinofans von der Atmosphäre fasziniert.
Foto: Julie Christie

1973: Der Exorzist

Der zweite Kinderstar des Jahres: Die 15jährige Linda Blair zeigt eine beeindruckende Leistung als vom Teufel besessener Teenager und wird prompt für den „Oscar" nominiert; muß ihn aber ihrer um sechs Jahre jüngeren Kollegin Tatum O'Neal („Paper Moon") überlassen.
Foto: Ellen Burstyn, Linda Blair

1973: Cherie bitter

Die neue Romantik: Regisseur Sydney Pollack belebt das Genre des tränenreichen Liebesfilms neu und präsentiert Robert Redford und Barbra Streisand als neues Kinotraumpaar. Doch die Rechnung geht nur teilweise auf: Der Film wird zwar ein großer Kassenerfolg, doch die beiden Protagonisten verkrachen sich und drehen nie wieder zusammen.
Foto: Barbra Streisand, Robert Redford

1973: Der Clou

Keine Gaunerkomödie war leichtfüßiger: Paul Newman und Robert Redford, das Idealgespann des Kinos der 70er, toben mit sichtlicher Freude am Spiel durch George Roy Hills Hommage an die „Roaring Twenties": detailgetreue Kostüme, edle Ausstattung und ein Titelmusikthema, das ins Ohr geht.
Foto: Paul Newman (l), Robert Shaw (r)

1973: Der große Gatsby

Ein Film macht Mode: Angesichts der Nostalgie-Begeisterung der 70er Jahre trifft Jack Clayton mit der Verfilmung von F. Scott Fitzgeralds Roman den Nerv der Zeit. Zwar enttäuscht das aufwendig gestaltete Remake (1949 gab es bereits die erste Verfilmung) und Kritiker in den USA und Europa lassen kein gutes Haar am pompösen Sittengemälde der 20er Jahre. Jedoch in aller Munde: die hocheleganten pastellfarbenen Kostüme der Stars, entworfen von Theonie V. Aldredge, die dafür einen „Oscar" erhielt.
Foto: Mia Farrow, Robert Redford

1974: The Rocky Horror Picture Show
von: Jim Sharman

Die „Rocky Horror Picture Show" ist mehr als ein Film, sie ist ein soziales Ereignis. Ein unkonventionelles, schrilles, schräges Musical, das seine unvergleichliche Dynamik vor allem der Teilnahme des Publikums an der Handlung verdankt. Die sogenannte „audience participation" begann 1975 im New Yorker Greenwich Village, wo „Rocky Horror"-Fans „ihren" Film wieder und wieder besuchten, in die Songs einstimmten und schließlich sogar die Darsteller auf der Leinwand ansprachen („Vorsicht, Janet, der Zweig!"). Einige besonders Begeisterte verkleideten sich als Figuren aus dem Film und spielten jede Bewegung ihrer Lieblingsperson mit – zum großen Vergnügen des Publikums. Die Teilnahme am Filmgeschehen wurde von Woche zu Woche komplexer: Manche Kinobesucher brachten Reis mit, den sie in der Hochzeitsszene warfen, andere hielten sich, wenn es im Film regnete, Zeitungen über den Kopf. Die Medien, die die Chance nutzten, bei diesem Spektakel sowohl weibliche als auch männliche Jugendliche in schwarzen

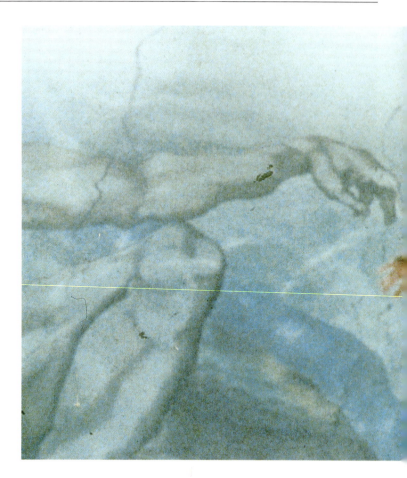

Dessous abzulichten, machten die Mitspiel-Show zur Sensation und lösten einen Trend aus, der ganz Amerika erfaßte und schließlich nach Europa übergriff. Daß die „Rocky Horror Picture Show" immer noch regelmäßig in Programmkinos auf der ganzen Welt gespielt wird, ist vor allem Verdienst der „audience participation" – Kino als schrille Party. Mit den Jahren hat der einst anarchische Spaß allerdings an Originalität verloren. Wenn an den Kassen der Lichtspielhäuser „Mitmach-Sets" mit Reis, Wunderkerzen, Luftschlangen und Zeitungspapier angeboten werden, kann von spontaner Begeisterung nicht mehr die Rede sein.
INHALT: Janet und Brad, ein ganz normal verklemmtes Pärchen, geraten nach einer nächtlichen Autopanne in den „Transsylvanischen Jahreskongreß": Eine Gruppe äußerst bizarrer Wesen feiert unter Anleitung des außerirdischen Transvestiten Dr. Frank N. Furter in einem düsteren Schloß. Der unheimliche Doktor lädt das adrette Paar ein, der „Geburt" seines

künstlichen Sex-Objektes, einer Art Tarzan im Goldlamé-Slip, beizuwohnen. In der Folge erleben Brad und Janet nicht nur die Vermählung des Doktors mit seinem Geschöpf, sondern auch die Ermordung von Eddie, dem fettleibigen Resultat von Frank N. Furters erstem, fehlgeschlagenem Versuch, den Mann seiner Träume zu erschaffen. Das schockierte Paar macht – nicht immer ganz freiwillig – einige höchst unkonventionelle erotische Erfahrungen, nimmt an einer poppigen Travestie-Revue teil und wird schließlich Zeuge der Palastrevolution von Frank N. Furters Domestiken Riff-Raff und Magenta, die den androgynen Wissenschaftler das Leben kostet.

STAB: Regie: Jim Sharman; Drehbuch: Jim Sharman, Richard O'Brian; Kamera: Peter Suschitzky; Musik: Richard O'Brian; Bauten: Brian Thomson; Ausstattung: Terry Ackland Snow; Kostüme: Sue Blane, Richard Pointing, Gillian Dods; Spezialeffekte: Wally Veevers; Schnitt: Graeme Clifford; Produktion: Lou Adler, Michael White, John Goldstone; GB 1974; 100 Minuten.

ORIGINALTITEL: The Rocky Horror Picture Show

BESETZUNG: Tim Curry (Dr. Frank N. Furter), Susan Sarandon (Janet Weiss), Barry Bostwick (Brad Majors), Richard O'Brian (Riff-Raff), Jonathan Adams (Dr. Everett Scott), Nell Campbell (Columbia), Peter Hinwood (Rocky Horror), Patricia Quinn (Magenta), Meatloaf (Eddie), Charles Gray (Erzähler).

DER REGISSEUR: 1973 fand in London die Uraufführung der „Rocky Horror Picture Show" statt, geschrieben und inszeniert von Richard O'Brian, einem 1946 geborenen Engländer, der sich in unterschiedlichen Jobs herumschlug, bevor er als Statist beim Theater landete. Nach Bühnenrollen in Pop-Musi-

cals wie „Hair" und „Jesus Christ Superstar" schrieb er während einer Zeit der Arbeitslosigkeit sein eigenes, bizarres Musical, eine Mischung aus Rockoper und Gruselfilm. O'Brian, der auf der Bühne und im Film auch die Rolle des „Riff-Raff" spielte, ist der eigentliche Vater der „Rocky Horror Picture Show". Doch ohne Jim Sharman, den O'Brian in der Londoner Theaterszene kennenlernte und der einen Finanzier für sein Musical fand, wäre die Show wohl nie zur Aufführung gekommen. O'Brian inszenierte den respektlosen Spuk in London, Los Angeles und New York, während Sharman schon mit dem Produzenten Lou Adler über eine Verfilmung verhandelte. Für nur eine Million Dollar brachte Sharman die Show – diesmal unter eigener Regie – auf die Leinwand. Mit dem Fortsetzungs-Musical „Shock Treatment", das er 1981 (nach einem Script von O'Brian) verfilmte, konnte Sharman den Riesenerfolg der „Rocky Horror Picture Show" nicht wiederholen. Heute lebt er als Musikproduzent in London.

1974

DER REGISSEUR ÜBER SEINE ARBEIT: „Ich wollte mit meinem Film an jene unzähligen schundigen Science-fiction- und Horrorfilme erinnern, die ich als Jugendlicher in schlecht beheizten Bahnhofkinos gesehen habe, Filme, die eigentlich selbst einen Kultstatus verdient haben."
DIE KRITIK ZUM FILM: „Dieser hemmungslos originelle Film ist grell, vulgär und kitschig. Er veralbert virtuos die halbe Filmgeschichte, schwelgt in Straps- und Nahtstrumpf-Romantik und ignoriert Moral, Geschmack und Naturgesetze – aber er ist hinreißend."
(Katholischer Filmdienst)

Fotos:
1. 3. 5. Tim Curry
2. Richard O'Brian (l), Tim Curry, Patricia Quinn
4. Tim Curry (r)

1974: Chinatown

Polanskis Comeback in Amerika: Stilistisch perfekt und mit erstklassigen Hauptdarstellern dreht er einen etwas verwirrenden Thriller im Stil der Schwarzen Serie. Eine Schlüsselszene bleibt in schrecklicher Erinnerung: Killer schneiden Jack Nicholson die Nase auf.
Foto: Jack Nicholson

1974: Shampoo

Sex und Politik zwischen Fön und Dauerwelle: Die bissige Story um einen Schickeria-Friseur (Warren Beatty) ist eine der respektlosesten Satiren auf High-Society-Getue und politisches Klima zur Zeit Nixons. Die Zuschauer sind von so viel Direktheit begeistert und bescheren dem Film auf Anhieb über 60 Millionen Dollar Einspielergebnis allein in den USA. Carrie Fisher, die spätere Prinzessin Leia der „Star Wars"-Trilogie, ist in ihrer ersten Rolle zu sehen.
Foto: Julie Christie, Warren Beatty

1974: Mord im Orientexpress

Viele Stars und ein Mord: das Erfolgsrezept der Agatha-Christie-Verfilmungen aus den 70er Jahren. Die subtilste: „Mord im Orientexpress". Kino-Größen wie Albert Finney, Sean Connery, Ingrid Bergman, Michael York, Anthony Perkins, Jacqueline Bisset und Lauren Bacall begeben sich im stilvollen Ambiente auf Mördersuche.
Foto: Lauren Bacall, Albert Finney

1974: Der weiße Hai

Steven Spielbergs erster Volltreffer: Der 27jährige Regisseur überzieht sein ursprünglich auf 3,5 Millionen Dollar festgesetztes Budget um mehr als das Doppelte und dreht den – neben „Krieg der Sterne" – erfolgreichsten Film der 70er Jahre. Nach diesem Kinospektakel geht keiner mehr unbedenklich im Meer baden.

1975: Einer flog über das Kuckucksnest
von: Milos Forman

„Einer flog über das Kuckucksnest" ist kein Film über die Zustände in einer Nervenheilanstalt, sondern über den Kampf des Individuums gegen ein totalitäres System. In Ken Keseys Romanvorlage ist der parabelhafte Charakter der Geschichte unübersehbar, aber auch in Milos Formans Filmversion ist er – trotz der realistischen Inszenierung – noch offensichtlich: Mit haarsträubender Kompromißlosigkeit wird bis zum bitteren Ende erzählt, was geschieht, wenn ein Mensch von der Norm abweicht und sich der totalen Anpassung verweigert. Formans Verdienst ist es, daß er den politischen Ansatz nicht dominieren ließ und trotz aller Gesellschaftskritik kein Agit-Prop, sondern einen spannenden, humorvollen Film mit grandiosen Schauspielerleistungen schuf. Jack Nicholson und Louise Fletcher liefern sich einen unübertroffenen Kampf der Geschlechter (beide bekamen den „Oscar"), in dem – paradoxerweise – die Frau Macht und Gewalt verkörpert. Feministische Kritikerinnen legten Forman das als Frauenfeindlichkeit aus. Auch in vielen anderen Punkten wie z. B. der humorigen Darstellung Geisteskranker, der simplifi-

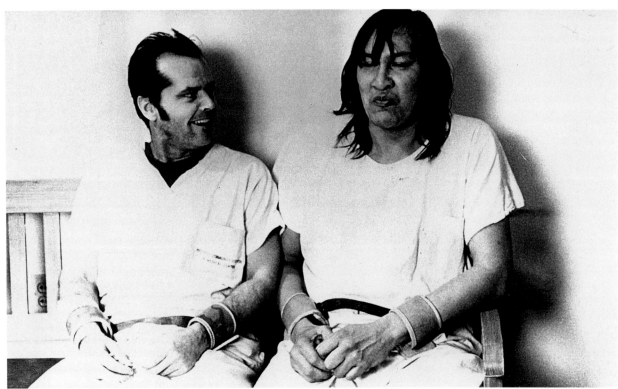

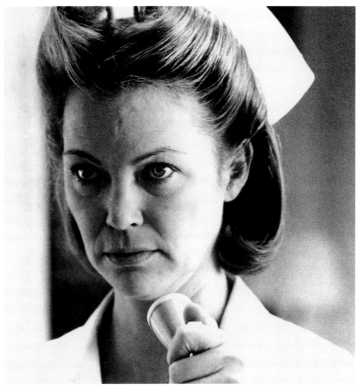

zierten Einteilung der Personen in Unterdrückte und Unterdrücker oder der manchmal etwas zu dick aufgetragenen Messias-Rolle des Protagonisten war und bleibt „Einer flog über das Kuckucksnest" kontrovers. Während europäische Kritiker den Film trotz allem als sarkastisches Meisterwerk anerkannten, warnten ihre amerikanischen Kollegen die Kinogänger, er könne labile Menschen endgültig in Depression und Wahnsinn stürzen. Daß ein Film, der so viele heiße Eisen gleichzeitig anpackt, überhaupt entstand, ist das Verdienst des Schauspielers und Produzenten Michael Douglas. Er war von dem Stoff überzeugt, seit sein Vater Kirk in den 60er Jahren die Rechte an „Einer flog über das Kuckucksnest" erstanden und selbst am Broadway die Rolle des McMurphy gespielt hatte. Dreizehn Jahre brauchte Michael Douglas, um das Projekt auf die Beine zu stellen – seinem Einsatz verdankt die Filmgeschichte eines der interessantesten Werke der 70er Jahre.
INHALT: Frank McMurphy, Häftling auf einer Gefängnisfarm, täuscht Wahnsinn vor, um der schweren Arbeit zu entgehen

und im Irrenhaus ein leichtes Leben zu führen. Doch dort erwartet ihn die Hölle, in der Menschen nicht geheilt, sondern vollständig gebrochen werden. Mc Murphy allerdings findet seine Mitpatienten „nicht verrückter als jeden Hundesohn auf der Straße". Er organisiert Karten- und Basketballspiele, um die triste Atmosphäre aufzuhellen und die Insassen aus ihrer Apathie zu locken. Die bösartige Schwester Ratched sieht das nicht gerne und versucht mit allen Mitteln, McMurphys Initiativen zu untergraben und seinen Willen zu brechen. Als McMurphy zwei Freundinnen in die Anstalt schmuggelt und mit ihnen und den Insassen eine feuchtfröhliche Party feiert, teilt der junge, emotional gestörte Patient Billy Bibbit mit einem der Mädchen das Bett, was Schwester Ratched nicht verborgen bleibt. Sie verspricht Billy hämisch, seine Mutter von seinem „unmoralischen" Verhalten zu unterrichten. Billy erhängt sich. Außer sich vor Wut versucht McMurphy Schwester Ratched zu erwürgen. Er wird ruhig gestellt und zwangslobotomisiert. Aus Mitleid erstickt ein Mitpatient, der Indianerhäuptling Bromden, den mit glasigen, ausdruckslosen Augen in seinem Bett liegenden McMurphy mit einem Kissen ...

STAB: Regie: Milos Forman; Drehbuch: Lawrence Hauben, Bo Goldman, nach dem Roman von Ken Kesey und dem Bühnenstück von Dale Wasserman; Kamera: Haskell Wexler, William Fraker, Bill Butler; Musik: Jack Nitzsche; Bauten: Paul Sylbert; Ausstattung: Edwin O'Donovan; Kostüme: Agnes Rodgers; Maske: Fred Phillips; Schnitt: Richard Chew, Lynze Klingman, Sheldon Kahn; Produzenten: Paul Zaentz, Michael Douglas; USA 1975; 129 Minuten.
ORIGINALTITEL: One Flew Over The Cockoo's Nest
BESETZUNG: Jack Nicholson (Frank McMurphy), Louise Fletcher (Schwester Mildred Ratched), William Redfield (Harding), Michael Berryman (Ellis), Brad Dourif (Billy Bibbit), Peter Brocco (Colonel Matterson), Dean R. Brooks (Dr. John Spivey), Danny De Vito (Martini), Christopher Lloyd (Taber), Will Sampson (Häuptling Bromden).
PREISE: „Oscars" für Bester Film, Regie, Hauptdarsteller (Nicholson), Hauptdarstellerin (Fletcher), Drehbuch; „Golden Globes" für Bester Film, Regie, Hauptdarsteller, Hauptdarstellerin, Drehbuch, Nachwuchsdarsteller (Brad Dourif).

DER REGISSEUR: Milos Forman, am 18. Februar 1932 als Sohn eines jüdischen Professors und dessen protestantischer Ehefrau in der Tschechoslowakei geboren, verlor beide Eltern in Konzentrationslagern der Nazis und wurde von Verwandten aufgezogen. Er studierte an der Prager Akademie für Musik und Drama und begann Mitte der 50er Jahre mit dem Verfassen von Drehbüchern. Sein Spielfilmdebüt, „Der schwarze Peter" (1963), wurde beim Filmfestival von Locarno mit dem ersten Preis ausgezeichnet. Mit den ironischen Komödien „Die Liebe einer Blondine" (1965) und „Anuschka – es brennt, mein Schatz" (1967) wurde Forman international bekannt. Er war gerade in Paris, als die Russen 1968 in seine Heimat einmarschierten. Der Regisseur blieb als Exilant in Frankreich, bis er 1969 in die USA ging, wo er mit „Taking off" (1970) gleich einen Erfolg landete. 1972 war Forman einer der zwölf internationalen Filmemacher, die den Olympia-Dokumentarfilm „München, 1972" inszenierten. Mit „Einer flog über das Kuckucksnest" gelang ihm schließlich der ganz große Durchbruch. Seither kann er es sich leisten, sich mit seinen minutiös vorbereiteten Projekten viel Zeit zu lassen. „Hair" (1977) und „Ragtime" (1981) waren Riesenerfolge, die

von „Amadeus" (1984) noch übertroffen wurden: Forman gewann seinen zweiten Regie-„Oscar", der Film wurde mit sieben weiteren „Academy Awards" ausgezeichnet. Die Choderlos de Laclos-Adaption „Valmont" (1989) dagegen enttäuschte – besonders im Vergleich mit „Gefährliche Liebschaften", der parallel in den Kinos anlaufenden Verfilmung des gleichen Stoffs durch den Briten Stephen Frears.

DER REGISSEUR ÜBER SEINE ARBEIT: „In erster Linie hat ein Film echt zu sein ... Jack Nicholson ist nicht nur ein Schauspieler, sondern ein Wunder. Er ist McMurphy im wirklichen Leben."

DIE KRITIK ZUM FILM: „Jack Nicholson grimmassiert auf Teufel komm raus, macht jede Nummer zum Super-Gag und jede Szene zum Starauftritt. ‚Einer flog über das Kuckucksnest' ist eine krakeelende Show, die sich ständig zu neuen, turbulenten, überdrehten, grellen, lauten Höhepunkten hinauftrudelt und die Zuschauer keinen Augenblick aus den Klauen läßt." (Die Zeit)

Fotos:
1. Jack Nicholson
2. Jack Nicholson (l), Will Sampson
3. Louise Fletcher
4. 5. Szene mit Jack Nicholson

1975: Der Mann, der König sein wollte

Eine Parabel auf Größenwahn und falsch verstandene Herrscheransprüche: 25 Jahre lang versuchte John Huston dieses Projekt (mit verschiedener Besetzung) zu verwirklichen; erst 1975 bekommt er die Gelegenheit und dreht mit Sean Connery und Michael Caine eine ausgewogene Mischung zwischen exotischem Abenteuerspektakel und engagiertem Drama.
Foto: Michael Caine (l), Sean Connery

1975: Barry Lyndon

Fast könnte man glauben, das Gemälde eines alten Meisters erwacht zum Leben: Stanley Kubrick versetzt den Zuschauer mit hypnotischer Kraft ins 18. Jahrhundert und zeigt Bilder von nie gesehener Pracht und Schönheit. Das Geheimnis: Kubrick verzichtet auf künstliches Licht und dreht sogar eine aufwendige Gesellschaftsszene im Schein von 1000 Kerzen.
Foto: Marisa Berenson

1975: 1900

Robert De Niro auf dem Weg zum Star: Zwei Jahre nach seinem sensationellen Erfolg in „Der Pate II" steht er wieder für ein gewaltiges Filmepos vor der Kamera. In Bernardo Bertoluccis monumentalem Kinowerk, das die italienische Geschichte eines halben Jahrhunderts widerspiegelt, etabliert er sich endgültig als internationaler Schauspieler von Format.
Foto: Dominique Sanda, Robert De Niro

**1975: Taxi Driver
von: Martin Scorsese**

Travis Bickle (Robert De Niro) steht vor dem Spiegel: Jeans, magerer, durchtrainierter Oberkörper, eiskalter Blick. Blitzschnell zieht er eine Pistole aus dem Schulterhalfter und zielt auf sein Spiegelbild: „You talkin' to me?" Travis trainiert für den Ernstfall. Bald wird er Menschen erschießen, die er für Abschaum hält. „Endlich hat es geregnet", notiert er in sein Tagebuch. „Dreck und Abfälle wurden von der Straße gespült. Ich hoffe, eines Tages wird ein großer Regen den ganzen Abschaum von der Straße schwemmen." „Taxi Driver" ist ein gewalttätiger Film, aber kein Action-Spektakel. Die Brutalität hinterläßt einen so bitteren Nachgeschmack, als hätte man sie am eigenen Leib erfahren. Scorsese präsentiert Travis als Symptom einer kranken Gesellschaft, in der zynische Politiker alle Werte auf den Schlachtfeldern von Vietnam opfern. Perfekt verkörpert De Niro diese Symbolfigur einer Generation. Zur Vorbereitung besorgte er sich eine Taxilizenz und fuhr einige Wochen durch New York: „Ich dachte an

eine Krabbe in ihrem Panzer, dem Taxi. Die Vorstellung hat mir sehr bei der Darstellung von Travis geholfen." Der Taxifahrer in seinem Sarg aus Metall ist das treffendste Symbol, das Hollywood für die Entfremdung des Großstadtmenschen der 70er Jahre geprägt hat.

INHALT: Der Vietnam-Veteran Travis Bickle ist Taxifahrer in New York. Die tägliche Gewalt auf den Straßen bewirkt, daß er langsam den Verstand verliert: Bickle deckt sich mit Waffen ein und beginnt, „die Stadt vom Abschaum zu säubern". Beim Einkauf in einem Drugstore wird er Zeuge eines Überfalls und erschießt den Täter. Danach versucht er, einen Präsidentschaftskandidaten zu ermorden, wird jedoch von Sicherheitsbeamten festgenommen. Bickle kann entkommen und fährt zu der minderjährigen Prostituierten Iris (Jodie Foster), die er zuvor kennengelernt hat und die er aus dem Elend befreien möchte. Wie im Rausch tötet Bickle Iris' Zuhälter und einige andere Männer. Die Presse stilisiert ihn

zum Helden und einsamen Rächer der Opfer der Großstadt.

STAB: Regie: Martin Scorsese; Drehbuch: Paul Schrader; Kamera: Michael Chapman; Musik: Bernhard Herrmann; Bauten: Charles Rosen; Ausstattung: Herbert Mulligan; Kostüme: Ruth Morley; Spezialeffekte: Tony Parmelee; Schnitt: Marcia Lucas, Tom Rolf, Melvin Shapiro; Produzent: Michael und Julia Philips für Columbia Pictures, USA 1976.

ORIGINALTITEL: Taxi Driver

BESETZUNG: Robert De Niro (Travis Bickle), Cybill Shepherd (Betsy), Jodie Foster (Iris Steensmann), Peter Boyle (Wizard), Harvey Keitel (Sport), Albert Brooks (Tom), Martin Scorsese (Passagier).

PREISE: „Goldene Palme", Cannes 1976.

DER REGISSEUR: Martin Scorsese, geboren am 17. November 1942 in Flushing, New York. Nach einer armseligen Kindheit im New Yorker Little Italy trat der kränkliche Teenager in ein Priesterseminar ein, das er jedoch nach einem Jahr wieder verließ, um an der Universität von New York Film zu studieren. Während des Studiums drehte Scorsese Kurzfilme, die erfolgreich auf Festivals liefen. Nach dem Magisterabschluß 1966 blieb er drei Jahre als Dozent an der Universität, bevor er als Cutter von „Woodstock" (1970) ins Filmgeschäft einstieg. Sein dritter Spielfilm, „Hexenkessel" (1973), war ein Kritikererfolg, aber erst „Taxi Driver" (1975) brachte ihm Weltruhm. So

unterschiedliche Filme wie „Alice lebt hier nicht mehr" (1975), „New York, New York" (1977), „Wie ein wilder Stier" (1980), „King of Comedy" (1982), „Die Zeit nach Mitternacht" (1985) und „Die Farbe des Geldes" (1986) tragen Martin Scorseses Handschrift. Gewalttätigkeit, Sinnentleertheit und die Brutalität des Großstadtlebens sind seine Themen. „Die letzte Versuchung Christi", ein Film über das Leben Jesu, löste 1988 einen Skandal aus. Robert De Niro ist Scorseses Lieblingsdarsteller. Er spielte bisher in sieben Filmen unter dessen Regie, zuletzt in „Goodfellas" (1990) und „Kap der Angst" (1991).

DER REGISSEUR ÜBER SEINE ARBEIT: „Gewalt muß einfach, direkt und schnell sein. Sie muß unangenehm und dumm aussehen, geradeso wie im wirklichen Leben."
DIE KRITIK ZUM FILM: „Wir sehen New York mit den Augen eines Wahnsinnigen und wissen zugleich, daß wir nichts sehen als das wirkliche New York – ein genialer Verfremdungseffekt, der uns erleben läßt, welch wahnsinnige Züge unsere unwirtlichen Städte bereits in Wirklichkeit angenommen haben." (FAZ)

Fotos:
1. Robert De Niro
2. Jodie Foster, Robert De Niro
3. Jodie Foster
4. Szene mit Robert De Niro
5. Harvey Keitel (l), Robert De Niro

1975: Nashville

Amerikas unbequemster Regisseur: Robert Altman inszeniert eine gnadenlose Satire auf die Provinzialität und Verbohrtheit seiner Landsleute. Schauplatz: Die 200-Jahrfeier der USA in der „Country and Western"-Hochburg Nashville/Tennessee.
Foto: Barbara Baxley, Henry Gibson

1975: Eine Leiche zum Dessert

Stelldichein der großen Detektive: Miss Marple, Hercule Poirot, Sam Spade und weitere illustre Figuren aus Literatur und Film geben sich in einer einzigartigen Krimi-Parodie mit Starbesetzung die Ehre. Die Identität des Mörders ist nebensächlich.
Foto: David Niven, Maggie Smith

1975: Hundstage

Al Pacino übernimmt die Hauptrolle in der Verfilmung einer wahren Geschichte: Zwei kleine Gauner überfallen eine Bank und sind plötzlich von der Polizei umstellt – der Auftakt zu einem der aufsehenerregendsten Geiseldramen der amerikanischen Geschichte. Sidney Lumet präsentiert eine psychologische Studie über Menschen in Extremsituationen.
Foto: Al Pacino

1975: Ansichten eines Clowns

Ein Leben im Nachkriegsdeutschland: Man hat sich mit den einstigen Mitläufern und Verbrechern des Nazi-Regimes arrangiert, Profitgier bestimmt das Leben. Nur einer will nicht mitmachen ... Vojtech Jasny setzt Heinrich Bölls Roman in düster-melancholische Bilder um und bringt die Frustrationen einer ganzen Generation auf den Punkt.
Foto: Helmut Griem, Hanna Schygulla

1975: Die verlorene Ehre der Katharina Blum

Die Szene bleibt im Gedächtnis: Vermummte Männer in Kampfanzügen und Gewehr im Anschlag stürmen die Wohnung einer jungen Frau. Volker Schlöndorff inszeniert eines der bedeutendsten Werke des Neuen Deutschen Films. Ein erschreckendes Resümee der von Terrorismus wie ständig präsenter Staatsgewalt geprägten Stimmung in der Bundesrepublik.
Foto: Angela Winkler

1976: Rocky

Triumph eines Underdogs: Sylvester Stallone (zweitklassiger Schauspieler aus der New Yorker „Hell's Kitchen") verfaßt sein erstes Drehbuch, findet Geldgeber und übernimmt in der heroisierenden Aufsteiger-Story selbst die Hauptrolle. Parallelen zum wirklichen Leben: Stallone avanciert zum bestverdienenden Shooting-Star der Traumfabrik.
Foto: Sylvester Stallone, Talia Shire

1976: Im Reich der Sinne

Skandal auf der Berlinale: Zum ersten Mal wird ein Film auf einem internationalen Festival beschlagnahmt. Die deutsche Staatsanwaltschaft verbietet nach der Vorstellung von Nagisha Oshimas hochgelobtem Erotik-Schocker (eine Prostituierte erwürgt ihren Partner beim Liebesakt und schneidet ihm die Genitalien ab) die weitere Aufführung. Die Filmfans sind empört, Berlin verliert als internationale Festivalstadt an Prestige.
Foto: Eiko Matsuda, Tatsuya Fuji

1976: Network

Kampf dem TV: Als das Kino immer mehr Zuschauer an das Fernsehen verliert, holt Regisseur Sidney Lumet zum Gegenschlag aus. Er inszeniert mit „Network" eine bitterböse Satire auf den Mediensumpf und den Einschaltquotenkrieg. Peter Finch wird mit dem „Oscar" als Bester Hauptdarsteller ausgezeichnet, stirbt jedoch zwei Monate vor der Verleihung.
Foto: Faye Dunaway, William Holden

1976: Der amerikanische Freund

Wim Wenders verfilmt einen psychologischen Kriminalroman von Patricia Highsmith. Das Ergebnis: eine aufregende, teilweise seltsam nüchterne Geisterbahnfahrt zwischen drei Metropolen (New York, Hamburg, Paris).
Foto: Dennis Hopper

1977: Krieg der Sterne
von: George Lucas

363 Spezialeffekte in 121 Minuten. „Krieg der Sterne" ist ein Feuerwerk von einem Film. Und dennoch: Hier wird keine lieblos-technisierte Materialschlacht abgespult. Das extrem aufwendige Weltraumspektakel erzählt eine gute, altmodische Geschichte mit glaubhaften (irdischen und außerirdischen) Charakteren und großen Gefühlen. Die Kombination von technischem Aufwand und märchenhafter Story macht „Krieg der Sterne" zu einem der größen Filmerfolge aller Zeiten. Der Film spielte (bei Herstellungskosten von 9,5 Mio. Dollar) 193,5 Mio. Dollar ein und führte zu zwei Fortsetzungen: „Das Imperium schlägt zurück" (1980) und „Die Rückkehr der Jedi-Ritter" (1983). George Lucas hatte erkannt, daß die Science-fiction-Filme der 70er Jahre zu sehr dem technischen Zauber der Raumfahrt verfallen waren und ihre Figuren vernachlässigt hatten, die inmitten einer schönen neuen Welt steril und blaß blieben. Also griff er tief in die Kiste der Populärkultur und der unsterblichen Kindergeschichten.

Dort fand er Helden mit Robin Hoods Ritterlichkeit, eine Prinzessin aus 1001 Nacht, einen Roboter aus „Metropolis", eine Handvoll Monster aus den Gruselfilmen der Fünfziger, ein phantasievolles Weltraum-Ambiente aus „Flash Gordon"- und „Buck Rodgers"- Comics und eine mitreißende Gut-gegen-Böse-Handlung, die direkt aus dem klassischen Western stammt. George Lucas hat all diese Mythen neu erfunden und prächtig verpackt. Das Ergebnis ist das wohl opulenteste, spannendste und atemberaubendste Zukunftsabenteuer der Filmgeschichte, eine unvergeßliche Reise durch Raum und Zeit.

INHALT: Es war einmal in ferner Zukunft: Luke Skywalker ist ein netter Farmerjunge vom Planeten Tatooine, der auf dem Schrottmarkt zwei defekte Roboter kauft, C3P0 und R2D2. Als er sie repariert, findet er im Speicher des einen Droiden eine Botschaft: Die schöne Prinzessin Leia, die ihr Reich dem grausamen und übermächtigen Imperator des Alls nicht überlassen

will, ist dessen Häschern Darth Vader und Grand Moff Tarkin in die Hände gefallen. Der aufrechte Luke will die Schöne befreien, die auf dem „Todesstern", dem diktatorischen Machtzentrum, gefangengehalten wird. Er braucht jedoch Hilfe, die in Form des geheimnisvollen Jedi-Ritters Ben Obi-Wan Kenobi erscheint, der Luke ein Laserschwert schenkt und ihn berät. Luke mietet in einem Raumhafen den Piloten Han Solo, dessen außerirdischen Partner Chewbacca und deren schrottreifen Überlicht-Jet an. Gemeinsam brechen sie zum „Todesstern" auf, um das Universum – und die liebliche Leia – zu befreien ...

STAB: Regie und Drehbuch: George Lucas; Kamera: Gilbert Taylor; Musik: John T. Williams; Produktionsleitung: John Barry; Bauten: Norman Reynolds, Leslie Dilley; Ausstattung: Roger Christian; Kostüme: John Mollo, Ron Beck; Maske: Stuart Freeborn, Rick Baker, Douglas Beswick; Spezialeffekte: John Dykstra, Adam Beckett, John Stears, Ben Burtt, Jon Berg, Philip Tippet; Ton: Bob Minkler, Derek Ball, Ray West; Schnitt: Paul Hirsch, Marcia Lucas, Richard Chew; Produktion: Gary Kurtz; USA 1977; 121 Minuten.
ORIGINALTITEL: Star Wars
BESETZUNG: Mark Hamill (Luke Skywalker), Harrison Ford (Han Solo), Carrie Fisher (Prinzessin Leia Organa), Peter Cushing (Grand Moff Tarkin), Alec Guiness (Ben Obi-Wan Kenobi), Anthony Daniels (C3P0), Kenny Baker (R2D2), Peter Mayhew (Chewbacca), David Prowse (Lord Darth Vader).
PREISE: „Oscars" für Ausstattung, Kostüme, Musik, Schnitt, Ton, Spezialeffekte. Sonder-„Oscar" an Ben Burtt für die Stimmen der Roboter und Außerirdischen.
DER REGISSEUR: George Lucas, geboren am 14. Mai 1944 in Modesto, Kalifornien. Ursprünglich wollte der auf einer Walnußfarm aufgewachsene Lucas Rennfahrer werden, gab diesen gefährlichen Sport jedoch nach einem schweren Unfall auf. Er schrieb sich an der Filmschule der Universität von Südkalifornien ein, wo er ein Stipendium als Assistent von Francis Ford Coppola erhielt. Coppola war von seinem jungen Mitarbeiter so begeistert, daß er ihm sein erstes Projekt finanzierte: das düstere Science-fiction-

Abenteuer „THX 1138". 1973 erlebte Lucas mit der nostalgischen Teenager-Ballade „American Graffiti" (in 28 Tagen für nur 700 000 Dollar gedreht) seinen Durchbruch bei Kritik und Publikum. Den Filmschnitt besorgte, wie auch bei seinem nächsten Projekt, „Krieg der Sterne", seine Frau Marcia. Nach dem Mega-Erfolg dieser atemberaubenden, galaktischen Achterbahnfahrt verlegte sich Lucas auf das Schreiben von Drehbüchern und Produzieren. Aus seiner Partnerschaft mit Steven Spielberg ging die „Indiana Jones"-Trilogie hervor. George Lucas baute ein Firmenimperium auf, zu dem das Produktionsbüro „Lucas Ltd.", die Spezialeffekt-Schmiede „Industrial Light and Magic" und die Tonfirma „Skywalker Sound" gehören. Er produzierte unter anderem die zwei Fortsetzungen von „Krieg der Sterne", Paul Schraders „Mishima", Ron Howards „Willow" und Akira Kurosawas „Kagemusha". 1992 stieg er mit der Serie „Die Abenteuer des jungen Indiana Jones" ins TV-Business ein.

DER REGISSEUR ÜBER SEINE ARBEIT: „Ich mag Action, Abenteuer, Explosionen, Autojagden. Vielleicht werde ich eines Tages auch in der Lage sein, einen Film zu drehen, auf den ich stolz bin."

DIE KRITIK ZUM FILM: „Ich hatte das Gefühl, als löse sich mein Geist vom Körper und schwebe in einer weit entfernten Galaxie. Bei ‚Krieg der Sterne' vergaß ich vollkommen, daß ich nicht in einem Raumschiff, sondern in einem Kino saß." (Roger Ebert's Movie Home Companion)

Fotos:
1. 3. 5. Szenen
2. Szene mit Carrie Fisher
4. Szene mit Harrison Ford

1977: New York, New York

Cooler Jazz und regennasse Straßen: Martin Scorsese begibt sich auf für ihn neues Musical-Terrain und präsentiert trotzdem eines der besten Werke des Genres. Robert De Niro überzeugt als flippiger Saxophonist, Liza Minnelli brilliert als stimmgewaltige Lead-Sängerin, und John Kander sowie Fred Ebb komponieren einen stimmungsvollen Soundtrack.
Foto: Robert De Niro, Liza Minnelli

1977: Dieses obskure Objekt der Begierde

Der letzte Film von Luis Buñuel: Sein Angriff auf bourgeoise Verhaltensweisen und unterdrückte Erotik ist mit Grandseigneur Fernando Rey optimal besetzt. Für die weibliche Hauptrolle engagiert Buñuel zwei Schauspielerinnen, um zwei Seiten einer Persönlichkeit zeigen zu können.
Foto: Carole Bouquet, Fernando Rey

1977: Unheimliche Begegnung der dritten Art

Der subtile Science-fiction-Film setzt auch in Sachen Special-Effects neue Maßstäbe. Steven Spielberg zeigt die Außerirdischen nicht mehr als glitschige Monster, sondern als gutmütige Lichtgestalten und inszeniert ein übersinnliches Märchen mit philosophischen Untertönen.
Foto: Szene

1977: Nur Samstag nacht

Die Jugend hat ein neues Sex-Idol: John Travolta tanzt sich als jugendlicher Rebell im weißen Anzug mit Schlaghose in die Herzen der Teenies und löst die Disco-Welle aus.
Foto: John Travolta

**1978: Die Ehe der Maria Braun
von: Rainer Werner Fassbinder**

Das Einfamilienhaus, Symbol des ehelichen Glücks, fliegt in die Luft. Jahrelang hat Maria Braun (Hanna Schygulla) dafür geschuftet und gespart, bis zu dem Tag, an dem die Ehe mit ihrem Mann (Klaus Löwitsch) endlich beginnen sollte. Aber Fassbinder glaubt – im Gegensatz zu seiner Heldin – nicht an die Dauer der Gefühle. Seine große Love-Story „Die Ehe der Maria Braun" findet in ihrem Ende, wenn die Liebenden im schmucken Häuschen verbrennen, die einzig mögliche, gleichzeitig romantische und zynische Erfüllung: Anfang und Ende sind eins. Der großen Leidenschaft bleibt keine Zeit, sich je wieder zu verflüchtigen.

„Die Ehe der Maria Braun" war der erste Film, in dem Fassbinder sich mit Nachkriegsdeutschland auseinandersetzte. Wie auch in „Lola" (1981) und „Die Sehnsucht der Veronika Voss" (1982) benutzte er den Stil der Melodramen jener Epoche – ihre plakative Farbigkeit, ihre Naivität, ihre stets weiblichen Zentralfiguren –, um die

Zeit darzustellen. Mit „Die Ehe der Maria Braun" ist dem Filmemacher jedoch nicht nur ein faszinierender Blick auf die jüngste deutsche Geschichte gelungen, sondern auch – in der Idealbesetzung durch Hanna Schygulla – eines der einfühlsamsten und stärksten Frauenporträts des Neuen Deutschen Films.

INHALT: Bevor Hermann im Zweiten Weltkrieg an die Front geht, heiratet er Maria. Nach Kriegsende wartet Maria, die bei den GIs als Barfrau arbeitet, auf Hermanns Rückkehr. Als sie hört, er sei tot, beginnt sie ein Verhältnis mit dem schwarzen Amerikaner Bill. Doch Hermann hat den Krieg und das russische Lager überlebt. Als er eines Tages in der Tür steht, erschlägt Maria Bill mit einer Flasche, um Hermann ihre Liebe zu beweisen. Hermann nimmt die Tat auf sich und geht für Maria ins Gefängnis. Sie lebt und arbeitet nur noch für den Tag, an dem ihr Mann wieder entlassen wird. In der Textilfirma des Fabrikanten Oswald macht sie sich unentbehrlich. Der schwer-

kranke Oswald verliebt sich in Maria. Er überredet Hermann am Tag seiner Entlassung, ihm Maria noch die kurze Zeit bis zu seinem Tode zu lassen – dann wolle er sein Vermögen in gleichen Teilen an Maria und Hermann vererben. Hermann geht auf den Vorschlag ein, verschwindet spurlos und taucht erst nach Oswalds Tod wieder auf. Maria, die inzwischen ein Haus gekauft hat, empfängt ihn überschwenglich, vergißt in ihrer Freude jedoch, einen Gashahn zu schließen. Als sie sich eine Zigarette anzündet, explodiert das Haus.

STAB: Regie: Rainer Werner Fassbinder; Drehbuch: Fassbinder, Peter Märthesheimer, Pea Fröhlich; Kamera: Michael Ballhaus; Musik: Peer Raben; Bauten: Norbert Scherer; Ausstattung: Helga Ballhaus; Kostüme: Barbara Baum; Ton: Jim Willis; Schnitt: Fassbinder, Juliane Lorenz; Produzent: Michael Fengler, Hans Eckelkamp; BRD 1978; 120 Minuten.

BESETZUNG: Hanna Schygulla (Maria Braun), Klaus Löwitsch (Hermann), Ivan Desny (Oswald), Gottfried John (Willi), Gisela Uhlen (Mutter), Günter Lamprecht (Wetzel), George Byrd (Bill), Elisabeth Trissenaar (Betti), Isolde Barth (Vevi).

PREISE: „Silberner Bär" der Berlinale für Hanna Schygulla als beste Hauptdarstellerin.

DER REGISSEUR: Rainer Werner Fassbinder, am 31. Mai 1945 als Sohn eines Arztes in Bad Wörishofen geboren, verließ das Gymnasium vor dem Abitur und jobbte in München. 1968 gründete er das „antitheater", für das er sein erstes Stück „Katzelmacher" schrieb und inszenierte. Dessen Verfilmung brachte Fassbinder und seiner Hauptdarstellerin Hanna Schygulla ein Jahr später den künstlerischen Durchbruch. 1970 heiratete der Regisseur die Schauspielerin und Chansonette Ingrid Caven. Die Ehe ging wegen Fassbinders Homosexualität in die Brüche. Mit Franz Xaver Kroetz' „Wildwechsel"

(1972), Oscar Maria Grafs „Bollwieser" (TV-Zweiteiler, 1976//77) und Fontanes „Effie Briest" (1974) etablierte sich der Filmemacher als kongenialer Literaturinterpret. Sein modernes Melodram „Angst essen Seele auf" (1973) wurde von Publikum und Kritik begeistert aufgenommen. Fassbinders größter Erfolg war die „Bundesrepublik-Trilogie", die sich kritisch mit der Nachkriegszeit auseinandersetzte: „Die Ehe der Maria Braun" (1978), „Die Sehnsucht der Veronika Voss" (1981) und „Lola" (1981). Als Prolog zu dieser Reihe gilt „Lili Marlen" (1980), seine Abrechnung mit dem „Dritten Reich". Gegen Ende der 70er Jahre wurden die Werke des arbeitswütigen Außenseiters, der in 13 Jahren 43 Spielfilme inszenierte, immer erfolgreicher, teurer und aufwendiger. Kurz nach Ende der Dreharbeiten zu „Querelle" (1982), seinem bisher persönlichsten Film, starb Deutschlands produktivster Regisseur auf dem Höhepunkt seiner Karriere am 10. Juni 1982 an Herzversagen.

DER REGISSEUR ÜBER SEINE ARBEIT: „Ich will eine Distanzierung zu den Dingen inszenieren, das gibt die Möglichkeit, sich mit diesen Dingen zu beschäftigen."
DIE KRITIK ZUM FILM: „‚Die Ehe der Maria Braun' ist Fassbinders zugänglichstes (und damit wohl auch kommerziellstes) und reifstes Werk." (Die Zeit)

Fotos:
1. Hanna Schygulla (l), George Byrd, Elisabeth Trissenaar
2. Hanna Schygulla, George Byrd
3. Elisabeth Trissenaar (l), Hanna Schygulla
4. Szene mit Hanna Schygulla
5. Hanna Schygulla, Ivan Desny

1978: Affentraum

Ein Mann in einer Welt ohne Mitleid: Gérard Depardieu als Außenseiter, der nicht mehr mit seinen Mitmenschen kommunizieren kann, aber eine innige Beziehung zu einem Schimpansen entwickelt. Selten war die Trostlosigkeit moderner Metropolen gegenwärtiger als in Marco Ferreris schnörkelloser Inszenierung.
Foto: Gail Lawrence, Gérard Depardieu

1978: Die durch die Hölle gehen

Einer der wichtigsten Filme zum Thema Vietnam-Krieg: Michael Cimino erzählt in trüben, weitschweifigen Bilderfolgen von drei jungen Männern, die im Krieg zu psychischen und/oder physischen Krüppeln werden. Auf den Berliner Filmfestspielen kommt es zum Eklat: Die Vertreter der sozialistisch regierten Länder reisen aus Protest ab.
Foto: Robert De Niro, Meryl Streep

1978: Das China Syndrom

Kino-Fiktion, von der Wirklichkeit überholt: James Bridges konzipiert seinen Film über den Unfall in einem Atomkraftwerk als utopischen Thriller mit Realitätsbezug. Drei Monate nach Aufführung des Films treten in einem Atomkraftwerk in Pennsylvania radioaktive Dämpfe aus – der Film gewinnt an Aktualität und erzielt phänomenale Einspielergebnisse.
Foto: Jane Fonda

1978: Grease – Schmiere

John Travolta als cooler Rocker mit Herz und Olivia Newton-John als süßer Backfisch mit Sex-Appeal erobern als neues Traumpaar die Leinwand. Randal Kleisers Musical-Hommage an die 50er Jahre wirkt seltsam anachronistisch, sprüht aber vor mitreißender Energie und herrlicher Naivität.
Foto: Olivia Newton-John, John Travolta

1978: Nosferatu, Phantom der Nacht

Werner Herzog dreht seine Version der klassischen Vampirgeschichte und setzt neue Akzente: Nosferatu als einsames, bedauernswertes Schreckensgeschöpf, hervorragend verkörpert von Klaus Kinski.
Foto: Isabelle Adjani, Bruno Ganz

1978: Mad Max

Neue Impulse aus dem Land „down under": Der australische Regisseur George Miller kreiert mit seinem Endzeitspektakel ein neues Subgenre des Science-fiction-Films. Der mit minimalem Budget (400 000 Dollar) gedrehte Film bricht weltweit Kassenrekorde und katapultiert Hauptdarsteller Mel Gibson an die Spitze der internationalen Kinostars.
Foto: Mel Gibson

1978: Manhattan
von: Woody Allen

Schon in der ersten Szene von „Manhattan", wenn der Kommentar einsetzt, wird deutlich, wer der wirkliche Hauptdarsteller ist: „New York war seine Stadt, und würde es immer sein." Die komplizierten emotionalen und erotischen Verwicklungen im Leben des Isaac Davis, von denen der Film fast beiläufig erzählt, spielen sich vor der Kulisse Manhattans ab, einem Hintergrund, der sich mehr und mehr nach vorne drängt. In Woody Allens Sinfonie der Großstadt verschwinden die Menschen immer wieder in den Schatten der Gebäude. Sie schrumpfen zu winzigen Silhouetten vor der majestätischen Skyline. Die Architektur drängt sie an den äußeren Rand, fast aus dem Bild. So werden die Figuren des Films, diese elitäre Clique aus Schriftstellern, Professoren und Lektoren, die über ihre eigenen neurotischen Probleme nicht hinaussehen können, in Perspektive zu einer Welt gesetzt, die ungleich größer ist als der Kosmos ihrer kleinen Sorgen und Gefühlsverwirrungen. Nur durch diese abgeklärte, freundlich-

ironische Distanz, kann „Manhattan", ein Film über die Unmöglichkeit der Liebe, als Komödie funktionieren. „Manhattan" ist Isaac Davis' – und damit Woody Allens – Liebeserklärung an seine Stadt, von der er weiß, daß sie immer für ihn da sein wird – was auch passieren mag.

INHALT: Der erfolgreiche TV-Autor Isaac Davis hat seinen Job beim Fernsehen aufgegeben, um sich als freier Schriftsteller zu versuchen. Er hat viel Zeit, über sein Leben, insbesondere die Beziehungen zu seiner 18jährigen Freundin Tracy und seiner lesbischen Ex-Gattin, die an einem Buch über ihre Ehe arbeitet, nachzudenken. Über die erste Seite seines Romans kommt er nicht hinaus. Zu allem Überfluß verliebt sich Isaac in die Geliebte seines besten Freundes Yale, die pseudointellektuelle, aber charmante Mary. Mary verläßt Yale wegen Isaac, doch dieser kann sich von Tracy, der er den Laufpaß gegeben hat, nicht endgültig lösen. Nach einem kurzen, unbefriedigenden Intermezzo mit Mary trennt er

sich von ihr und rennt – seiner Gefühle endlich sicher – durch ganz Manhattan zu Tracys Wohnung. Diese jedoch hat sich entschlossen, in London zu studieren und ist gerade im Begriff, abzureisen. Isaac versucht, sie zum Bleiben zu überreden, doch ohne Erfolg.
STAB: Regie: Woody Allen; Drehbuch: Woody Allen, Marshall Brickmann; Kamera: Gordon Willis; Musik: George Gershwin; Bauten: Mel Bourne; Ausstattung: Robert Drumheller; Kostüme: Albert Wolsky, Ralph Lauren; Ton: James Sabat, Jack Higgins, Dan Sable; Schnitt: Susan E. Morse; Produzent: Charles H. Joffe; USA 1978; 96 Minuten.
ORIGINALTITEL: Manhattan
BESETZUNG: Woody Allen (Isaac Davis), Diane Keaton (Mary Wilke), Michael Murphy (Yale), Mariel Hemingway (Tracy), Meryl Streep (Jill), Anne Byrne (Emiy), Karen Ludwig (Connie), Michael O'Donoghue (Dennis).
DER REGISSEUR: Woody Allen, geboren am 1. Dezember 1935 als Allen Stewart Konigsberg in New York City. Nach seinem High-School-Abschluß arbeitete der Sohn eines Gelegenheitsarbeiters und einer Buchhalterin für eine Werbeagentur. Mit 18 Jahren ging Woody Allen als Gag-Schreiber nach Hollywood. Seine Unzufriedenheit mit den Komikern, die seine Texte sprachen, brachte ihn dazu, es selbst als „stand-up comedian" zu versuchen – mit großem Erfolg. In Clive Donners „Was gibt's Neues, Pussy" spielte er 1964 seine erste Filmrolle. Auch in der James-Bond-Parodie „Casino Royal" (1966) war Allen dabei – als komplexbeladener Superverbrecher. Nebenbei schrieb er weiter: Geschichten, Witze und das Theaterstück „Mach's noch einmal, Sam", das 1969 mit ihm selbst und Diane Keaton in den Hauptrollen uraufgeführt und in der gleichen Besetzung zwei Jahre später von Herbert Ross verfilmt wurde. 1969, mit „Woody – Der Unglücksrabe", begann Woody Allen, selbst Regie zu führen. Seine Filme, originelle, ausgelassene

Komödien wie „Was Sie schon immer über Sex wissen wollten ..." (1972), „Der Schläfer" (1973) oder „Der Stadtneurotiker" (1976) – für den Allen mit drei „Oscars" (Regie, Buch, bester Film) ausgezeichnet wurde – waren Kassenschlager. Mit „Innenleben" (1978) drehte er seinen ersten „ernsthaften" Film, eine von Ingmar Bergman inspirierte, depressive Psychostudie. Publikum und Kritik nahmen dem Komiker das Drama nicht ab, In „Manhattan" (1979) gelang Allen die Synthese von tiefschürfendem, ernsthaftem Inhalt und heiterer Form. Trotzdem konnte er mit seinen intellektuellen Komödien der folgenden Jahre nicht an die früheren Erfolge anknüpfen. Werke wie „Stardust Memories" (1980), „Zelig" (1983), „Hannah und ihre Schwestern" (1986, „Oscar" für bestes Drehbuch), „Alice" (1990) oder „Schatten und Nebel" (1991) sprachen fast ausschließlich das akademische Publikum an und liefen in den USA – trotz ihrer Beliebtheit in Europa – nur in Großstadt-Programmkinos.

1978

DER REGISSEUR ÜBER SEINE ARBEIT: „Meine Filme spiegeln mehr mein Image als mein eigentliches Wesen wieder."
DIE KRITIK ZUM FILM: „Woody Allen führt uns in ‚Manhattan' vor, wie man Weisheit und Witz zu einem triumphalen Film vereinen kann." („Time")

Fotos:
1. *Szene*
2. *Meryl Streep, Woody Allen*
3. *Woody Allen, Mariel Hemingway*
4. *Woody Allen, Diane Keaton*
5. *Woody Allen*

1978: Die Blechtrommel
von: Volker Schlöndorff

„Die Blechtrommel" (veröffentlicht 1959), der bekannte deutsche Roman der Nachkriegszeit, machte Autor Günter Grass weltberühmt. Zahlreiche Regisseure verhandelten mit ihm vergeblich über die Filmrechte. Diese gingen schließlich – 20 Jahre nach Erscheinen des Romans – an Volker Schlöndorff, den Grass für seine Adaption des Musil-Romans „Der junge Törless" (1966) bewunderte. Der Schriftsteller arbeitete beratend am Drehbuch mit; die verstörende Bildsprache zwischen Realismus und Surrealismus verdankt der Film jedoch hauptsächlich Jean Claude Carrière, der zahlreiche Skripts für Luis Buñuel verfaßte. Zentrales Thema von Film und Buch ist die Entscheidung des kleinen Oskar, nicht weiter zu wachsen, um niemals der Erwachsenenwelt angehören zu müssen, die ihn wie eine bizarre Pantomime sexueller und politischer Ausbeutung anmutet. Grass schildert die „Großen" aus dem Blickwinkel eines Kindes. Schlöndorff folgt dieser Perspektive: Zahlreiche Szenen sind aus Kniehöhe

gedreht, Oskar kommentiert das Geschehen sarkastisch aus dem Off. „Die Blechtrommel" ist ein Bilderbogen der jüngsten deutschen Geschichte, voller schwarzem Humor, Groteske und Perversion. Schlöndorffs Film ist nicht nur Intellektuellen-Kino, sondern auch eine kraftvolle, skurrile Familiensaga; nicht zuletzt dank des brillanten Schauspieler-Ensembles – allen voran der zwölfjährige David Bennent, dessen durchdringenden blauen Augen sich kein Zuschauer entziehen kann.
INHALT: Danzig in den 20er Jahren. Agnes, Frau des Gemüsehändlers Alfred Matzerath, hat ein Verhältnis mit dem Polen Jan. Ihr dreijähriger Sohn Oskar, von dem niemand weiß, ob er Jans oder Alfreds Kind ist, hält – angewidert von den Erwachsenen – durch sichere Willenskraft sein Wachstum an. Seine besorgte Mutter bringt ihn zu einem Arzt. Als dieser Oskar sein Lieblingsspielzeug, eine Blechtrommel, wegnehmen will, wehrt sich der Kleine mit einem Schrei, der alles Glas in Hörweite zerspringen läßt.

Nach Agnes' plötzlichem Tod stellt Alfred Matzerath die 16jährige Maria als Haushälterin ein, schwängert und heiratet sie schließlich. Oskar allerdings, der ebenfalls mit Maria geschlafen hat, hält sich selbst für den Vater des Kindes. Nach einem Zirkusbesuch schließt er sich einer Varieté-Truppe an, verliebt sich in Roswitha und kehrt nach deren Tod nach Danzig zurück. Beim Einmarsch der Russen versteckt sich die Familie Matzerath in einem Keller. Als die fremden Soldaten die Tür aufbrechen, versucht Alfred, sein Parteiabzeichen zu verschlucken und erstickt. Auf der Beerdigung beschließt Oskar, wieder zu wachsen.
STAB: Regie: Volker Schlöndorff; Drehbuch: Schlöndorff, Frank Seitz, Jean Claude Carrière, Günter Grass; Kamera: Igor Luther; Musik: Friedrich Meyer, Maurice Jarre; Bauten und Ausstattung: Nikos Perakis; Spezialeffekte: Georges Jaconelli; Schnitt: Suzanne Baron; Produzenten: Franz Seitz, Anatole Dauman; Deutschland, Frankreich, Jugoslawien, Polen 1978; 142 Minuten.
BESETZUNG: David Bennent (Oskar), Mario Adorf (Alfred Matzerath), Angela Winkler (Agnes Matzerath), Daniel Olbrychski (Jan Bronski), Katharina Thalbach (Maria Matzerath), Heinz Bennent (Greff), Andrea Ferreol (Lina Greff), Fritz Hakl (Bebra), Mariella Oliveri (Roswitha), Charles Aznavour (Sigismund Markus).
PREISE: „Oscar" als Bester fremdsprachiger Film, „Goldene Palme" der Filmfestspiele von Cannes.
DER REGISSEUR: Volker Schlöndorff, geboren am 31. Mai 1939 in Wiesbaden, beschreibt selbst seinen Werdegang: „Eigentlich sollte ich Arzt oder Anwalt werden. Andererseits ist nichts verständlicher, als daß ein Bürgersohn zum Zirkus will. Es gibt keinen Zirkus mehr, hieß es; dann eben zum Film. Es gibt in Deutschland keinen Film mehr; dann gehe ich nach Frankreich. Das war 1955, ich war 16 und blieb in Paris – als Internatsschüler, dann als Jura-Student bis zum Staatsexamen,

nebenbei als Besucher der Cinématheque (täglich drei Filme), schließlich als Regieassistent bei Melville, Resnais und Malle." 1965 kehrte Schlöndorff in die Bundesrepublik zurück und drehte seinen ersten Spielfilm „Der junge Törless" – 1966 ein großer Erfolg, vor allem bei der Kritik. In der Folgezeit etablierte er sich mit Werken wie „Der plötzliche Reichtum der armen Leute von Kombach" (1970), „Die verlorene Ehre der Katharina Blum" (1975), „Die Blechtrommel" (1978), „Die Fälschung" (1981) und „Eine Liebe von Swann" (1983) als neben Fassbinder und Herzog erfolgreichster deutscher Regisseur der Gegenwart. Mitte der 80er Jahre zog Schlöndorff nach New York, wo er mit „Der Tod eines Handlungsreisenden" (1985) seinen ersten amerikanischen Film drehte. Es folgten „Ein Aufstand alter Männer", „Die Geschichte der Dienerin" und „Homo Faber" (1991). Seit 1992 wirkt Schlöndorff wieder in Deutschland – als Geschäftsführer der Filmstudios von Babelsberg in Berlin.

DER REGISSEUR ÜBER SEINE ARBEIT: „Bei einer Literaturverfilmung muß man versuchen, das architektonische Prinzip einigermaßen zu übernehmen. Man überlegt sich, wie der Autor das wohl gemacht hätte und versucht, die gleiche Ästhetik zu finden."
DIE KRITIK ZUM FILM: „Ein gänzlich originelles Werk, eine Kombination von surrealen Bildern und geradlinigem Erzählkino. Im ganzen Film gibt es nicht eine einzige schlechte schauspielerische Leistung." (The Motion Picture Guide)

Fotos:
1. 2. David Bennent
3. Angela Winkler, Charles Aznavour
4. Angela Winkler, David Bennent, Daniel Olbrychski (r)
5. (v.l.n.r.) Daniel Olbrychski, Angela Winkler, Mario Adorf, David Bennent

1979: Kramer gegen Kramer

Scheidungsdrama à la Hollywood. Obwohl er sich gegen Special-Effect-Spektakel wie „Das Imperium schlägt zurück" behaupten muß, avanciert Robert Bentons unaufwendig inszenierter Film zum Kassenhit und „Oscar"-Renner (fünf Auszeichnungen) des Jahres. Dustin Hoffman und Meryl Streep etablieren sich als Stars des anspruchsvollen Film-Dramas.
Foto: Dustin Hoffman, Justin Henry (r)

1979: Wie ein wilder Stier

„Method Acting" in letzter Konsequenz: Robert De Niro, überzeugt von der Notwendigkeit geistiger *und* körperlicher Annäherung des Schauspielers an seine Rolle, wandelt sich im Laufe des Films vom drahtigen Boxer zum fetten Lebemann – und frißt sich 25 Kilo an. Der Lohn: „Oscar" als Bester Hauptdarsteller.
Foto: Robert De Niro (l), Joe Pesci

1979: Das Leben des Brian

Ein falscher Messias, ein lispelnder Statthalter, etc. Die britische Komikertruppe Monty Python zeigt, wie die Menschen zur Zeit Christi „wirklich" waren: vertrottelt und chaotisch. Der falsche Gottessohn läßt sich sogar bei der Kreuzigung die Laune nicht verderben: Always look on the bright side of life.
Foto: Szene mit John Cleese (l)

1979: Atlantic City

Ein Franzose in Amerika: Louis Malle dreht in den Vereinigten Staaten und wirft einen kritischen Blick auf die moderne Konsumgesellschaft. Er macht das Glücksspiel-Dorado Atlantic City zum Schauplatz eines pessimistischen Melodrams.
Foto: Michel Piccoli, Susan Sarandon

1979: Blues Brothers

Das coolste Comedy-Gespann der Filmgeschichte: John Belushi und Dan Aykroyd bringen ihr für die TV-Show „Saturday Night Live" konzipiertes Alter Ego auf die Leinwand. Um das Waisenhaus, in dem sie aufgewachsen sind, vor dem finanziellen Ruin zu retten, versuchen sie, ihre alte „Blues Brothers Band" wieder auf Vordermann zu bringen. Mit schwarzer Sonnenbrille, Hut und dunklem Anzug erspielt sich das Chaoten-Duo einen Sensationserfolg. Nach dem Tod von John Belushi (1982) avanciert die Komödie zum Kultfilm.
Foto: Dan Aykroyd (l), John Belushi

1979

1979: Star Trek

Eine Kult-TV-Serie ist leinwandreif: Zum ersten Mal dringen Captain Kirk und seine Mannschaft vom „Raumschiff Enterprise" im Kino in Regionen vor, die nie ein Mensch zuvor gesehen hat. Mit Erfolg: Das Science-fiction-Abenteuer entwickelt sich auch auf der Leinwand zum Dauerbrenner mit mehreren Fortsetzungen.
Foto: William Shatner (l), Leonard Nimoy

1979: Das Imperium schlägt zurück

Irvin Kershners kassenträchtige Fortsetzung des Science-fiction-Erfolges „Krieg der Sterne" übertrifft diesen sogar noch an technischer Brillanz und kommerziellem Erfolg (und katapultiert sich in die Top-Ten der erfolgreichsten Filme aller Zeiten), läßt jedoch Charme und Originalität des George Lucas-Films vermissen.
Foto: Mark Hamill

1979: Shining

Schrecken in höchster Vollendung: Der Perfektionist Stanley Kubrick verfilmt einen Roman von Horror-Meister Stephen King, vergießt literweise Filmblut und verlangt seinen Schauspielern das Letzte ab. Jack Nicholson begründet seinen Ruf als diabolischer Leinwandstar, und das Horrorfilmgenre hat einen neuen Höhepunkt.
Foto: Shelley Duvall

**1979: Alien –
Das unheimliche Wesen aus
einer fremden Welt
von: Ridley Scott**

Eine schockierende Mischung aus „Zehn kleine Negerlein" und „Krieg der Sterne": „Alien – Das unheimliche Wesen aus einer fremden Welt" eröffnete 1979 eine neue Dimension der Science-fiction. Schluß mit den sauber glänzenden Raumschiffkulissen à la „Enterprise", mit den galaktischen Helden à la Flash Gordon und Luke Skywalker. Die Crew der „Nostromo", eines abgehalfterten, rostigen Handelsraumschiffes, besteht aus ganz normalen, alltäglichen Menschen, die sich vom Zuschauer nur durch zwei Dinge unterscheiden – sie leben in der (nicht allzu fernen) Zukunft, und sie werden bedroht von einem Wesen, das, wie der Bordarzt sagt, „der perfekte Organismus ist, unverwundbar und mit nur einem Lebensinhalt: zu töten". Diese Kreatur ist der eigentliche Star von Ridley Scotts Weltraum-Thriller. Sie wurde nach Zeichnungen des Schweizer Malers H. R. Giger konstruiert, die auf eine verstörende, fast obszöne Art

technische und organische Elemente verbinden. Das Ergebnis ist eines der grauenvollsten Monster der Filmgeschichte, das inzwischen unter der Bezeichnung „Alien", die ursprünglich nichts anderes bedeutet als „Fremder", ein Teil der Mythologie des Horrorfilms geworden ist. Zwei weitere Male wurde das schleimige Ungeheuer aufs Kinopublikum losgelassen, 1986 in James Camerons „Aliens – Die Rückkehr" und 1992 in David Finchers „Alien 3". Damit nicht genug: In Comics und Video- bzw. Computerspielen setzt das Alien weiterhin seinen Opfern zu. Es scheint tatsächlich unsterblich zu sein ...

INHALT: Die Besatzung des Handelsraumschiffes „Nostromo" befindet sich auf dem Rückflug zur Erde, als der Bordcomputer Notsignale empfängt. Auf einem einsamen Planeten entdeckt eine Suchmannschaft das Wrack eines außerirdischen Flugkörpers. Von dort schleppt das Besatzungsmitglied Kane einen galaktischen Parasiten auf die „Nostromo" ein. Beim Abendessen

beißt sich das Ungeheuer einen Weg aus Kanes Körper und bricht, zum Entsetzen der Mannschaft, aus dem Brustkorb des Kollegen hervor. Die Kreatur wächst mit rasender Geschwindigkeit und dezimiert nach und nach die Besatzung der „Nostromo". Die im Kampf gegen das allgegenwärtige und gefräßige Alien völlig überforderten Raumfahrer geraten in Panik. Einzig die couragierte Offizierin Ripley behält die Nerven und versucht mit Intelligenz und strategischen Tricks, dem Monster den Garaus zu machen. Doch das Alien erweist sich als unüberwindlicher Gegner. Sämtliche Besatzungsmitglieder fallen ihm zum Opfer – bis auf Ripley, die dem außerirdischen Killer am Ende ganz allein gegenübersteht.
STAB: Regie: Ridley Scott; Drehbuch: Dan O'Bannon; Kamera: Derek Vanlint; Musik: Jerry Goldsmith; Bauten: Ian Whittaker; Spezialeffekte: Carlo Rambaldi, Bernard Lodge; Alien-Design: H. R. Giger, Roger Dicken; Schnitt: Jerry Rawlings, Peter Weatherly; Produzenten: Gordon Carroll, David Giler, Walter Hill; Großbritannien 1979; 124 Minuten.
ORIGINALTITEL: Alien
BESETZUNG: Tom Skerritt (Dallas), Sigourney Weaver (Ripley), Veronica Cartwright (Lambert), Harry Dean Stanton (Brett), John Hurt (Kane), Ian Holm (Ash), Yaphet Kotto (Parker).
PREISE: „Oscar" für H. R. Gigers Alien-Entwurf
DER REGISSEUR: Ridley Scott, geboren am 14. April 1937 in South Shields, England, wuchs in London auf, wo er Architektur am Royal College of Art studierte. Nach einer Lehrzeit als Fernsehregisseur beim BBC

machte er sich als Werbefilmer selbständig – mit ungeheurem Erfolg. Innerhalb von zehn Jahren inszenierte er über 3000 Spots und gewann unzählige Auszeichnungen, bevor er 1977 seinen ersten Spielfilm „Die Duellisten" drehte, der in Cannes mit dem Spezialpreis der Jury ausgezeichnet wurde. Nach dem weltweiten Erfolg von „Alien – Das unheimliche Wesen aus einer fremden Welt" avancierte Scott zum Starregisseur. Mit Werken wie „Blade Runner" (1982), „Black Rain" (1989) und „Thelma & Louise" (1991) schrieb er Filmgeschichte. Aber auch Mißerfolge gehen auf sein Konto: Weder mit dem Märchen „Legende", noch mit dem Yuppie-Thriller „Der Mann im Hintergrund" oder der Columbus-Biographie „1492 – Die Eroberung des Paradieses" (1992) konnte Ridley Scott überzeugen.

DER REGISSEUR ÜBER SEINE ARBEIT: „Als Regisseur von kurzen Fernseh-Werbespots lernte ich, daß in einem Film nicht nur jede Minute, sondern jede einzelne Sekunde zählt."
DIE KRITIK ZUM FILM: „‚Alien – Das unheimliche Wesen aus einer fremden Welt' ist ein stilvoller, ästhetischer, brutaler und effektiver Schocker – schon jetzt ein Klassiker des Genres." (Darrell Moore, „The Best, Worst and Most Unusual Horror-Films")

Fotos:
1. (v.l.n.r.) Yaphet Kotto, Sigourney Weaver, Tom Skerritt, Veronica Cartwright –, Ian Holm, Harry Dean Stanton
2. 4. Szene
5. Sigourney Weaver

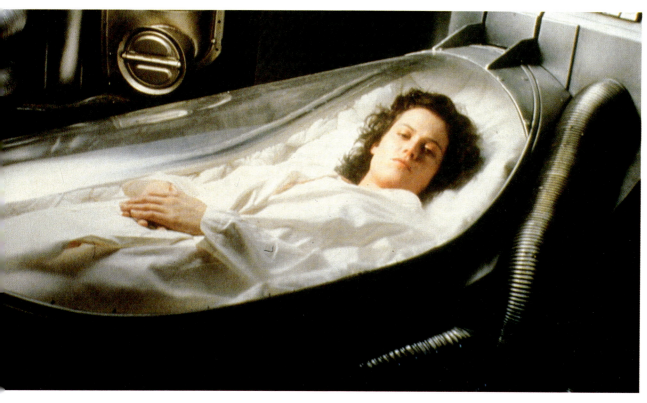

**1979: Apocalypse Now
von: Francis Ford Coppola**

Einen Film über das schlimmste amerikanische Trauma, den Vietnamkrieg, zu drehen, war 1979 ein äußerst kontroverses und riskantes Unterfangen. Amerika wollte Vietnam vergessen. Warum sollte man sich diesen Alptraum, diese nationale Schande auch noch im Kino ansehen? Niemand konnte damals ahnen, daß der Vietnamkrieg wenige Jahre später zum Thema unzähliger Filme der verschiedensten Genres werden sollte, vom banalen Action-Reißer über den klassischen Antikriegsfilm bis hin zur Komödie. Francis Ford Coppola war überzeugt, „Apocalypse Now" würde der einzige amerikanische Film über Vietnam bleiben, deshalb wollte er „*alle* Facetten dieses Krieges illustrieren". Die Dreharbeiten zu seinem gewagten und ehrgeizigen Projekt begannen am 20. März 1976 auf den Philippinen. Vorgesehen waren 16 Wochen Drehzeit mit einem Budget von 12 Millionen Dollar. Doch erst im Mai 1977, nach 238 Drehtagen, hatte der Perfektionist seinen Film abgedreht. Die

Nachproduktion dauerte weitere zwei Jahre. „Apocalypse Now" kostete über 31 Millionen Dollar. Coppolas opulente Vision begeisterte das Publikum, spielte die immensen Kosten jedoch nie ein. Bis heute hat – trotz der inflationären Quantität von Vietnam-Filmen – kein anderer Regisseur den Wahnsinn dieses Krieges in treffenderen und kunstvolleren Bildern ausgedrückt als Francis Ford Coppola in dieser verstörenden, fast surrealistischen Dschungel-Odyssee.

INHALT: Der junge Captain Benjamin Willard wird in Vietnam mit einer ungewöhnlichen Mission betraut: Er soll den amerikanischen Colonel Kurtz aufspüren und töten. Kurtz, ein ehemaliges Mitglied der Elitetruppe „Green Berets", hat offensichtlich den Verstand verloren. Im Dschungel von Kambodscha läßt er sich von ergebenen Eingeborenen als Gott verehren. Sein Urwaldreich verteidigt er rücksichtslos und mit unvorstellbarer Grausamkeit. Willard beginnt seine Suche nach dem Hubschrauber-Bataillon des

Lt. Colonel Kilgore. Dabei erlebt er einen mörderischen Luftangriff, zu dessen Untermalung Kilgore Wagnermusik spielen läßt. Die Reise wird zu Schiff fortgesetzt. Willard und seine Männer töten in einer Panikreaktion eine Gruppe vietnamesischer Zivilisten, die sie für Vietkong halten. Schließlich, lange nachdem sie den letzten amerikanischen Posten hinter sich gelassen haben, erreichen sie die Festung von Kurtz. Der Colonel ist in finsteres Brüten versunken. Er erklärt Willard, er wolle den Feind unnachgiebig vernichten. Willards Funker wird ermordet, als er die Lage von Kurtz' Urwaldreich zur Bombardierung durchgeben will. Willard tötet Colonel Kurtz, der sich fatalistisch in sein Schicksal ergibt. Seine eingeborenen Anhänger feiern nun Willard als ihren Gott. Der flieht jedoch mit dem letzten Überlebenden seiner Männer zurück hinter die amerikanischen Linien.

STAB: Regie und Produktion: Francis Ford Coppola; Drehbuch: John Milius, Francis Ford Coppola; Kamera: Vittorio Storaro; Musik: Carmine Coppola, Francis Ford Coppola; Bauten: Angelo Graham; Ausstattung: George R. Nelson; Produktionsdesign: Dean Tavoularis; Ton: Walter Murch, Mark Berger, Richard Beggs, Nat Boxer; Kostüme: Charles E. James; Schnitt: Richard Marks; USA 1979; 169 Minuten.
ORIGINALTITEL: Apocalypse Now
BESETZUNG: Marlon Brando (Colonel Kurtz), Robert Duvall (Lt. Colonel Kilgore), Martin Sheen (Captain Willard), Frederic Forrest (Hicks), Albert Hall (Chief Phillips), Sam Bottoms (Lance B. Johnson), Larry Fishburne (Clean), Dennis Hopper (Fotoreporter), Harrison Ford (Colonel Lucas), Scott Glenn (Captain Richard Colby).
PREISE: „Oscar" für Kamera, Ton.
DER REGISSEUR: Francis Ford Coppola, geboren am 7. April 1939 in Detroit, begann als Regieassistent von Roger Corman. Dieser half ihm 1963 bei der Finanzierung seines ersten Films: „Dementia 13". In den 60er und 70er Jahren arbeitete Coppola in erster Linie als Drehbuchautor und inszenierte zwischendurch immer wieder eigene Projekte. 1968 gründete er eine Produktionsgesellschaft; im Jahr darauf erntete Coppola erstmals Kritikerlob, als Regisseur des Dramas „Liebe niemals einen Fremden". 1971 gelang ihm der Durchbruch: Allen Bedenken von Kollegen und Drohungen seitens der Mafia zum Trotz drehte er das Gangster-Epos „Der Pate". Der Film wurde ein Kassenhit, und Coppola etablierte sich endgültig als Regisseur. Drei Jahre später drehte er die Fortsetzung, die auch wieder für Einspielrekorde sorgte. 1976 steckte er den gesamten Gewinn in den Vietnamfilm „Apocalypse Now" und brachte sich damit fast an den Rand des Ruins. In den 80er Jahren erledigte Coppola in erster Linie Auftragsarbeiten, die qualitativ nie über ein solides Mittelmaß hinausgingen. Erst 1990 sorgte er wieder für Schlagzeilen, als er mit der Arbeit an „Der Pate, Teil 3" begann. Nachdem auch dieser Film erfolgreich war, wagte Coppola sich 1992 an die Neuverfilmung von „Bram Stokers Dracula".

DER REGISSEUR ÜBER SEINE ARBEIT: „Das Wichtigste, das ich mir beim Drehen von ‚Apocalypse Now' vornahm, war, eine filmische Erfahrung zu schaffen, die dem Publikum ein Gefühl für den Horror, den Wahnsinn, die Sinnlichkeit und das moralische Dilemma des Vietnamkrieges vermitteln konnte."

DIE KRITIK ZUM FILM: „Über ‚Apocalypse Now' ist unendlich viel geschrieben worden, und die Meinungen sind hart aufeinander geprallt, aber es herrscht allgemeines Einverständnis darüber, daß man es bei dem Film mit einem Werk von zuvor kaum je erlebter Virtuosität zu tun hat." (Tony Thomas, „Marlon Brando und seine Filme")

Fotos:
1. Szene mit Dennis Hopper (l), Martin Sheen
2. Martin Sheen
3. Marlon Brando
4. Dennis Hopper (l), Martin Sheen
5. Szene

1980: Der Elefantenmensch

Die Filmwelt ist skeptisch: Ausgerechnet David Lynch, der mit seinem blutigen Erstlingswerk „Eraserhead" das Publikum geschockt hat, will die Geschichte des Engländers John Merrick verfilmen, der durch ein Krebsleiden grausam entstellt ist. Doch Lynch verzichtet auf Schockeffekte und inszeniert stattdessen ein einfühlsames Drama um einen feinsinnigen Menschen, der mit dem Fluch eines abstoßenden Äußeren leben muß.
Foto: Szene mit John Hurt

1980: Outland – Planet der Verdammten

High Noon im Weltraum: Peter Hyams verlegt das Thema des einsamen Kämpfers gegen das Böse auf einen fernen Planeten. Der Regisseur gewinnt dem Science-fiction-Genre neue, fast realistische Seiten ab und präsentiert die Zukunft als kalte Fabrik, die von skrupellosen Unternehmern regiert wird.
Foto: Sean Connery

1980: Die Stunde des Siegers

Eine einmalige Synthese zwischen Filmbildern und -musik: Die atemberaubenden Landschaftsaufnahmen von David Watkin werden von Vangelis Papathanassiou mit einem furiosen Soundtrack unterlegt. Höhepunkt: der Strandlauf zu den Klängen des Titelthemas.
Foto: Ben Cross (l), Nick Farrell, Nigel Havers

1980: La Boum – Die Fete – Eltern unerwünscht

Konkurrenz für Isabelle Adjani: Die 14jährige Schauspielerin Sophie Marceau gibt ihr Leinwand-Debüt, begeistert in der Rolle eines verliebten Teenagers und wird fortan als verführerische Neuentdeckung Frankreichs gefeiert.
Foto: Sophie Marceau, Pierre Cosso

1980: Schütze Benjamin

Paraderolle für Goldie Hawn: Mit unwiderstehlichem Charme schlägt sie sich als weiblicher Rekrut durch den Armee-Drill, beschwert sich über die unmodische Farbe der Uniformen und kann sich mit dem frühen Aufstehen so gar nicht anfreunden. Howard Zieffs Farce wird die erfolgreichste US-Komödie des Jahres und bringt Goldie Hawn eine „Oscar"-Nominierung ein.
Foto: Goldie Hawn

1980: Auf dem Highway ist die Hölle los

Schnelle Autos, kassenträchtige Stars und jede Menge Blechschäden. Hal Needham landet einen Volltreffer, indem er die Kassenmagneten von zwei Generationen vor der Kamera vereint: Dean Martin und Sammy Davis Jr. konkurrieren mit Burt Reynolds, Jackie Chan und Roger Moore. Teil zwei der Chaos-Komödie folgt drei Jahre später.
Foto: Farrah Fawcett, Burt Reynolds

1980: Wenn der Postmann zweimal klingelt

Sex auf dem Küchentisch: Bob Rafelson verfilmt als vierter Regisseur den Roman von James M. Cain und konzentriert sich dabei vor allem auf die erotische Spannung zwischen den Hauptfiguren. Die Folge: Der Krimi geht vor allem wegen seiner aufregend inszenierten Sex-Szenen in die Filmgeschichte ein.
Foto: Jack Nicholson, Jessica Lange

1980: Diva

Jean-Jacques Beineix inszeniert einen verwirrenden Thriller in grellen Farben, der seltsam steril wirkt. Kritiker tun das Werk als Synthetik-Kino ab, Fans sehen in ihm einen neuen Ausdruck für die unterkühlte Künstlichkeit der modernen Konsum-Gesellschaft.
Foto: Wilhelminia Wiggins Fernandez

1980: Mephisto

István Szabós brillante Umsetzung des vieldiskutierten Romans von Klaus Mann: Der ungarische Regisseur inszeniert die Geschichte eines Schauspielers, der unter den Nationalsozialisten zum Intendanten der Berliner Staatsbühne aufsteigt, mit psychologischem Gespür und hat mit Klaus Maria Brandauer einen Schauspieler von internationalem Format zur Verfügung.
Foto: Ildiko Bánsági, Klaus Maria Brandauer

1980: Die letzte Metro

Das Schicksal einer Pariser Bühne und ihrer Mitglieder zur Zeit der deutschen Besatzung: Die dumpfe Herrschaft des Faschismus beschattet Leben und Verhalten im Ensemble. François Truffauts filmische Hommage an das Theater ist ein technisch brillantes Werk, in dem Catherine Deneuve als selbstbewußte Intendantin eine der besten Leistungen ihrer Karriere zeigt.
Foto: Catherine Deneuve, Heinz Bennent

1981: Fitzcarraldo

Desaster und Torturen: Drei der ursprünglich vorgesehenen Hauptdarsteller steigen aus, bei Dreharbeiten im südamerikanischen Regenwald kommt es zu tödlichen Unfällen. Werner Herzogs fertiger Film ist umso beeindruckender. Höhepunkt: Hunderte von Indianern schleppen den Amazonas-Dampfer „Molly Adria" über einen Berg, angetrieben von dem bedrohlich besessenen „Fitzcarraldo" Klaus Kinski.
Foto: Klaus Kinski

1981: Excalibur

John Boorman präsentiert die berühmte Artus-Sage als optisches Erlebnis. Gegen die Einfachheit vergangener Mantel-und-Degen-Filme setzt der Regisseur die Opulenz stilistischer Extreme: Mit Weichzeichner aufgenommene Bilder von Rittern in glänzenden Rüstungen folgen auf blutige Schlachtszenen und brutale Erotik. Ein Film der faszinierenden Bilder und Begebenheiten.
Foto: Chérie Lunghi, Nigel Terry

1981: Am Anfang war das Feuer

Steinzeitabenteuer mit wissenschaftlichem Anspruch: Dialoge im herkömmlichen Sinne gibt es nicht. Der Experte Anthony Burgess entwirft eine aus 100 Urlauten bestehende Sprache. Der französische Regisseur Jean-Jacques Annaud dreht in Kanada, Island, Schottland und Kenia.
Foto: Szene

1981: American Werewolf

Einer der gelungensten Horrorfilme der 80er Jahre: Regisseur John Landis kombiniert perfekt inszenierte Schockeffekte mit satirischem Witz. Atemberaubend die Szenen, in denen Hauptdarsteller David Naughton zum Werewolf mutiert. Dank der „Oscar"-prämierten Maskenarbeit von Rick Baker ist die Illusion vollkommen.
Foto: David Naughton (r)

1981: Das Boot

Wolfgang Petersens Kriegsdrama wird einer der erfolgreichsten deutschen Filme aller Zeiten. Die Geschichte des U-Bootes „U 96" und seiner Besatzung im Zweiten Weltkrieg löst in Amerika Begeisterungsstürme aus. Triumph auch bei der „Oscar"-Verleihung: „Das Boot" wird in sechs Kategorien nominiert.
Foto: Erwin Loder

1981: Am goldenen See

Henry Fonda und Katharine Hepburn in ihrem letzten Film. Sie porträtieren ein alterndes Ehepaar, zurückhaltend und mit einer gewissen Wehmut. Die einfühlsame Musik von Dave Grusin und die wunderschönen, in goldenes Licht getauchten Landschaftsaufnahmen von Kameramann Billy Williams geben diesem stillen, eindringlichen Film einen hohen ästhetischen Reiz. „Oscar" für Henry Fonda.
Foto: Katharine Hepburn, Henry Fonda

1981: Vermißt

Jack Lemmon macht ernst: der Schauspieler, der trotz einiger erfolgreicher Versuche im ernsten Metier immer noch als König der Komödianten gilt, überzeugt endgültig alle Kritiker. In Costa-Gavras engagiertem Polit-Thriller spielt er den Vater eines in Chile verschwundenen US-Bürgers und erhält in Cannes den Darstellerpreis.
Foto: Sissy Spacek, Jack Lemmon

1981: Tote tragen keine Karos

Einmalig in der Filmgeschichte: Carl Reiner schneidet Szenen aus Hollywoodfilmen der 30er und 40er Jahre zusammen und ergänzt sie mit einer in Schwarzweiß gedrehten Rahmenhandlung à la Philip Marlowe. Auf diese Weise agieren Stars wie Humphrey Bogart, Bette Davis, Ava Gardner, Cary Grant und andere in einem einzigartigen Film.
Foto: Steve Martin

1981: Die Klapperschlange

Die Welt am Abgrund: Die Nationen stehen kurz vor einem Atomkrieg, Gewalt und Verbrechen beherrschen die Straßen. John Carpenter verpackt die Stimmung in der atomar bedrohten Welt der 80er Jahre in einen rasant geschnittenen und hervorragend besetzten Action-Thriller mit furiosem Finale, dessen nachdenkliche Aspekte jedoch in Tricktechnik und Action untergehen.
Foto: Lee von Cleef (l), Kurt Russell, John Strobel

1981: Gandhi
von: Sir Richard Attenborough

20 Jahre lang verfolgte Sir Richard Attenborough seinen Plan, das Leben Mahatma Gandhis zu verfilmen. Vergeblich versuchte der Schauspieler und Regisseur, ein Studio für sein Vorhaben zu gewinnen und Geldgeber zu finden. Die Idee wurde zur Besessenheit: Attenborough schlug 40 Rollenangebote aus, lehnte zwölf weitere Regieprojekte ab, nur um „Gandhi" verwirklichen zu können. Finanzielle Hilfe kam schließlich von Indiens Premierministerin Indira Gandhi (nicht verwandt). Am 26. November 1980 fiel die erste Klappe. Nach fünfmonatiger Drehzeit und einem verbrauchten Etat von über 22 Millionen Dollar war der Film fertig; ein dreistündiges Mammutwerk, brillant inszeniert und fotografiert, einfühlsam, bewegend, überzeugend. Attenborough schildert 54 Jahre aus dem Leben des indischen Freiheitskämpfers, in 189 zum größten Teil an Originalschauplätzen gedrehten Szenen. Daß Attenborough seinen Zeit- und Finanzplan hatte einhalten können, grenzte an ein

Wunder. Mit dem durchschlagenden Erfolg des Films bei Publikum wie Kritik rechnete er selbst nicht mehr. „Gandhi" wurde 1983 mit acht „Oscars", darunter für den Besten Film und Hauptdarsteller Ben Kingsley, ausgezeichnet. Der bis dahin noch völlig unbekannte englische Schauspieler, Mitglied des Ensembles der „Royal Shakespeare Company", erwies sich als Idealbesetzung: Er studierte die Rolle des Gandhi monatelang, hungerte sich auf dessen geringes Gewicht herab und wurde ihm so äußerlich verblüffend ähnlich. Es gelingt Kingsley, die Ausstrahlung Gandhis, seine Ideale der Gewaltlosigkeit und der Würde des Menschen zu vermitteln.

INHALT: Der Film beginnt mit der Ermordung des 79jährigen Mahatma Gandhi, der sein Volk in die Unabhängigkeit geführt hat. Danach werden in chronologischen Rückblenden sein Leben und sein gewaltloser Kampf geschildert: Beginnend 1893 in Südafrika, wo Gandhi sich als junger Rechtsanwalt für die Rechte der einge-

wanderten Inder einsetzt. Dort praktiziert er zum ersten Mal den passiven, gewaltlosen Widerstand, der später zum Kennzeichen seines Freiheitskampfes gegen die Briten wird. Im Jahre 1915 kehrt Gandhi heim nach Indien, um dort sein eigentliches Ziel zu verfolgen: Die Befreiung des Landes von der britischen Kolonialherrschaft. Mehr als 40 Jahre vergehen, bis es 1947 so weit ist. Die Engländer verlassen Indien – das geteilt wird: Pakistan für die Moslems, das Übrige für die Hindus. Nach kurzer Unabhängigkeit bricht Chaos aus. Gandhi scheint vor den Trümmern seines Lebenswerkes zu stehen. Er beginnt zu fasten. Entweder hören die Unruhen auf, oder der „bapu" (Vater) Indiens wird sterben ...

STAB: Regie: Sir Richard Attenborough; Drehbuch: John Briley; Kamera: Billy Williams, Ronnie Taylor; Musik: Ravi Shankar, George Fenton; Bauten: Bob Laing, Stuart Craig, Ram Yedekar, Norman Dorme; Ausstattung: Michael Seirton; Kostüme: John Mollo, Bhanu Athaiya; Spezialeffekte: David Hathaway; Schnitt: John Bloom; Produktion: Richard Attenborough für Columbia Film; GB 1981; 188 Minuten.
ORIGINALTITEL: Gandhi
BESETZUNG: Ben Kingsley (Mahatma Gandhi), Candice Bergen (Margaret Bourke-White), Edward Fox (General Dyer), John Gielgud (Lord Irwin), Trevor Howard (Judge Broomfiel), John Mills (The Viceroy), Martin Sheen (Walker), Rohini Hattangady (Kasturba Gandhi), Ian Charleson (Charlie Andrews), Athol Fugard (General Smuts), Günther Maria Halmer (Herman Kallenbach), Geraldine James (Mirabehn), Amrish Puri (Khan), Saeed Jaffrey (Sardar Patel), Alyque Padamsee (Mohammed Ali Jinnah).
PREISE: „Oscars" für Bester Film, Hauptdarsteller (Ben Kingsley), Drehbuch, Regie, Kamera, künstlerische Gesamtleitung und Ausstattung, Kostüme, Schnitt. Fünf „British Academy Awards", „Golden Globe", „Martin-Luther-King-Preis", „Lotus Decoration Award" (Indien), „Padma Bushan Award" (Indien).
DER REGISSEUR: Richard Attenborough, am 29. August 1923 in der englischen Universitätsstadt Cambridge geboren, wo sein Vater die Leicester University leitete, erhielt mit 16 Jahren

ein Stipendium an der „Royal Academy of Dramatic Art". Mit 18 hatte er seinen ersten Bühnenauftritt in Eugene O'Neills „Oh Wildnis". Ein Jahr später spielte er seine erste Filmrolle in Noel Cowards Kriegsfilm „In Which we Serve". Der Zweite Weltkrieg unterbrach die Karriere. Attenborough kehrte erst nach Kriegsende in seinen Beruf zurück, spielte den Sergeant Trotter in den ersten 700 Vorstellungen des Agatha Christie-Erfolgsstücks „Die Mausefalle" und wirkte in zahlreichen Filmen mit. 1959 gründete Richard Attenborough zusammen mit dem Drehbuchautor Bryan Forbes eine eigene Produktionsfirma, machte Filme wie „In den Wind gegriffen" und „An einem trüben Nachmittag". Berühmt wurde das Allroundtalent aber erst mit seiner dritten Karriere als Regisseur. 1968 Regiedebüt mit „Oh! What a Lovely War". Es folgten die Welterfolge „Die Brücke von Arnheim" (1976), „Gandhi", „A Chorus Line" (1985) und „Schrei nach Freiheit" (1987). Mit seinem jüngsten Projekt,

einer Filmbiographie über Charlie Chaplin, hat sich der 1976 von Königin Elisabeth zum Ritter geschlagene „Sir" Attenborough einen Kindheitstraum erfüllt. Der Altmeister ist seit 1945 mit der Schauspielerin Sheila Sim verheiratet, mit der er zwei Töchter und einen Sohn hat.

DER REGISSEUR ÜBER SEINE ARBEIT: „Die Verfilmung von Mahatma Gandhis Leben wuchs zu einer für mich persönlich enorm wichtigen Aufgabe heran – ich mußte mich ihrer entledigen, um in Ruhe weiterleben zu können."

DIE KRITIK ZUM FILM: „Von der Eröffnungsszene an ist man gefangen von Gandhis Leben, und nachdem man diesen Film gesehen hat, wünscht man, diesen Mann kennengelernt zu haben." (The Motion Picture Guide)

Fotos:
1. Szene mit Ben Kingsley
2. Candice Bergen, Ben Kingsley
3. Ben Kingsley
4. 5. Szene

1982: Fanny und Alexander
von: Ingmar Bergman

Mit der Meisterschaft, die er in rund vierzig Jahren bei rund vierzig Filmen entwickelte und die seine Arbeiten unverwechselbar macht, führt Ingmar Bergman eine düster-verklärte Familiengeschichte vor. Von den ersten Bildern an, die noch Wärme und Geborgenheit signalisieren, wird man in den Bann magischer Kräfte gezogen: Bergmans Psychotricks, die Behandlung des Lichts, des Schnitts, der Kamera, der Dialoge, der Schweigepausen, des Timing funktionieren im Alterswerk des damals 64jährigen zuverlässig wie eh und je. Schauspielkunst, Religion und Übersinnlichkeit sind die drei thematischen Blöcke, auf denen „Fanny und Alexander" dramaturgisch ruht. Die Titelrollen in diesem gewaltigen, bewegenden Kinoabenteuer, das aus einem 5-Stunden-TV-Werk destilliert wurde, spielen die damals achtjährige Pernilla Allwin und der damals zehnjährige Bertil Guve — Kinokinder, an denen man sich nicht sattsehen kann. Ihr Staunen und ihre Ängste, ihre Glücksmomente und ihre

Phantasien übertragen sich unmittelbar auf den Zuschauer.

INHALT: Eine schwedische Universitätsstadt im Jahre 1910: Die resolute Witwe Helena Mandelbaum führt das Theater, das ihr Mann ihr hinterlassen hat, und residiert über ihrer Familie mit liebevoller Strenge. Ihre Enkel Fanny und Alexander fühlen sich wohl im Schoße der verwandtenreichen Theaterdynastie. Da stirbt überraschend ihr Vater, Helenas Sohn Oscar. Seine junge Witwe Emilie heiratet bald darauf den Bischof Edvard Vergérus, der ein freundlicher, sanfter Mann zu sein scheint. Doch im freudlosen Hause des Stiefvaters, der in Wirklichkeit ein von wütendem Haß besessener religiöser Fanatiker ist, beginnt für die Kinder – und bald auch für ihre Mutter – eine Leidenszeit. Fanny und Alexander finden sich nach der Vertreibung aus dem bürgerlich-liberalen Paradies der Familie Ekdahl in einer klerikalen Hölle wieder. Alexanders ganzer Haß richtet sich auf den Bischof. Er wünscht ihm den Tod ...

STAB: Regie, Produktion und Buch: Ingmar Bergman; Kamera: Sven Nykvist, Lars Karlsson, Dan Myhrman; Musik: Daniel Bell; Bauten: Kaj Larsen, Jan Andersson, Susanne Lingheim; Ausstattung: Anna Asp, Ulrika Rindegard, Annmargret Fyregard; Kostüme: Marik Vos-Lundh; Spezialeffekte: Bengt Lundgren; Ton: Owe Svensson, Bo Persson; Schnitt: Sylvia Ingemarson; Schweden/Deutschland/Frankreich 1982; erste Kinofassung (1983); 312 Minuten.
ORIGINALTITEL: Fanny och Alexander
BESETZUNG: Gunn Wallgren (Helena Ekdahl), Allan Edwall (Oscar Ekdahl), Ewa Fröling (Emilie Ekdahl), Jan Malmsjö (Edvard Vergérus), Bertil Guve (Alexander Ekdahl, 10 Jahre), Pernilla Allwin (Fanny Ekdahl, 8 Jahre), Börje Ahlstedt (Carl Ekdahl, Christina Schollin (Lydia Ekdahl), Jarl Kulle (Gustav Adolf Ekdahl), Mona Malm (Alma Ekdahl), Maria Granlund (Petra Ekdahl), Justina (Harriet Andersson), Mats Bergman (Aron), Erland Josephson (Isak Jakobi).
PREISE: „Oscar" als Bester ausländischer Film, für Ausstattung, Kamera und Kostüme; „César" als Bester ausländischer Film; Preis der New Yorker, der schwedischen sowie der amerikanischen Filmkritik; „Golden Globe" als Bester ausländischer Film; Grand Prix der Filmfestspiele Venedig; Filmpreis David di Donatello; Kamerapreis der britischen Filmakademie; Preis des amerikanischen Regieverbandes.
DER REGISSEUR: Ingmar Bergman, geboren am 14. Juli 1918 in Uppsala, wurde von seinem Vater, einem lutheranischen Pastor, extrem streng erzogen. Die traumatischen Erlebnisse seiner Kindheit beeinflußten sein gesamtes späteres Werk. Er studierte Literatur, verfaßte Stücke, Geschichten und Romane, bevor er 1944 das Drehbuch für Alf Sjöbergs „Die Hörige" schrieb. Der Film wurde ein internationaler Erfolg. Bergman begann, selbst zu inszenieren. Sein erster Film, „Gefängnis" (1949), erzählt vom Selbstmord einer Prostituierten. Bergman benutzt die Geschichte, um sich mit

religiösen, ethischen und existenzialistischen Problemen auseinanderzusetzen – Themen, die in seinen späteren Filmen immer wieder auftauchen. Mit der Komödie „Das Lächeln einer Sommernacht" (1955), der düsteren Allegorie „Das siebte Siegel" (1956) und dem Erinnerungsbogen „Wilde Erdbeeren" (1957) gelang Bergman der internationale Durchbruch. Die Offenheit, mit der er sexuelle Probleme behandelte, machte „Das Schweigen" 1963 zu einem Skandal. Weitere Meilensteine in Bergmans Filmkarriere: „Persona" (1965), „Szenen einer Ehe" (1972), „Die Zauberflöte" (1974), „Herbstsonate" (1978) und „Fanny und Alexander" (1982). Neben seiner Kinoarbeit inszenierte er Opern und Theaterstücke auf den großen Bühnen der Welt. 1976 emigrierte er nach Deutschland, nachdem er fälschlich der Steuerhinterziehung bezichtigt worden war. Inzwischen ist Bergman nach Schweden zurückgekehrt. Seine Autobiographie „Mein Leben" erschien 1987.

DER REGISSEUR ÜBER SEINE ARBEIT: „Angeblich soll ‚Fanny und Alexander' autobiographisch sein und meine Kindheit porträtieren. Das ist nicht richtig. Der Film ist vielmehr ein großer Gobelin mit einer Menge Menschen, Farben, Häusern, Wäldern, geheimnisvollen Verstecken und nächtlichen Himmeln – alles vielleicht ein wenig romantisch, aber nur so viel, daß man es noch aushalten kann."
DIE KRITIK ZUM FILM: „Eine große, dunkle, schöne, weitschweifige Familienchronik, die viele von Bergmans früheren Themen wieder aufgreift. Der Film bewegt sich zwischen den Welten der Fantasie und der Wirklichkeit mit der schwerelosen Grazie, die das Kennzeichen aller großen Fiktionen ist." (The Times)

Fotos:
1. Szene
2. 4. Jan Malmsjö, Ewa Fröling
3. Pernilla Allwin, Bertil Guve
5. Szene

1982: Tootsie
von: Sydney Pollack

Pure Situationskomik und liebenswert-skurrile Charaktere statt flacher Uralt-Gags über verrutschende Schaumstoffbusen: Sydney Pollacks „Tootsie" ist eine erfrischende, freche Variante des alten Themas „Charleys Tante" – und schon heute ein Komödienklassiker, der seinen umwerfenden Charme nicht zuletzt der hervorragenden Besetzung verdankt: Allen voran Dustin Hoffman als weiblicher TV-Star mit Jane Fonda-Locken und bieder-glamourösem Nancy Reagan-Outfit. Hartnäckig umworben von George Gaynes als John „Die Zunge" Van Horn. Hoffmans Bemühungen, die massiven Annäherungsversuche des alternden Pantoffel-Playbos abzuschmettern, sind sehenswert. Hoffman alias „Tootsie" ist nun einmal eine „anständige" Frau, die sich nicht so schnell vernaschen läßt – obwohl es an Angeboten nicht mangelt. Kein Wunder: Bis zur großen Demaskierungsszene am Ende wird wohl kaum ein männlicher Betrachter an der Echtheit von „Tootsies" kurvenreicher Kehrseite zweifeln – die natürlich reine Attrappe ist.

INHALT: Der Schauspieler Michael Dorsey gilt als exzellent, aber eigenwillig. Regisseure nervt er mit Diskussionen, bis ihn keiner mehr haben will. Als seiner Freundin Sandy eine Rolle in einer TV-Soap-Opera entgeht und sein Agent ihm kein Engagement mehr beschaffen kann, entschließt Michael sich zu einem drastischen Schritt. Er verkleidet sich als Frau, bewirbt sich unerkannt um Sandys Rolle – und bekommt sie. Unkonventionelle Einfälle und sein darstellerisches Talent machen Michael Dorsey als Dorothy Michaels schnell zum Star am Set. Problematisch wird es, als sein Partner amouröse Annäherungsversuche unternimmt und er sich in seine Kollegin Julie verliebt. Zu allem Überfluß macht auch Julies Vater der charmanten „Dorothy", genannt „Tootsie", schöne Augen. Genervt beschließt Michael, die Verkleidungsfaxen zu beenden – und sich während einer Live-Sendung zu demaskieren.
STAB: Regie: Sydney Pollack; Drehbuch: Murray Schisgal, Larry Gelbart;

Kamera: Owen Roizman; Musik: Dave Grusin; Schnitt: Frederik Steinkamp, William Steinkamp; Produktion: Sydney Pollack, Dick Richards für Mirage/Punch Produktions; USA 1982; 116 Minuten.
ORIGINALTITEL: Tootsie
BESETZUNG: Dustin Hoffman (Michael Dorsey, Dorothy Michaels), Jessica Lange (Julie), Teri Garr (Sandy), Sydney Pollack (George Fields), Dabney Colman (Ron), Charles Durning (Les).
DER REGISSEUR: Sydney Pollack, am 1. Juli 1934 in South Bend/Indiana geboren, ging mit 17 nach New York und begann am „Neighbourhood Playhouse" eine Schauspielausbildung. Nach Erfolgen beim Fernsehen und auf New Yorker Bühnen wechselte er zum Regiefach. Nach fünf Jahren TV-Tätigkeit inszenierte er 1965 mit „Stimme am Telefon" sein Kinodebüt. Für „Nur Pferden gibt man den Gnadenschuß" (1969) bekam er die erste „Oscar"-Nominierung. Sieben Filme inszenierte Pollack seither mit seinem Lieblingsdarsteller Robert Redford, darunter „Jeremiah Johnson" (1971), „Die drei Tage des Condors" (1974), „Jenseits von Afrika" (1985) und „Havanna" (1990). Seit zehn Jahren produziert Pollack seine Filme selbst, darunter die bissige Journalisten-Schelte „Die Sensationsreporterin" (1981) und den Komödienhit „Tootsie" (1982).

DER REGISSEUR ÜBER SEINE ARBEIT: „Ich bin ein großer Fan von Liebesgeschichten, finde es jedoch langweilig, wenn es nur um zwei Menschen geht. Ich versuche daher, in meinen Filmen der Sache sozialen oder politischen Hintergrund zu verleihen. Das gibt den nötigen Schwung und mir die Möglichkeit, zwei unterschiedliche Charaktere zusammenzubringen, die sich ineinander verlieben und mit der Weltanschauung des anderen auseinandersetzen müssen."

DIE KRITIK ZUM FILM: „Obwohl kaum gesegnet mit dem, was man feminine Eigenschaften nennen kann, ist Hoffmans Dorothy vollkommen überzeugend und physisch total glaubwürdig." (Variety)

Fotos:
1. *Jessica Lange*
2. *Teri Garr, Dustin Hoffman*
3. *Dustin Hoffman*
4. *Jessica Lange, Dustin Hoffman*
5. *Dustin Hoffman, Charles Durning*

1982: Danton

Die Französische Revolution als Politikum des 20. Jahrhunderts: Andrzej Wajdas Verfilmung des Bühnenstücks der polnischen Autorin Stanislawa Przybyszewska löst in Frankreichs Regierungskreisen Empörung aus. Vor allem sozialistische Politiker sehen in der Inszenierung antirevolutionäres Gedankengut, eine gar zu negative Darstellung des „glorreichen" Umsturzes von 1789. Trotzdem: Wajda bietet nicht nur eine neue Sicht der Dinge, sondern auch das grandiose filmische Porträt einer Gesellschaft im Umbruch.
Foto: Szene mit Gérard Depardieu

1982: Die weiße Rose

Die Opfer der Nazi-Diktatur: Michael Verhoeven zeigt die letzten Wochen im Leben der Widerstandskämpfer Sophie und Hans Scholl. Behutsam in der Inszenierung und engagiert in der Aussage gelingt ihm ein Meilenstein des modernen deutschen Films – besetzt mit dem Besten, was Deutschland an Nachwuchsschauspielern zu bieten hat.
Foto: Lena Stolze, Wulff Kessler

1982: E.T. – Der Außerirdische

Ein Familienfilm um Freundschaft und die Sehnsucht danach: Mit dem knuddelig-liebenswerten Weltraumgnom E.T., der versehentlich auf unseren Planeten gerät und am Ende traurig von seinem Erdenfreund Elliott Abschied nehmen muß, kreiert Steven Spielberg nicht nur das berühmteste Alien aller Zeiten. Er dreht zugleich den bis dahin erfolgreichsten Film in der Geschichte des Kinos.
Foto: E.T., Henry Thomas

1982: Poltergeist

Kindheitsängste statt plumper Schockelemente: Eine grinsende Clownpuppe birgt mehr Schrecken als literweise Filmblut. Steven Spielberg, der das Drehbuch schrieb, die Regie aber (offiziell) Tobe Hooper überläßt, landet einen weiteren kommerziellen Erfolg und macht das Horrorgenre auch im Mainstream-Kino salonfähig.
Foto: Heather O'Rourke

1982: Die Rückkehr der Jedi-Ritter

Dritter und tricktechnisch ausgetüfteltster Teil der „Krieg der Sterne"-Saga: Richard Marquand und sein Team arbeiten fast ein Jahr allein an den Special-Effects. Höhepunkt: eine rasante Jagd auf Motorrad-ähnlichen Gleitern. Sympathie-Bonus bei den jungen Kinofans: die putzigen Ewoks.
Foto: Billie Dee Williams

1982

1982: Rambo

Ein neues Leinwand-Ego für Muskelmann Sylvester Stallone: Ähnlich wie in „Rocky" spielt er den mutigen Einzelkämpfer – diesmal jedoch mit Vietnam-Vergangenheit. Der Film avanciert zu einem Klassiker des Action-Genres und zieht zwei weitere nach sich: hirnlose Metzel-Machwerke, die mit dem ersten Teil kaum etwas gemein haben.
Foto: Sylvester Stallone

1982: Blade Runner

Reklame-Ästhetik auf der Leinwand: Ridley Scott, ehemaliger Werbefilmer, inszeniert ein Science-fiction-Spektakel, das die Meßlatte für zukünftige Werke hochsetzt: Großartige Kamerafahrten durch futuristische Straßenschluchten und Bilder einer neonbeleuchteten Metropole jenseits der Realität begeistern die Zuschauer. 1992 bringt Ridley Scott eine neue Schnittfassung mit geändertem Ende in die Kinos.
Foto: Rutger Hauer

1982: Local Hero

Rock-Stars machen Filmmusik: Mark Knopfler (Kopf der Gruppe „Dire Straits") komponiert den stimmungsvollen Soundtrack für Bill Forsyths poetisch-heitere Leinwandgeschichte. Seine einschmeichelnden Gitarrenklänge vereinen sich auf ideale Weise mit den wunderschönen Bildern der schottischen Landschaft, in der der Chef eines texanischen Ölkonzerns eine Raffinerie errichten will – und das Projekt, beeindruckt von der stillen Idylle, schließlich aufgibt.
Foto: Denis Lawson, Jennifer Black

1982: Auf Liebe und Tod

François Truffauts letzter Film (und zugleich der zweite mit seiner Lebensgefährtin Fanny Ardant) gilt bei einigen Kinofans als sein bester. In einer spannenden und vor allem unterhaltsamen Mischung aus Liebes- und Kriminalfilm zollt er den Filmen der „Schwarzen Serie" der 40er Jahre und seinem Vorbild Alfred Hitchcock Tribut.
Foto: Fanny Ardant, Jean-Louis Trintignant

1982: Die Fantome des Hutmachers

Claude Chabrol verfilmt Georges Simenons Roman um eine Serie von Morden, die alle auf das Konto des angesehenen Hutmachers Labbé gehen. Die französischen Charakterdarsteller Michel Serrault und Charles Aznavour liefern sich ein packendes Schauspiel-Duell in einer rabenschwarzen Komödie, die Chabrols bevorzugtes Objekt der Attacke thematisiert: kleinbürgerlicher Mief und dessen Zwänge.
Foto: Michel Serrault (l), Charles Aznavour

1982: Ein Offizier und Gentleman

Der Mann läßt das schlechteste Drehbuch vergessen: Richard Gere – mit hintergründigem Lächeln und schmukker, weißer Uniform – ist das neue Sex-Symbol. Während notorische Nörgler und eifersüchtige Ehemänner sich über die einfallslose Story und die platte Verherrlichung des Militärs ereifern, schmachten die weiblichen Zuschauer nach dem Hauptdarsteller.
Foto: Richard Gere, Debra Winger

1982: Die Glücksritter

Anarchie pur: Auch mit seinem zweiten Film landet Eddie Murphy einen Kassenhit. Überdreht, zeitweise hysterisch tobt er durch die nach bewährtem Muster gestrickte Komödie und spielt sogar Dan Aykroyd an die Wand, der hier nach „Blues Brothers" zum zweiten Mal unter der Regie von John Landis arbeitet.
Foto: Jamie Lee Curtis, Dan Aykroyd

1982: Flashdance

What a feeling: Zu der fetzigen Musik von Giorgio Moroder erzählt Regisseur Adrian Lyne eine moderne Aschenputtel-Geschichte und löst damit einen neuen Tanzfilm-Boom aus. Daß die hinreißend hübsche Hauptdarstellerin Jennifer Beals in der legendären Vortanzszene von Marine Jahan gedoubelt wurde, tut dem Erfolg keinen Abbruch.
Foto: Jennifer Beals

1982: Victor/Victoria

Aus alt mach neu: Komödien-Spezialist Blake Edwards präsentiert ein Remake des Ufa-Klassikers. Er verlegt die Handlung in die Pariser Nachtclubszene der 20er Jahre und würzt seine Komödie mit einem gehörigen Schuß Frivolität. Bei der Besetzung geht Edwards auf Nummer sicher: Er engagiert seine Ehefrau Julie Andrews für die Hauptrolle.
Foto: Julie Andrews, James Garner

1982: Querelle – Ein Pakt mit dem Teufel

Fassbinders letzte Arbeit: Der deutsche Ausnahme-Regisseur will Jean Genets Roman verfilmen. Die Erwartungen sind hoch – und viele enttäuscht, als Fassbinder einen sehr stilisierten und doch schockierenden Film präsentiert. Dennoch: „Querelle" ist das geniale Abschluß-Werk eines exzentrischen Regisseurs.
Foto: Burkhard Driest (m)

1982: Die Nacht von San Lorenzo

Basierend auf den Aussagen von Zeitzeugen schildern die Gebrüder Paolo und Vittorio Taviani Ereignisse, die sich 1944, zur Zeit der Befreiung Italiens von den Nazis, zugetragen haben. Wichtiger als historische Genauigkeit sind dabei die ganz persönlichen Gefühle und Ängste der Betroffenen.
Foto: Szene

1982: Ein Jahr in der Hölle

Große Gefühle im Hexenkessel der Diktatur: Peter Weir dreht die Story um einen australischen Reporter, der sich 1965 in Indonesien in eine britische Botschaftsangestellte verliebt und mit ihr das Land verläßt, als der Aufstand gegen das selbstherrliche Sukarno-Regime ausbricht.
Foto: Szene mit Sigourney Weaver

1983: Zeit der Zärtlichkeit

Zwei starke Frauen im Clinch: Shirley MacLaine und Debra Winger im mitreißendsten Mutter-Tochter-Zwist der Kinogeschichte. Regisseur James L. Brooks gelingt ein ebenso sentimentales wie überzeugendes Melodram, das mit fünf „Oscars" ausgezeichnet wird.
Foto: Shirley MacLaine (l), Debra Winger

1983: Karate Kid

Ein neuer Teenie-Held: Ralph Macchio macht als schmächtiger 16jähriger muskelbepackten Action-Männern wie Sylvester Stallone und Arnold Schwarzenegger Konkurrenz. Er rebelliert gegen gesellschaftliche Zwänge, besiegt den größten Angeber der Schule und findet die große Liebe. In den USA spielt John G. Avildsens Film in den ersten sechs Wochen 50 Millionen Dollar ein.
Foto: Pat Morita (l), Ralph Macchio

1983: Indiana Jones und der Tempel des Todes

Zuviel des Guten: Mit dem zweiten Abenteuer um den Archäologen Dr. Jones erschlägt Steven Spielberg die Zuschauer mit spektakulären Szenen und tricktechnischen Sensationen in atemberaubendem Tempo. Obwohl der Film wieder ein Kassenhit wird, sind sich Kritiker einig: Weniger wäre mehr gewesen.
Foto: Harrison Ford, Kate Capshaw

1983: Gremlins – Kleine Monster

Godzillas kleine Brüder: Joe Dante läßt eine neue Generation von Leinwand-Monstern auf die Zuschauer los. Seine Horrorkomödie bietet alles, was das Herz begehrt: niedliche Plüschtiere, eklige Monstermutationen und hysterischen Humor. Sechs Jahre später entsteht der zweite Teil des Grusel-Spaßes, der an seinen Vorgänger jedoch nicht heranreicht.
Foto: Zach Galligan

1983: Die unendliche Geschichte

Fantastisches aus Bayern: Wolfgang Petersen verfilmt in den Bavaria-Studios bei München den Kinderbuch-Bestseller von Michael Ende. Obwohl der Autor im Verlauf der Dreharbeiten Abstand von der Verfilmung nimmt, entwickelt sich das Märchen-Spektakel zum Kassenhit. Hauptgrund für den Erfolg: Die unter enormem Aufwand entstandenen Special-Effects („Die unendliche Geschichte" ist mit einem Budget von 60 Millionen Mark der bis dahin teuerste deutsche Film aller Zeiten) können sich mit amerikanischen Vorbildern messen.
Foto: Deep Roy

1983: Carmen

Die Grenze zwischen Kunst und Realität verwischt: Carlos Saura verlegt die bekannte Geschichte um Liebe, Eifersucht und Tod in das Spanien der 80er Jahre und erzählt sie anhand der Entstehung einer Ballettinszenierung neu. Der Zuschauer erliegt dem sinnlichen Rausch der Flamenco-Rhythmen und aufwallenden Emotionen.
Foto: Antonio Gades, Laura Del Sol

1983: Eine Liebe von Swann

21 Jahre lang lag die Verfilmung des Romans „Auf der Suche nach der verlorenen Zeit" bei der Produzentin Nicole Stéphane auf Eis. Erst Volker Schlöndorff wagt sich an eine Teiladaption des als unverfilmbar geltenden Stoffes und präsentiert ein pompöses, leicht unterkühltes Sittengemälde aus dem Paris des 19. Jahrhunderts.
Foto: Fanny Ardant

1984: Susan – verzweifelt gesucht

Pop-Star Madonna gibt ihr Leinwand-Debüt mit der Titelrolle in dem Überraschungserfolg der Independent-Regisseurin Susan Seidelman. Diese bietet mit ihrer frisch-frechen Komödie eine willkommene Alternative zum konventionellen Komödienkino.
Foto: Rosanna Arquette (l), Madonna

1984: Zuckerbaby

Der Beginn einer wunderbaren Freundschaft: Marianne Sägebrecht steht für die seltsam futuristisch wirkende Love-Story zum ersten Mal unter der Regie von Percy Adlon vor der Kamera. Gemeinsam drehen die beiden später witzig-melancholische Komödien wie „Out Of Rosenheim" und finden auch international ihr Publikum.
Foto: Eisi Gulp, Marianne Sägebrecht

1984: Es war einmal in Amerika

Sergio Leone, Meister des epischen Western, versucht sich im Gangster-Genre und präsentiert ein imposantes Werk – von zehn Stunden Länge. Freiwillig kürzt Leone seinen Film auf dreieinhalb Stunden. Diese in Europa gezeigte Version wird für die amerikanischen Kinos, ohne Einwilligung des Regisseurs, um weitere eineinhalb Stunden gestrafft.
Foto: Robert De Niro, Darlanne Fluegel

1984: Killing Fields – Schreiendes Land

Der Kriegsalltag in Kambodscha durch die Linse der Filmkamera: Roland Joffé ist nicht der erste Regisseur, der die Grausamkeit kriegerischer Auseinandersetzungen zum Thema eines Kinofilms macht, aber sicherlich einer der besten. Er vermeidet allzu platte Schwarzweißmalerei und dreht trotzdem einen zutiefst ergreifenden Film (übrigens sein Erstlingswerk).
Foto: Sam Waterson

1984: Brazil

Eine Mischung aus George Orwell und Monty Python: Terry Gilliam inszeniert eine alptraumhafte Zukunftsvision voll satirischer Einfälle und optischer Gigantomanie. Die europäischen Kritiker jubeln, der amerikanische Verleih weigert sich anfangs aus unerfindlichen Gründen, den britischen Film in den USA in die Kinos zu bringen.
Foto: Myrthe Devenish

1984: Magere Zeiten

Schwein muß man haben, besonders 1947 in England, zur Zeit der Lebensmittelrationierung: durch den illegalen Besitz eines Borstenviehs erhofft sich die Gattin eines einfachen Fußpflegers gesellschaftlichen Aufstieg. Die absurde Geschichte gerät unter der Regie von Malcolm Mowbray und dank hervorragender Darsteller zur gelungensten Satire auf Imponier-Gehabe und Klassendenken.
Foto: Maggie Smith, Malcolm Mowbray

1984: Ghostbusters

Die Geisterkomödie im Tempo der 80er Jahre: eine schrille Story, perfekte Special-Effects, ein fetziger Soundtrack und Anarcho-Humor am laufenden Band. Regisseur Ivan Reitman weiß, was – vor allem junge – Kinofans wünschen.
Foto: Szene mit Dan Aykroyd, Bill Murray, Harold Ramis

1984: Beverly Hills Cop

Die „Schnodder-Schnauze" endlich solo: Nach dem Erfolg als Partner von Nick Nolte in „Nur 48 Stunden" beweist Quasselstrippe Eddie Murphy unter der Regie von Martin Brest, daß er eine Action-Komödie auch im Alleingang schmeißen kann. Einspielergebnis allein in den USA: über 200 Millionen Dollar.
Foto: Eddie Murphy (l), Judge Reinhold, John Ashten

1984: Auf der Jagd nach dem grünen Diamanten

Robert Zemeckis' solides Abenteuerspektakel entwickelt sich zu einem der erfolgreichsten Filme des Jahres und verschafft den drei Hauptdarstellern Michael Douglas, Kathleen Turner und Danny De Vito den Durchbruch zum Kinoruhm. Die Fortsetzung folgt ein Jahr später mit „Auf der Jagd nach dem Juwel vom Nil".
Foto: Kathleen Turner, Michael Douglas

1984: Zurück in die Zukunft

Der originellste Film zum Thema Zeitreise: Robert Zemeckis inszeniert die unterhaltsame Geschichte um einen Teenager, der mit der Zeitmaschine des skurrilen Erfinders Dr. Emmett Brown (Christopher Lloyd) ins Jahr 1955 zurückreist. Dank der gut durchdachten Handlung und des jugendlichen Sunnyboy-Charmes von Hauptdarsteller Michael J. Fox eine der erfolgreichsten Komödien der 80er Jahre.
Foto: Christopher Lloyd

1984: Die Reise nach Indien

Der letzte vollendete Film von David Lean. Nach 14jähriger Pause präsentiert er mit „Die Reise nach Indien" ein aufwendiges Leinwandepos in bester Kinotradition: elegant-exotische Bilder aus dem Indien der 20er Jahre, einer faszinierenden Welt – in der die Verständigung zweier Kulturen oft genug an der Blasiertheit britischer Kolonialherrenmentalität scheitert.
Foto: Szene

1984: Greystoke – Die Legende von Tarzan, Herr der Affen

Der beste Tarzan-Film aller Zeiten: Hugh Hudsons sensible Leinwandadaption der literarischen Vorlage von Edgar Rice Burroughs ist das differenzierte Porträt eines Ausgestoßenen. Hauptdarsteller Christopher Lambert gelingt der Durchbruch zum internationalen Kinostar.
Foto: Christopher Lambert

1984: Amadeus

Die letzten Lebensjahre Mozarts aus Sicht seines Rivalen Antonio Salieri. Regisseur Milos Forman brilliert mit einer virtuosen Komposition aus Bilderpracht und Musik mit exzellenten Darstellern (Tom Hulce und F. Murray Abraham werden beide für den „Oscar" als Beste Hauptdarsteller nominiert – ausgezeichnet wird Abraham).
Foto: Szene mit Tom Hulce (r)

1985: Absolute Beginners

Grell: Julien Temple dreht ein postmodernes Musical über Rock'n'Roll und Rassenhaß im London der späten 50er Jahre. Popstar David Bowie absolviert in diesem Kultfilm mit Videoclip-Ästhetik einen seiner besten Leinwandauftritte.
Foto: Sade

1985: 9 1/2 Wochen

Sex aus dem Kühlschrank: Mickey Rourke und Kim Basinger befreien den Erotik-Film von seinem Schmuddel-Image und finden einen neuen Verwendungszweck für Honig und andere Lebensmittel. Ein ebenso schicker wie schaler Film: Hinter Adrian Lynes vermeintlicher Auseinandersetzung mit dem Thema Sadomasochismus steckt, kaum verhohlen, die Spekulation mit der voyeuristischen Neigung des Publikums. Doch selbst die kommt zu kurz. Statt ungewöhnlicher Einblicke kaum mehr als appetitliche Anblicke.
Foto: Kim Basinger, Mickey Rourke

1985: Mein wunderbarer Waschsalon

Rassenhaß, Überfälle auf Homosexuelle, Arbeitslosigkeit und soziales Elend: Alltag im England der 80er Jahre. Stephen Frears packt diese Probleme in einen gefühlvollen Film, ohne dabei je seinen Sinn für Humor zu verlieren. Für den Regisseur und seinen Hauptdarsteller Daniel Day Lewis bedeutet der Film den internationalen Durchbruch.
Foto: Daniel Day Lewis (l), Gordon Warnecke

1985: Männer

Der Titel ist Programm: Keine Komödie parodierte je treffender Imponiergehabe und Geltungsdrang der Spezies Mann. Mit einem Mini-Budget von 800 000 DM dreht Dorris Dörrie ihren blitzgescheiten Film, der auch das internationale Publikum zum Lachen bringt.
Foto: Ulrike Kriener, Uwe Ochsenknecht

1985: Drei Männer und ein Baby

Vater werden ist nicht schwer ... – stellen drei Mitglieder einer Männer-WG entrüstet fest, denn: eines Tages steht ein Korb mit einem Baby vor ihrer Tür. Coline Serreau inszeniert mit ihrem Erstlingswerk eine hinreißende Komödie und zugleich den erfolgreichsten französischen Film des Jahres.
Foto: Michel Boujenah (l), Roland Giraud

1985: Die Fliege

Ein gelungenes Remake des 1958 entstandenen Films „Die Fliege": Unter der Regie von Gruselspezialist David Cronenberg entsteht perfekter Leinwandhorror; Ekel- und Schockeffekte satt, ausgelöst von einem zum schaurigen Insektenmonster mutierten Computerfachmann.
Foto: Jeff Goldblum, Geena Davis

1985: Otto – Der Film

Selten so gelacht: Ostfriesen-Scherzkeks Otto Waalkes versucht sich erstmals auf der großen Leinwand und landet einen Volltreffer. Bei ihm sitzen selbst die plattesten Gags. Mit über 12 Millionen Zuschauern mausert sich sein Knalltütenstreifen zu einem der erfolgreichsten deutschen Filme aller Zeiten.
Foto: Otto Waalkes

1985: Der einzige Zeuge

Ein Hochspannungs-Thriller in außergewöhnlichem Milieu: Peter Weir verläßt die ausgetretenen Pfade des Großstadtdschungels und verlegt seine Geschichte um einen kleinen Jungen, der einen Mord beobachtet hat, in die von der Zivilisation fast völlig abgeschottete Welt der Amish-People. Spannung bezieht er aus den daraus resultierenden Gegensätzen.
Foto: Kelly McGillis, Harrison Ford

1985: Hannah und ihre Schwestern

Familienbande à la Woody Allen: In seinem Verwirrspiel um Liebe, Eifersucht und menschliche Schwächen zeigt er teils tragische, teils absurd-witzige Beziehungen, die es so nur in New York geben kann. Michael Caine wird für seine Rolle des untreuen Ehemannes mit dem „Oscar" als Bester Hauptdarsteller ausgezeichnet.
Foto: Woody Allen, Mia Farrow

1985: Der Kuß der Spinnenfrau

Schauplatz: eine enge Gefängniszelle in Südamerika. Zwei Männer diskutieren über Liebe und Politik – ohne den Zuschauer jemals zu langweilen. Dies ist vor allem William Hurt zu verdanken: Er macht Hector Babencos dialogreichen Film zu einem Kinoerlebnis ohne Längen, das erstaunlichen Erfolg verzeichnen kann. Lohn für Hurt: „Oscar" als Bester Hauptdarsteller.
Foto: William Hurt (l), Raul Julia

1985: Jenseits von Afrika

Nostalgie und Rausch der Bilder: Sydney Pollacks opulente Verfilmung des Romans von Tania Blixen bricht auf der ganzen Welt Kassenrekorde. Meryl Streep in der Rolle der dänischen Schriftstellerin und Robert Redford als der attraktive Abenteurer, in den sie sich verliebt, agieren in einer romantischen Love-Story, deren Kulisse kaum beeindruckender sein könnte: die überwältigende Landschaft Kenias.
Foto: Meryl Streep

1985: Ran

Japans Meisterregisseur Akira Kurosawa inszeniert sein imposantes Alterswerk: Mit atemberaubend schönen Bildkompositionen (die aufwendigen Kostüme leuchten vor der dunklen Berglandschaft Japans) und schockierend brutalen Schlachtszenen schildert er eine Familienfehde, deren Geschichte in Anlehnung an Shakespeares „König Lear" entstand.
Foto: Szene

1985: Highlander – Es kann nur einen geben

Die Geschichte des unsterblichen Kriegers McLeod – ein Fantasy-Spektakel, bei dem alles stimmt: grandiose Schauplätze, erstklassige Besetzung (Christopher Lambert, Sean Connery), hitverdächtige Musik (u. a. von „Queen") und üppige Bilder. Fünf Jahre später dreht Regisseur Russell Mulcahy eine unsäglich schlechte Fortsetzung.
Foto: Christopher Lambert

1985: Crocodile Dundee

Der Kinohit vom Fünften Kontinent: Der australische Komiker Paul Hogan – in seiner Heimat längst ein gefragter TV-Star, realisiert sein erstes Kinoabenteuer. Als Drehbuchautor und Hauptdarsteller landet er einen Mega-Erfolg – und findet seine neue Lebensgefährtin: Filmpartnerin Linda Koslowski.
Foto: Szene mit Paul Hogan

1985: Die Zeit nach Mitternacht

Der Spießbürger als Außenseiter: Martin Scorsese inszeniert die wahnwitzige Odyssee eines biederen Angestellten durch die nächtliche, mit Freaks und Lebenskünstlern bevölkerte Welt New Yorks und findet dabei den Mittelweg zwischen Komödie, Thriller und sozialkritischem Drama.
Foto: Griffin Dunne

1985: Runaway Train

Der sowjetische Regisseur Andrej Konchalovsky bricht in eine Hollywood-Domäne ein: Nach einem Drehbuch von Akira Kurosawa inszeniert er einen nervenzerfetzenden Action-Thriller, der den amerikanischen Vorbildern in nichts nachsteht. Die beiden Hauptdarsteller Jon Voight und Eric Roberts werden für den „Oscar" nominiert.
Foto: Szene mit Jon Voight

1985: Top Gun – Sie fürchten weder Tod noch Teufel

Der sichere Weg zum Teenie-Idol: Regisseur Tony Scott holt den gutaussehenden, unbekannten Tom Cruise vor die Kamera, stattet ihn mit Lederjacke und Macho-Image aus und setzt ihn vor schwülstigen Sonnenuntergängen und coolem Neonlicht perfekt in Szene. Die Rechnung geht auf: Tom Cruise wird zum Sexsymbol und das durchgestylte High-Tech-Märchen zum Kassenknüller.
Foto: Tom Cruise

1986: Mission

Drama im Regenwald: Roland Joffé schlägt ein noch weithin unbekanntes Kapitel der Kolonialgeschichte in Südamerika auf und präsentiert Bilder von fast hypnotischer Kraft. Atemberaubend: die Eröffnungssequenz, bei der ein Missionar, an ein Kreuz gebunden, riesige Wasserfälle hinunterstürzt.
Foto: Szene mit Jeremy Irons

1986: Die Farbe Lila

Skandal bei der „Oscar"-Verleihung: Steven Spielbergs von der Kritik gefeierter Film „Die Farbe Lila" geht leer aus. Dennoch: ein beeindruckendes, gefühlsbeladenes Drama, das seine Brillanz vor allem der schauspielerischen Glanzleistung der bis dato unbekannten farbigen Hauptdarstellerin verdankt: Whoopi Goldberg.
Foto: Whoopi Goldberg

1986: Der Name der Rose

Das Buch galt als unverfilmbar: Jean-Jacques Annaud reduziert Umberto Ecos anspruchsvollen Kloster-Thriller auf die Krimi-Handlung. Trotzdem wird der Film – dank hervorragender Besetzung und Annauds Gespür für düstere Mittelalter-Atmosphäre – eine der wenigen europäischen Produktionen von internationalem Format.
Foto: F. Murray Abraham

1986: Zimmer mit Aussicht

Das Erfolgsduo Ismail Merchant (Produzent) und James Ivory (Regisseur) setzt erstmals einen Roman von E. M. Forster („Reise nach Indien") in Szene. Stimmungsvolle Bilder von sonnendurchfluteten Parks und Landschaften verleihen der mit viel Liebe zum Detail inszenierten Romanze den zauberhaften Charme eines impressionistischen Gemäldes.
Foto: Helena Bonham-Carter

1986: James Bond 007 – Der Hauch des Todes

Timothy Dalton gibt sein Debüt als britischer Superagent und präsentiert einen 007 in Connery-Tradition: hart, ernsthaft, mit unwiderstehlichem Charme. Einziger Unterschied: Der neue Bond ist seiner Partnerin treu – Tribut der Produzenten an AIDS.
Foto: Timothy Dalton, Maryam D'Abo

1986: Der letzte Kaiser

Der ersten britisch-chinesischen Koproduktion werden alle Tore geöffnet. Zum ersten Mal darf ein europäisches Team in der „Verbotenen Stadt" filmen, Rotgardisten treten als Komparsen auf. Bernardo Bertolucci inszeniert ein imposantes Monumentalwerk, das mit grandiosen Bildern in eine faszinierend andere Kultur entführt. Neun „Oscars"!
Foto: Wu Tao

1986: Down By Law

Ein Independent-Regisseur wird salonfähig: Jim Jarmusch, seit seinem gefeierten „Stranger Than Paradise" auch von den großen Hollywood-Studios umgarnt, erteilt den Multis eine Absage und arbeitet weiter unabhängig. Mit einem Mini-Budget von 1,2 Millionen Dollar setzt er seine intelligente Tragikomödie voll Wortwitz und origineller Bilder in Szene und schafft so ganz nebenbei einen Kultfilm.
Foto: Roberto Benigni

1986: The Untouchables – Die Unbestechlichen

Ein Mann ohne Fehl und Tadel: In Brian de Palmas brillanter Leinwand-Version der gleichnamigen TV-Serie aus den 60er Jahren begeistert Kevin Costner in der Rolle des unbestechlichen FBI-Agenten Elliott Ness, der zusammen mit seinen ebenso aufrechten Kollegen für Unruhe in der Unterwelt sorgt und sogar Al Capone das Fürchten lehrt.
Foto: Kevin Costner

1986: Der Himmel über Berlin

Wim Wenders' von der internationalen Kritik hochgelobtes Werk: Seine Geschichte um den Engel Damiel, der aus Liebe zu einer irdischen Schönen sterblich wird, ist eine tiefgründige, teils melancholische Hommage an die damals noch geteilte Metropole. Sechs Jahre später dreht der Regisseur mit „In weiter Ferne so nah" die mißlungene Fortsetzung.
Foto: Peter Falk

1986: Platoon

Erinnerung an das Trauma: Oliver Stone schildert den Irrsinn des Vietnam-Krieges, an dem er als 21jähriger freiwillig teilnahm; ein aufwühlender, zutiefst beeindruckender Film, der mit vier „Oscars" (unter anderem für Regie) gewürdigt wird – und das unliebsame Thema wieder zum Gegenstand öffentlichen Interesses macht.
Foto: Charlie Sheen

1986: Der große Leichtsinn – The Big Easy

Der Schauplatz ist entscheidend: Jim McBrides Thriller um einen jungen Polizisten und eine Staatsanwältin, die in Chicago den Kampf gegen die Korruption aufnehmen, findet keine Geldgeber. Erst als McBride die Handlung nach New Orleans verlegt, kann er das Studio dafür interessieren. Das Ergebnis: Ein dynamischer Thriller, der wie kein anderer zuvor die hitzig-schwüle Atmosphäre der legendären Jazz-Metropole einfängt.
Foto: Dennis Quaid, Ellen Barkin

**1986: Blue Velvet
von: David Lynch**

Den einen ist David Lynch, jedenfalls seit „Elefantenmensch", ein Wunderknabe, den anderen, jedenfalls seit „Blue Velvet", ein Schreckensvisionär: einer, der die intimsten Seelen-Sehnsüchte erkennt und sichtbar macht – brutal, schwül, irritierend. „Blue Velvet" wird als Mysterium am besten verstanden. Die Reise ins Unterbewußte ist als „Attentat" im Sinne der Surrealisten gedeutet worden. Womit man dem radikalen Filmemacher Lynch gerecht wird. Sein meisterlicher Psychoschocker „transformiert die Geschichte vom Erwachsenwerden in eine Allegorie, die Tabus platzen läßt wie Ballons auf einem Kindergeburtstag" (L. A. Weekly). Die komischen und die fatal-düsteren Elemente von „Blue Velvet" verbinden sich zu einem kraftvollen Kinowerk, halb Leibesvisitation, halb Kolportagekitsch. Lynchs grandioser „Tagtraumfilm" (Original-Zitat des Regisseurs) ist entstanden, weil „ich einfach Lust hatte, meinen Gefühlen zu folgen: wurden sie aufregend für mich, war ich auf einer

Spur ..." Der Spurensuche folgen wir mit den unterschiedlichsten Gefühlen. Metaphysikstunde für die Sinne. Ein Film aus Samt und Eis. Lynch-Justiz für wildwuchernde Psychosen, die ihr Versteck verlassen.

INHALT: Zu den Klängen von Bobby Vintons Titelsong „Blue Velvet" gleitet die Kamera in der Eröffnungssequenz über eine amerikanische Kleinstadt-Idylle, schwenkt vom tiefblauen Himmel über einen strahlend weißen Gartenzaun und blutrote Blumen zu einem Mann, der in seinem Vorgarten vom Schlag getroffen zu Boden stürzt. Sein Sohn Jeffrey ist durch die Krankheit des Vaters gezwungen, nach Hause zurückzukehren. Als er bei einem Spaziergang ein abgeschnittenes menschliches Ohr findet, gibt er es bei Inspektor Williams ab. Dessen Tochter Sandy, mit der Jeffrey eine zarte Romanze verbindet, verhilft ihm zu weiteren Hinweisen in diesem Fall. Sie führen zur attraktiven Nachtklubsängerin Dorothy Vallens, die vom perversen Wüstling Frank Booth

erpreßt und mißbraucht wird. Jeffrey wird in einen Abgrund voller Sado-maso-Symbolik und Hörigkeit hineingezogen, aus dem er sich nur noch mit Gewalt befreien kann.
STAB: Regie: David Lynch; Drehbuch: David Lynch; Kamera: Frederick Elmes; Musik: Angelo Badalamenti; Sound Design: Alan Splet; Schnitt: Duwayne Dunham; Produktion: Fred Caruso für De Laurentiis Entertainment; USA 1986; 120 Minuten.
ORIGINALTITEL: Blue Velvet
BESETZUNG: Kyle MacLachlan (Jeffrey Beaumont), Isabella Rossellini (Dorothy Vallens), Dennis Hopper (Frank Booth), Laura Dern (Sandy Williams), Hope Lange (Mrs. Williams), George Dickerson (Inspektor Williams), Dean Stockwell (Ben).
DER REGISSEUR: David Lynch, am 20. Januar 1946 in Missoula, Washington, als Sohn eines Agrarexperten geboren, verbrachte seine Kindheit an ständig wechselnden Orten in den USA. 1964 nahm er das Studium der Malerei an der Kunsthochschule in Philadelphia auf. Dort begann er mit experimentellen Kurzfilmen: 1970 entstand der vierminütige Animationsfilm „The Alphabet", mit dem er ein Stipendium am „American Film Institute" gewann. Hier wurden der Kurzfilm „The Grandmother" (1971) gedreht und „Eraserhead" (1977), der zum Kultfilm wurde und ihm den Ruf als „Meister des Perversen" einbrachte. „Der Elefantenmensch" (1980) wurde für acht „Oscars" nominiert und machte Lynch endgültig zum gefragten Regisseur.

Weitere Filme: „Dune – Der Wüstenplanet" (1981), „Wild at Heart" (1989) und die TV-Produktion „Twin Peaks" (1990).
DER REGISSEUR ÜBER SEINE ARBEIT: „In ‚Blue Velvet' geht es um die geheimnisvollen Dinge, die in uns vorgehen. Um verborgene Neigungen zu Perversion und Gewalt, die wir uns nicht eingestehen wollen. Jeder hat diese dunkle Seite in sich. Meine Filme ermöglichen eine Reise in dieses Reich des Dunkels, ohne Verletzungen zu riskieren. Im Kino kann man immer aussteigen."

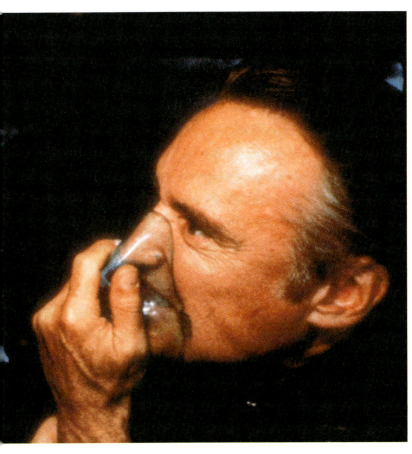

DIE KRITIK ZUM FILM: „Lynch bläst zum Sturm auf die gewohnten Kinozeichen, überrennt dabei die Abwehrstellungen des Zuschauers und gibt keine Hilfestellung beim Deuten und Erklären. Der Regisseur nicht als heimlicher Verbündeter, sondern als erklärter Gegner des Zuschauers." (Süddeutsche Zeitung)

Fotos:
1. 3. Isabella Rossellini
2. Laura Dern, Kyle MacLachlan
4. Isabella Rossellini, Dennis Hopper
5. Isabella Rossellini, Kyle MacLachlan

1987: Stirb langsam

Der spannendste Action-Thriller aller Zeiten: John McTiernan siedelt seine Geiselstory in der klaustrophobischen Enge eines Wolkenkratzers an und zeigt ein nie dagewesenes Feuerwerk pyrotechnischer Effekte, das den Zuschauer keinen Moment zu Atem kommen läßt. Für Bruce Willis – mit schmutz- und blutverschmiertem Unterhemd und lockeren Sprüchen – der Durchbruch als Action-Star.
Foto: Bruce Willis

1987: Dirty Dancing

Schlangen an den Kinokassen, kreischende Teenager und ein Run auf die Tanzschulen: Emile Ardolinos simpel gestrickte Liebesgeschichte ist der Überraschungserfolg des Jahres: Starruhm für die Hauptdarsteller Patrick Swayze und Jennifer Grey; für den Mambo ungeahnter Aufschwung als erotischster Tanz seit dem Tango.
Foto: Patrick Swayze, Jennifer Grey

1987: Babettes Fest

Ein Fest für Auge und Gaumen: Nach einer Novelle von Tania Blixen inszeniert der 70jährige dänische Regisseur Gabriel Axel die Vorbereitungen zu einem opulenten Festmahl. Großartig: Stéphane Audran, die als französisches Dienstmädchen Babette ihren kompletten Lotteriegewinn in die kulinarische Orgie investiert. „Oscar" als Bester fremdsprachiger Film.
Foto: Szene mit Stéphane Audran (m)

1987: Die unerträgliche Leichtigkeit des Seins

Anspruchsvolle Literaturverfilmung oder pseudopolitischer Soft-Porno? Die Kritiker streiten über Philip Kaufmans Adaption des berühmten Romans von Milan Kundera. Fest steht: Kaufman findet einen erfolgreichen Kompromiß zwischen Kunst und Kommerz.
Foto: Daniel Day Lewis, Juliette Binoche

1987: Ein Fisch namens Wanda

Very British: Ex-Monty Python John Cleese schreibt eine herrlich absurde Komödie über blasierte Briten, dämliche Amerikaner und einen haarsträubenden Juwelenraub. In der Rolle eines verklemmten englischen Anwalts optimal besetzt: Mr. Cleese himself.
Foto: Jamie Lee Curtis, John Cleese

1987: Im Rausch der Tiefe

Ein im Sinne des Wortes „atemberaubendes" Unterwasser-Drama. Luc Besson inszeniert keinen Naturfilm mit wenig Handlung und vielen bunten Südseefischen, sondern ein packendes menschliches Drama um einen Taucher, der in ozeanischen Tiefen die Grenze seiner eigenen Belastbarkeit sucht – ohne Sauerstoffgerät. Dabei zeichnet Besson das Meer nicht als exotisch-farbigen Garten Eden. Die Unterwasserwelt, in die der Protagonist abtaucht, ist bedrohlich und faszinierend zugleich: eine bizarre Dimension jenseits von Raum und Zeit.
Foto: Jean-Marc Barr, Jean Reno

1987: Frauen am Rande des Nervenzusammenbruchs

Laut, schräg, schrill: Der Spanier Pedro Almodóvar präsentiert einen neuen Komödien-Typ mit hohem Kult-Faktor. Inmitten einer grellbunten Ausstattung kämpfen sich hysterische Charaktere durch die Absurditäten des Lebens. Midlife-crisis-Geplagte erkennen sich wieder und bescheren der Farce weltweit Rekordeinnahmen.
Foto: Carmen Maura

1987: Mondsüchtig

Italo-Amerikaner in Brooklyn: Norman Lewison läßt bei der Inszenierung seiner turbulenten Liebesgeschichte kein Klischee aus und dreht trotzdem eine der unterhaltsamsten und erfolgreichsten Komödien des Jahres. „Oscar" für Cher als Beste Haupt- und für Olympia Dukakis als Beste Nebendarstellerin.
Foto: Nicolas Cage, Cher

1987: Eine verhängnisvolle Affäre

Ehebruch im AIDS-Zeitalter: Adrian Lyne inszeniert einen nervenzerfetzenden Thriller um einen folgenreichen „One-night-stand", propagiert mit Schockeffekten die neue Treue und liegt damit voll im Trend.
Foto: Glenn Close

1988: Rain Man

Dustin Hoffman und Tom Cruise in Bestform: Als ungleiche Geschwister – der Autist und sein „normaler" Bruder – machen sie Barry Levinsons Kinodrama zum erfolgreichsten Film des Jahres und rücken das weitgehend unerforschte Phänomen Autismus in den Mittelpunkt des öffentlichen Interesses. Der Lohn: „Oscars" für Film, Regie und Hauptdarsteller Dustin Hoffman.
Foto: Tom Cruise (l), Dustin Hoffman

1988: Herbstmilch

Heimatfilm ohne Idylle: Josef Vilsmaier adaptiert die Lebenserinnerungen der Bäuerin Anna Wimschneider für die Leinwand; Bilder ohne Schmalz und Schnörkel, die das karge Leben einer Landfrau in den bitteren Kriegsjahren dokumentieren. Werner Stocker und Dana Vavrova als Ehepaar Wimschneider erhalten den Bayerischen Darstellerpreis.
Foto: Dana Vavrova (2.v.l.)

1988: Angeklagt

Die Frau als Lustobjekt: Die attraktive Sara wird in einer schmierigen Kneipe von drei Männern vergewaltigt, andere sehen zu, statt zu helfen. Opfer oder eigenes Verschulden – hat Sara die Tat provoziert? Nie wurde dieses Thema spannender und differenzierter behandelt als in Jonathan Kaplans Gerichtsdrama. „Oscar" für Hauptdarstellerin Jodie Foster.
Foto: Jodie Foster

1988: Batman

Regisseur Tim Burton schickt den Fledermaus-Mann auf den Höhenflug: Noch profitabler als das Einspielergebnis (weltweit über 250 Millionen Dollar) sind die phänomenalen Merchandising-Einnahmen. Glück für Joker-Darsteller Jack Nicholson: Er hatte sich eine Beteiligung an dieser Goldgrube gesichert.
Foto: Kim Basinger, Michael Keaton

1988: Der Club der toten Dichter

Schulerinnerungen inspirierten Peter Weir zu seinem Film. Robin Williams räumt als unkonventioneller College-Lehrer mit verstaubten Traditionen auf und vermittelt seinen Schülern die Liebe zur Lyrik. Tausende begeisterter Kinofans entdecken plötzlich ihre Schwäche für Literatur.
Foto: Robin Williams

1988: Die nackte Kanone

Kalauer am laufenden Band: Das Regie- und Produzententeam Zucker/Abrahams/Zucker verfilmt seine mäßig erfolgreiche Comedy-Serie „Police Squad" und bombardiert das Publikum mit überdrehten Gags und Albernheiten. Leslie Nielsen, jahrelang Nebendarsteller in diversen TV-Dramen, schafft 62jährig den Sprung zum Komödienstar.
Foto: Leslie Nielsen, Priscilla Presley

1988: Die Waffen der Frauen

Ein modernes Märchen in bester Screwball-Tradition: Mike Nichols setzt das seit den 30er Jahren beliebte Thema – Karrierefrau streitet um Anerkennung – mit neuen Ideen und hervorragenden Darstellern um und dreht die vergnüglichste US-Komödie des Jahres.
Foto: Sigourney Weaver, Harrison Ford

1988: Der Bär

Ein gewagtes Unternehmen: Jean-Jacques Annaud dreht einen großangelegten Tierfilm mit wenig Dialog. Die menschlichen Darsteller werden zu bloßen Statisten. Skeptiker befürchten ein finanzielles Desaster. Sie sollen sich täuschen: Das in der grandiosen Landschaft der Dolomiten gedrehte Leinwand-Abenteuer, für das drei riesige Bären vier Jahre lang trainiert wurden, avanciert in Frankreich zum erfolgreichsten Film des Jahres 1988.

1988: Indiana Jones und der letzte Kreuzzug

Wenn der Vater mit dem Sohne: Das dritte „Indiana Jones"-Abenteuer bietet inhaltlich wenig Neues, hat jedoch den ersten beiden Teilen gegenüber eine besondere Attraktion zu bieten: Sean Connery. Er spielt den etwas schrulligen Vater des abenteuerlustigen Archäologen mit viel Selbstironie und stiehlt dem „Junior" glatt die Show.
Foto: Sean Connery

1988: Gefährliche Liebschaften

Wettlauf zweier Meisterregisseure: Stephen Frears und Milos Forman machen sich fast zeitgleich an die Verfilmung von Choderlos de Laclos' Briefroman. Stephen Frears stellt sein Projekt früher und mit attraktiverer Besetzung (Glenn Close, Michelle Pfeiffer, John Malkovich, Uma Thurman) fertig, gehört zu den großen Gewinnern bei der „Oscar"-Verleihung und landet einen Kassenerfolg. Formans Parallel-Projekt geht unter.
Foto: John Malkovich, Glenn Close

1989: Miss Daisy und ihr Chauffeur

Viel Dialog, eine unspektakuläre Handlung und Protagonisten im Rentenalter – wenig aussichtsreiche Voraussetzungen für den Erfolg dieses Films. Doch Bruce Beresfords Geschichte um die Freundschaft zwischen einer weißen Lady und ihrem schwarzen Chauffeur erhält 1990 vier „Oscars". Zu Recht: Das Drama besticht durch wunderschöne Bilder und großartige Schauspieler.
Foto: Dan Aykroyd (l), Jessica Tandy, Morgan Freeman

1989: Harry und Sally

Der berühmteste Orgasmus der Filmgeschichte: Meg Ryan simuliert zwischen Blattsalat und Truthandsandwich den Höhepunkt. Regisseur Rob Reiner gelingt die witzigste und treffendste Komödie der 80er Jahre zum Thema „Beziehungskiste".
Foto: Meg Ryan, Billy Crystal

1989: Der Rosenkrieg

Krieg der Geschlechter in letzter Konsequenz: Anders als in den Screwball-Komödien der 30er Jahre präsentiert Danny De Vito eine rabenschwarze Variante des altbekannten Themas, bei der sorgloser Humor blankem Zynismus weichen muß: Ehekrieg, „bis daß der Tod euch scheidet".
Foto: Kathleen Turner, Michael Douglas

1989: Mein linker Fuß

Der beste Film zum Thema Behinderung: Jim Sheridan bringt die wahre Geschichte des spastisch gelähmten Malers Christy Brown auf die Leinwand. Hauptdarsteller Daniel Day Lewis wächst förmlich über sich hinaus und erhält den „Oscar" als Bester Hauptdarsteller.
Foto: Daniel Day Lewis (l)

1989: Abyss

Terror in der Tiefe: James Cameron wählt als Schauplatz für sein Sciencefiction-Spektakel nicht den Weltraum, sondern den Meeresboden und präsentiert atemberaubende Special-Effects unter Wasser. Höhepunkt: eine außerirdische Kreatur, bestehend aus Meerwasser. 1993 bringt er seinen Film in einer überarbeiteten Version in die Kinos.
Foto: Ed Harris, Mary Elizabeth Mastrantonio

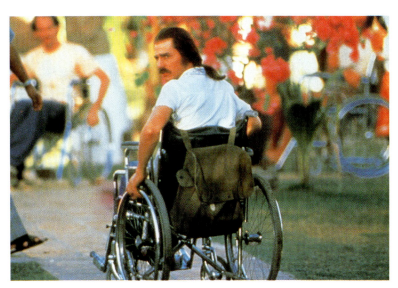

1989: Geboren am 4. Juli

Die andere Seite des Traumas: In seinem zweiten Vietnam-Film beleuchtet Oliver Stone nicht die Schrecken an der Front, sondern – angelehnt an die Autobiographie des querschnittsgelähmten Veteranen Ron Kovic – die Folgen des Krieges und die desolate Situation der Heimkehrer. Der Favorit der „Oscar"-Verleihung (acht Nominierungen) gewinnt wider Erwarten nur zwei Statuetten.
Foto: Tom Cruise

1989: Pretty Woman

Eine Romanze wie im Märchen: Die Liebesgeschichte zwischen der hübschen Hure mit Herz und dem charmanten Millionär entpuppt sich als Mega-Hit. Allein in Deutschland strömen über zehn Millionen Besucher in die Kinos. Hauptdarstellerin Julia Roberts avanciert zum Shooting-Star und hat ab sofort mit übereifrigen Journalisten und schlechten Rollen zu kämpfen.
Foto: Richard Gere, Julia Roberts

1989: Sea of Love – Melodie des Todes

Schiefer Mund, etwas zu breite Nase, zu kleine Augen – Ellen Barkin entspricht so gar nicht dem gängigen Schönheitsideal. Doch wie sie Al Pacino als mutmaßliche Mörderin den Kopf verdreht – das ist Erotik pur. Das männliche Publikum ist elektrisiert und Ellen Barkin das neue Sex-Symbol.
Foto: Al Pacino, Ellen Barkin

1989: Sex, Lügen und Video

Der Titel täuscht: Steven Soderberghs Film ist kein Porno aus der Schmuddelecke der Videotheken, sondern eine intelligente und sensible Tragikomödie über Liebe, Sex und unterdrückte Gefühle. Das Werk wird auf den Filmfestspielen in Cannes mit der „Goldenen Palme" ausgezeichnet.
Foto: Andie MacDowell

1989: Cinema Paradiso

Eine Liebeserklärung an das Kino: Giuseppe Tornatore setzt die Freundschaft zwischen einem kleinen Jungen und einem alternden Filmvorführer behutsam und mit Mut zur Sentimentalität in Szene. Ein bezaubernd nostalgischer Film über die Zeit, in der das Kino noch nichts von seiner Faszination verloren hatte.
Foto: Salvatore Cascio

1989: Nikita

Spannung aus Frankreich: Luc Besson erweist sich einmal mehr als Kino-Ästhet und präsentiert einen packenden Thriller mit wenig Action, aber umso mehr Atmosphäre. Zeichen seines internationalen Erfolges: Hollywood dreht bereits drei Jahre später ein Remake, das an das Original jedoch nicht heranreicht.
Foto: Anne Parillaud, Jean-Hugues Anglade

1989: Die fabelhaften Baker Boys

Der Meister der Bilder: Michael Ballhaus, deutscher Kameramann mit Sensationserfolgen in Hollywood, verleiht der Love-Story aus dem Musiker-Milieu das aufregende, einzigartige Flair, das Steve Kloves' Debüt-Film zur Pretiose macht. Nie wurde Michelle Pfeiffer erotischer in Szene gesetzt.
Foto: Michelle Pfeiffer, Jeff Bridges

1989: Der Koch, der Dieb, seine Frau und ihr Liebhaber

Genialer Stilist oder perverser Möchtegernkünstler? An Peter Greenaway scheiden sich die Geister. Sein neuer Film entfacht diesen Konflikt aufs neue: Die einen begeistern sich für das optische, bis ins kleinste Detail durchkomponiertes Sinnenerlebnis, andere verlassen das Kino mit Übelkeitsgefühlen.
Foto: Helen Mirren, Michel Gambon

1989: Henry V.

Ein 29jähriger Ire macht Furore: Theatermime Kenneth Branagh adaptiert Shakespeares Drama „Henry V.". Als Regisseur, Drehbuchautor und Hauptdarsteller in Personalunion präsentiert er ein optisches und schauspielerisches Leinwandereignis und wird ab sofort in einem Atemzug mit Shakespeare-Star Laurence Olivier genannt.
Foto: Szene

1990: Das Schweigen der Lämmer
von: Jonathan Demme

Ein Kammerspiel des Horrors: Jonathan Demmes „Das Schweigen der Lämmer" funktioniert wie eine gut geölte Maschine, die nur einen Zweck hat: den Zuschauer das Fürchten zu lehren. Demme verzichtet bewußt auf grobe Splatter-Effekte. Seine Gewaltszenen sind choreographiert und surrealistisch verfremdet. Zur Erzeugung von Gänsehaut verläßt er sich ganz auf sein untrügliches Gespür für bedrückende, düstere Atmosphäre, die magnetische Ausstrahlung seiner beiden Hauptdarsteller und das dynamische Skript von Ted Tally (nach dem atemberaubenden Bestseller von Thomas Harris). Demmes Schocker wurde zum Kassenschlager, etablierte „Hannibal the Cannibal" Anthony Hopkins als Kultstar, definierte die Grenzen des Horror-Genres neu und bewies – ähnlich wie dreißig Jahre zuvor Hitchcocks „Psycho" – daß intelligenter, brillant gefilmter Nervenkitzel Kunst sein kann. Das respektierte sogar die dem Gruselfilm gegenüber traditionell skeptisch eingestellte Filmakademie von Hollywood und zeichnete „Das Schwei-

1990

gen der Lämmer" mit „Oscars" in den fünf wichtigsten Kategorien aus.

INHALT: Die junge FBI-Agentin Clarice Starling versucht, von dem in einer Spezialklinik inhaftierten Dr. Hannibal Lecter Informationen zu erhalten, die sie auf die Spur des psychisch kranken Frauenmörders „Buffalo Bill" bringen könnten. Bei Dr. Lecter handelt es sich um einen ähnlichen Fall: Er war vor seiner Verhaftung ein brillanter Psychiater und gleichzeitig ein kannibalischer Killer. „Buffalo Bill" ist einer seiner ehemaligen Patienten. Doch Lecter hilft Clarice Starling nur unter der Bedingung, daß er sich die Langeweile hinter Gittern mit der Analyse ihrer intimsten Kindheitserinnerungen vertreiben darf. So entwickelt sich ein verstörendes Verhältnis zwischen den beiden, die abwechselnd Psychiater und Patientin, Vater und Tochter, Gefangener und Wächterin oder sogar Liebhaber und Geliebte sind. Als Clarice ganz kurz davor steht, „Buffalo Bill" zu fassen,

gelingt es dem listigen Dr. Lecter auszubrechen. Nun muß es die FBI-Agentin mit zwei wahnsinnigen Killern aufnehmen ...

STAB: Regie: Jonathan Demme; Drehbuch: Ted Tally, nach dem Roman von Thomas Harris; Kamera: Tak Fujimoto; Musik: Chris Newman; Bauten: Karen O'Hara; Ausstattung: Kristi Zea; Künstlerische Leitung: Tim Galvin; Kostüme: Colleen Atwood; Schnitt: Craig McKay; Produzenten: Kenneth Utt, Edward Saxon, Ron Bozmann; Ausführender Produzent: Gary Goetzman; USA 1990; 124 Minuten.
ORIGINALTITEL: The Silence of the Lambs
BESETZUNG: Jodie Foster (Clarice Starling), Anthony Hopkins (Dr. Hannibal Lecter), Scott Glenn (Jack Crawford), Ted Levine (Jame Gumb), Anthony Heald (Dr. Frederick Chilton), Brooke Smith (Catherine Martin).
PREISE: „Oscars" für Bester Film, Hauptdarstellerin, Hauptdarsteller, Regie und Drehbuch.
DER REGISSEUR: Jonathan Demme, geboren am 22. Februar 1944 in Baldwin, New York, wollte eigentlich Tierarzt werden, begann aber schon während des Studiums, Filmkritiken zu schreiben. Seine Begeisterung fürs Kino ließ ihn die Veterinär-Ausbildung abbrechen. Er jobbte bei verschiedenen Filmverleihen, bis er 1969 in London Roger Corman traf und dessen Assistent wurde. Sein erstes eigenes Projekt war 1974 das Frauengefängnisdrama „Caged Heat". Für „Melvin und Howard' (1980) erhielt Demme den

Preis der New Yorker Filmkritik als Bester Regisseur. Den großen Durchbruch erlebte er mit dem „Talking Heads"-Konzertfilm „Stop Making Sense". Seitdem hat er sich als Regisseur doppelbödiger Komödien wie „Gefährliche Freundin" (1986) und „Die Mafiosibraut" (1988) einen Namen gemacht. Der bahnrechende Horror-Thriller „Das Schweigen der Lämmer" wurde sein größter finanzieller und künstlerischer Triumph. Demme drehte neben seiner Kinoarbeit politische Dokumentationen und Videoclips. Der New Yorker, der mit seiner Frau, der Malerin Joanne Howard, eine fünfjährige Tochter hat, setzt sich aktiv gegen die Apartheid in Südafrika ein.

DER REGISSEUR ÜBER SEINE ARBEIT: „Ich freute mich über die Gelegenheit, so eine morbide Geschichte machen zu können wie ‚Das Schweigen der Lämmer'. Denn zu viele Kritiker hatten mich schon als Komödienregisseur abgestempelt. Okay, dachte ich mir, die werde ich jetzt ordentlich verblüffen."
DIE KRITIK ZUM FILM: „Ein ungemein bedrückender, verstörender, faszinierender Film. Wenn er Sie kalt läßt, sollte Sie das beunruhigen." (Stern)

Fotos:
1. 3. Anthony Hopkins, Jodie Foster
2. 4. Anthony Hopkins
5. Szene mit Jodie Foster

1990: Der mit dem Wolf tanzt

Die Renaissance des Westerns: Kevin Costner wagt sich bei seinem Regiedebüt an ein totgeglaubtes Genre – und dreht ein Jahrhundertwerk. Das mit sieben „Oscars" ausgezeichnete Indianerepos, voll Dramatik und Gefühl für die Natur, tritt einen Siegeszug an und entfacht damit neues Interesse an den amerikanischen Ureinwohnern.
Foto: Kevin Costner

1990: Wild at Heart

Wirbel um David Lynch: Der exzentrische Filmemacher, von Fans geliebt, von Kritikern geschmäht, präsentiert ein Werk, das in seiner Mischung aus schonungsloser Gewalt und zartem Gefühl für Krach und Kontroversen sorgt. Allen Protesten zum Trotz wird der Film auf den Filmfestspielen in Cannes mit der „Goldenen Palme" ausgezeichnet.
Foto: Laura Dern

1990: Green Card – Scheinehe mit Hindernissen

Ein europäischer Schauspielkoloß in Amerika: Frankreichs Superstar Gérard Depardieu versucht sich mit der Komödie von Peter Weir zum ersten Mal in einem englischsprachigen Film und brilliert in einer Rolle, die keiner außer ihm hätte spielen können: Als feinsinniger Klotz mit „savoir vivre" ist er der hervorragende Gegenpart zu der zerbrechlichen und leicht unterkühlten Andie MacDowell.
Foto: Andie MacDowell (m), Gérard Depardieu

1990: Terminator 2 – Tag der Abrechnung

Gigantische Dimensionen: Zum ersten Mal verschlingt ein Film mehr als 100 Millionen Dollar Produktionskosten – und spielt diese innerhalb weniger Wochen wieder ein. James Camerons Action-Reißer begeistert die Zuschauer weniger dank darstellerischer Glanzleistungen (dennoch: Schwarzenegger ist als Roboter ideal besetzt), sondern mit Special-Effects von nie zuvor gesehener Perfektion. Atemberaubend: der Flüssigmetall-Terminator.
Foto: Arnold Schwarzenegger

1990: Cyrano von Bergerac

Mut zum Metrum: Jean-Paul Rappeneau entschließt sich zu einer weiteren – mittlerweile siebten – Adaption von Edmond Rostands Bühnenstück von 1898 und behält das ursprüngliche Versmaß bei. Trotz der immensen Herstellungskosten (Budget: 100 Millionen Francs) gelingt es Rappeneau, den finanziell erfolgreichsten französischen Film aller Zeiten zu drehen. Rekord bei der „César"-Verleihung: 13 Nominierungen.
Foto: Vincent Perez (l), Gérard Depardieu

1990: The Commitments

Frischer Wind aus nordwestlicher Richtung: Alan Parker kehrt zu seinen Wurzeln zurück und dreht in Irland die herrlich originelle Geschichte einer aufstrebenden Rockband. Ohne Happy-End, aber mit viel Soul. Der 16jährige Hauptdarsteller Andrew Strong macht als Rockröhre Joe Cocker Konkurrenz.
Foto: Szene mit Andrew Strong

1990: Kevin – Allein zu Haus

Ein Knirps macht Kasse: Eine Familienkomödie um einen einfallsreichen Dreikäsehoch sorgt für Rekordeinspielergebnisse und macht den zehnjährigen Hauptdarsteller Macaulay Culkin zum Superstar. Seine Gagenforderungen bewegen sich ab sofort nur noch in Millionenhöhe.
Foto: Macaulay Culin

1990: Robin Hood – König der Diebe

Kevin Reynolds Neuverfilmung des klassischen Abenteuerstoffes stellt alle seine Vorgänger in den Schatten. Erfreulich: Trotz Special-Effects-Gigantomanie verliert der Regisseur nie den Sinn für idyllische Romantik und stimmungsvoll fotografierte Landschaften. Sean Connery beeindruckt in einem Kurzauftritt als Richard Löwenherz.
Foto: Szene mit Kevin Costner

1990: Misery

Hochspannung ohne Ekeleffekte: Rob Reiner entrümpelt Stephen Kings Roman von unnötigen Splatterszenen und präsentiert einen Psycho-Thriller, der seine Wirkung vor allem aus den grandiosen Schauspielerleistungen bezieht. „Oscar" für Kathy Bates als Beste Hauptdarstellerin.
Foto: Kathy Bates, James Caan

1990: Ghost – Nachricht von Sam

Liebe ist stärker als Tod: Patrick Swayze erinnert an sein – zeitweilig in Vergessenheit geratenes – Sexsymbol-Image und beweist, daß auch Geister Gefühle haben können. Whoopi Goldberg bewahrt als schrilles Medium Jerry Zuckers Liebeskomödie vor dem allzu frühen Absturz in den Kitsch.
Foto: Whoopi Goldberg, Patrick Swayze

1991: Herr der Gezeiten

Skandalös: „Herr der Gezeiten" wird für sieben „Oscars" nominiert; doch Barbra Streisand, die Produzentin, Regisseurin und Hauptdarstellerin des Films, wird übergangen. Für weibliche Superstars wie Meryl Streep und Shirley MacLaine ein weiterer Beweis für die frauenfeindliche Stimmung in Hollywood. Sie erklären sich mit der Verschmähten solidarisch.
Foto: Nick Nolte, Barbra Streisand

1991: Basic Instinct

Der Aufreger des Jahres: Homosexuelle fühlen sich durch die Story diffamiert; Frauenrechtlerinnen protestieren gegen die Sex-Szenen; Moralapostel sehen die Jugend gefährdet. Die beste Werbung für Paul Verhoevens Thriller: „Basic Instinct" mit Michael Douglas wird der erfolgreichste Film des Jahres und Hauptdarstellerin Sharon Stone die Sex-Göttin der 90er.
Foto: Sharon Stone

1991: J.F.K. – Tatort Dallas

Vieldiskutiert: Nach dem Roman des im Kennedy-Fall ermittelnden Staatsanwalts Jim Garrison verfilmt Oliver Stone seine Theorie der Ermordung John F. Kennedys. Genial, aber gefährlich: Die verwirrend schnelle Folge von Dokumentaraufnahmen und nachgestellten Schwarzweiß-Szenen, die Fiktion und Wirklichkeit vermengen.
Foto: Sissy Spacek, Kevin Costner

1991: Indochine

Kino in alter Tradition: Frankreichs *grande dame* des Films Catherine Deneuve übernimmt die Hauptrolle in einer breitangelegten Liebesgeschichte vor der exotischen Kulisse Saigons. Das von Régis Wargnier in Vietnam, Malaysia und der Schweiz gedrehte Epos erhält den „Oscar" für Besten ausländischen Film.
Foto: Catherine Deneuve, Jean Yanne

1991: Zauber der Venus

István Szabós Beitrag zum Thema Europa: Sein im Opern-Milieu angesiedelter Film über eine „Tannhäuser"-Inszenierung mit internationaler Besetzung entlarvt nationale Vorurteile und kleinbürgerlich-kleinkariertes Kompetenzgerangel, auch in Künstlerkreisen. Bezaubernd: Glenn Close als Opern-Diva, die bei ihren Auftritten mit der Leihstimme von Kiri de Kanawa „singt".
Foto: Glenn Close, Niels Arestrup

1991: Die Schöne und das Biest

Der Zeichentrickfilm erreicht neue Dimensionen: Mit Hilfe ausgefeilter Computer-Technik präsentieren die Disney-Studios einen Animationsfilm von nie dagewesener Brillanz. Höhepunkt: eine Ballsaal-Szene mit „beweglicher Kamera". Rekord: „Die Schöne und das Biest" ist der erste Zeichentrickfilm, der je in der Sparte „Bester Film" für den „Oscar" nominiert wurde.

1991: Thelma und Louise

Die Action-Frauen machen mobil: Susan Sarandon und Geena Davis greifen in dem im „Easy Rider"-Stil inszenierten Road-Movie zur Waffe, brillieren als weibliche Outlaws und lösen einen neuen Trend aus. Action-Kino ist nicht länger eine Männerdomäne.
Foto: Geena Davis (l), Susan Sarandon

1991: Schtonk!

Erfrischend respektlos von der ersten bis zur letzten Minute: Helmut Dietl bringt den Skandal um die gefälschten Hitler-Tagebücher, der 1983 ganz Deutschland beschäftigte, in freier Adaption auf die Leinwand. Das Ergebnis: eine geniale Satire auf Sensationslust, Medienmacht und Nazikult in Deutschland. Götz George überrascht mit einer Glanzleistung als schmieriger Boulevard-Journalist.
Foto: Götz George (l), Harald Juhnke

1991: Grüne Tomaten

Südstaaten-Idylle einmal anders: John Avnet inszeniert einen Film der leisen Töne, voller Poesie und Lebensfreude, ohne sich jemals gefälliger Klischees à la „Vom Winde verweht" zu bedienen. Ein ebenso sensibles wie kraftvolles Südstaatenbild, das beste Kinounterhaltung bietet, mit starken Frauenfiguren, nostalgischen Bildern, Witz und Bodenständigkeit.
Foto: Mary-Louise Parker (o.l.), Mary Stuart Masterson, Jessica Tandy (u.l.), Kathy Bates

1992: Der Duft der Frauen

Triumph für Al Pacino: Der Schauspieler, der bereits fünfmal für den „Oscar" nominiert war und immer leer ausging, kann endlich die Trophäe in Empfang nehmen. Zu Recht: Seine Darstellung des jähzornigen, blinden Ex-Colonels Frank Slater, der von tiefster Verbitterung zu Lebenslust und Optimismus zurückfindet, ist eindringlich, anrührend, mitreißend. Großartig: Pacinos Tango-Einlage.
Foto: Gabrielle Anwar, Al Pacino

1992: Wiedersehen in Howard's End

Der Fachmann für britische Lebensart: James Ivory inszeniert einmal mehr nach einem Roman von E.M. Forster ein Sittenbild der englischen Gesellschaft um die Jahrhundertwende und überwältigt die Zuschauer mit poetischen Bildern. Emma Thompsons brillantes Spiel kann auch inmitten der opulenten Ausstattung bestehen und wird mit einem „Oscar" ausgezeichnet.
Foto: Anthony Hopkins, Emma Thompson

1992: Erbarmungslos

Clint Eastwoods Abgesang auf den klassischen Western: In seinem Film über einen alternden, einst gefürchteten Killer, der seinen letzten Auftrag vergeblich ohne Gewalt auszuführen versucht, sind glorifizierende Mythen und makellose Helden zynischem Realismus gewichen. Verdienter Sieger bei der „Oscar"-Verleihung: Auszeichnungen für „Bester Film", „Beste Regie" und „Bester Nebendarsteller" (Gene Hackman).
Foto: Clint Eastwood

1992: Bram Stoker's Dracula

Auf ein neues: Nach über hundert Verfilmungen des weltberühmten Horror-Klassikers inszeniert Francis Ford Coppola eine weitere, gänzlich andere Version. Dabei hält er sich eng an die literarische Vorlage von Bram Stoker und präsentiert seinen ausschließlich im Studio entstandenen Film mit seltsam unreal wirkenden Bildern. Gary Oldman als Dracula und Anthony Hopkins als Professor Van Helsing liefern sich ein aufregendes Duell.
Foto: Gary Oldman

1993: Viel Lärm um nichts

Shakespeare für alle: Kenneth Branagh, seit seiner Leinwand-Adaption von „Henry V." international erfolgreich, bringt den klassischen Stoff einem breiten Publikum nahe. Farbenfrohe Bilder aus der sommerlichen Toskana sprühen vor Unbeschwertheit und Lebenslust. Branagh und Ehefrau Emma Thompson vermitteln auf bravouröse Weise den bissigen Witz Shakespearescher Sprache.
Foto: Kenneth Branagh, Emma Thomson

1993: Aladdin

Disney bricht alle Rekorde: Zum ersten Mal spielt ein Zeichentrickfilm allein in den USA über 200 Millionen Dollar ein. Dank perfekter Animationstechnik können die atemberaubenden Verfolgungsjagden und Bewegungsabläufe durchaus mit der Rasanz von Live-Spektakeln wie „Indiana Jones" konkurrieren.

1993: Der Duft der grünen Papaya

Im Reich der Sinne: Der vietnamesische Regisseur Tran Anh Hung inszeniert einen wunderbaren Film um Kindheitserinnerungen, verführerische und vielfältige Gefühle – eine Liebeserklärung an sein Land und gleichzeitig die mitreißende Geschichte einer jungen Frau, die sich langsam emanzipiert.
Foto: Tran Nu Yên-Khê (l), Vuong Hoa Hoi

1993: Das Piano

Überraschungserfolg einer Newcomerin: Die Neuseeländerin Jane Campion inszeniert das gefühlvolle Melodram um eine stumme Britin im Neuseeland des 19. Jahrhunderts und berauscht die Zuschauer mit Bildern voller Melancholie und Poesie. Der Film wird in Cannes mit der „Goldenen Palme" ausgezeichnet.
Foto: Holly Hunter (l), Anna Paquin

1993: Was vom Tage übrig blieb

Schauspielkunst in Vollendung: Emma Thompson und Anthony Hopkins glänzen (unter der Regie von James Ivory) als unterkühlt-britische Hausangestellte, die sich ihre Gefühle füreinander nicht eingestehen, und beweisen, daß ein Blick immer noch mehr sagt als tausend Worte.
Foto: Anthony Hopkins, Emma Thompson

1993: Das Geisterhaus

Episches Erzählkino in bester Hollywood-Tradition aus Europa: mit Leidenschaft und Liebe zum Detail setzt der dänische Regisseur Bille August Isabel Allendes Familienchronik in Szene. Erfolgsproduzent Bernd Eichinger sorgt für Topstarbesetzung: Jeremy Irons, Meryl Streep, Glenn Close, Antonio Banderas, Armin Mueller-Stahl, Winona Ryder.
Foto: Jeremy Irons, Glenn Close

**1993: Schindlers Liste
von: Steven Spielberg**

Die Geschichte eines unheiligen Heiligen: Oskar Schindler, Sohn eines Fabrikanten im Sudetenland, zog 1939 ins von Nazi-Deutschland besetzte Polen, um dort schnelles Geld zu machen. Schindler war ein schwerer Trinker und Lebemann mit besten Kontakten zu SS und Wehrmacht. Doch als er die „Endlösungs"-Pläne der Nazis durchschaute, setzte er allen Einfluß, sein gesamtes Vermögen und schließlich auch sein Leben ein, um den Abtransport der jüdischen Arbeiter nach Auschwitz zu verhindern. So rettete Schindler über 1200 Juden vor dem sicheren Tod im KZ. Doch die Welt nahm kaum Notiz von diesem Helden. Erst als der australische Romanschriftsteller Thomas Keneally 1982 die authentische Geschichte aufschrieb und sein Roman „Schindlers Liste" zum Bestseller avancierte, wurde Oskar Schindler in den USA bekannt. Regisseur Steven Spielberg sicherte sich sofort die Filmrechte. Doch es dauerte noch einmal zehn Jahre, bis er den Film drehen konnte. Grund: Kein

Geldgeber traute dem Regisseur von Fantasy-Spektakeln wie „E.T." oder „Jurassic Park" zu, einen so schwierigen Stoff bewältigen zu können. Das Ergebnis belehrte alle Skeptiker eines Besseren: Spielbergs dreieinhalbstündiges Schwarzweiß-Epos wurde mit drei „Golden Globes" und sieben „Oscars" ausgezeichnet. Der Regisseur drehte an Originalschauplätzen und großenteils mit der Handkamera, was dem Drama dokumentarischen Charakter verleiht. Als Berater waren „Schindler-Juden" (so nennen sich die von Schindler Geretteten) bei den Dreharbeiten anwesend. Ergebnis: Ein verstörend authentisches Drama, das bei aller historischen Genauigkeit dennoch packend inszeniert ist.
INHALT: September 1939: Oskar Schindler trifft im von Deutschland besetzten Krakau ein. Der 31jährige kauft eine Emaillewaren-Fabrik und verpflichtet Juden aus dem Ghetto als Arbeitskräfte. Zunächst allein deshalb, weil Juden ohne Lohn arbeiten müssen. Doch als Schindler bei einem

Ausritt über den Hügeln von Krakau 1943 die gewaltsame Evakuierung des Ghettos mitansehen muß, wird ihm das fürchterliche Ausmaß der Judenvernichtung bewußt. Von da an setzt er allen Einfluß und sein Vermögen für die Rettung der Arbeiter und ihrer Familien ein. Gemeinsam mit seinem jüdischen Hauptbuchhalter Itzhak Stern erstellt er immer umfangreichere Listen mit Namen von Juden, die er dem Lagerleiter, SS-Hauptsturmführer Amon Göth, abkauft – einem unberechenbaren Nazi, dessen perverses Hobby es ist, wahllos vorbeigehende KZ-Häftlinge zu erschießen. Schließlich gelingt es Schindler, über tausend jüdische Arbeitskräfte in seine Granathülsen-Fabrik im tschechischen Brünnlitz zu rekrutieren – und damit bis Kriegsende in Sicherheit zu wissen.
STAB: Regie: Steven Spielberg; Drehbuch: Steven Zaillian (nach dem gleichnamigen Roman von Thomas Keneally); Kamera: Janusz Kaminski; Musik: John Williams; Ausstattung: Allan Starski, Ewa Braun; Kostüme: Anna Biedrzyckz-Sheppard; Schnitt: Michael Kahn; Produktion; Steven Spielberg, Gerald R. Molen, Branko Lustig; USA 1993; 195 Minuten.
ORIGINALTITEL: Schindler's List
BESETZUNG: Liam Neeson (Oskar Schindler), Ben Kingsley (Itzhak Stern), Ralph Fiennes (Amon Göth), Caroline Goodall (Emilie Schindler), Jonathan Sagalle (Poldek Pfefferberg), Embeth Davidtz (Helen Hirsch), Malgoscha Gebel (Victoria Klonowska), Shmulik Levy (Wilek Chilowicz), Mark Ivanir (Marcel Goldberg), Beatrice Macola (Ingrid).
PREISE: „Oscars" für Bester Film, Regie, Drehbuch, Kamera, Schnitt, Musik, Ausstattung; „Golden Globe" für Bester Film, Regie, Drehbuch.
DER REGISSEUR: Steven Spielberg wurde am 18. Dezember 1947 in Cincinnati/Ohio als Sohn der Pianistin Leah und des Ingenieurs Arnold Spielberg geboren. Als Steven acht Jahre alt war, bekam sein Vater eine Super-8-Kamera geschenkt, die bald nur noch der kleine Steven benutzte. Mit 14 Jahren war Spielberg bereits ein begeisterter Filmemacher und wurde für seinen 40-Minuten-Kriegsfilm „Escape to Nowhere" ausgezeichnet. Seine Lehrjahre verbrachte Spielberg beim Fern-

sehen. Es entstanden Filme wie „Das Duell" und „Das Haus des Bösen". Sein Debüt als Kinoregisseur gab Spielberg 1974 mit „Sugarland Express". Schon sein zweites Leinwandopus „Der weiße Hai" wurde mit einem Einspielergebnis von 150 Millionen Dollar der bis dato größte Kinohit aller Zeiten. Ein Rekord, dem Spielberg weitere folgen ließ: Sieben der erfolgreichsten Kinofilme, darunter „E.T. – Der Außerirdische" und der erste Teil der „Indiana Jones"-Trilogie wurden von Spielberg inszeniert oder produziert. Inzwischen führt „Jurassic Park", sein erst kurz vor Drehbeginn von „Schindlers Liste" abgeschlossenes Sciencefiction-Spektakel, die Erfolgsliste an, mit dem sensationellen Einspielergebnis von mehr als 800 Millionen Dollar weltweit. 1984 gründete Spielberg die Produktionsgesellschaft „Amblin Entertainment", mit der er zum Beispiel die „Gremlins" produzierte. Der „Oscar" blieb dem erfolgreichsten Regisseur aller Zeiten bis zu „Schindlers Liste" verwehrt.

DER REGISSEUR ÜBER SEINE ARBEIT: „Der Film hat mein Leben verändert. Hier war nicht meine Vorstellungskraft gefragt, sondern mein Gewissen. Und plötzlich war die Kamera, die ich so oft benutzt habe, um mich vor der Wirklichkeit abzuschirmen, kein Schutzschild mehr. Ich habe geweint bei den Dreharbeiten, geweint jeden Tag."

DIE KRITIK ZUM FILM: „,Schindlers Liste' ist in jeder Hinsicht ein schockierend guter Film geworden. Brillant in Regie und Kamera, überzeugend in der Wahl der Darsteller und der sparsam eingesetzten Musik, eine handwerkliche Glanzleistung, deren Ergebnis, wie Spielberg es wollte, zuallererst Dokument künstlerischer Wahrhaftigkeit ist." (Verena Lueken, „Frankfurter Allgemeine Zeitung")

Fotos:
1. *Szene mit Ralph Fiennes (2. v. r)*
2. *Liam Neeson (l), Ralph Fiennes*
3. *Ben Kingsley*
4. *Szene*
5. *Szene mit Liam Neeson (l)*

1993: Philadelphia

Der erste Mainstream-Hollywoodfilm zum Thema AIDS: Jonathan Demme setzt die Geschichte eines HIV-Positiven, der vor Gericht um seinen verlorenen Arbeitsplatz und seine Menschenwürde kämpft, ergreifend, jedoch ohne sentimentale Fehlgriffe, in Szene. „Oscar" für Hauptdarsteller Tom Hanks.
Foto: Tom Hanks

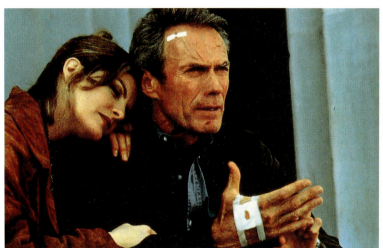

1993: In the Line of Fire – Die zweite Chance

Genau dreißig Jahre nach dem Attentat auf J. F. Kennedy präsentiert Wolfgang Petersen einen atemberaubenden Thriller in Anlehnung an die Ereignisse von damals. Hervorragend: John Malkovich als genial-psychopathischer Attentäter und Clint Eastwood als alternder Secret-Service-Agent.
Foto: René Russo, Clint Eastwood

1993: Im Namen des Vaters

Vererbte Wut: 1975 wurden in London vier irische Hippies wegen eines Bombenattentats, das sie nicht begangen hatten, verurteilt. Der irische Regisseur Jim Sheridan inszeniert die Geschichte der „Guildford Four" als Parabel auf Ungerechtigkeit und Unterdrückung als Folge eines über Generationen vererbten Konfliktes.
Foto: Daniel Day Lewis

1993: Jurassic Park

Das Film-Ereignis: Begleitet vom Rummel einer gigantischen Werbekampagne erobern Steven Spielbergs Dinosaurier die Kinos der Welt. Wobei die technische Perfektion der Urzeitriesen mehr überzeugt als die eher simple Story. Nach heißen Diskussionen um die Altersbegrenzung wird der Film in Deutschland ab 12 Jahren freigegeben.
Foto: Richard Attenborough (l), Laura Dern, Sam Neill

1993: Short Cuts

Robert Altman, der scharfsinnige Beobachter: Der 65jährige Regisseur fügt brillant inszenierte Alltagsepisoden zu einem dreistündigen mitreißenden Ganzen: Katastrophen, Mißgeschicke, Freuden und Glücksmomente der Vorstadtbewohner von Los Angeles – und zugleich entlarvende Einblicke in den „American way of life".
Foto: Jennifer Jason Leigh

1993: Falling Down – Ein ganz normaler Tag

Doppeldeutig: Die einen interpretieren Joel Schumachers Film als Anklage gegen die ständig steigende Gewaltbereitschaft, andere sehen in ihm einen Aufruf zur Selbstjustiz. Michael Douglas fügt als biederer Amokläufer seiner Karriere eine weitere Skandalrolle nach „Basic Instinct" hinzu.
Foto: Michael Douglas, Barbara Hershey

Filmregister

Abenteuer im gelben Meer 103
Absolute Beginners 585
Abyss 60
Achteinhalb 398
Adel verpflichtet 222
Affäre Macomber 203
Affentraum 524
African Queen 245
Airport 458
Aladdin 628
Alamo 335
Alexis Sorbas 414
Alice im Wunderland 247
Alien – Das unheimliche Wesen aus einer fremden Welt 538
Alle Herrlichkeit auf Erden 286
Alles über Eva 230
Am Anfang war das Feuer 550
Am goldenen See 551
Amadeus 583
American Werewolf 551
An einem Tag wie jeder andere 284
Anatomie eines Mordes 334
Angeklagt 604
Angélique 404
Angst essen Seele auf 490
Anna Christie 63
Anna Karenina 103
Ansichten eines Clowns 511
Apocalypse Now 542
Arabeske 433
Aristocats 465
Arsen und Spitzenhäubchen 186
Artisten 103
Arzt und Dämon 159
Asphalt-Cowboy 448
Asphaltdschungel 229
Atlantic City 535
Auf dem Highway ist die Hölle los 547
Auf der Jagd nach dem grünen Diamanten 581
Auf Liebe und Tod 570
Aufstand der Tiere – Animal Farm 285
Augen der Angst 335
Ausgerechnet Wolkenkratzer 35
Außer Atem 340

Babettes Fest 600
Bambi 167
Barbarella 441
Barfuß im Park 432
Barry Lyndon 505

Basic Instinct 622
Batman 605
Bei Anruf Mord 273
Ben Hur 350
Berüchtigt 203
Bestie Mensch 122
Bettgeflüster 345
Beverly Hills Cop 580
Bitterer Reis 222
Blade Runner 569
Blow up 434
Blue Velvet 596
Blues Brothers 535
Bonjour Tristesse 314
Bonnie und Clyde 442
Boulevard der Dämmerung 224
Bram Stoker's Dracula 627
Brazil 579
Brennpunkt Brooklyn 479

Cabaret 474
Carmen 577
Casablanca 168
Cat Ballou – Hängen sollst du in Wyoming 427
Cherie bitter 491
Chinatown 498
Cinema Paradiso 612
Citizen Kane 144
Cleopatra 19, 391
Cocktail für eine Leiche 217
Crocodile Dundee 590
Cyrano von Bergerac 620

Danton 567
Das Appartement 334
Das Boot 551
Das China Syndrom 524
Das Fenster zum Hof 276
Das Geisterhaus 629
Das Gespenst von Canterville 191
Das Gewand 260
Das Haus der Lady Alquist 185
Das Imperium schlägt zurück 537
Das indische Grabmal 117
Das Kabinett des Dr. Caligari 20
Das Leben des Brian 534
Das letzte Ufer 338
Das Mädchen Irma la Douce 391
Das Mädchen Rosemarie 329
Das Piano 629
Das Schweigen 402
Das Schweigen der Lämmer 614
Das süße Leben 339
Das Urteil von Nürnberg 383

Das verflixte siebente Jahr 297
Das verlorene Wochenende 198
Das Wunder von Mailand 231
Das zauberhafte Land 123
… denn sie wissen nicht, was sie tun 292
Der alte Mann und das Meer 327
Der amerikanische Freund 513
Der andalusische Hund 55
Der Bär 606
Der blaue Engel 58
Der Clou 493
Der Club der toten Dichter 605
Der diskrete Charme der Bourgeoisie 480
Der dritte Mann 218
Der Duft der Frauen 626
Der Duft der grünen Papaya 628
Der einzige Zeuge 588
Der eiskalte Engel 439
Der Elefantenmensch 546
Der Exorzist 491
Der Flug des Phoenix 418
Der Gefangene von Alcatraz 385
Der General 48
Der Glöckner von Notre Dame 123
Der Golem, wie er in die Welt kam 25
Der große Diktator 152
Der große Gatsby 493
Der große Leichtsinn – The Big Easy 595
Der grüne Bogenschütze 363
Der Hauptmann von Köpenick 305
Der Himmel über Berlin 594
Der Hofnarr 284
Der kleine Cäsar 63
Der Koch, der Dieb, seine Frau und ihr Liebhaber 613
Der König und ich 308
Der Kuß der Spinnenfrau 589
Der Leopard 391
Der letzte Kaiser 593
Der letzte Tango in Paris 488
Der Mann, der König sein wollte 505
Der Mann, der Liberty Valance erschoß 385
Der Mann, der zuviel wußte 309
Der mit dem Wolf tanzt 618
Der Name der Rose 592
Der Pate 470
Der Prinz und die Tänzerin 317

Der rosarote Panther 403
Der Rosenkrieg 608
Der rote Korsar 251
Der Scharfschütze 229
Der Schatz der Sierra Madre 209
Der Scheich 26
Der Schrecken vom Amazonas 275
Der schwarze Falke 305
Der Spion, der aus der Kälte kam 426
Der Tag bricht an 128
Der Tod in Venedig 466
Der unsichtbare Dritte 333
Der Untertan 245
Der weiße Hai 499
Der Wilde 263
Dick und Doof im Wilden Westen 110
Die amerikanische Nacht 484
Die Blechtrommel 530
Die Brücke 346
Die Brücke am Kwai 315
Die Caine war ihr Schicksal 274
Die Drei von der Tankstelle 63
Die durch die Hölle gehen 524
Die Ehe der Maria Braun 520
Die fabelhaften Baker Boys 612
Die Fantome des Hutmachers 571
Die Farbe Lila 592
Die Ferien des Monsieur Hulot 260
Die Feuerzangenbowle 191
Die Fliege 587
Die Frau, von der man spricht 177
Die Frauen 122
Die Geburt einer Nation 14
Die Glücksritter 572
Die Halbstarken 307
Die Kameliendame 105
Die Katze auf dem heißen Blechdach 318
Die Klapperschlange 553
Die letzte Metro 549
Die letzte Vorstellung 478
Die Marx Brothers im Krieg 85
Die Nacht des Jägers 287
Die Nacht von San Lorenzo 573
Die Nacht vor der Hochzeit 157
Die nackte Kanone 605
Die oberen Zehntausend 309
Die Reifeprüfung 447
Die Rückkehr der Jedi-Ritter 568
Die Schöne und das Biest 624
Die schreckliche Wahrheit 115
Die sieben Samurai 261
Die Spur des Falken 162
Die Stunde des Siegers 546
Die Sünderin 231

Die unendliche Geschichte 575
Die unerträgliche Leichtigkeit des Seins 601
Die verlorene Ehre der Katharina Blum 511
Die Vögel 389
Die Waffen der Frauen 606
Die weiße Rose 567
Die zehn Gebote 35, 303
Die Zeit nach Mitternacht 591
Die zwölf Geschworenen 317
Dieses obskure Objekt der Begierde 518
Dirty Dancing 600
Dirty Harry 478
Diva 548
Doktor Schiwago 422
Don Camillo und Peppone 251
Down By Law 594
Dr. Seltsam – oder wie ich lernte, die Bombe zu lieben 402
Drei Männer und ein Baby 586
Du sollst mein Glücksstern sein 256

Easy Rider 460
Ein Amerikaner in Paris 232
Ein Fisch namens Wanda 601
Ein Herz und eine Krone 264
Ein Jahr in der Hölle 573
Ein Köder für die Bestie 384
Ein Mann, den sie Pferd nannten 459
Ein Mann und eine Frau 432
Ein Offizier und Gentleman 571
Ein Platz an der Sonne 249
Ein Pyjama für zwei 381
Ein seltsames Paar 447
Eine Leiche zum Dessert 510
Eine Liebe von Swann 577
Eine verhängnisvolle Affäre 603
Eine verheiratete Frau 406
Einer flog über das Kuckucksnest 500
Eins, zwei, drei 381
Einsam sind die Tapferen 384
Ekel 405
El Dorado 427
Endstation Sehnsucht 240
Erbarmungslos 627
Es geschah am hellichten Tag 329
Es geschah in einer Nacht 92
Es muß nicht immer Kaviar sein 387
Es war einmal in Amerika 578
E.T. – Der Außerirdische 568
Excalibur 550

Fahrenheit 451, 433
Fahrraddiebe 210

Falling Down – Ein ganz normaler Tag 635
Fanny und Alexander 558
Fantasia 148
Fitzcarraldo 550
Flashdance 572
Frankenstein 68
Frau ohne Gewissen 192
Frauen am Rande des Nervenzusammenbruchs 602
Frühstück bei Tiffany 375
Für eine Handvoll Dollar 405

Gandhi 554
Gangster in Key Largo 217
Geboren am 4. Juli 609
Gefährliche Liebschaften 607
Ghost – Nachricht von Sam 621
Ghostbusters 580
Gier 36
Giganten 297
Gilda 197
Godzilla 275
Goldfinger 410
Grease – Schmiere 525
Green Card – Scheinehe mit Hindernissen 619
Gremlins – Kleine Monster 575
Greystoke – Die Legende von Tarzan, Herr der Affen 583
Grüne Tomaten 625

Haben und Nichthaben 185
Hamlet 215
Hannah und ihre Schwestern 588
Harold und Maude 478
Harry und Sally 608
Hausboot 331
Henry V. 613
Herbstmilch 604
Herr der Gezeiten 622
Highlander – Es kann nur einen geben 590
Hiroshima – mon amour 338
Hochzeit auf italienisch 404
Hundstage 510

Ich folgte einem Zombie 179
Ich kämpfe um dich 197
Ich tanz' mich in dein Herz hinein 98
Ich war eine männliche Kriegsbraut 223
Im Namen des Vaters 634
Im Rausch der Tiefe 602
Im Reich der Sinne 512
Im Westen nichts Neues 57
In der Hitze der Nacht 432
In the Line of Fire – Die zweite Chance 634

Filmregister

In 80 Tagen um die Welt   305
Indiana Jones und der letzte Kreuzzug   607
Indiana Jones und der Tempel des Todes   574
Indiskret   331
Indochine   623
Infam   387
Intolerance   19
Invasion vom Mars   263
Ist das Leben nicht schön?   204

Jagdszenen aus Niederbayern   448
James Bond 007 jagt Dr. No   397
James Bond 007 – Der Hauch des Todes   593
Jason und die Argonauten   397
Jenseits von Afrika   589
Jenseits von Eden   287
J.F.K. – Tatort Dallas   622
Johnny Guitar – Wenn Frauen hassen   280
Jules und Jim   376
Jurassic Park   635

Kaltblütig   439
Karate Kid   574
Katzenmenschen   167
Keine Zeit für Heldentum   286
Kevin – Allein zu Haus   620
Killing Fields – Schreiendes Land   579
Kinder des Olymp   180
King Kong und die weiße Frau   80
Kramer gegen Kramer   534
Krieg der Sterne   514
Krieg und Frieden   308

La Boum – Die Fete – Eltern unerwünscht   547
La Habanera   115
La Strada – Das Lied der Straße   268
Ladykillers   286
Laura   191
Lawrence von Arabien   392
Leben und sterben lassen   490
Lemmy Caution gegen Alpha 60   426
Leoparden küßt man nicht   118
Letztes Jahr in Marienbad   365
Lichter der Großstadt   73
Lilien auf dem Felde   389
Lindbergh: Mein Flug über den Ozean   317
Little Big Man   458
Local Hero   570
Lohn der Angst   250

Lola Montez   285
Love Story   458
Ludwig II.   488

M – Eine Stadt sucht einen Mörder   74
Machen wirs in Liebe   362
Macbeth   479
Mach's noch einmal Sam   479
Mad Max   525
Madame Dubarry   19
Magere Zeiten   579
Manche mögen's heiß   354
Manhattan   526
Männer   586
Marokko   64
Mein großer Freund Shane   260
Mein linker Fuß   609
Mein Onkel   327
Mein wunderbarer Waschsalon   586
Menschen im Hotel   79
Mephisto   549
Metropolis   44
Meuterei auf der Bounty   97
Misery   621
Misfits – nicht gesellschaftsfähig   375
Miss Daisy und ihr Chauffeur   608
Miss Marple: 16.50 Uhr ab Paddington   381
Mission   592
Mister Hobbs macht Ferien   387
Moby Dick   307
Moderne Zeiten   106
Mondsüchtig   603
Mord im Orientexpress   499
Mordsache „Dünner Mann"   88
Mr. Smith geht nach Washington   122
Mr. und Mrs. Smith   161
My Fair Lady   402

Napoleon   53
Nashville   510
Natürlich die Autofahrer   332
Network   513
9 1/2 Wochen   585
39 Stufen   97
1900   505
New York, New York   518
Niagara   250
Nikita   612
Ninotschka   136
Nosferatu, Phantom der Nacht   525
Nosferatu – Eine Symphonie des Grauens   30
Nur Samstag nacht   519

Odyssee im Weltraum   450
Oliver Twist   215
Opfer einer großen Liebe   132
Osterspaziergang   215
Otto – Der Film   587
Outland – Planet der Verdammten   546

Panzerkreuzer Potemkin   40
Paper Moon   489
Papillon   490
Philadelphia   634
Planet der Affen   441
Platoon   595
Poltergeist   56
Polyanna   25
Pretty Woman   611
Psycho   366

Querelle – Ein Pakt mit dem Teufel   573
Quo Vadis   236

Rain Man   604
Rambo   569
Ran   590
Rat mal, wer zum Essen kommt   446
Rebecca   157
Red River   217
Reise nach Indien   583
Reporter des Satans   245
Ringo   140
Rio Bravo   333
Robin Hood, König der Vagabunden   117
Robin Hood – König der Diebe   621
Rocky   512
Rom, offene Stadt   197
Rosemaries Baby   439
Rosen-Resli   274
Runaway Train   591
Ryan's Tochter   459

Scarface   79
Schachnovelle   363
Schindlers Liste   630
Schnee am Kilimanscharo   250
Schtonk!   625
Schütze Benjamin   547
Sea of Love – Melodie des Todes   611
Sein oder Nichtsein   172
Sex, Lügen und Video   611
Shampoo   498
Shining   537
Short Cuts   635
Sie tat ihm unrecht   87

Sissi 288
Solange es Menschen gibt 358
Solaris 489
Sonntags ... nie! 339
Spartacus 337
Spiel mir das Lied vom Tod 454
Star Trek 537
Stirb langsam 600
Stromboli 223
Susan – verzweifelt gesucht 578

Tanz der Vampire 428
Tarzan, der Affenmensch 79
Taxi Driver 506
Terminator 2 – Tag der Abrechnung 619
The Commitments 620
The Jazz Singer 53
The Kid 25
The Rocky Horror Picture Show 494
The Scarlet Letter 53
The Untouchables – Die Unbestechlichen 594
Thelma und Louise 624
Tootsie 562
Top Gun – Sie fürchten weder Tod noch Teufel 591

Tote schlafen fest 203
Tote tragen keine Karos 553
Triumph des Willens 97

Uhrwerk Orange 465
... und dennoch leben sie 362
Und immer lockt das Weib 298
Unheimliche Begegnung der dritten Art 519

Vater der Braut 230
Verdacht 161
Verdammt in alle Ewigkeit 261
Vermißt 553
Vertigo – Aus dem Reich der Toten 327
Victor/Victoria 572
Viel Lärm um nichts 628
Vier Fäuste für ein Hallelujah 465
Viktor und Viktoria 85
Vom Winde verweht 124

Was der Himmel erlaubt 284
Was vom Tage übrig blieb 629
Wege zum Ruhm 315
Weiße Weihnachten 273
Weites Land 322
Wem die Stunde schlägt 185

Wenn der Postmann zweimal klingelt 548
Wenn die Gondeln Trauer tragen 491
Wer den Wind sät 332
Wer die Nachtigall stört 389
Wer hat Angst vor Virginia Woolf? 426
West Side Story 370
Wie ein wilder Stier 534
Wiedersehen in Howard's End 626
Wild at Heart 618
Wilde Erdbeeren 310
Winchester '73 229
Winnetou I 403
Wir Wunderkinder 329

Z 449
Zauber der Venus 623
Zeit der Zärtlichkeit 574
Zeugin der Anklage 314
Zimmer mit Aussicht 593
Zuckerbaby 578
Zur Sache, Schätzchen 446
Zurück in die Zukunft 581
Zwei Banditen 448
Zwölf Uhr mittags 252

Personenregister

Aardal, Edwin 150
Abbott, L. B. 420
Abel, Alfred 46
–, David 100
Abraham, Murray F. 583, 592
–, Sofaer 238
Adair, Jean 188, 189
Adams, Jonathan 496
–, Julia 275
Adjani, Isabelle 378, 486, 525, 547
Adler, Felix 112
–, Lou 496
Adlon, Percy 578
Adorf, Mario 363, 532, 533
Adrian 138
Agadshanowa-Schutko, Nina 42
Agnini, Armando 200
Agostini, Philippe 130
Ahlstedt, Börje 560
Aimée, Anouk 400, 401, 432
Albee, Edward 426
Albers, Hans 60
Albert, Eddie 266, 267
Albertazzi, Giorgio 365
Alberti, Guido 400
Albertson, Frank 206, 368
Alcott, John 452
Alda, Robert 360
Alden, Mary 16
Aldredge, Theonie V. 493
Aldrich, Robert 418, 419, 420
Alekan, Henri 266
Alexander, John 186, 188
Alexandrow, Grigori 42
Alison, Joan 168, 170
Allan, Corey 294
Alland, William 146
Allégret, Marc 300
Allen, Dede 444
–, Jay Presson 476
–, Richard 250
–, Woody 479, 526, 528, 529, 588
Allwin, Pernilla 558, 560, 561
Almodóvar, Pedro 602
Alper, Murray 164
Altierie, Elena 212
Altman, Robert 510, 635
Alton, John 234
Anders, Luana 462
Anderson, Judith 320
–, Michael 305
Andersson, Bibi 312, 313

–, Jan 560
Andre, Carol 468
André, Jean 300
Andresen, Björn 468, 469
Andrews, Dana 191
–, Julie 572
Anglade, Jean-Hugues 612
Annaud, Jean-Jacques 550, 592, 606
Annis, Francesca 479
Anousaki, Eleni 416
Antonioni, Michelangelo 434, 435, 436
Antonow, Alexander 42
Antonucci, Vittorio 212
Anwar, Gabrielle 626
Archambault, Monique 416
Ardant, Fanny 378, 486, 570, 577
Ardolino, Emil 600
Arestrup, Niels 623
Argento, Dario 456
Arletty 128, 130, 131, 182
Arms, Preston 234
Armstrong, Louis 234
–, Robert 82, 83
–, Samuel 150
–, Todd 397
Arquette, Rosanna 578
Arthur, Jean 260
Arvidson, Linda 16
Ashten, John 580
Ashton, Sylvia 38
Askew, Luke 462
Asmus, H. W. 127
Asp, Anna 560
Astaire, Fred 98, 100, 101, 215
Astor, Mary 164
Athaiya, Bhanu 556
Attenborough, Richard 418, 420, 421, 554, 556, 635
Atwill, Lionel 174
Atwood, Colleen 616
Audran, Stéphane 482, 483, 600
August, Bille 629
Aumont, Jean-Pierre 486, 487
Auric, Georges 266
Ausböck, Franz 347
Avildsen, John G. 574
Axel, Gabriel 600
Axt, William 90
Aykroyd, Dan 535, 572, 580, 608
Aylmer, Felix 238
Ayres, Agnes 28, 29
Aznavour, Charles 532, 533, 571
Azzini, Nedo 468

Babbitt, Arthur 150
Babenco, Hector 589
Bac, André 130
Bacall, Lauren 185, 203, 217, 499
Backus, Jim 294
Badalamenti, Angelo 598
Badalucco, Nicola 467
Badham, Mary 389
Baer, Buddy 238
Bagdasarian, Ross 278
Baker, Carroll 242, 324, 325
–, Kenny 516
–, Rick 516, 551
Balderston, John L. 70
Balducci, Richard 342
Ball, Derek 516
–, Lucille 100
Ballard, Lucien 66
–, Lucinda 242
Ballhaus, Helga 522
–, Michael 522, 612
Balsam, Martin 368
Balzer, Karl Michael 348
Bamattre, Martha 234
Bancroft, Anne 447
–, George 142
Banderas, Antonio 629
Banionis, Donatas 489
Bankhead, Tallulah 132
Bannen, Ian 420
Bánsági, Ildiko 549
Banson, Martin 412
Banton, Travis 66
Bara, Theda 19
Baragli, Nino 456
Bardot, Brigitte 298, 300, 301
Barker, Lex 403
Barkin, Ellen 595, 611
Barnes, Frank 50
–, Harry 50
Baron, Suzanne 532
Barr, Byron 194
–, Jean-Marc 602
Barrault, Jean-Louis 182
Barry, John 412, 516
–, Philip 157
Barrymore, John 79
–, Lionel 206, 207
Barski, Wladimir 42
Barth, Isolde 522
Bartholomew, Freddie 103
Bartlett, Sy 322
Bartning, C. O. 348
Bartolini, Luigi 212
Basehart, Richard 270, 271

Basil, Toni 462
Basinger, Kim 585, 605
Bass, Alfie 430
Bassey, Shirley 410
Bassiak, Boris 378
Batchelor, Joy 285
Bates, Alan 416, 417
–, Kathy 621, 625
Bato, Joseph 220
Baum, Barbara 522
–, Vicky 79
Baxley, Barbara 510
Baxter, Anne 230
Baye, Nathalie 486
Beals, Jennifer 572
Beatty, Robert 452
–, Warren 242, 442, 443, 444, 445, 498
Beauregard, Georges de 342
Beck, Ron 516
Beckett, Adam 516
Bedig, Sass 472
Bedoya, Alfonso 324
Beebe, Ford 150
Beggs, Richard 544
Behrman, S. N. 238
Beineix, Jean-Jacques 548
Belcher, Robert 324
Bell, Daniel 560
Belmondo, Jean-Paul 340, 342, 343
Belushi, John 535
Ben Salem, El Hedi 490
Benigni, Roberto 594
Bennent, David 531, 532, 533
–, Heinz 532, 549
Bennett, Joan 230
Benny, Jack 172, 174, 175
Benton, Robert 444
Berenson, Marisa 468, 476, 477, 505
Beresford, Bruce 608
Berg, Jon 516
Bergen, Candice 556, 557
Berger Helmut 468, 488
–, Mark 544
Bergman, Henry 108
–, Ingmar 310, 311, 312, 558, 560
–, Ingrid 159, 168, 170, 171, 185, 197, 203, 223, 331, 348, 499
–, Mats 560
Berle, Milton 362
Berlin, Irving 100
Bernds, E. L. 94
Berner, Sara 278
Bernstein, Leonard 372
Bernt, Reinhold 60
Berry, Jules 130, 131
Berryman, Michael 502

Bert, Malcolm 294
Bertheau, Julien 482, 483
Berti, Marina 238
Bertini, Francesca 11, 12
Bertolucci, Bernardo 456, 457, 488, 505, 593
Besson, Luc 602, 612
Beswick, Douglas 516
Beymer, Richard 372, 373
Bickford, Charles 324
Biedrzyckz-Sheppard, Anna 632
Binger, Ray 142
Binoche, Juliette 601
Birkin, Jane 412, 436
Biroc, Joseph 206, 420
Bisset, Jacqueline 458, 486, 487, 499
Biswanger, Erwin 46
Bitzer, G. W. 16
Bjelvenstam, Björn 312
Björnstrand, Gunnar 312, 313
Black, Jennifer 570
–, Karen 462, 463
Blackman, Honor 411, 412, 413
Blair, Linda 491
Blake, Robert 439
Blane, Sue 496
Blanke, Henry 164
Blank-Eismann, Marie 290
Bleibtreu, Hedwig 220, 221
Blixen, Tania 589, 600
Bloch, Bertram 134
–, Robert 368
Bloom, Claire 426
–, John 556
Blore, Eric 100
Boasberg, Al 50
Boese, Carl 25
Bogarde, Dirk 468
Bogart, Humphrey 134, 162, 163, 164, 168, 170, 171, 185, 203, 209, 217, 245, 274, 284, 553
Bogdanovich, Peter 478
Böhm, Karlheinz 290, 291, 335
Bohnet, Volker 348
Bois, Curt 170
Boles, John 70
Böll, Heinrich 511
Bolt, Robert 394, 423
Bond, Edward 436
–, Rudy 242
–, Ward 164, 206, 282
Bondartschuk, Natalia 489
Bondi, Beulah 206
Bonfanti, Antoine 407
Bonham-Carter, Helena 593
Bonicelli, Vittorio 271
Bonin, Gerd von 347
Boorman, John 550

Borden, Eugene 234
Borderie, Bernard 404
Borelli, Lyda 11
Borgnine, Ernest 282, 283, 420
Bosse, Bob 477
Bostwick, Barry 496
Bottoms, Sam 544
–, Timothy 478
Botz, Gustav 32
Bouché, Claudine 378
Boujenah, Michel 586
Boulanger, Daniel 342
Bouquet, Carole 518
Bourne, Mel 528
Bowie, David 585
Bowles, Peter 436
Boxer, Nat 544
Boyd, Stephen 350, 352, 353, 391
Boyer, Charles 185, 432
Boyle, Edward G. 126, 356
Boyle, Peter 508
Bozmann, Ron 616
Brach, Gerard 430
Brackett, Charles 138, 194, 200, 226, 356
Bradbury, Ray 433
Brady, Scott 282
Bramley, Bill 372
Branagh, Kenneth 613, 628
Brandauer, Klaus Maria 549
Brando, Marlon 97, 240, 241, 242, 243, 263, 470, 472, 473, 544, 545
Brasseur, Pierre 182
Braun, Ewa 632
–, Harald 348
Breil, Joseph Carl 16
Brenan, James und Jack 38
Brent, George 134, 135
Bressart, Felix 138, 139, 174
Brest, Martin 580
Bretagne, Joseph de 266
Bretherton, David 476
Breuer, Siegfried 220
Brewer Jr., George Emerson 134
Brickmann, Marshal 528
Bridges, James 524
–, Jeff 612
–, Lloyd 254
Briley, John 556
Brocco, Peter 502
Broccoli, Albert R. 397, 410, 412
Brockman, David 70
Broderick, Helen 100
Bronson, Charles 454, 457
Brooks, Albert 508
–, Dean R. 502
–, James L. 574
–, Richard 318, 320, 439

Personenregister

Brophy, Edward 90
Broström, Gunnel 312
Brown, Clarence 103
–, Eleanora 362
–, Joe E. 354, 356
–, Karl 16
–, Nacio Herb 257, 258
Browning, Ricou 275
Bruckman, Clyde 50
Brynner, Yul 308
Buchholz, Horst 307, 381
Bühl, Heinrich Graf 348
Bujold, Geneviève 416
Buñuel, Luis 47, 55, 480, 481, 518
Burgess, Anthony 550
Burke, James 164
Burks, Robert 188, 278
Burnett, Murray 168, 170
Burns, Mark 468
–, Ralph 476
Burr, Raymond 278
Burroughs, Edgar Rice 583
Burstyn, Ellen 491
Burton, Richard 260, 391, 426
–, Tum 605
Burtt, Ben 516
Butler, Billy 502
–, F. R. 28
–, Lawrence 174
Byrd, George 522, 523
Byrne, Anne 528

Caan, James 472, 473, 621
Cabot, Bruce 82, 83
Cacoyannis, Michael 414, 416
Cady, Frank 278
Cage, Nicolas 603
Cagney, James 115, 117, 286, 381
Cain, James M. 194, 468, 548
Caine, Michael 505, 588
Calligan, Zach 575
Calvet, Pierre-Louis 300
Cambern, Donn 462
Cameron, James 539, 609, 619
Campbell, Nell 496
Campion, Jane 629
Cantinflas 305
Capel, Fred 378
Capote, Truman 439
Capra, Frank 92, 94, 95, 122, 184, 188, 204, 206
Capshaw, Kate 574
Cardinale, Claudia 391, 400, 401, 456, 457
Carfagno, Edward 238, 351
Carlini, Paolo 266
Carminati, Tullio 266
Carné, Marcel 128, 129, 130, 131, 180, 182

Carol, Martine 285
Caron, Leslie 232, 234, 235
Carpenter, John 553
Carradine, John 142, 282, 283
Carrière, Jean Claude 481, 530, 532
Carroll, Gordon 540
–, Lewis 247
–, Madeleine 97
Carruth, Milton 360
Carson, Jack 188, 189, 320
Carter, Fred 430
Cartwright, Veronica 540, 541
Caruso, Fred 598
Casarès, Maria 182
Cascio, Salvatore 612
Cassel, Jean-Pierre 482, 483
Castellano, Richard 472
Castelot, Jacques 182
Catozzo, Leo 270, 400
Caven, Ingrid 522
Cavender, Glen 50
Cazale, John 472
Cervi, Gino 251
Chabrol, Claude 342, 408, 571
Chakiris, George 372, 373
Champagne, Clarence 368
Champion, Jean 486
Chan, Jackie 547
Chandler, Raymond 193, 194, 203
Chaney jr., Lon 254
Chaplin, Charles 13, 17, 25, 73, 106, 107, 108, 109, 152, 154, 155, 420, 557
–, Geraldine 412, 422, 423, 425
Chapman, Michael 508
Charisse, Cyd 258, 259
Charleson, Ian 556
Charrière, Henri 490
Chase, Charlie 112
Cheeseman, Ted 82
Cher 603
Chew, Richard 502, 516
Chiari, Giulio 212
Christian, Roger 516
Christie, Julie 422, 423, 425, 433, 491, 498
Churchill, Berton 142
Cicognini, Alessandro 212
Cimino, Michael 524
Clair, René 130, 182
Claire, Ina 138, 139
Clark, Carroll 82, 100
–, Les 150
Clarke, Arthur C. 452
–, Frank 436
–, Mae 70, 71
Clayton, Jack 493
Cleef, Lee van 254, 553

Cleese, John 534, 601
Clemento, Steve 82
Clifford, Graeme 496
Clift, Montgomery 217, 249, 254, 261, 383
Clive, Colin 70, 71
Close, Glenn 603, 607, 623, 629
Clouzot, Henri-Georges 250
–, Vera 250
Clymer, Warren 472
Coates, Anne V. 394
Cocker, Joe 620
Codee, Ann 234
Cohn, Harry 94
Colbert, Claudette 92, 94, 95, 138, 174, 188, 206
Colli, Tonino Delli 456
Collin, François 407
Collins, Ray 146
Colman, Dabney 564
Colvig, Helen 368
Comden, Betty 257, 258
Comer, Sam 226, 278
Comingore, Dorothy 146, 147
Compton, Juliette 66
Conklin, Chester 38, 108
Connery, Sean 397, 412, 413, 499, 505, 546, 590, 593, 607, 621
Connors, Chuck 324
Conolly, Walter 94
Constantine, Eddie 426
Conte, Richard 472
Coogan, Jackie 25
Cook jr., Elisha 164
Cooper, Ben 283
–, C. Merian 80, 82
–, Gary 66, 67, 138, 140, 174, 185, 252, 254, 255
–, Miriam 16
Cope, John 278
Coppola, Carmine 544
–, Francis Ford 470, 472, 516, 542, 543, 544, 627
Corey, Isabell 300
–, Wendell 278
Corman, Roger 544, 616
Corri, Adrienne 465
Cort, Bud 478
Cortazar, Julio 436
Cortese, Valentina 486
Cosgrove, Jack 126
Cosso, Pierre 547
Costner, Kevin 594, 618, 622
Cotten, Joseph 146, 147, 220, 221
Courant, Curt 130
Courtenay, Tom 423, 425
Coutard, Raoul 342, 378, 407

Cowan, Jerome 164
Coward, Noel 394, 556
Cox, John 220
Crabbe, Byron L. 82
Craig, Stuart 556
Cravat, Nick 251
Crawford, Joan 122, 282, 283
Creber, William 441
Creelman, James 82
Cronenberg, David 587
Crosby, Bing 273, 309, 362
–, Floyd 254
Cross, Ben 546
Cruise, Tom 591, 604, 609
Crystal, Billy 608
Cukor, George 91, 105, 122, 127, 185, 362, 402
Culkin, Macaulay 620
Cully, Russell A. 206
Currie, Finlay 238, 353
Curry, Tim 496
Curtis, Jack 38
–, Jamie Lee 572, 601
–, Tony 356, 357
Curtiz, Michael 168, 169, 170, 273
Cushing, Peter 516

D'Abo, Maryam 593
Dagover, Lil 23
Dali, Salvador 55, 197, 482
Dalton, Phyllis 394, 423
–, Timothy 593
Damalas, Mikes 416
Dani 486, 487
Daniell, Henry 105, 154
Daniels, Anthony 516
–, William 103, 138, 320
–, Williams H. 38
Dano, Royal 282, 283
Dante, Joe 575
Dantine, Helmut 170
Darcy, Georgine 278
Dassin, Jules 339
Dauman, Anatole 532
Davenport, Harry 126
Davidtz, Embeth 632
Davis, Bette 124, 132, 134, 135, 230, 553
–, Geena 587, 624
–, George 234
–, jr. Sammy 547
Davoger, Lil 22
Day Lewis, Daniel 586, 601, 609, 634
–, Doris 309, 345, 432
–, Richard 242
Dean, James, 242, 287, 293, 294, 295, 297, 307

Decugis, Cécile 342
Dedet, Yann 486
Dee, Frances 179
–, Sandra 360, 361
Degischer, Vilma 290
Dehn, Paul 412
Del, Roy 162
Delerue, Georges 378, 486
Delgado, Marcel 82
Delon, Alain 391, 439, 468
DeMille, Cecil B. 35, 226, 299, 303
Demme, Jonathan 614, 616, 634
Demongeot, Mylène 314
Deneuve, Catherine 378, 405, 486, 549, 623
De Niro, Robert 505, 506, 508, 509, 518, 524, 534, 578
Dennis, Nick 242
Depardieu, Gérard 524, 619, 567, 620
Dern, Laura 598, 599, 618, 635
De Sica, Vittorio 210, 212, 231, 362, 404, 456
Desny, Ivan 522, 523
Deutsch, Adolph 164, 356
–, Ernst 220
Devenish, Myrthe 579
Devine, Andy 142
–, Sophie 430
De Vito, Danny 502, 581, 608
Dhéry, Robert 182
Dicken, Roger 540
Dickens, Charles 215, 394, 424
Dickerson, George 598
Dickinson, Angie 333
Diessl, Gustav 117
Dieterle, William 123, 162
Dietl, Helmut 625
Dietrich, Marlene 58, 59, 60, 61, 64, 65, 66, 67, 138, 174, 314, 383
Dighton, John 266
Dilley, Leslie 516
Disney, Walt 148
Dods, Gillian 496
Donatello, David, di 560
Donati, Sergio 456
Donen, Stanley 256, 257, 433
Donner, Jörn 313
Doran, Ann 294
Doren, Philip van 206
Dorme, Norman 556
Dörrie, Dorris 586
Doude, Van 342
Douglas, Kirk 245, 315, 337, 384
–, Melvyn 138, 139
–, Michael, 501, 502, 581, 608, 622, 635

Dourif, Brad 502
Dowling, Doris 200, 201
Downes, Terry 430
Dreier, Hans 66, 194, 200, 226
Driest, Burkhard 573
Drumheller, Robert 528
Dubois, Marie 378
Duell, Randall 138, 258
Dugan, Tom 174
Dukas, Paul 150
Dullea, Keir 452, 453
Dullin, Charles 300
Dumont, Margret 85
Dunaway, Faye 442, 443, 444, 445, 458, 513
Dunham, Duwayne 598
Dunn, Emma 154
Dunne, Griffin 591
–, Irene 115
Dunning, John 352
–, Charles 564, 565
Duryea, Dan 420
Duvall, Robert 472, 544
–, Shelley 537
Dyke, W. S. van 88, 90
Dykstra, John 516

Eastwood, Clint 405, 456, 478, 627, 634
Eaton, Shirley 410, 412, 413
Ebb, Fred 476, 518
Eckelkamp, Hans 522
Eco, Umberto 592
Edens, Roger 258
Edeson, Arthur 70, 164, 170
Edison, Thomas Alva 7
Edouart, Farciot 226
Edwall, Allan 560
Edwards, Blake 572
Eichenberg, Richard 117
Eichinger, Bernd 629
Eillison, James 179
Eisenstein, Sergej 40, 42, 43
Ekberg, Anita 339
Elam, Jack 456
Elmes, Frederick 598
Emmanuel, Takis 416
Emmerson, Emmet 254
Enger, Richard L. van 282
Epstein, Jean 482
Epstein, Julius G. 170, 186
–, Philip G. 170, 186
Erdmann, Hans 32
Erhardt, Heinz 332
Ermelii, Claudio 266
Esser, Paul 245
Evans, Evans 444
Evelyn, Judith 278, 279

Personenregister

Everson, William K. 83
Eyck, Peter van 250
Eyer, Richard 284

Fairbanks, Douglas 13, 16, 103, 108, 154
–, Jr., Douglas 63, 126
Faivre, Paul 300
Falk, Peter 594
–, Rossella 400
Falkenberg, Paul 76
Faragoh, Francis Edward 70
Farley, Jim 50
Farnham, Joseph 38
Farrell, Nick 546
Farrow, Mia 439, 493, 588
Fassbinder, Rainer Werner 358, 490, 520, 522, 532, 573
Faure, John 324
Favre, Michel 342
Fawcett, Farrah 547
Fax, Jesslyn 278
Faylen, Frank 200, 206, 207
Fazan, Adrienne 234, 258
Feguson, Perry 120
Feher, Friedrich 22, 23
Fehlhaber, Horst 347
Feld, Fritz 120
Feldman, Charles K. 242
Fellini, Federico 269, 270, 339, 398, 399, 400, 401
Felmy, Hansjörg 329, 363
Fengler, Michael 522
Fenton, George 556
Ferguson, Norman 150
Fernandel 251
Fernandez, Wilhelminia Wiggins 548
Ferreol, Andrea 532
Ferrer, José 274, 394
Ferreri, Marco 524
Ferrero, Anna Maria 308
Ferzetti, Gabriele 456
Feuer, Cy 476
Feyder, Jacques 130, 182
Fields, Stanley 112
Fiennes, Ralph 632, 633
Finch, John 479
–, Peter 391, 420
Fincher, David 539
Finlayson, James 111, 112
Finnerty, Warren 462
Finney, Albert 499
Fischer, Gunnar 312
–, O. W. 387
Fishburne, Larry 544
Fisher, Carrie 516, 517
Fitzgerald, Barry 120
–, F. Scott 493

–, Geraldine 134
Flaherty, Robert 32
Flaiano, Ennio 269, 400
Flapp, Daniel L. 372
Fleischmann, Peter 448
Fleming Ian 397, 412
–, Victor 124, 126, 127, 159
–, Charlotte 476
Fletcher, Louise 500, 502, 503
Florey, Robert 70
Flowers, A. D. 472
Fluegel, Darlanne 578
Flynn, Errol 103, 115
Foch, Nina 234, 235
Fonda, Henry 286, 317, 454, 456, 551
–, Jane 300, 342, 408, 427, 432, 441, 524, 562
–, Peter 460, 462, 463
Fontaine, Joan 134, 157, 161
Forbes, Bryan 556
Ford, Garrett 70
–, Glenn 197
–, Harrison 516, 517, 544, 574, 588, 606
–, John 140, 142, 286, 305, 385
Foreman, Carl 253, 254
Forman, Milos 500, 502, 583, 607
Forrest, Frederic 544
Forster, E. M. 424, 593, 626
Fossard, Marc 182
Fosse, Bob 474, 476
Foster, Jodie 508, 509, 604, 616, 617
Foulk, Robert 164
Foundas, George 416
Fowlie, Eddie 423
Fox, Edward 556
–, Michael J. 581
Fraker, William 502
Frances, Leopoldo 300
Frankenheimer, John 385
Frankeur, Paul 482
Franz, Uta 290
Fraser, Ronald 420
Frears, Stephen 607
Frederick, John 456
Freeborn, Stuart 516
Freed, Arthur 234, 258
Freeman, Morgan 608
Freund, Karl 45, 46
Friedkin, William 479
Friese-Greene, William 7
Fritsch, Willy 63
Fröbe, Gert 329, 363, 411, 412, 413
Fröhlich, Gustav 46, 47
–, Pea 522
Fröling, Ewa 560, 561

Frye, Dwight 70
Fugard, Athol 556
Fuji, Tatsuya 512
Fujimoto, Tak 616
Fulton, John P. 70, 278
Furthmann, Jules 66
Fyregard, Annmargret 560

Gabin, Jean 122, 128, 130, 131, 182
Gable, Clark 93, 94, 95, 97, 103, 126, 127, 188, 206, 375
Gades, Antonio 577
Gaines, Richard 194
Galeen, Henrik 32
Galvin, Tim 616
Gambon, Michel 613
Gance, Abel 53
Gangelin, Victor 372
Ganz, Bruno 525
Garbo, Greta 63, 79, 103, 105, 134, 136, 138, 139
Garcia, Allan 108
Gardiner, Reginald 154
Gardner, Ava 250, 338, 553
Garland, Judy 123, 215, 234, 383
Garmes, Lee 65, 66, 126
Garner, James 572
Garnett, Tay 103
Garr, Teri 564, 565
Garretson, Oliver S. 164
Gates, Larry 320
Gausman, Russell A. 360
Gavin, John 360, 361, 368, 369
Gaynes, George 562
Gebel, Malgoscha 632
Gelbart, Larry 564
Genet, Jean 573
George, Frank 412
–, Gladys 164
–, Götz 625
–, Heinrich 46, 47
Gere, Richard 571, 611
Germonprez, Louis 38
Gerron, Kurt 60, 61
Gershwin, George 234, 528
–, Ira 234
Gerstad, Harry 254
Gherardi, Piero 400
Gibbons, Cedric 90, 138, 234, 238, 258
Gibson, E. B. 82
–, Henry 510
–, Mel 97, 525
Gielgud, John 556
Giger, H. R. 538, 540
Gilbert, Billy 154
Giler, David 540

Gilks, Alfred 234
Gillespie, Arnold 238, 351
Gilliam, Terry 579
Giraud, Roland 586
Giron, Jacques 300
Gish, Lillian 14, 16, 53
Glas, Uschi 446
Glasgow, William 420
Glaubrecht, Frank 348, 349
Gleason, James 188
–, Keogh 234
Glenn, Leo 238
–, Pierre-William 486
–, Scott 544, 616
Glennon, Bert 142
Glory, Marie 300
Gnass, Friedrich 76, 77
Godard, Jean-Luc 280, 340, 341, 406, 407, 408, 426
Goddard, Paulette 108, 109, 154, 155
Goebbels, Joseph 57
Goetzman, Gary 616
Goldberg, Whoopi 592, 621
Goldblum, Jeff 587
Goldman, Bo 502
Goldner, Orville 82
Goldsmith, Jerry 540
Goldstein, Robert 16
Goldstone, John 496
Golitzen, Alexander 360
Gombell, Minna 90
–, Caroline 632
Goodrich, Frances 90, 206
Gooson, Stephen 94
Gordon, Ruth 478
Gornorow, Michail 42
Gorton, Assheton 436
Gottell, Oscar 38
–, Otto 38
Gottowt, John 32
Goulding, Edmund 79, 132, 134
Gowland, Gibson 38, 39
Grace, Henry 320
Graf, Oscar Maria 522
–, Robert 329
Graham, Angelo 544
Grahame, Gloria 206, 282, 294
Grammatica, Emma 231
Granach, Alexander 32, 138, 139
Granger, Bertram 194, 200
–, Farley 217
Grant, Cary 87, 115, 118, 120, 121, 157, 161, 184, 185, 188, 189, 203, 212, 223, 331, 333, 553
–, Joe 150
Grass, Günter 532
Grau, Albin 32

Gray, Bill 356
Grazy, Charles 496
Green, Adolph 257, 258
Greenaway, Peter 613
Greene, Graham 218, 220
Greenstreet, Sydney 164, 170
Greer, Howard 120
Gregor, Manfred 347
Grenier, Philippe 300
Grey, Jennifer 600
–, Joel 476, 477
Griem, Helmut 476, 477, 511
Griffin, Eleanore 360
Griffith, D. W. 13, 14, 16, 17, 19, 90, 108, 126, 154
–, Hugh 352
Grosz, George 474
Gruault, Jean 378
Grunberg, Louis 142
Gründgens, Gustav 76, 77, 348
Grusin, Dave 551, 564
Guerra, Tonino 436
Guerzoni, Fausto 212
Guetary, Georges 232, 234, 235
Guffey, Burnett 444
Guffroy, Pierre 481
Guillemot, Agnès 407
Guinness, Alec 215, 222, 286, 315, 394, 423, 424, 516
Gulp, Eisi 578
Gustaffson, Gittan 312
Guve, Bertil 558, 560, 561

Haas, Robert 134, 164
Hackett, Albert 90, 206
Hackman, Gene 444, 445, 479, 627
Hafenrichter, Oswald 220
Haffenden, Elizabeth 351
Hafley, Lucien 420
Hagemann, Richard 142
Hagen, Jean 258
Haines, Bert 50
Hajos, Karl 66
Hakl, Fritz 532
Halas, John 285
Hale, Alan 94
Hall, Albert 544
–, Charles D. 70, 108
–, Porter 90, 194
Haller, Ernest 126, 134, 294
Halmer, Günther Maria 556
Halpin, Darlene 462
Hameister, Willy 22
Hamill, Mark 516, 537
Hamilton, Donald 324
–, Guy 410, 412
–, John 164
–, William 100

Hammett, Dashiell 90, 162, 164
Hancock, Herbie 436
Handley, Jim 150
Hanks, Tom 634
Harareet, Haya 352, 353
Harbou, Horst von 76
–, Thea von 46, 76
Hardy, Oliver 110, 112, 113
–, Sam 82
Harling, W. Franke 142
Harlow, Jean 103
Harris, Ed 609
–, Julie 287
–, Mildred 25
–, Richard 459
–, Robert A. 393
–, Thomas 614, 616
Harrison, Doane 194, 200, 226
–, Linda 441
–, Rex 391, 402
Harron, Robert 16
Harryhausen, Ray 397
Haskin, Byron 188
Hasler, Emil 60, 76
Hathaway, David 556
Hatley, Marvin 112
Hattangady, Rohini 556
Hauben, Lawrence 502
Haudepin, Sabine 378
Hauer, Rutger 569
Haupt, Ullrich 66
Havers, Nigel 546
Havilland, Olivia De 124, 126, 127
Havlick, Gene 94
Hawkesworth, John 220
Hawkins, Jack 352, 394
Hawks, Howard 79, 118, 120, 121, 203, 217, 223, 333
Hawn, Goldie 547
Haworth, Ted 356
Hawthorne, Nathaniel 53
Haycox, Ernest 142
Hayden, Sterling 282, 283, 472
Hayes, Frank 38
–, John Michael 278
Hayle, Grace 154
Hayne, Ben 254
Hayward, Chuck 324
Hayworth, Rita 146, 197
Head, Edith 194, 200, 226, 266, 278
Heald, Anthony 616
Hearst, William Randolph 145
Heather, Jean 194
Hedren, Tippi 389
Hee, T. 150
Heflin, Van 260
Heller, Lukas 419

Personenregister

Hellman, Lilian 387
Helm, Brigitte 44, 46, 47
Hemingway, Ernest 185, 250, 327
–, Mariel 528, 529
Hemmings, David 436, 437
Henreid, Paul 168, 170, 171
Henry, Justin 534
–, William 90
Hepburn, Audrey 264, 266, 267, 308, 375, 387, 402
Hepburn, Katharine 118, 120, 121, 157, 177, 245, 309, 416, 446, 551
Herman, Al 82
–, Lila 342
Heron, Julia 174, 360
Herrand, Marcel 182
Herrmann, Bernard 146, 368, 508
Hershey, Barbara 635
Hersholt, Jean 38, 39
Herzog, Werner 532, 550
Hessen, Richard van 206
Heston, Charlton 303, 321, 324, 350, 352, 353, 441
Heyman, Werner R. 138
Higgins, Jack 528
Highsmith, Patricia 513
Hildyard, David 476
Hill, George Roy 493
–, Terence 465
–, Walter 540
Hillias, Peg 242
Hinwood, Peter 496
Hinz, Michael 348, 349
Hirsch, Paul 516
Hitchcock, Alfred 157, 161, 191, 193, 197, 203, 217, 273, 276, 278, 327, 333, 366, 367, 368, 389, 486, 614
–, Patricia 368
Hively, George 120
Hobe, Erwin 126
Hoesli, John 452
Hoffman, Dustin 447, 448, 458, 490, 534, 562, 564, 565, 604
Hoffmann, Günther 348, 349
–, Kurt 329
Hogan, Paul 590
Hoi, Vuong Hoa 628
Holden, William 225, 226, 227, 286, 315, 513
Hollaender, Friedrich 60
Holm, Ian 540, 541
Holmes, William 134
Holt, Tim 142
Hooper, Tobe 263, 568
Hope Crews, Laura 126
Hopkins, Anthony 97, 123, 614, 616, 617, 626, 627, 629

–, George James 242
–, Samuel 94
Hopper, Dennis 294, 460, 462, 463, 513, 544, 545, 598, 599
–, Hedda 226
–, William 294
Hörbiger, Paul 220
Hornbeck, William 206
Horne, James W. 110, 112
Horning, William, A. 238, 320
Horton, Edward Everett 100, 188, 189
Hossein, Robert 404
Hotaling, Frank 324
Houghton, Katherine 446
Houseman, John 282, 294
Howard, Joanne 616
–, Leslie 126, 127
–, Ron 516
–, Sidney 126
–, Thomas 238
–, Tom 452
–, Trevor 97, 220, 556
Hoyt, Arthur 94
Huber, Harold 90
Hubert, Roger 182
Hudson, Hugh 583
–, Rochelle 294
–, Rock 229, 284, 345, 381, 412, 432
Huemer, Dick 150
Huët, Jacques 342
Hugo, Victor 123
Hulce, Tom 583
Hull, Edith Maude 28
–, Frank 38
–, Josephine 188, 189
Hung, Tran Anh 628
Hunt, Hugh 238
–, Peter 412
Hunte, Otto 46, 60
Hunter, Holly 629
–, Ian McLellan 266
–, Kim 242, 243
–, Ross 360
Huppertz, Gottfried 46
Hurst, Fannie 360
Hurt, John 540, 546
–, William 589
Huston, John 162, 164, 209, 217, 229, 245, 307, 375, 505
–, Walter 164
Hutchinson, Harry 436
Hyam, Peter 546

Ihnen, Wiard B. 142
Ingemarson, Sylvia 560
Ingraham, Lloyd 108
Irons, Jeremy 592, 629

Irving, George 120
Isherwood, Christopher 476
Ivanir, Mark 632
Ives, Burl 319, 320, 321, 324, 414
Ivory, James 593, 626, 629

Jachino, Carlo 212
Jackson, Charles R. 200
–, Mahalia 359, 360
–, Wilfried 150
Jacobson, Egon 76
Jaconelli, Georges 532
Jaffe, Sam 352
Jaffrey, Saeed 556
Jahan, Marine 572
James, Charles E. 544
–, Geraldine 556
Jameson, Thomas 94
Jana, La 117
Jang, Adolf 76
Jannings, Emil 58, 59, 60, 61
Janowitz, Hans 22
Jansen, Adolf 76
–, Peter W., 453
Jarmusch, Jim 594
Jarre, Maurice 394, 423, 532
Jasny, Vojtech 511
Jaubert, Maurice 128, 130
Jennings, Gordon 200, 226
–, J. Devereux 50
Jevne, Jack 112
Joffe, Charles, H. 528
Joffé, Roland 579, 592
Johar, I. S. 394
John, Gottfried 522
Johnson, Joseph McMillan 278
–, Katie 286
–, Noble 82
–, Van 274
Johnston jr., Oliver M. 150
Johnstone, Anna Hill 472
Jolson, Al 53
Jones, Barry 308
–, Christopher 459
–, Jennifer 286
–, Mary 234
Jordan, Bert 112
Josephson, Erland 560
Juhnke, Harald 625
Julia, Raul 589
Jüptner-Jornstorff, Fritz 290
Jurado, Katy 254, 255
Jürgens, Curd 300, 301, 363
Justina 560

Kahn, Michael 632
–, Sheldon 502
Kallock, Robert 94
Kaminski, Janusz 632

Kander, John 476, 518
Karas, Anton 219, 220
Karina, Anna 342, 408, 426
Karkus, Steve 462
Karloff, Boris 68, 70, 71
Karlsson, Lars 560
Karlweis, Oskar 63
Karns, Roscoe 94
Kasimatis, Demetris 416
Katterjohn, Monte M. 28
Kaufman, Philip 601
Kaufmann, Christine 274
Kay, Jerry 462
Kaye, Danny 273, 284
Kazan, Elia 240, 241, 242, 243, 282, 294
Kazantzakis, Nikos 416
Keaton, Buster 48, 49, 50, 51, 226
–, Diane 472, 473, 528, 529
–, Michael 605
Kedrova, Lila 416, 417
Keitel, Harvey 508, 509
Kelly, Gene 215, 232, 233, 234, 235, 256, 257, 258, 259, 332 362
–, Grace 254, 255, 273, 276, 278, 279, 309
–, Sherman 50
Kemp, Paul 76
Keneally, Thomas 630, 632
Kennedy, Arthur 394
–, George 420
–, John F. 622, 634
Kern, Hal C. 126
–, Robert J. 90
Kerr, Deborah 238, 239, 261, 308, 314
Kershner, Irvin 537
Kesey, Ken 500, 502
Kesselring, Josef 184, 188
Kessler, Wulff 567
Kettelhut, Erich 46
Khatchaturian, Aram 452
Kiebach, Jürgen 476
Kimball, Ward 150
King, Cammie 126
–, Henry 229, 250
–, Stephen 621
Kingsley, Ben 555, 556, 557, 632, 633
Kinski, Klaus 424, 525, 550
Klein-Rogge, Rudolph 46, 47
Klinger, Paul 274
Klingman, Lynze 502
Klove, Steve 612
Knef, Hildegard 231
Knopfler, Mark 570
Knudtson, Robert 476
Knuth, Gustav 290

Koch, Howard 170
–, Norma 420
Kohner, Susan 359, 360, 361
Kolster, Clarence 70
Komeda, Christopher 430
Konchalovsky, Andrej 591
Korda, Alexander 218, 220
–, Vincent 174, 220
Koslowski, Linda 590
Kosma, Joseph 182
Kotto, Yaphet 540, 541
Kovacs, Lazlo 462
Kramer, Stanley 252, 254, 332, 338, 383, 446
Krampf, Gunther 32
Krasker, Robert 220
Krauss, Werner 20, 22, 23
Kriener, Ulrike 586
Kroetz, Franz Xaver 522
Krüger, Hardy 418, 422, 423
–, Otto 254
Kubrick, Stanley 337, 402, 450, 452, 465, 505, 537
Kulle, Jarl 560
Kundera, Milan 601
Kuri, Emile 206
Kurosawa, Akira 261, 516, 590
Kurtz, Gary 516
Kyriakou, Anna 416

Laclos, Choderlos, de 607
Ladd, Alan 260
Laemmle, Carl 266, 324, 352
Laffan, Patricia 238, 239
Laing, Bob 556
Lambert, Christopher 583, 590
Lamprecht, Günter 522
Lancaster, Burt 251, 261, 383, 385, 414
Lanchester, Elsa 314
Landgut, Inge 76
Landis, John 551
Landshoff, Ruth 32
Lane, Priscilla 188, 189
Lanfranchi, Damien 486
Lang, Charles 356
–, Fritz 22, 44, 45, 46, 73, 76
Lange, Hope 598
–, Jessica 548, 564, 565
Lansbury, Angela 284, 412
Larrinaga, Mario 82
Larsen, Kaj 560
–, Eric 150
Lassally, Walter 416
Lattuada, Alberto 270, 400
Lau, Fred 356
Laub, Marc 472
Laughton, Charles 97, 123, 191, 287, 314

Laurel, Stan 110, 113
Lauren, Ralph 528
Laurent, Jacqueline 130, 131
Laurentiis, Dino de 270, 598
Laurents, Arthur 372
Law, John Phillip 441
Lawrence, Gail 524
–, Rosina 112
–, T. E. 394
Lawson, Denis 570
Lazenby, George 490
Le Prince, Louis Aimé Augustin 7
Lean, David 215, 315, 392, 393, 394, 422, 423, 424, 459, 583
Leander, Zarah 115
Léaud, Jean-Pierre 486, 487
LeBeau, Madeleine 170
LeBlanc, Lee 320
Lechtenbrink, Volker 348, 349
Lee, Bernard 412
–, Danny 444
–, Harper 389
Leenhard, Roger 407
Lefèbre, Jean 300
Lehman, Ernest 372
Lehndorff, Veruschka, von 436, 437
Leigh, Janet 368, 369
–, Jennifer Jason 635
–, Vivien 124, 126, 127, 240, 241, 242, 243
Leipold, John 142
Lelouch, Claude 432
Lemmon, Jack 334, 354, 355, 356, 357, 447, 553
Leone, Sergio 454, 456, 578
Lerner, Alan Jay 234
LeRoy, Mervyn 63, 236, 238, 239, 456
Leroy, Philippe 407, 409
Lettieri, Al 472
Lettinger, Rudolf 22, 23
Levant, Oscar 234, 235
–, René 407
Levien, Sonya 238
Levin, Ira 439
Levine, Ted 616
Levinson, Barry 604
Lévy, Raoul J. 300
Levy, Shmulik 632
–, David 134
–, Fiona 430
–, Paul 462
–, Ralph 16
Lewison, Norman 432, 603
Lianella, Carell 212
Liebmann, Robert 60
Ligeti, György 452
Linden, Edward 82

Personenregister

–, Cec 412
–, Max 11, 12
Lindgren, Harry 278
Lingen, Theo 76
Lingheim, Susanne 560
Little, Thomas 82, 100
Littlefield, Lucien 28
Llewelyn, Desmond 412
Lloyd, Art 112
–, Christopher 502, 581
–, Harold 35
Lockwood, Gary 452
Loder, Erwin 551
Lodge, Bernard 540
Lombard, Carole 161, 172, 174, 175
Lombardi, Joe 472
Long, Walter 16, 28, 308
Loos, Theodor 46, 76
Loren, Sophia 212, 236, 331, 362, 404, 433
Lorenz, Juliane 522
Lorre, Peter 76, 77, 164, 170, 171, 188, 189, 194, 200, 226, 356
Losey, Joseph 420
Lothar, Hans 381
Louis, Jean 360
Lovejoy, Ray 452
Löwitsch, Klaus 520, 522
Loy, Myrna 88, 90, 91
Lubitsch, Ernst 19, 136, 138, 139, 172, 175, 194, 200, 226, 356
Lucas, George 13, 450, 514, 515, 516
–, Marcia 508, 516
Luciano, Michael 420
Ludwig, Karen 528
Lugosi, Bela 33, 138
Lulli, Folco 250
Lumet, Sidney 317, 510, 513
Lumière, Auguste und Louis-Jean 8
Lundgren, Bengt 560
Lundin, Walter 112
Lunghi, Chérie 550
Lusk, Don 150
Luske, Hamilton 150
Lussmann, Holger 347
Lustig, Branko 632
Luther, Igor 532
Lydecker, Howard 420
Lynch, David 546, 596, 597, 598, 618
Lyne, Adrian 572, 585, 603
–, Sharon 112

Mabry, Moss 294
MacCarey, Leo 115
Macchio, Ralph 574
MacCracken, Joan 476
MacDaniel, Hattie 126
MacDonald, Ian 254
MacDowell, Andie 611, 619
MacGraw, Ali 458
Mack, Marion 50, 51
Mackendrick, Alexander 286
MacLachlan, Kyle 598, 599
MacLaine, Shirley 334, 387, 391, 574, 622
MacLane, Barton 164
MacManus, Daniel 150
MacMurray, Fred 194, 195
Macola, Beatrice 632
Macready, George 197
Madonna 578
Maggiorani, Lamberto 212
Magnani, Anna 197, 212
Mahin, John Lee 238
Maiden, Rita 407
Majewski, Martin Hans 348
Malden, Karl 242, 243
Malkovich, John 607, 634
Malle, Louis 532, 535
Mallett, Tania 412, 413
Malm, Mona 560
Malmsjö, Jan 560, 561
Mamoulian, Rouben 191, 391
Mandell, Daniel 188
Mangano, Silvana 222, 468
Mankiewicz, Herman J. 146
–, Joseph L. 391
Mann, Anthony 337
–, Hank 108
–, Heinrich 60, 245
–, Klaus 549
–, Thomas 466, 468
Mansard, Claude 342
Mansfeld, Michael 347
Mapes, Jacques 258
Marceau, Sophie 547
March, Fredric 284, 332
Margaritis, Gilles 182
Marinari, Margherita 270
Marischka, Ernst 288, 290
Marken, Jeanne 182, 300
Markham, David 486, 487
Marks, Owen 170
–, Richard 544
Marley, John 472
Marquand, Christian 298, 300, 420
Marsh, Mae 16, 17, 19
Marshall, William 28
Marshman, D. M. 226
Martell, Karlheinz 115
Martelli, Otello 269
Märthesheimer, Peter 522
Martin, Chris Pin 142
–, Dean 458, 547

–, Lori 384
–, Steve 553
Martins, Holly 219
Marvin, Lee 426
Marx, Groucho 85
Masina, Giulietta 268, 270, 271, 400
Mason, James 112, 412
Massey, Raymond 188, 189
Masteroff, Joe 476
Masterson, Mary Stuart 625
Mastrantonio, Mary Elizabeth 609
Mastroianni, Marcello 212, 398, 400, 401, 404
–, Ruggero 468
Maté, Rudolph 174
Mathis, June 38
Matsuda, Eiko 512
Matthau, Walter 446, 447
Maumont, Jacques 342, 407
Maura, Carmen 602
Maurier, Daphne du 157
Maxey, Paul 234
Maxwell, Lois 412
May, Karl 403
Maybaum, Richard 412
Mayer, Carl 22
–, Edwin Justus 174
–, Louis B. 157
–, Ray 278
Mayhew, Peter 516
Mayne, Ferdy 430, 431
Mayo 182
McBride, Jim 595
McCambridge, Mercedes 282, 283
McCleary, Urie 320
McCoy, Hershel 238
McDonald, Francis 66
McGillis, Kelly 588
McGowran, Jack 430, 431
McGuire, Dorothy 462
McIntire, John 368
McIntyre, Alistair 430
McKay, Craig 616
McKenna, Siobban 424
McKinney, Myra 109
McQueen, Butterfly 126
–, Steve 490
McTiernan, John 600
McVeagh, Eve 254
Meador, Joshua 150
Meatloaf 496
Meehan, John 226
Meek, Donald 142
Meisel, Edmund 42
Melford, George 26, 28
Méliès, Georges 9, 10

Melville, Jean-Pierre 342
–, Herman 307
Mendoza, Antonio 462
Menjou, Adolphe 28, 66, 67
Mercanton, Victoria 300
Merchant, Ismail 593
Mercier, Michèle 404
Mercouri, Melina 339, 416
Méril, Macha 407, 409
Merrill, Gary 230
Meßter, Oskar 8
Metty, Russell 118, 360
Meyer, Friedrich 532
Mifune, Toshiro 261
Miles, Sarah 436, 459
–, Vera 305, 368, 369, 385
Milius, John 544
Milland, Ray 118, 198, 200, 201
Miller, David 383
–, George 525
–, Patsy Ruth 28
Mills, John 305, 556
Milo, George 368
–, Sandra 400, 401
Mineo, Sal 294, 295
Minkler, Bob 516
Minnelli, Liza 234, 476, 477, 518
–, Vincente 230, 232, 233, 234, 235
Mira, Brigitte 490
Mirren, Helen 613
Misraki, Paul 300
Mitchel, Millard 258
Mitchell, Margaret 124, 126
–, Thomas 126, 142, 206, 207, 254
Mitchum, Robert 287, 384, 426
Modot, Gaston 182
Molen, Gerald R. 632
Mollo, John 516, 556
Mondi, Bruno 290
Monroe, Marilyn 229, 230, 250, 293, 297, 317, 356, 362, 375
Montague, Walter 94, 188
Montand, Yves 250, 342, 362, 408
Montgomery, Robert 161
Montuori, Carlo und Mario 212
Moore, Fred 150
–, Juanita 359, 360, 361
–, Owen 87
–, Roger 490, 547
–, Ted 412
Moorehead, Agnes 146
–, Natalie 90
Moreau, Jeanne 376, 378, 379
Moreno, Rita 258, 372, 373
Morgan, Henry 254
–, Ira 108
Morita, Pat 574

Morley, Ruth 508
Mornay, Rebecca de 300
Moroder, Giorgio 572
Moross, Jerome 324
Morricone, Ennio 454, 456
Morse, Susan E. 528
Morsella, Fulvio 456
Moscovich, Maurice 154
Mourey, Jany 300
Moustakas, Sotiris 416
Mowbray, Malcolm 579
Moyer, Ray 226
Mudie, Leonard 100
Mueller-Stahl, Armin 629
Mulcahy, Russell 590
Müller, Renate 85
Mulligan, Herbert 508
–, Robert 389
Muni, Paul 79
Munson, Ona 126
Murch, Walter 544
Murnau, Friedrich Wilhelm 30, 31, 32
Murphy, Eddie 572, 580
–, Michael 528
Murray, Bill 580
Murter, Peter 412
Mussorgsky, Modest 150
Myers, Henry 73
Myhrman, Dan 560

Natheaux, Louis 108
Naughton, David 551
Nebenzal, Seymour 76
Needham, Hal 547
Neeson, Liam 632, 633
Negri, Pola 11, 19, 138, 174, 225
Neill, Sam 635
Nelson, George R. 544
Nemetz, Max 32
Nest, Polglase van 82, 100, 120, 146
Neumann-Viertel, Elisabeth 476
Newcom, James E. 126
Newcombe, Warren 234, 258
Newly, Anthony 215
Newman, Alfred 108
–, Bernard 100
–, Chris 616
–, David 444
–, Paul 319, 320, 321, 444, 449, 493
Newton, Robert 215
Newton-John, Olivia 525
Nichols, Dudley 118, 120, 142
–, Mike 606
Nicholson, Jack 462, 498, 500, 502, 503, 537, 548, 605

Nico, Willard 154
Nielsen, Asta 11
–, Leslie 605
Niles, Mary-Ann 476
Nilsson, Anna Q. 226
Nimoy, Leonard 537
Nitzsche, Jack 502
Niven, David 138, 174, 305, 314, 510
Noel, Bernard 407, 409
Nolte, Nick 580, 622
Nordgren, Erik 312
Norman, Jay 372
Normand, Mabel 106
Norris, Frank 36
North, Alex 242
Novak, Kim 327, 412
Nye, Carroll 126
Nykvist, Sven 560

Oakie, Jack 154
Oakland, Simon 368, 372
–, Vivien 112
O'Bannon, Dan 540
O'Brian, Richard 496, 497
–, Willis 80, 82
–, Margaret 191
–, Pat 356
Ochsenknecht, Uwe 586
O'Connell, Arthur 334
O'Connor, Donald 258, 259
Odemar, Fritz 76
O'Donnell, Cathy 352
O'Donoghue, Michael 528
O'Donovan, Edwin 502
Ogier, Bulle 483
O'Hara, Karen 616
O'Herlihy, Dan 360
Okey, Jack 206
Olbrychski, Daniel 532, 533
Oldman, Gary 627
Olemiannikow, Helene 481
Oliveri, Mariella 532
Olivier, Laurence 157, 215, 240, 317, 613
Olsen, Chris 309
Olson, Nancy 225, 226, 227
O'Neal, Ryan 458, 489
–, Tatum 489, 491
O'Neil, Barbara 126
Ophüls, Max 285
O'Rourke, Heather 568
Orry-Kelly, John 134, 164, 170, 188, 234, 356
Orwell, George 285, 579
O'Sullivan, Maureen 79, 90
O'Toole, Peter 394, 395
Ow, Anita von 329

Personenregister

Pacino, Al 471, 472, 473, 510, 611, 626
Padamsee, Alyque 556
Page, Joy 170
Palma, Carlo di 436
Palmer, Art 150
Pan, Herman 100
Papas, Irene 416, 417
Papathanassiou, Vangelis 546
Paquin, Anna 629
Parillaud, Anne 612
Parker, Alan 620
–, Mary-Louise 625
–, Max 188
Parmelee, Tony 508
Parnell, Emory 164
Parrott, James 112
Parsons, Estelle 444
Pasternak, Boris 423
–, Joe 95
Pathé Charles 9
–, Emile 9
Patrick, Lee 164
Paul, Raymond 444
Pazos, Felipe 327
Pearson, Freda 412
Peck, Gregory 197, 203, 229, 250, 265, 266, 267, 307, 321, 324, 325, 338, 362, 389, 433
Pederson, Con 452
Pendleton, Nat 90
Penn, Arthur 442, 443, 444
Peppard, George 375
Perakis, Nikos 532
Pereira, Hal 194, 266, 278
Pérèz, Marcel 182
Perez, Vincent 620
Perkins, Anthony 366, 368, 369, 499
Perschy, Maria 332
Persoff, Nehemiah 356
Persson, Bo 560
Pesci, Joe 534
Peters, Werner 245
Petersen, Wolfgang 551, 575, 634
Pfeiffer, Michelle 607, 612
Pfitzmann, Günter 348
Philips, Julia 508
–, Michael 508
Phillips, Fred 502
Photopoulos, Vassilis 416
Piccoli, Michel 482, 535
Pickard, Ulrich 482
Pickford, Mary 11, 13, 16, 25, 108, 154, 11120
Piel, Harry 103
Pierce, Jack 68, 70
Pigott, Tempe 38

Pinelli, Tullio 269, 400
Pisu, Mario 400
Pitts, Zasu 38, 39
Pivar, Maurice 70
Planer, Frank F. 266, 324
Platt, Louise 142
Plunkett, Walter 126, 142, 234, 258
Poe, James 320
Pointing, Richard 496
Poitier, Sidney 389, 432
Polanski, Roman 405, 428, 430, 431, 439, 479
Polgar, Alfred 43
Polito, Sol 188
Pollack, Sydney 491, 562, 564, 589
Pollard, Michael J. 444, 445
Pollock, George 381
Pommer, Erich 22, 58, 60
Ponti, Carlo 270, 436
Ponto, Erich 191, 220
Porcasi, Paul 82
Porten, Henny 11, 12
Porter, Cole 100, 309
Porter, Edwin S. 10
Portman, Clem 206
Poujouly, Georges 300
Povah, Phyllis 122
Powell, William 88, 90, 91
Power, Hartley 266
–, Tyrone 134
Powers, Tom 194
Preminger, Otto 191, 314
Presley, Priscilla 605
Prévert, Jacques 128, 130, 182
Priestley, Robert 320
Profes, Anton 290
Prowse, David 516
Przybyszewska, Stanislawa 567
Puri, Amrish 556
Puzo, Mario 472
Pyle, Denver 444
Python, Monty 534, 579

Quadflieg, Will 285
Quaid, Dennis 595
Quarrier, Jan 430
Quayle, Anthony 394
Quinn, Anthony 123, 268, 270, 271, 348, 394, 395, 414, 416, 417
Quinn, Patricia 496, 497

Raben, Peer 522
Rabiger, Paul 436
Rachals, Wasili 42
Raddatz, Carl 329
Rafelson, Bob 548

Raft, George 356
Rains, Claude 170, 394
Rambaldi, Carlo 540
Rambova, Natasha 26
Ramis, Harold 580
Randall, Tony 345
Rappeneau, Jean-Paul 620
Rasp, Fritz 46
Rathbone, Basil 284
Rathje, Gustav 76
Ravasco, Mario 270
Rawlings, Jerry 540
–, Margaret 266
Ray, Michel 394
–, Nicholas 280, 282, 292, 294
Reagan, Ronald 134, 135
Redfield, William 502
Redford, Robert 432, 449, 491, 493, 494, 564, 589
Redgrave, Vanessa 416, 436
Reed, Carol 218, 220, 412
–, Donna 206, 207
Reefe, Fred 82
Reicher, Frank 82
Reid, Wallace 16
Reimann, Walter 20, 22, 23
Reiner Carl 553
–, Rob 608, 621
Reinhardt, Max 32
Reinhold, Judge 580
Reinl, Harald 403
Reisch, Walter 138
Reithermann, Wolfgang 150
Reitmán, Ivan 580
Reno, Jean 602
Renoir, Jean 39, 122, 420
Resnais, Alain 338, 365
Rey, Fernando 482, 483, 518
Reynold, Kevin 621
Reynolds, Ben F. 38
–, Burt 547
–, Debbie 258, 259
–, Dr. Cecil 108
–, Norman 516
–, Walter 142
–, William 472
Rhodes, Erik 100
–, Phillip 472
Ricci, Nora 468
Rice, Milt 356
Richard, Edmond 481
–, Jean-Louis 486
Richards, Dick 564
–, Jocelyn 436
–, Thomas 164
Richardson, Ralph 424
Richter, Daniel 452
Ridges, Stanley 174
Riedel, Richard H. 360

Riefenstahl, Leni 97
Ries, Irving G. 258
Riggs, C. A. 188
Rindegard, Ulrika 560
Riskin, Robert 94
Ritt, Martin 282, 294, 426
Rittau, Günther 46, 60
Ritter, Thelma 278, 279
Riva, Emmanuelle 338
Rivette, Jacques 342, 408
Rizzoli, Angelo 400
Roach, Hal 94, 112, 186, 188, 206
Robards, Jason 456, 457
Robbins, Jerome 370, 372
–, Jessie 430
–, LeRoy 462
Roberts, Bill 150
–, Eric 591
–, Julia 611
–, Theodore 35
Robin, Leo 66
Robinson, Casey 134
Robinson, Dewey 87
–, Edward G. 63, 194, 195, 217, 238
Robson, Mark 146
–, May 120
Roché, Henri-Pierre 376
Rodgers, Agnes 502
Roeg, Nicholas 491
–, Charles 112
–, Ginger 98, 100, 101, 476
Rohmer, Eric 342, 408, 486
Röhrig, Walter 20, 22, 23
Roizman, Owen 564
Roland, Jürgen 363
Rolf, Tom 508
Roma, Eraldo da 212
Romero, Cesar 90
Rominger, Glenn 154
Rondi, Brunello 400
Rorke, Hayden 234
Rosander, Oscar 312
Rose, Helen 320
–, Ruth 82
Rosen, Charles 508
Rosenman, Leonard 294
Ross, Herbert 479
–, Katharine 447
Rosse, Herman 70
Rossellini, Isabella 598, 599
–, Roberto 197, 210, 212, 223, 270, 400
Rossiter, Leonard 452
Rosson, Harold 257
Rostand, Edmond 620
Rosza, Miklos 174
Rota, Nino 270, 400, 472

Rourke, Mickey 585
Rouve, Pierre 436
Rowlands, Gena 384
Rowley, George 150
Royce, Arthur I. 112
Royere, Marcella 270
Rozsa, Miklos 194, 200, 238, 351
Ruddy, Albert S. 472
Ruggiero, Gene 138
Ruggles, Charles 120
Rühmann, Heinz 63, 191, 305, 329
Ruman, Sig 138, 139, 174
Runkle, Theodora van 444
Russell, John L. 368
–, Kurt 553
–, Rosalind 103, 122
Russo, Gianni 472
–, René 634
Rust, Henri 182
Rutherford, Margaret 381
Ryan, Meg 608
Ryder, Winona 629
Ryle, Fred C. 50

Sabat, James 528
Sable, Dan 528
Sade 585
Sagalle, Jonathan 632
Sägebrecht, Marianne 578
Sakall, S. K. 170
Sakara, Michele 212
Sakata, Harold 411, 412, 413
Salmonova, Lydia 9
Salou, Louis 182
Saltamerenda, Gino 212
Saltzman, Harry 397, 410, 411, 412
Sampson, Will 502, 503
Sanda, Dominique 505
Sandford, Stanley J. 108
Sandrich, Mark 98, 100
Sanford, Erskine 146
Santiago, Emile 324
Santis, Pasquale de 468
Sarandon, Susan 496, 535, 624
Satterfield, Paul 150
Saul, Oscar 242
Saura, Carlos 577
Savage, Norman 423
Saxon, Edward 616
Scarfiotti, Fernandino 468
Schaffner, Franklin J. 441, 490
Scharf, Sabrina 462
Scharff, Peter 348
Schell, Maximilian 383
Schenck, Joseph M. 50
Scherer, Norbert 522

Schiffmann, Suzanne 486
Schirmann, Peter 32
Schisgal, Murray 564
Schlesinger, John 448
Schlöndorff, Volker 511, 530, 531, 532, 577
Schmidt, Arthur 226, 356
Schneeberger, Hans 60
Schneider, Magda 290
–, Maria 488
–, Romy 288, 290, 291, 468, 488
Schnell, Georg Heinrich 32
Schoedsack, Ernest B. 38, 80, 82
Schollin, Christina 560
Schrader, Paul 508, 516
Schreck, Max 32, 33
Schröder-Matray, Greta 32, 33
Schüfftan, Eugen 46
Schumacher, Joel 635
Schünzel, Reinhold 85
Schwadorf, Willy 348
Schwarzenegger, Arnold 574, 619
Schwerin, Hermann 348
Schygulla, Hanna 511, 520, 521, 522, 523
Scorsese, Martin 506, 508, 518, 591
Scott, Allan 100, 360
–, Brady 283
–, Martha 352
–, Ridley 538, 540
–, Tony 591
Seastrom, Victor 53
Seberg, Jean 314, 341, 342, 343
Seghers, Anna 254
Seidel, Lea 308
Seidelman, Susan 578
Seigner, Emmanuelle 430
Seirton, Michael 556
Seitz, Frank 532
–, John F. 194, 200, 226
Sellers, Peter 286, 402, 403
Selznick, David O. 82, 124, 126, 157, 212
Serrault, Michel 571
Serre, Henri 377, 378, 379
Serreau, Coline 586
Severin, Jochen 348
Seymour, Jane 490
Seyrig, Delphine 365, 482, 483
Shankar, Ravi 556
Shannon, Harry 147, 254
Shapiro, Melvin 508
Sharaff, Irene 234, 372
Sharif, Omar 394, 395, 422, 425, 427
Sharman, Jim 494, 496
Sharpsteen, Ben 150
Shatner, William 537

Personenregister

Shaw, Robert 493
Shawlee, Joan 356
Shearer, Douglas 90
Sheen, Charlie 595
–, Martin 544, 545, 556
Shelley, Mary 70
Shepherd, Cybill 508
Shepphird, Carroll 82
Sheridan, Ann 223
–, Jim 609, 634
Sherwood, Madeleine 320, 321
Shingleton, Wilfred 430
Shire, Talia 472, 512
Shuken, Leo 142
Siegel, Don 478
Siegman, George 16
Sienkiewicz, Henryk 236, 238
Signoret, Simone 130, 182
Silbermann, Serge 482
Silva, Howard da 200
Silvani, Aldo 270
Silvera, Darrel 146
Silvers, Louis 94
Sim, Sheila 557
Simenon, Georges 571
Simi, Carlo 456
Simmel, Johannes Mario 387
Simmons, Jean 215, 260, 320, 324, 325
Simon, Simone 122, 167
Simoni, Dario 394, 423
Sinatra, Frank 478
Siodmak, Robert 23, 254
Sirk, Douglas 115, 284, 358, 360
Sistrom, Joseph 194
Sjöberg, Alf 312, 560
Sjöström, Victor 311, 312, 313
Skall, William V. 238
Skerritt, Tom 540, 541
Skinner, Frank 360
Sloan, Edward Van 70
Sloane, Everett 146
Slocombe, Douglas 430
Smith, Brooke 616
–, C. Aubrey 102
–, Charles 50
–, Dick 472
–, Jack Martin 441
–, James 16
–, Maggie 510, 579
–, Philip 472
–, Tucker 372
Snow, Terry Ackland 496
Soderbergh, Steven 611
Sofaer, Abraham 238
Sol, Laura Del 577
Solal, Martial 342
Solari, Laura 266

Solomon, Murray 472
Sondheim, Stephen 372
Southern, Terry 462
Sowders, Edward 38
Spacek, Sissy 553, 622
Speer, Martin 448
Spencer, Bud 465
–, Charles 108
–, Dorothy 142, 174
–, Russell 108, 154
Spiegel, Sam 394
Spielberg, Steven 13, 450, 499, 519, 568, 574, 630, 631, 632, 635
Spils, May 446
Splet, Alan 598
Spoerl, Heinrich 191
Srp, Alfred 290
Stack, Robert 174
Stahl, Francis E. 444
Stahl-Nachbaur, Ernst 76
Staiola, Enzo 212
Stallone, Sylvester 512, 569, 574
Stander, Lionel 456
Stanford, Thomas 372
Stanton, Harry Dean 540, 541
Stanwyck, Barbara 194, 195
Starski, Allan 632
Stavropoulou, Anna 416
Stears, John 412, 516
Steel, Barbara 400
Stefano, Joseph 368
Steiger, Rod 424, 432
Stein, Franz 76
Steiner, Max 82, 126, 134, 170, 188
Steinkamp, Frederik 564
–, William 564
Stéphane, Nicole 577
Stephenson, George 430
Stern, Steward 294
Sternberg, Josef von 58, 60, 61, 64, 65, 66
Stevens, Cat 478
–, George 177, 249, 260, 297
–, William L. 112
Stevenson, Edward 146, 206
Stewart, Alexandra 486
–, James 122, 157, 206, 207, 217, 229, 276, 278, 279, 309, 317, 327, 334, 385, 387, 418, 422, 423
–, Paul 146
Stine, Clifford 360
Stocker Werner 604
Stockwell, Dean 598
Stoker, Bram 30, 32, 473, 627
Stokes, Robert 150

Stokowski, Leopold 148, 150
Stoll, John 394
Stolze, Lena 567
Stone, George E. 356
–, Oliver 595, 609, 622
–, Sharon 622
Stoppa, Paolo 456
Storaro, Vittorio 544
Strabel, Herbert 476
Stradling, Harry 242, 282
Strauß, Johann 452
Strauss, Richard 452
Strawinsky, Igor 148, 150
Streep, Meryl 524, 528, 529, 534, 589, 622, 629
Streisand, Barbra 491, 622
Strobel, John 553
Strode, Woody 456
Stroheim, Erich von 36, 37, 38, 225, 226, 227, 254
Ström, Millie 312
Stromberg, Hunt 90
Strong, Andrew 620
Strouse, Charles 444
Stroyberg, Annette 300
Struss, Karl 154
Stumpf, Wolfgang 348
Sturges, John 261, 327
Sullivan, James 282
Sundquist, Folke 312
Surtees, Robert L. 238, 351
Suschitzky, Peter 496
Svensson, Owe 560
Swanson, Gloria 38, 224, 225, 226, 227
Swayze, Patrick 600, 621
Swerling, Jo 206
Swinburne, Nora 238
Swink, Robert 266
Sylbert, Paul 502
Sylvester, William 452
Szabó, István 549, 623
Szivats, Franz 290

Tally, Ted 616
Tamblyn, Russ 372
Tandy, Jessica 608, 625
Tao, Wu 593
Tarkowskij, Andrej 489
Tate, Sharon 430, 431
Tati, Jacques 260, 327
Taviani, Paolo und Vittorio 573
Tavoularis, Dean 444, 544
Taylor, Don 230
–, Dub 444, 445
–, Dwight 100
–, Elizabeth 230, 236, 249, 297, 318, 319, 320, 321, 391, 412, 426
–, Gilbert 516

–, J. O. 82
–, Robert 105, 238, 239
–, Rod 389
–, Ronnie 556
–, Vaughn 320
Temple, Julian 585
Terry, Nigel 550
–, Philipp 200, 201
Thalbach, Katharina 532
Thalberg, Irving 36
Theodorakis, Mikis 416
Thiel, Wilhelm 63
Thiele, Rolf 329
Thiery, Fritz 60
Thimig, Hermann 85
Thirard, Armand 300
Thiriet, Maurice 182
Thomas, Bill 360
–, Henry 568
–, Tony 545
Thompson, Emma 626, 628, 629
Thomson, Brian 496
Thulin, Ingrid 312, 313, 402
Thurman, Uma 607
Tierney, Gene 191
Tiffin, Pamela 381
Tiller, Nadja 329
Tiomkin, Dmitri 206, 254
Tippet, Philip 516
Tirardi, Roberto 270
Tissé, Eduard 42
Tissier, Jean 300
Toland, Gregg 146
Toluboff, Alexander 142
Tomasini, George 278, 368
Tornatore, Giuseppe 612
Tosi, Piero 468
Totheroh, Roland 108, 154
Tourneur, Jacques 167, 179
Townsend, David 90
–, Percy 154
Towsley, Don 150
Tracy, Spencer 159, 177, 230, 327, 332, 383, 446
Trantow, Cordula 348, 349
Trauner, Alexander 130, 182
Travers, Henry 134, 206
Traverso, Antonio 212
Travolta, John 519, 525
Tree, Dolly 90
Trevor, Claire 142, 143
–, Elleston 420
Trikonis, Gus 372
Trintignant, Jean-Louis 298, 300, 301, 432, 449, 570
Trissenaar, Elisabeth 522, 523
Truffaut, François 281, 282, 294, 342, 376, 378, 408, 433, 484, 486, 487, 549, 570

Truman, Ralph 238
Trumbull, Douglas 452
Trundy, Natalie 387
Tucholsky, Kurt 23
Tunberg, Karl 351
Turnbull, Hector 66
Turner, Kathleen 581, 608
–, Lana 124, 359, 360, 361
Tushingham, Rita 424
Tuttle, Lurene 368
–, William 320
Twardowski, Hans Heinrich, von 22
Tyler, Tom 142
–, Walter 266
–, Deems 150
Tytla, Vladimir 150
Tyzack, Margaret 452

Uhlen, Gisela 522
Unsworth, Geoffrey 452, 476
Urbino, Vanna 378
Ustinov, Peter 237, 238, 239, 412
Utley, Elizabeth 282, 294
Utt, Kenneth 616

Vadim, Roger 298, 300, 441
Valentino, Rudolph 26, 28, 29, 293
Valetti, Rosa 60
Valli, Alida 220, 221
–, Romolo 468
Vallone, Raf 222
Vanel, Charles 250
Vanlint, Derek 540
Vash, Karl 76
Vavrova, Dana 604
Veevers, Wally 452, 496
Vega, Claude 300
–, José De 372
Veidt, Conrad 20, 22, 23, 170
Venanzo Gianni, Di 400
Ventura, Jacqueline 300
Venturini, Livia 270
Verdi, Giuseppe 200
Verdon, Gwen 476
Verhoeven, Michael 567
Vermyle, Jerry 121
Versini, Marie 403
Victor, Henry 174
Vidor, King 254
Vigny, Benno 66
Vigoda, Abe 472
Villette, Guy 481
Vilsmaier, Josef 604
Viot, Jacques 128, 130
Visconti, Luchino 210, 391, 463, 466, 467, 468, 488
Vita, Helen 476

Vitale, Mario 223
Vivier, Karl-Wilhelm 347
Voight, Jon 448, 591
Vol, Frank de 420
Vollbrecht, Karl 46, 76
Vollmoeller, Karl 60
Vos-Lundh, Marik 560
Voyadjis, George 416
Vroom, Frederick 50

Waalkes, Otto 587
Wadsworth, Henry 90, 94
Waggner, George 28
Wagner, Fritz Arno 32, 76
Wajda, Andrzej 567
Walker, Joseph 94, 206
–, Vernon L. 82, 100, 120
Wallace, Edgar 82, 220, 363
–, Lew 351
–, William 294
Wallgren, Gunn 560
Wallis, Hal B. 134, 164
Walter, Charles 215
Walthall, Henry B. 16
Walther, Herta von 77
Wangenheim, Gustav von 32
Wanger, Walter 142
Warden, Jack 317
Wargnier, Régis 623
Warm, Hermann 20, 22, 23
Warnecke, Gordon 586
Warner, H. B. 206, 226
–, Harry 170
–, Jack 132
Warrick, Ruth 146, 147
Washington, Ned 254
Wassermann, Dale 502
Waterson, Sam 579
Watkin, David 546
Waxman, Franz 226, 278
Wayne, John 140, 141, 142, 143, 217, 252, 305, 333, 335, 427, 478
Weatherly, Peter 540
Weaver, Sigourney 540, 541, 573, 606
Webb, James R. 322
–, Roy 120
Webling, Peggy 70
Webster, Ferris 320
Weck, Peter 291
Wegener, Paul 9, 25
Weingarten, Lawrence 320
Weir, Peter 588, 605
Weisbart, David 242, 294
Weissmuller, Johnny 79
Weldon, Michael 71
Wells, H. G. 144

Personenregister

Welles, Orson 144, 146, 147, 219, 220, 221
Wenders, Wim 282, 294, 594
Wepper, Fritz 346, 348, 349, 476, 477
Werner, Oskar 377, 378, 379, 433
Wernicke, Otto 76, 77
Wessel, Dick 234
West, Mae 87
–, Ray 516
Westcott, Helen 229
Westmore, Perc 164
Wexler, Haskell 502
Weyl, Carl Jules 170
Whale, James 68, 70, 71
Wheeler, Lyle 126
White, Michael 496
Whittaker, Jan 540
Wicki, Bernhard 346, 347, 348
Widmann, Ellen 76
Widmark, Richard 383
Wiene, Robert 22
Wifstrand, Naima 312
Wilde, Hagar 118, 120
–, Oscar 191
Wilder, Billy 39, 138, 191, 193, 194, 198, 200, 224, 226, 245, 314, 317, 334, 354, 356, 362, 381, 391
–, Gene 444
Williams, Tennessee 240, 242, 320, 321
Williams, Billie Dee 568
–, Billy 551, 556
–, Elmo 254
–, Harcourt 266
–, John 632
–, John T. 516
–, Robin 605
Willis, Bruce 600
–, Edwin B. 90, 138, 234, 258
–, Gordon 472, 528
–, Jim 522
Willkomm, Änne 46
Wilson, Dooley 170, 171
–, Meredith 154
–, Michael 394
–, Tom 25
Winger, Debra 574
Winkler, Angela 448, 511, 532, 533
Winston, Sam 60, 66
Winters, Ralph E. 238, 352
–, Shelley 229, 359
Winterstein, Eduard von 19, 60
Wise, Robert 146, 370, 372, 456
Witherspoon, Cora 134
Wolff, Frank 456
Wolfit, Donald 394
Wolsky, Albert 528
Wolter, Ralf 476
Wong Howe, James 90
Wong, Victor 82
Wood, Cornett 150
–, Natalie 242, 294, 295, 370, 372, 373
–, Yvonne 324
Woods, Frank E. 16
Wooland, Norman 238
Wouk, Herman 274
Wray, Fay 82, 83
Wyler, Robert 324
–, William 264, 266, 321, 322, 350, 351, 352, 387, 456
Wyman, Jane 200, 201, 284
Wynn, Keenan 456

Yates, Herbert J. 282
Yedekar, Ram 556
Yordan, Philip 282
York, Dick 332
–, Michael 476, 477, 499
Young, Cy 150
–, F. A. 394
–, Freddie 423
–, Mary 200
–, Robert 191
–, Victor 282

Zaentz, Paul 502
Zailian, Steven 632
Zanuck, Darryl F. 229, 348
Zavattini, Cesare 212
Zavitz, Lee 126
Zea, Kristi 616
Zehetbauer, Rolf 476
Zemeckis, Robert 581
Zieff, Howard 547
Ziegler, William 294
Zimbalist, Sam 237, 238
Zinnemann, Fred 252, 254, 255, 333
Zinner, Peter 472
Zola, Emile 122
Zuanelli, Marco 456
Zuckmayer, Carl 60
Zukor, Adolph 13